Susanne Geiger / Sabine Dinsel

Deutsch
Übungsbuch
Grammatik A2 – B2

Hueber Verlag

5.   4.   3.   Die letzten Ziffern
2028 27 26 25 24 | bezeichnen Zahl und Jahr des Druckes.
Alle Drucke dieser Auflage können, da unverändert,
nebeneinander benutzt werden.

1. Auflage
© 2019 Hueber Verlag GmbH & Co. KG, München, Deutschland
Umschlaggestaltung: Sieveking Agentur, München
Layout und Satz: Sieveking Agentur, München
Verlagsredaktion: Hans Hillreiner und Katrin Dorhmi, Hueber Verlag, München
Druck und Bindung: Friedrich Pustet GmbH & Co. KG, Regensburg
Printed in Germany
ISBN 978-3-19-131721-8

Inhaltsverzeichnis

Vorwort

Liebe Deutschlernende,

das **Übungsbuch Grammatik A2 – B2** bietet Ihnen

- rund 500 Übungen zu allen wichtigen Themen der deutschen Grammatik,
- Themen und Situationen aus dem Alltags- und Arbeitsleben, wie sie jeder kennt,
- Übungstexte mit Informationen zu Landeskunde und Sachthemen,
- Übungstexte mit Witz und Humor,
- abwechslungsreiche Übungsformen,
- Übungen mit Illustrationen und Fotos,
- authentisches Deutsch, wie man es spricht und schreibt.

Das **Übungsbuch Grammatik A2 – B2** richtet sich an

- Lernende auf dem Niveau A2, B1 und B2 des *Gemeinsamen Europäischen Referenzrahmens*,
- Lernende, die sich auf die Prüfungen der Niveaustufen A2, B1 und B2 des *Gemeinsamen Europäischen Referenzrahmens* vorbereiten,
- Muttersprachler, die ihre Grammatikkenntnisse überprüfen wollen.

Das **Übungsbuch Grammatik A2 – B2** eignet sich

- zum Wiederholen, Einüben und Vertiefen aller wichtigen Bereiche der deutschen Grammatik,
- zum Wiederholen des Wortschatzes bis Niveau B1 und zur Wortschatzerweiterung ab Niveau B2,
- zum Selbststudium und als Zusatzmaterial zu allen Lehrbüchern.

Das **Übungsbuch Grammatik A2 – B2** bietet am Seitenrand und im Anhang:

- Wortauswahl für die Lückentexte, die • der • diese
- übersichtliche Hinweise in umrahmten Grammatik-Kästen und Querverweise,

seit + *Verb im Präsens*

vor + *Verb in der Vergangenheit*

 6 Imperativ

Partizip Perfekt S. 18

- Wortschatzerklärungen ab Niveau B2,

renovieren · neu machen

Sylt · deutsche Nordseeinsel

segeln

e Hütte · kleines, einfaches Haus

- ausführliche Lösungen zu jeder Übung,
- einen übersichtlichen Index mit allen wichtigen Wörtern und Begriffen.

Vorwort

Die Übungen sind in drei große Kapitel aufgeteilt:

1 **Verb + Endung:** alle Zeitformen sowie Imperativ, Konjunktiv und Passiv, außerdem trennbare und untrennbare Verben und Modalverben

2 **Nomen + Verb:** Verbergänzungen, Verben mit Präposition, Artikel, Nomen, Pronomen, Adjektive, Adverbien

3. **Satz + Satzbau:** Nebensätze, Frage, Negation, Satzverbindungen, Satzstellung

Alle Übungen ab Niveau B2 sind mit ★ markiert, das bedeutet, dass die grammatische Struktur bzw. der Wortschatz hier anspruchsvoller ist.

Jedes Kapitel beginnt mit leichteren Übungen auf Niveau A2 bzw. B1.

Jedes Grammatikthema beginnt mit einer Einstiegsübung (= Übung ❶), die einen Überblick über die wichtigsten Regeln und Funktionen gibt. Mit dieser Übung können Sie testen, was Sie bereits gelernt haben oder was neu für Sie ist.

Lerntipps

- Es ist immer sinnvoll, Übungen zu wiederholen, das verbessert den Lernerfolg!
- Wenn Sie bei den Übungen Probleme haben, können Sie

  → kurz spicken, d.h. die Lösungen am Ende des Buches ansehen,

  → Infos zu dem jeweiligen Grammatikthema im Internet oder in einer Grammatik-Tabelle, die Sie in Ihrem Lehrwerk oder in einem Grammatikbuch finden, nachlesen,

  → in Arbeitsgruppen die Lösungen diskutieren.

Viel Spaß und Erfolg beim Lernen und Üben!
Autorinnen und Verlag

Abkürzungen

Präs.	*Präsens*	m	*maskulin*	etw.	*etwas*
Perf.	*Perfekt*	f	*feminin*	jd./jdn./	*jemand/jemanden/*
Plusqu.	*Plusquamperfekt*	n	*neutral*	jdm.	*jemandem*
Part.	*Partizip*	Pl.	*Plural*	ca.	*circa, ungefähr*
Konj.	*Konjunktiv*	Sg.	*Singular*	usw.	*und so weiter*
Adj.	*Adjektiv*	r	*der*	idiom.	*idiomatisch*
Adv.	*Adverb*	e	*die*	schweiz.	*schweizerisch*
HS	*Hauptsatz*	s	*das*	süddt.	*süddeutsch*
NS	*Nebensatz*	Präp.	*Präposition*	ugs.	*umgangssprachlich*
Subj.	*Subjekt*	best. Art.	*bestimmter*	Kap.	*Kapitel*
Nom.	*Nominativ*		*Artikel*	Üb.	*Übung*
Akk.	*Akkusativ*	unbest. Art.	*unbestimmter*		
Dat.	*Dativ*		*Artikel*		
Gen.	*Genitiv*				

Verb + Endung

Präsens

1 Geburtstag

A Unterstreichen Sie die Präsens-Formen.

0. Was <u>machst</u> du gerade?
1. Ich koche.
2. Wir feiern heute Geburtstag.
3. Seit gestern klingelt ständig das Telefon.
4. Sitzt du schon am Tisch?
5. Wir warten noch auf die anderen.
6. Morgen kommt meine Cousine aus Amerika.
7. In drei Wochen reist sie wieder ab.
8. Seit einem Jahr lernt sie Deutsch.
9. Öffnest du die Tür?
10. Er begrüßt die Gäste.
11. Sie reden über die Geschenke.
12. Ich sammle Espresso-Tassen.
13. Das Buch handelt von Liebe und Freundschaft.
14. Erinnert ihr euch an letztes Jahr?
15. Geburtstage sind einfach schön.

B Welche Funktion hat das Präsens in 0–15?

Das Präsens beschreibt
a. etwas, das gerade passiert. 0,
b. etwas, das schon länger andauert. 3,
c. etwas, das in der Zukunft passiert. 6,
d. eine allgemeine Aussage. 12,

C Ergänzen Sie die Endungen für das Präsens. Welche Infinitive aus 0–14 passen zu den Endungen? Ordnen Sie zu.

	machen	warten	sitzen	feiern	klingeln
ich	mach	wart	sitz	feier	kling
du	machst	wart	sitzt	feier	klingel
er/sie/es	mach	wart	sitz	feier	klingelt
wir	mach	warten	sitz	feiern	klingel
ihr	mach	wart	sitz	feier	klingel
sie	mach	wart	sitz	feier	klingel
ebenso:	kochen				

1

2 Gegensätze
Ergänzen Sie *sein* im Präsens.

1. Ich _bin_ klein   und du ____ groß.
2. Er ____ dick   und sie ____ dünn.
3. Wir ____ wir   und ihr ____ ihr.
4. Jungen ____ so   und Mädchen ____ anders.

3 Noch mehr Gegensätze
Ergänzen Sie *haben* im Präsens.

1. Ich _habe_ Angst   und du ____ Mut.
2. Er ____ Hunger   und sie ____ Durst.
3. Wir ____ Ideen   und ihr ____ Geld.
4. Kinder ____ viel Zeit   und Sie ____ vielleicht zu wenig Zeit.

4 Wer kennt wen?
Ergänzen Sie *kennen* im Präsens. Markieren Sie die Endung.

0. Ich _kenne_ Leon schon lange.
1. ____ Sie Leon nicht?
2. Lea ____ Leon schon lange.
3. Woher ____ ihr euch?
4. Seit wann ____ du Leon?
5. Lea und Leon ____ nur mich.
6. Niemand ____ Lea.
7. Wir ____ sie auch nicht.
8. Jetzt ____ sich niemand mehr aus!

> Ich ken**e** dich.
> Ich kenn dich. *ugs.*

5 Wegbeschreibung
Formen Sie den Text in die *du*-Form um.

Wenn Sie am Bahnhof ankommen, folgen Sie den Schildern zur U-Bahn. Am Automaten kaufen Sie eine Tageskarte. Dann gehen Sie die Treppe hinunter und steigen in die U-Bahn Richtung Messe. Nach drei Stationen steigen Sie wieder aus. Am Ausgang Schillerstraße biegen Sie in die Goethestraße. Das Café König befindet sich auf der rechten Seite. Am besten setzen Sie sich gleich ins Café. Vielleicht schicken Sie mir kurz eine Nachricht, wenn Sie da sind.

Sie erklären einem Freund den Weg: *Wenn du am Bahnhof ankommst, ...*

Präsens

6 Das geht aber nicht

A Ergänzen Sie das kursiv gedruckte Verb im Präsens.

0. Ich *nehme* heute Abend das Auto. – Was? Auf keinen Fall, du _nimmst_ das Fahrrad. Das Auto bleibt in der Garage.

1. Ich *werde* später mal Fußballprofi. – Wie bitte? Das _____ du sicher nicht. Du lernst einen richtigen Beruf.

2. _____ du mir bitte in der Küche? – Geht nicht! Ich *helfe* gerade Papa am Computer.

3. Stör mich nicht, ich *lese*. – Du _____ schon seit zwei Stunden. Komm bitte, wir essen jetzt.

4. Kann ich den Stift *behalten*? – Nein, das ist mein Lieblingsstift, den _____ du nicht.

5. Ihr *lauft* viel zu schnell. – Nein, du _____ zu langsam. Du musst mehr Sport treiben.

6. Dir _____ nichts. – Was soll mir auch *geschehen*? Ich habe einen großen Bruder.

7. Ihr *fahrt* viel zu oft weg. – Und was ist mit dir? Du _____ jedes Wochenende in die Berge.

8. In dem Restaurant „Blinde Kuh" kann man nichts *sehen*. – Wie? Man _____ das Essen nicht?

9. _____ du immer noch? – Jetzt nicht mehr. Aber ich möchte noch zehn Minuten *schlafen*.

10. Wer _____ ständig meine Zeitung? – Entschuldigung! Ich *stehle* sie nicht, ich leihe sie mir nur aus.

11. Heute *breche* ich den Rekord im Kirschkern-Weitspucken. – Den _____ du nie im Leben. Dafür bist du viel zu schlecht.

Vokalwechsel bei du + er:

helfen   du **hi**lfst   er **hi**lft

fahren   du **fäh**rst   sie **fäh**rt

laufen   du **läu**fst   er **läu**ft

den Rekord brechen besser sein als der Beste

B Ordnen Sie die Verben nach ihrem Vokalwechsel in die Tabelle ein. Ergänzen Sie den Infinitiv und die *du*- oder *er*-Form.

e → i	e → ie	a → ä	au → äu
nehmen → nimmst			

7 **Wer oder was bin ich?**

Ergänzen Sie das Verb im Präsens.

1. Es _kommt_ aus den USA.   kommen

   Es _____ in jede Tasche.   passen

   Es _____ viele Funktionen.   haben

   Viele Menschen _____ eins.   besitzen

   Wissen Sie, was das _____ ?   Das ist ein _____ .   sein

2. Man _____ mich auch Spinne.   nennen

   Viele _____ mich aus dem Kino oder Comic-Heften.   kennen

   Ich _____ sehr gern Wände hoch.   klettern

   Ich _____ immer einen roten Anzug.   tragen

   Ich _____ Menschen, die Probleme haben.   Das ist _____ .   helfen

3. Und wer _____ DU?   sein

   Wo _____ du gerade?   wohnen

   Wie lange _____ du schon Deutsch?   lernen

   Was _____ du gern?   essen

   Wem _____ du gern?   schreiben

8 **Wetter**

A **Ergänzen Sie die Präsens-Endungen und den Infinitiv.**

0. Es gewitter_t_ bei uns.   _gewittern_

1. Da drüben blitz_____ es.   Es wird auch _____ .

2. Es donn_____ .   Es muss gleich _____ .

3. Hoffentlich hag_____ es nicht.   Es darf heute nicht _____ .

4. Morgen regn_____ es.   Morgen früh soll es _____ .

5. Draußen nies_____ es nur.   Es wird gleich wieder _____ .

6. Bald schnei_____ es.   Es fängt demnächst an zu _____ .

Es wird heute noch _gewittern_ .

B **Welche Bilder passen? Ordnen Sie zu.**

a. ☐ 0 ☐ ☐

b. ☐

c. ☐

d. ☐

e. ☐

Präsens

6 Imperativ

10 Trennbare und
untrennbare
Verben

9 **Vorwürfe und Aufforderungen**

A **Bilden Sie Sätze im Präsens und Imperativ.**

Sie ärgern sich und sagen Ihre Meinung:

0. *Du vergisst immer alles. Denk mal ein bisschen mit.*
   immer alles vergessen • mal ein bisschen mitdenken

1. _____
   sich nie ändern • mal was dagegen tun

2. _____
   sich nicht oft genug waschen • sich doch mal regelmäßig waschen

3. _____
   sich unmöglich verhalten • sich doch mal ordentlich benehmen

4. _____
   schon wieder schimpfen • zur Abwechslung mal nett sein

5. _____
   den ganzen Tag nichts tun • mal etwas Sinnvolles machen

6. _____
   nie die Nachbarn grüßen • das bitte mal ändern

7. _____
   den Hund immer allein lassen • sich doch mal um ihn kümmern

8. _____
   die Katze ständig ärgern • sie mal in Ruhe lassen

9. _____
   immer alles besser wissen • sich mal zurückhalten

B **Bilden Sie Sätze in der *ihr*-Form.**

0. *Ihr vergesst immer alles. Denkt mal ein bisschen mit.*

C **Bilden Sie Nebensätze.**

0. *Es stimmt nicht, dass ich immer alles vergesse.*

10 **Ich weiß …**

Was passt? Ergänzen Sie die Verben im Präsens.

0. Entschuldigung. _Wissen_ Sie, dass wir in fünf Minuten _schließen_ ?
1. _____ eure Lehrerin gern Schokolade? – Ich _____ nicht.
2. Wie lange _____ das Konzert? – Das _____ wir nicht.
3. _____ ihr, ob in den Bergen Schnee _____ ?
4. _____ du vielleicht, warum die Pflanze nicht _____ ?
5. Alle _____ , dass du nicht gern Schmuck _____ .
6. Dein Bruder _____ nicht einmal, dass ihr morgen _____ ?

wissen • dauern
wissen • essen
wissen • heiraten
wissen • liegen
wissen • ~~schließen~~
wissen • tragen
wissen • wachsen

12 | Verb + Endung

(11) Menschen im Hotel

A Was passt? Ergänzen Sie.

0. Ich *begrüße* Sie ganz herzlich in unserem Hotel.
1. Hier ist Ihr Schlüssel. Ich _____, dass Sie sich bei uns _____.
2. Um wie viel Uhr _____ wir morgen? Um acht? – Wann es dir am besten _____.
3. Die Kinder _____ im Schwimmbad und Werner _____ gerade in der Hotelsauna.
4. Der Küchenchef _____ heute Fisch an Curry-Orangensauce mit Reis und Gemüse.
5. Warum _____ du so kritisch?
6. Ich _____ nicht daran, dass der Fisch gut _____. Aber Curry-Sauce _____ ich nicht.
7. Das Personal _____ wirklich professionell, weil es trotz Stress immer noch _____.
8. Wir _____ dieses Hotel nie wieder.
9. Warum denn? Das _____ mich jetzt. Hier _____ doch wirklich alles.
10. Uns _____ das Hotel sogar sehr gut.

| frühstücken |
| hoffe |
| begrüße |
| passt |
| schwitzt |
| sind |
| wohlfühlen |

| empfiehlt |
| ist |
| mag |
| schaust |
| schmeckt |
| zweifle |

| buchen |
| gefällt |
| stimmt |
| wundert |

B Was passt? Kreuzen Sie an. Pro Verb sind 1 bis 3 Kreuze möglich. Ergänzen Sie die Verben im Perfekt.

	ich	du	er	wir	ihr	sie
begrüße	×					
frühstücken			×			
hoffe						
passt						×
schwitzt						
sind						
wohlfühlen						
empfiehlt						
ist						

	ich	du	er	wir	ihr	sie
lächelt						
mag						
schaust						
schmeckt						
zweifle						
buchen						
gefällt						
stimmt						
wundert						

Präsens

12 Gedanken einer Großfamilie

A Ergänzen Sie das Verb im Präsens.

0. Aus Mamas Süßigkeiten-Schublade _hole_ ich mir nachher eine Schokolade, aber ich _teile_ sie mit niemandem.

    holen • teilen

1. _____ du die neue Bluse morgen? – Ja, aber ich _____ und _____ sie noch.

    tragen • waschen • bügeln

2. Juhu! Gleich _____ wir Gassi! Frauchen _____ Leine in die Hand und _____ dann die Tür.

    gehen • nehmen • öffnen

3. Hoffentlich _____ jemand meine nassen Windeln, sonst _____ mein Popo so lange.

    wechseln • brennen

4. Ihr _____ am Samstag das Taschengeld von Papa. Dann _____ ihr genug Geld fürs Kino und zum Einkaufen.

    bekommen • haben

5. Im August _____ ich drei Wochen frei. Nächstes Wochenende _____ ich im Internet nach günstigen Familienreisen.

    nehmen • suchen

6. In drei Wochen _____ der Abschlussball statt. Da _____ wir beide das gleiche Kleid an.

    (statt)finden • (an)ziehen

7. In ein paar Minuten _____ mir die Wohnung allein. Dann _____ ich Küchenschaben.

    gehören • jagen

8. Jetzt _____ ich erst einmal, in einer Stunde _____ es sicher wieder Milch.

    schlafen • geben

9. Meine Schwestern _____ heute Abend bestimmt im Tanzkurs, dann _____ mich niemand beim Computerspielen.

    sein • stören

B Wer denkt und spricht in 0–9? Ergänzen Sie.

a. Der 10-jährige Sohn plant: _0,_
b. Die 17-jährigen Zwillinge diskutieren: _____
c. Das Baby denkt: _____
d. Die Mutter vergisst nicht: _____
e. Der Vater überlegt: _____
f. Der Hund freut sich: _____
g. Die Katze wartet: _____

Gassi gehen
mit dem Hund
spazieren gehen

e Leine
lange Schnur /
langes Band

e Windel
Baby-„Unterhose"

r Popo ugs.
Hintern

e Küchenschabe
Insekt

jagen
fangen

---

*Präsens + morgen /
in einer Woche /
nächstes Jahr =
Zukunft*

13 Was machst du in deiner Freizeit?

Ergänzen Sie das passende Verb im Präsens.

1. ■ Ich _sammle_ alte Reklameschilder.
   ○ Wo _____ du die?
   ■ Auf dem Flohmarkt, aber die größte Auswahl _____ eBay.

   bieten
   finden
   ~~sammeln~~

2. ■ Ich _____ gern Skitouren.
   ○ Nein, wir sind mehrere und _____ uns gegenseitig mit Seilen.

   fürchten
   sichern
   unternehmen

3. ■ Ich _____ mich in jeder freien Minute mit meinem Motorrad.
   ○ Ich _____ und _____ es.
   ○ Das _____ eher nach Arbeit als nach Vergnügen.
   ■ Für mich nicht.

   beschäftigen
   klingen
   putzen
   reparieren

4. ■ Ich _____ meine Freizeit im Salsa-Club.
   ○ Du _____ Salsa?
   ■ Ja, Salsatanzen _____ alles für mich.

   bedeuten
   verbringen
   tanzen

★ 14 Eine Mail an Emma

Ergänzen Sie die Verben im Präsens.

Hallo liebe Emma,

du _meldest_ dich ja gar nicht mehr! Was _____ denn los? Ich _____
zuzrzeit meine Abende mit einem Buch, das ich dir auch _____ : Sten Nadolny
„Die Entdeckung der Langsamkeit". Falls du es nicht _____ , _____ ich es dir beim
nächsten Mal, wenn wir uns _____ . Was _____ du denn gerade? Wahrscheinlich
du gar keine Zeit zum Lesen, weil du durch die Gegend _____ , Vulkane
oder am Strand _____ .
Wie _____ es dir überhaupt in Neuseeland? Hoffentlich _____ du uns ein
bisschen. Mir _____ du sehr! Seit deiner Abreise _____ ich übrigens immer
allein.
In deiner letzten Mail _____ du einen John. Ist das dein neuer Freund?
Wie _____ er aus? Du _____ , wie neugierig ich _____ .
Ich _____ dir viel Glück mit deinem Neuen.
Zwischen Jens und mir _____ es einfach nicht mehr richtig. Wir _____
es einfach nicht mehr richtig. Wir _____ uns einfach zu oft. Er _____ mir ständig _____ im
Moment viel. Vielleicht _____ wir uns _____ , zu
wenig Zeit für ihn zu haben.
Na ja! Jetzt _____ ich erst einmal meinen 30. Geburtstag. Du _____ mir bald mehr.
Ich _____ dich auf dem Laufenden und _____ ganz fest mit dir.
Küsschen, deine Susi
PS: Wie _____ du die neuen Lieder von U2? Leider _____ du das Konzert im März.

melden • sein • verbringen
empfehlen
kennen • leihen
sehen • lesen
haben • fahren
anschauen • liegen
gefallen • vermissen
fehlen • joggen

erwähnen
sehen • wissen • sein
wünschen
klappen • streiten
trennen • vorwerfen
planen • erfahren
halten • rechnen

finden • verpassen

Präsens

★ 15 Vom Wasser

A Formen Sie den Text ins Präsens um.

wache

Ich (0) wachte auf und (1) wußte nicht, wo ich (2) war. Erst nach und nach (3) sortierten sich die Eindrücke und Geräusche, das körnige Weiß der Tapete und das ferne Tuckern der Schiffsmotoren auf dem Rhein. (...) Nur langsam (4) fand ich zurück, (5) schob die Bettdecken beiseite, kühl (7) war der Fieberschweiß auf meiner Haut. Ich (8) fühlte mich leicht, unwirklich leicht, bis zum Übermut. Ich (9) trat ans Fenster, milde Frühjahrsluft und der weiche Geruch von Wasser. Ein Tag, der an mir (10) riß.

Ich (8) zögerte nicht länger. Zwar (11) spürte ich bei der geringsten Anstrengung, wie schwach ich unter dieser angenehmen Taubheit (12) war, (...) aber der Gedanke, heute früh schon schwimmen zu gehen und dem Kalender zuvorzukommen, (13) war so plötzlich da, daß mir gar keine Zeit (14) blieb, mich eines Besseren zu besinnen. Und ich (15) merkte, wie dieser Gedanke zunehmend Kraft (16) zog, ich (17) merkte, wie sehr ich es (18) wollte.

Unter der Dusche die erste Berührung mit dem Wasser, das mich (19) umfloß wie eine zweite Haut. Ich (20) schloß die Augen und (21) ließ die gebündelten Strahlen auf mein Gesicht prasseln, das Wasser (22) lief über meine halbgeöffneten Lippen, ich (23) atmete vorsichtig unter den seidigen Wasserflächen, die mir im Herabfallen über den Mund (24) fuhren wie feuchte Tücher.

John von Düffel: SECHUNDDREISSIGACHT oder die Anziehungskraft des Wassers.
Aus: Schwimmen © 2000 dtv Verlagsgesellschaft, München
Anmerkung: Der Autor verwendet die alte Rechtschreibung.

B Welche Zeit hat der Autor wohl im Originaltext verwendet? Diskutieren Sie.

---

s Tuckern
Geräusch eines Dieselmotors

r Übermut
lustig, leicht, frech

zögern
nicht gleich reagieren

e Taubheit
man hört/spürt/fühlt nichts

sich eines Besseren besinnen
überlegen und seine Meinung ändern

gebündelte Strahlen
Wasser unter der Dusche

prasseln
Geräusch von Wasser, das fällt

seidig
sehr weich und glatt

Historisches Präsens als Stilmittel zur lebendigen Wiedergabe von Vergangenem

2

1 Handwerker im Haus

A Bringen Sie den Dialog in die richtige Reihenfolge.

Zwei Freundinnen unterhalten sich:

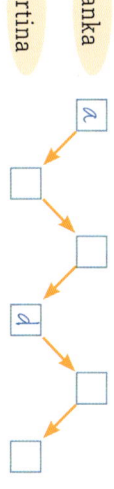

Martina

Franka

a. Was hast du eigentlich heute Nachmittag gemacht?
   Wir haben dich beim Sport vermisst.

b. Du Arme!

c. Ich habe heute die Handwerker im Haus gehabt.
   Vor zwei Stunden sind sie gegangen und seitdem putze ich.

d. Unglaublich, was sich Handwerker erlauben!
   Heute Vormittag sind sie zwei Stunden zu spät gekommen.
   Trotzdem sind sie nur bis drei Uhr geblieben.

e. Natürlich nicht.
   Ich hoffe, bis übermorgen haben sie alles geschafft.
   Aber jetzt was anderes: Wie ist es beim Sport gewesen? …

f. Und? Sind die Handwerker wenigstens fertig geworden?

vermissen
etw./jd. fehlt

B Unterstreichen Sie alle Perfekt-Formen und ergänzen Sie die Tabelle.

Perfekt mit *haben*	Perfekt mit *sein*
du hast gemacht	
die meisten Verben	Verben der Ortsveränderung + Verben *sein, bleiben, werden*

Perfekt

2 In der Stadt

A Unterstreichen Sie das Partizip Perfekt.

(...)

Zuerst habe ich 20 Minuten an der Bushaltestelle <u>gewartet</u>, dann bin ich zu Fuß zur U-Bahn <u>gelaufen</u> und in die Stadt gefahren.

In der Königstraße hat ein neuer Laden aufgemacht. Das Schaufenster hat mich schwer beeindruckt.

Ich habe in drei Kaufhäusern eine Hose gesucht, aber keine passende gefunden. Nur ein T-Shirt habe ich bekommen.

Im Café habe ich eine Freundin getroffen. Wir haben uns lange nicht gesehen. Ich habe sie gleich zu meinem Geburtstag eingeladen. Sie hat sich gar nicht verändert. Wir haben wie früher viel zusammen gelacht. Es war super!

Am nächsten Tag haben wir telefoniert. Sie hat sich noch mal für die Einladung bedankt und will tatsächlich zum Fest kommen. Das hätte ich nicht gedacht!

(...)

schwer beeindruckt
positiv sehr
überrascht

B Ordnen Sie die Partizipien in die Tabelle ein. Ergänzen Sie den Infinitiv.

Regelmäßige Verben	Unregelmäßige Verben
warten – gewartet	laufen – gelaufen

C Wie wird das Partizip gebildet? Ergänzen Sie die Partizipien aus B.

Regelmäßige Verben

ge	wart	et
ge		t
ge		t
ge		t
	druckt	t
beein		t
		t

trennbar · untrennbar

Unregelmäßige Verben

ge	lauf	en
ge		en
ge		en
ge		en
ge		en
ge		t
ge		en
		en

3 Heute passiert!

Was ist richtig: *haben* oder *sein*? Streichen Sie die falsche Form.

0. Ich *habe/bin* Marlis bei H&M getroffen und jetzt gehen wir ins Kino.
1. Mein Papa *hat/ist* mich zum Sport gefahren, danach gehen wir essen.
2. Wir *haben/sind* ein Glas Champagner getrunken, Chris wird heute 50.
3. Gisela *hat/ist* mich im Auto mitgenommen, jetzt kochen wir gerade.
4. Ich *habe/bin* heute früher nach Hause gegangen, weil ich krank bin.
5. Petra *hat/ist* mir eine Nachricht geschrieben, dass ich zu ihr kommen soll.
6. Die Apotheke an der Ecke *hat/ist* geschlossen. Kennst du eine andere?

4 Unglaublich

Ergänzen Sie die Endung.

0. Mein Freund hat mir für 30 Euro sein Fahrrad verkauf**t**.
1. Mein Mann hat sechs Stunden gearbeitet und 2000 Euro verdien____.
2. Erst nach drei Wochen hat Mira auf meine Nachricht geantwort____.
3. In einer Stunde hat meine Freundin die ganze Wohnung geputz____.
4. Wegen des Jetlags hat meine Frau 18 Stunden am Stück geschlaf____.
5. Ich habe eine Stunde lang die Heinestraße gesuch____.
6. Erst am nächsten Morgen um fünf Uhr sind wir nach Hause gekomm____.

5 Kurze Sätze

A Wie heißt der Infinitiv? Ergänzen Sie.

0. Kann ich mein Auto vor eurer Garage __parken__?
1. Am 30. April gehen wir gern _____.
2. Darf ich noch länger bei euch _____?
3. Das Auto scheint niemandem zu _____.
4. Der Angeklagte kann seine Unschuld _____.
5. Er wollte schon immer Lehrer _____.
6. Ich bin am Fuß verletzt. Ich kann zwar gehen, aber nicht _____.
7. Ich möchte im Sommer mal wieder _____.
8. Ich muss meinen Eltern unbedingt einen Brief _____.
9. Ich verstehe sie nicht. Ich kann ihr nicht _____.
10. Können Sie mir ein Glas Wasser _____?
11. Was mag das Paket _____?
12. Was schenken wir ihr? Uns muss etwas _____?
13. Wie lange kann ich dein Buch _____?

geparkt	
getanzt	
geblieben	
gehört	
bewiesen	
geworden	
gesprungen	
vereist	
geschrieben	
gefolgt	
gebracht	
enthalten	
eingefallen	
behalten	

B Steht das Verb im Perfekt mit *haben* oder *sein*? Ordnen Sie zu.

hat *geparkt*   ist *geblieben*

Er **ist nach Rom** gefahren.
Er **hat das Auto** nach Rom gefahren.

Perfekt

6 Unterwegs

Ergänzen Sie *haben* oder *sein* in der richtigen Form.

0. Warum _bist_ du nicht zur Geschäftseröffnung erschienen?

1. Ich _____ gestern nach Rom geflogen.

2. _____ Sie sich an das Wetter gewöhnt?

3. _____ du die Koffer gepackt?

4. Schröders _____ schon lange ausgezogen.

5. Das Restaurant _____ mir sehr gut gefallen.

6. Die Bedienung _____ sich nicht beeilt.

7. Das _____ ich nicht bestellt.

8. Wir _____ ihm schon mal begegnet.

9. Ihr _____ sicher schon viel Geld gespart.

10. Meine Frau _____ zu spät ins Kino gekommen.

11. Wir _____ an alles gedacht.

12. An der letzten Kreuzung _____ Sie falsch abgebogen.

13. Die Urlaubsfotos _____ wirklich gelungen.

14. Ihr _____ aber gewachsen, seit ich euch zuletzt gesehen habe!

7 Vom Älterwerden

Ergänzen Sie das Partizip Perfekt des *kursiv* gedruckten Verbs.

0. Beim Tennisspielen *trifft* er den Ball nicht mehr so gut, wie er ihn früher _getroffen_ hat.

1. Seit sie auf Diät ist, *nimmt* sie zum Backen viel weniger Zucker. Sie hat schon fünf Kilo ab_____.

2. Wir *ziehen* erst *aus*, wenn unsere Kinder _____ sind und die Wohnung für uns allein zu groß wird.

3. Seit er nicht mehr so gut *hört*, *spricht* er viel weniger. Früher hat er auch leiser _____.

4. In letzter Zeit *verliert* sie ständig etwas. Erst gestern hat sie ihre Schlüssel _____ und jetzt *friere* ich sogar im Sommer.

5. Als Kind habe ich nie _____. Seit ich arbeite,

6. In der Schulzeit habe ich nur Hosen _____, *trage* ich fast nur Röcke.

7. Manche Filme, die mir früher gar nicht _____ haben, *gefallen* mir heute wirklich gut.

8. Seit ich diese Übungen mache, *verstehe* ich die deutsche Grammatik viel besser, als ich sie früher _____ habe.

8 Das gibt's doch nicht!

Ergänzen Sie das Partizip Perfekt.

0. Hast du den Anzug _getragen_? – _gewaschen_? selbst _gezahlt_? – Natürlich.

		tragen
		waschen
		zahlen

1. Wer hat uns so gründlich _____? – Keine Ahnung.

| betrügen |
| ausschließen |
| missverstehen |

2. Sie haben uns nicht gut _____ schlecht _____ nicht _____? – Unverschämt!

| behandeln |
| bedienen |
| beachten |

3. Ich bin spät _____ früh _____ nicht lang im Bett _____. – Glaub ich nicht!

| einschlafen |
| aufstehen |
| bleiben |

4. Sie haben niemanden _____ nichts _____ uns nichts _____. – Tut mir leid.

| mitteilen |
| sagen |
| informieren |

5. Es hat nie die Sonne _____. – Wirklich?

| schneien |
| regnen |
| scheinen |

6. Habt ihr keine Hilfe _____? an die Folgen _____? die Gefahr nicht _____? – Nein.

| erkennen |
| denken |
| brauchen |

9 Nachgefragt

Was passt? Ergänzen Sie die Partizipform. Streichen Sie ge, wenn nötig.

0. Wann hast du ent~~ge~~_schieden_, dass wir dieses Jahr nicht in Urlaub fahren?

1. Wer hat die Weingläser abge_____?

2. Warum hast du das Licht im Bad nicht ausge_____?

3. Hat sich dein Mann wirklich einen riesigen Flatscreen-Fernseher ange_____?

4. Wer hat sein Zimmer nicht aufge_____?

5. Warum hast du mir die Medikamente nicht bege_____?

6. Hast du deine Turnschuhe schon einge_____?

7. Wer hat euch erge_____ am Computer zu spielen?

8. Wie sieht es denn hier aus, was ist denn hier gege_____?

9. Habt ihr den kaputten Toaster schon umge_____?

10. Wie viele Kalorien haben wir heute schon verge_____?

| braucht |
| laubt |
| packt |
| räumt |
| schafft |
| schaltet |
| schenen |
| ~~schieden~~ |
| sorgt |
| tauscht |
| trocknet |

Perfekt

10 Was habt ihr in den Ferien gemacht?

Bilden Sie Sätze im Perfekt.

jobben	arbeiten
renovieren	neu machen
e Hütte	kleines, einfaches Haus
Sylt	deutsche Nordseeinsel
segeln	

0. *fliegen:* in die Türkei
   verbringen: den ganzen Tag – am Strand

1. *jobben:* in einer Bäckerei
   aufstehen: jeden Tag – um sechs

2. *umziehen:* Anfang August
   renovieren: unsere Wohnung

3. *bleiben:* zu Hause
   tun: einfach mal nichts

4. *buchen:* einen Sprachkurs – in Genf
   kennenlernen: dort – neue Leute

5. *mieten:* eine Hütte – in den Alpen
   wandern: jeden Tag – auf einen anderen Berg

6. *segeln:* nach Sylt
   besuchen: dort – Freunde

7. *lernen:* zu Hause
   ausgehen: ab und zu – mit Freunden

8. *beginnen:* ein Praktikum – im Krankenhaus
   kommen: jeden Tag – erst spät abends – nach Hause

Wir <u>sind</u> in die Türkei *geflogen*
und <u>haben</u> den ganzen Tag am
Strand <u>verbracht</u> .
Ich ...
und ...
Wir ...
und ...
Ich ...
und ...
Ich ...
und ...
Wir ...
und ...
Wir ...
und ...
Ich ...
und ...
Ich ...
und ...

11 Was auf einem Klassentreffen alles geredet wird

Unterstreichen Sie die Perfekt-Formen und ergänzen Sie den Infinitiv.

e Glatze	keine Haare auf dem Kopf
e Anwaltskanzlei	Büro für Rechtsanwälte
auswandern	in ein fremdes Land ziehen (Migration)
r Oldtimer	ein wertvolles, altes Auto
erben	etw. bekommen, wenn jd. stirbt

0. Schön, dass fast alle erschienen sind. *erscheinen*
1. Wie schnell die Zeit vergangen ist.
2. Peter hat sich gar nicht verändert.
3. Klaus hat ja eine Glatze bekommen.
4. Verena hat ganz schön zugenommen.
5. Petra ist bei einer Anwaltskanzlei eingestiegen.
6. Matthias ist Schauspieler geworden.
7. Anke ist nach Neuseeland ausgewandert.
8. Andrea und Michael haben tatsächlich geheiratet.
9. Monika hat eine Kunstgalerie eröffnet.
10. Thomas hat ein Haus gebaut.
11. Christine hat das Hotel ihrer Eltern übernommen.
12. Paul hat den Oldtimer seiner Oma geerbt.
13. Aber niemand weiß, wo Gerhard ist und was er macht. – Doch! Er hat sich bei mir gemeldet.

12 Partizip-Rätsel

Ergänzen Sie das passende Partizip Perfekt.

0. Ich weiß, dass du beim Umzug die alten Möbel _behalten_ hast.
Ich habe sie alle *weggegeben*.

1. An das Gesicht des Lehrers hat sich jeder _____, aber den Namen
hatten die meisten *vergessen*.

2. Ich habe von deinem Lottogewinn _____, du hast ja gar nichts *erzählt*.

3. Die meisten Autofahrer haben sich über den vielen Neuschnee _____, aber die Kinder haben sich darüber *gefreut*.

4. Er hat mit der Quittung _____, dass er das Gerät hier im Geschäft
gekauft hat. Ohne die Quittung hätten wir ihm nicht *geglaubt*.

5. Ich habe die Münchner Weißwurst wenigstens _____, mein Mann
hat nicht mal ein kleines Stück *gekostet*.

6. Jetzt hat unsere Mannschaft leider das Finale _____, aber trotzdem
haben sie ihr Ziel *erreicht*.

7. Stell dir vor, ich habe schon wieder meine Handschuhe _____,
einen habe ich bis jetzt *gefunden*.

8. Ich bin sicher, der Unfall hat sich um 10.30 Uhr _____, auch wenn
andere Leute behaupten, er sei erst später *passiert*.

9. Wir haben uns vor drei Wochen von unseren Nachbarn einen Fondue-Topf
_____ und ihn immer noch nicht *zurückgegeben*.

-en
behalten
bewiesen
erfahren
geliehen
verloren

-t
ereignet
erinnert
geärgert
probiert
verpasst

13 Märchenhaft

Ergänzen Sie das passende Verb im Partizip Perfekt.

Als Herr Langschläfer mittags in sein Büro kommt, stellt er fest, dass schon jemand
vor ihm da war: Bevor er in die Kantine geht, fragt er sich:

0. Wer hat meinen Computer _angeschaltet_ ?
1. Wer hat auf meinem Bürostuhl _____ ?
2. Wer hat auf dem Sofa _____ ?
3. Wer hat mein Telefon _____ ?
4. Wer hat mit meinem Füller _____ ?
5. Wer hat von meiner Schokolade _____ ?
6. Wer hat meinen Papierkorb _____ ?
7. Wer hat die Kaffeetasse auf das Fensterbrett _____ ?
8. Wer hat meine Post _____ ?
9. Wer hat die Bilderrahmen mit meinen Diplomen _____ und _____ ?
10. Wer hat an meinem Fenster _____ und den Parkplatz _____ ?
Und wer sitzt schon in der Kantine beim Mittagessen?

abhängen
anschalten
benutzen
beobachten
essen
ausleeren
lesen
liegen
öffnen
schreiben
sitzen
stehen
stellen

Perfekt

14 Ein Lebenslauf

A Ergänzen Sie *habe* oder *bin*.

0. Ich _bin_ am 3. März 1973 *geboren*.

1. Die ersten Lebensjahre _____ ich in Hannover *verbracht*.

2. Mit sechs _____ ich mit meinen Eltern nach Bern in die Schweiz *gezogen*.

3. Die 3. Klasse _____ ich *übersprungen*, weil ich so gut war.

4. Mit 17 _____ ich noch acht Zentimeter *gewachsen*.

5. Bei meinem Freiwilligen Sozialen Jahr in einem Jugendzentrum _____ ich vielen interessanten Menschen *begegnet*.

6. Danach _____ ich ein BWL-Studium in Passau *begonnen*.

7. Wegen meiner Freundin _____ ich zunächst in Passau *geblieben*.

8. Nach vier Semestern _____ ich die Universität *gewechselt*.

9. In Hamburg _____ ich mein Studium *abgeschlossen*.

10. Ich _____ dort richtig glücklich *gewesen*.

11. Ich _____ in verschiedenen Firmen ein Praktikum *gemacht*.

12. Dann _____ ich eine gute Stelle bei VW *bekommen*.

13. Deshalb _____ ich mit meiner Freundin nach Wolfsburg *gezogen*.

14. Letztes Jahr _____ ich Vater *geworden*.

15. Nach einem Jahr _____ ich drei Monate Elternzeit *genommen*.

16. Die Elternzeit mit meiner Tochter _____ ich von Anfang bis Ende *genossen*.

17. Vor einem Monat _____ ich ins Berufsleben *zurückgekehrt*.

18. Bis jetzt _____ ich in meinem Leben wirklich Glück *gehabt*!

B Sie haben nicht alles genau verstanden und fragen nach. Formulieren Sie kurze Fragen.

0. Wann *bist du geboren*?

1. Wo ...?

2. Wohin ...?

3. Welche Klasse ...?

4. Wie viel ...?

5. Wo ...?

6. Welches Studium ...?

7. Warum ...?

8. Wann ...?

9. Wo ...?

10. Wo ...?

11. Wo ...?

12. Bei welcher Firma ...?

13. Wohin ...?

14. Wann ...?

15. Wie lange ...?

16. Was ...?

17. Wann ...?

überspringen
von der 2. gleich in die 4. Klasse kommen

Freiwilliges Soziales Jahr
junge Leute im sozialen Dienst

BWL
Betriebswirtschaftslehre

e Elternzeit
Zeit, in der man nicht arbeitet, ohne den Arbeitsplatz zu verlieren

genießen
Freude haben

zurückkehren
zurückkommen

★ **15** **Was man oft hört**

Suchen Sie das Gegenteil. Ordnen Sie zu.

0. Das ist schon oft vorgekommen. | a |

| a | | | | |

1. Das hat sich ausgezahlt.
2. Das hat aber lange gedauert.
3. Das ist gleich geblieben.
4. Das hat geklappt.

a. Das hat es noch nie gegeben.
b. Das hat nicht funktioniert.
c. Das hat sich geändert.
d. Das hat sich nicht gelohnt.
e. Das ist aber schnell gegangen.

★ **16** **Was ist passiert?**

Ergänzen Sie die Verben im Perfekt.

0. Wie _ist_ denn das _passiert_?
1. Was _____ denn _____?
2. Was _____ dir denn _____?
3. Wie _____ es denn dazu _____?
4. Was _____ denn hier _____?
5. Was _____ sich denn hier _____?
6. Was für eine Party _____ denn hier _____?
7. Jetzt _____ mein Kuchen _____!
8. Mein Kuchen _____ ja total _____!
9. Was _____ da nur _____?
10. Da _____ wohl beim Backen etwas _____!

passieren
geschehen
zustoßen
kommen
vorfallen
abspielen
stattfinden
misslingen
missglücken
schiefgehen
danebengehen

★ **17** **Kommen und Gehen**

Ergänzen Sie das passende Verb im Partizip Perfekt.

0. Hast du den Vertrag _bekommen_?
1. Haben Sie noch nie eine Dummheit _____?
2. Wann ist die neue Lieferung _____?
3. Wie ist der Chef mit dem Praktikanten _____?
4. Bist du in der Firma deines Onkels _____?
5. Ist Ihnen etwa das Firmenjubiläum _____?

ankommen
begehen
bekommen
entgehen
umgehen
unterkommen

★ **18** **E-Mail an die Eltern**

Ergänzen Sie die Verben im Perfekt.

An: fam_stein@online.de
Von: karin_st@redwin.net
Zeit: 04.08.2018 21:45
Betreff: Hallo aus Paris

Liebe Mama, lieber Papa,

leider (0) _habe_ ich euch gestern Abend telefonisch nicht _erreicht_, mittlerweile funktioniert auch mein Handy nicht mehr.

Jetzt (1) _____ schon drei Wochen _____, seit ich in Paris bin, und es gefällt mir wirklich gut hier. Bei unserem letzten Telefonat (2) _____ ich schon viel _____. Aber ihr wisst noch gar nicht, was heute (3) _____. Das Fernsehen war in unserer Sprachenschule!

Ein Journalist, Pierre hieß er, (4) _____ mich _____ und mir viele Fragen (5) _____. Es war sogar ein Kamera-Team dabei, das uns (6) _____.

Das (7) _____ mich richtig _____. Ich (8) _____ mich zuerst nicht zu sprechen, aber weil er so nett war, (9) _____ es dann ganz gut _____.

Er (10) _____ mir oft _____, aber er (11) _____ mich nie _____. wir alle den Film.

Nach dem Unterricht (12) _____ wir mit ein paar Fernsehleuten noch im Café _____. Wir (13) _____ uns noch lange über unsere Interview-Antworten _____. Ich glaube, ich (14) _____ heute den Journalismus für mich _____. Das muss ein interessanter Beruf sein, Pierre (15) _____ so davon _____.

Küsschen, eure Karin

PS: Wenn ich meine Handykarte (16) _____, rufe ich euch wieder an.

---

erreichen

vergehen

erzählen
passieren

interviewen
stellen
filmen
motivieren
trauen
klappen

helfen
verbessern

sitzen
amüsieren
entdecken

schwärmen

aufladen

Perfekt

⭐ 19 Ausgeschlafen?

Ergänzen Sie schlafen im Perfekt. Achten Sie auf die Vorsilbe.

0. _Hast_ du gut _geschlafen_ ?

1. Seit das Baby da ist, _____ meine Frau nicht mehr _durch_.

2. Am Sonntag _____ wir endlich mal wieder _aus_.

3. Gestern war es nachts auf der Straße so laut, dass ich erst spät _ein_ _____ .

4. Er _____ ver _____ .

5. Der Wecker hat geklingelt, aber er _____ trotzdem weiter _____ .

⭐ 20 Bürokratie

Was passt? Bilden Sie das Partizip. Streichen Sie _ge_, wenn nötig: _ergezählt_

0. Das Wohnungsamt hat den Antrag auf Wohngeld abge _lehnt_ .

1. Wir haben uns drei Tage nach dem Umzug beim Einwohnermeldeamt umge _____ .

2. Den Antrag auf Arbeitserlaubnis haben wir bereits vor einem Monat abge _____ .

3. Die Krankenkasse hat mit keinem Satz bege _____ , warum sie die Kosten nicht übernimmt.

4. Die Münchner haben in einem Bürgerentscheid über den Bau des Fußballstadions abge _____ .

5. Wir haben als Ehepaar eine neue Steuerklasse beange _____ .

6. Seit fünf Jahren hat mein Vermieter keine Nebenkosten abge _____ .

7. Einige Eltern haben sich beim Schulamt über den Ausfall der Stunden bege _____ .

8. Leider ist der chinesische Universitätsabschluss meines Freundes Xigang nicht sofort anerge _____ worden.

9. Aber das hat mein Freund erst nach vielen Gesprächen herausgebe _____ .

10. Sein Doktorvater und der Institutsleiter einer deutschen Universität haben sich beratge _____ und ihm eine andere Lösung ange _____ .

-geben
-gründen
-~~lehnen~~
-melden

-rechnen
-schweren
-stimmen
-tragen

-schlagen
-kommen
-kennen
-bieten

s Wohngeld
Geld vom Staat für
die Miete

r Bürgerentscheid
Bürger stimmen ab

★ 21 Persönliche Erinnerungen an die DDR

Ergänzen Sie *haben* oder *sein* in der richtigen Form.

Ein Zeitzeuge aus dem Harz erzählt:

Die innerdeutsche Grenze (0) _hat_ das Land mehr als vier Jahrzehnte geteilt. Sie (1) _____ quer durch Städte, Nachbardörfer, Gebirge, Flüsse usw. verlaufen und (2) _____ von einem Tag auf den anderen Menschen und Orte voneinander getrennt, die zusammengehört (3) _____.

1957 (4) _____ DDR-Grenzsoldaten direkt an mein Grundstück Grenzsteine gesetzt, der Grenzzaun (5) _____ viel weiter hinten gestanden. Anfangs (6) _____ die Soldaten keine fünf Meter entfernt an meinem Grundstück entlangpatrouilliert. Wir im Westen (7) _____ sie begrüßt und (8) _____ mit ihnen ein paar Worte gewechselt. Doch ab 1961 (9) _____ sie grußlos und mit großem Abstand vorbeimarschiert. Der DDR-Staat (10) _____ ihnen die „Kontaktaufnahme mit dem Klassenfeind" strikt verboten.

In den 1970er-Jahren (11) _____ viele Westdeutsche zum ersten Mal ein Visum erhalten, um in die DDR zu reisen. Ab 1973 (12) _____ ich den sogenannten „kleinen Grenzverkehr" genutzt und (13) _____ mich immer wieder mit einem Visum für Tagesbesuche in die DDR gewagt. Es waren vor allem Westdeutsche, die sich meist aus familiären Gründen dem Osten verbunden gefühlt (14) _____. Manchmal (15) _____ West-Lehrer für ihre Schüler Tagesausflüge organisiert, einige Eltern (16) _____ ihre Kinder aus Angst nicht mitfahren lassen. Als Besucher der DDR (17) _____ man niemanden provozieren dürfen. Das (18) _____ die wichtigste Regel gewesen. Es war manchmal aber auch beklemmend. Besuchern aus dem Westen (19) _____ man in Gaststätten mehr und meist besseres Essen serviert als ostdeutschen Gästen am Nebentisch.

Nach dem Abbau der Grenzanlagen im November 1989 (20) _____ unsere ostdeutschen Nachbarn nach kilometerlangen Fußmärschen oder mit ihren Trabis in den Westen gelangt. Wir (21) _____ uns umarmt, gefeiert und gesungen. Jeder Ostdeutsche (22) _____ sich ein Begrüßungsgeld in Höhe von 100 DM abholen können.

---

patrouillieren
auf- und abgehen

sich verbunden fühlen
sich nahe fühlen

beklemmend
Angst machend

r Trabi
Trabant, ehemaliges DDR-Auto

e DM
D-Mark, Deutsche Mark, 100 DM = ca. 50 Euro

⭐ 22 Weißt du schon?

A

Was gehört zusammen? Ordnen Sie zu.

0. Er hatte einen Unfall. `a`
1. Das ist noch nie passiert. ☐
2. Plötzlich war das Taxi nicht mehr zu sehen. ☐
3. In der Garderobe ist noch nie etwas verschwunden. ☐
4. Ich habe vor lauter Arbeit vergessen zu essen. ☐
5. Die Gutscheine sind nicht mehr gültig. ☐

a. Er __ist__ _verunglückt_ .
b. Sie _____ schon _____ .
c. Das _____ noch nie _____ .
d. Es _____ plötzlich _____ .
e. Es _____ noch nie etwas _____ .
f. Ich _____ fast _____ .

verunglücken
verfallen
vorkommen
verschwinden
verloren gehen
verhungern

B

Ergänzen Sie das Verb im Perfekt.

⭐ 23 Auf den Geschmack gekommen?

Was bedeuten die Redewendungen?

0. Er ist aus allen Wolken gefallen. `a`
1. Er ist nicht auf den Mund gefallen. ☐
2. Er ist mit der Tür ins Haus gefallen. ☐
3. Sie ist auf den Geschmack gekommen. ☐ ☐
4. Sie ist unter die Haube gekommen. ☐ ☐
5. Das hat sie in den falschen Hals bekommen. ☐ ☐
6. Er ist ins Fettnäpfchen getreten. ☐ ☐
7. Er ist in die Fußstapfen seines Vaters getreten. ☐ ☐
8. Er hat den Nagel auf den Kopf getroffen. ☐

a. Er war total überrascht.
b. Er hat das Thema direkt angesprochen.
c. Er hat zu allen Themen eine Meinung.

a. Sie hat geheiratet.
b. Das hat sie völlig missverstanden.
c. Sie hat etwas gefunden, was sie nicht mehr missen möchte.

a. Er hat sich unpassend und peinlich verhalten.
b. Er hat die Situation richtig erkannt.
c. Er hat den Beruf seines Vaters ergriffen.

missen
vermissen

unpassend
nicht korrekt

peinlich
unangenehm

Beruf ergreifen
Beruf wählen

Präteritum

1 Erzählen in der Schriftsprache

A Unterstreichen Sie die Präteritum-Formen.

Fabio reservierte für den Abend einen Tisch im Restaurant und nahm ein Taxi nach Amalfi. Dem Mann an der Rezeption gab er zwanzigtausend Lire. (...) Das Hotel hieß La Bussola und lag an der Hafenpromenade. Fabios Zimmer war eines der wenigen ohne Meerblick. Aber wenn er sich etwas aus dem Fenster lehnte, konnte er den Dom von Amalfi sehen.

Er packte seine Tasche aus, rasierte sich, duschte und zog sich um. (...) Er ging zielstrebig. Nur Touristen schlenderten ziellos, und Fabio hasste es, in Italien für einen Touristen gehalten zu werden.

aus Martin Suter *Ein perfekter Freund*, Copyright © 2002, 2003 Diogenes Verlag AG Zürich

sich aus dem Fenster lehnen

r Dom
große Kirche

schlendern
gemütlich gehen

zielstrebig ↔ ziellos
ohne Ziel

B Ordnen Sie die Formen in die Tabelle ein. Ergänzen Sie den Infinitiv und markieren Sie den Vokalwechsel.

regelmäßig	unregelmäßig	Hilfs-/Modalverben
reservierte	nahm	
reservieren	nehmen	

C Welche Regeln für das Präteritum lassen sich erkennen? Verbinden Sie die Sätze.

1. Bei den regelmäßigen Verben [a]
2. Bei den unregelmäßigen Verben [ ]
3. Die *ich*-Form (1. P. Sg.) und *er/sie/es*-Form (3. P. Sg.) der unregelmäßigen Verben [ ]

a. hat die Endung ein *t*-.
b. haben keine Endung.
c. ändert sich der (Stamm-)Vokal.

D Ergänzen Sie die Formen und markieren Sie die Endungen.

	packen	antworten	können	haben	sein	geben
ich						
du			könntest			
er/sie/es	packte					
wir					waren	
ihr						
sie				hatten		gabt

② Typische Fragen

Ergänzen Sie *haben* und *sein* im Präteritum.

0. _Warst_ du gestern im Kino? – Nein, ich _hatte_ keine Lust.
1. Was habt ihr gestern gemacht? – Wir _____ den ganzen Tag zu Hause.
2. Sie sprechen ja Chinesisch! – Ja, ich _____ drei Jahre in China.
3. _____ Andrea mit dem Hotel zufrieden? – Na ja, das Zimmer _____ keine Klimaanlage.
4. Wie _____ es beim Skifahren? – Super!
5. _____ ihr genügend Schnee? – Ging schon, es _____ aber kalt.
6. Ich habe gehört, ihr _____ in Neuseeland. – Ja, letzten Sommer.
7. Meiers _____ schon in Afrika und Asien, aber noch nie in der Schweiz. – Wirklich?

③ Alltagsdialoge

Ergänzen Sie die Verben im Präteritum.

0. Hast du Brot gekauft? – Nein, beim Bäcker _gab_ es kein einziges mehr. | geben
1. Wie lange habt ihr aufs Essen gewartet? – Es _____ nach zehn Minuten. | kommen
2. Hier habe ich ein kleines Geschenk für Sie. – Das _____ aber nicht nötig. | sein
3. Warum bist du so früh gegangen? – Ich _____ keine Lust mehr zu tanzen. | haben
4. Ich kann heute nicht kommen. – Das _____ ich mir schon. | denken
5. Stell dir vor. Gestern im Theater _____ schon jemand auf meinem Platz. | sitzen
6. Warum kommst du so spät? – Es _____ nicht früher. | gehen
7. Wir waren so hungrig, es _____ nichts übrig. | bleiben
8. Woher weißt du das? – Das _____ gestern in der Zeitung. | stehen
9. Hier _____ doch ein Foto von uns? – Das habe ich abgenommen. | hängen
10. Wo ist mein Handy? – Vorhin _____ es auf der Treppe. | liegen

④ Kleine Neuigkeiten

Ergänzen Sie das passende Verb im Präteritum.

1. Wir _saßen_ schon länger in der Kneipe, als sich ein nettes Paar zu uns an den Tisch _____. | setzen/sitzen
2. Als ich gestern nach Hause kam, _____ eine unbekannte Jacke an der Garderobe. Ich _____ meinen Mantel daneben und … | hängen/hängen
3. Er _____ sein Auto direkt vor das Einkaufszentrum. Obwohl es dort im Halteverbot _____, bekam er keinen Strafzettel. | stellen/stehen
4. Meine frühere Chefin _____ viel Wert auf Pünktlichkeit. Wenn ich trotzdem zu spät kam, dann _____ es meist an verspäteten Zügen. | legen/liegen

e Kneipe
Bar

Präteritum

5 E-Mails

Ergänzen Sie das Verb im Präsens und Präteritum.

können

0. Eva, gestern _konnte_ ich leider nicht kommen, aber wir _können_ uns gern heute Abend treffen. LG Gabi

bekommen

1. Hi! Dieses Mal _____ die Bahn einen Beschwerdebrief von mir. Der Zug hatte mehr als 70 Minuten Verspätung und ich _____ keinen Gutschein. Eine Frechheit, oder? K.

gehen

2. Liebe Mama,
du kannst den Urlaub weiter genießen. Oma _____ es wieder besser. Der Arzt meinte, es _____ ihr nur wegen der Grippeimpfung so schlecht. Mach dir keine Sorgen mehr! Ina

wissen

3. Hallo Thomas, ich _____ nicht, dass du jetzt verheiratet bist. Elke hat es mir erzählt. Und sie _____ es angeblich von Judith. Vielleicht informierst du uns mal!!! Der unwissende Klaus

steigen

4. Sehr geehrter Herr Johannsen,
haben Sie schon gesehen? Seit gestern _____ der Euro wieder. Vor drei Monaten war das genauso, damals _____ gleichzeitig der Preis für Öl. Wie sollen wir darauf reagieren?
Mit freundlichen Grüßen
K. Volkmann, Geschäftsführer

LG
Liebe Grüße

e Impfung
damit man eine Krankheit nicht bekommt

6 Was wissen Sie über Deutschland?

Ergänzen Sie das kursiv gedruckte Verb im Präteritum. Wie heißt der Infinitiv?

0. *Weißt* du, dass Bayern das größte deutsche Bundesland ist? – Das _wusste_ ich nicht.   _wissen_

1. Die erste Bundeskanzlerin Deutschlands *heißt* Angela Merkel. Wie _____ der Bundeskanzler vor ihr? – Gerhard Schröder.   _____

2. In der Bundesrepublik Deutschland *gibt* es heute 16 Bundesländer. Bis zur Wiedervereinigung 1990 _____ es nur 11 Bundesländer.   _____

3. Die meisten in Deutschland lebenden Immigranten *kommen* aus der Türkei. Die ersten Türken _____ in den Sechzigerjahren als „Gastarbeiter" nach Deutschland.

4. Die Zeiten ändern sich. Seit der Fußballweltmeisterschaft 2006 in Deutschland *gilt* es als normal, die Deutschlandfahne an sein Haus oder Auto zu hängen. Bis dahin _____ es als Tabu.

5. Deutschland ist Mitglied der Europäischen Union/EU, die seit 2013 aus 28 europäischen Staaten *besteht*. 1950, im Jahr der Gründung der „Montanunion", _____ die spätere EU aus zwei Ländern, Frankreich und Deutschland.

7 Kurznachricht

Ergänzen Sie das passende Verb.

Deutscher am schnellsten

Zum vierten Mal in Folge (0) _ließ_ der Stuttgarter Thomas Dold alle Gegner hinter sich. Der 24-jährige Student (1) _____ die 1567 Stufen des Empire State Building in exakt 10:07 Minuten hoch. Nach seinem Sieg (2) _____ Dold überglücklich in den Schnee. Obwohl der 24-jährige sehr schnell oben (3) _____, (4) _____ er immer noch zehnmal langsamer als der Besucheraufzug. Bei den Frauen (5) _____ die Australierin Suzy Walsham. Sie (6) _____ die Besucherplattform in gut 13 Minuten. Selbst Ginette Bedard, mit 75 die älteste Teilnehmerin, (7) _____ die 102 Stockwerke in einer angemessenen Zeit, geschminkt und frisiert, nach 22 Minuten.

© AFP Agence France-Presse GmbH

ankam
erreichte
fiel
gewann
ließ
rannte
schaffte
war

r Gegner Konkurrent

e Plattform großer Balkon

s Zedernholz gut riechendes Holz

kratzen wehtun

angemessen nicht zu langsam

8 Ein geheimnisvoller Mann

A **Unterstreichen Sie die Verben im Präteritum.**

Wer <u>war</u> der geheimnisvolle Mann, der ihr dort in der Bar gegenüber <u>saß</u>? War er der, für den sie ihr hielt, oder kam das Bild nur aus ihrer lebhaften Fantasie? Sie musste es herausfinden, jetzt gleich. Sie stand auf, ging um den Tisch herum, zog ihn an der Krawatte zu sich hoch und küsste ihn. Sie schloss die Augen und konzentrierte sich darauf, was sie fühlte. Sein Atem roch nach Whisky und Zigaretten, sein Körper nach Zedernholz. Sein Dreitagebart kratzte beim Küssen und sie dachte daran aufzuhören, tat es aber nicht. Dann plötzlich hörte sie wie aus dem Nichts eine Stimme. „Mama, wach auf! Wann gehen wir endlich in den Tierpark?"

B **Notieren Sie die Präteritum-Formen und ergänzen Sie den Infinitiv.**

war – sein

Präteritum

★ ⑨ Deutsche Sportler

A   Ergänzen Sie das passende Verb im Präteritum.

erkennen • fördern • stehen • zählen • zurücktreten

1. Ihr Vater _erkannte_ früh ihr Talent und _____ sie intensiv. Sie _____ 377 Wochen an Nummer 1 der Weltrangliste. Bereits Ende der Achtzigerjahre _____ sie zu den beliebtesten Sportlern der Welt. Im August 1999 _____ sie vom Profitennissport _____.

beenden • besitzen • dauern • fahren • gewinnen • sammeln

2. 2006 _____ der erste deutsche Formel-1 Weltmeister seine Karriere als Rennfahrer. Sein Vater _____ eine Kart-Rennbahn, dort _____ er schon früh erste Erfahrungen. Mit 22 Jahren _____ er seinen ersten Grand Prix. Seine Karriere _____ 15 Jahre, in denen er sieben WM-Titel _____.

erklären • folgen • holen • schwimmen • teilnehmen

3. 1992, mit 14 Jahren, _____ sie zum ersten Mal an einer Olympiade _____ und _____ gleich zwei Silber- und zwei Bronzemedaillen im Schwimmen. 1994 _____ sie ihren ersten Weltrekord. Es _____ eine beispiellose Sportkarriere, bis sie nach den olympischen Spielen in Athen 2004 ihren Rücktritt _____.

bringen • holen • trainieren • wählen • werden

4. Er _____ von Anfang an mit seinem Vater, der ihn an die Weltspitze _____. Er _____ 2007 Weltmeister und _____ drei olympische Medaillen am Reck: 2008 in Peking Bronze, 2012 in London Silber und 2016 in Rio Gold. 2007 und 2016 _____ man ihn zum Sportler des Jahres.

B   Von welchen deutschen Sportlern ist die Rede?

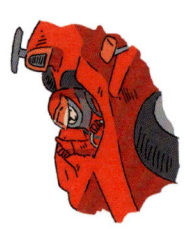

☐ Michael Schumacher (*1969)

☐ Steffi Graf (*1969)

☐ Fabian Hambüchen (*1987)

☐ Franziska van Almsick (*1978)

★ 10 Berühmte Entdecker und Erfinder

A Bilden Sie aus den Silben das passende Verb im Präteritum. In der Lücke stehen schon Buchstaben.

1. Er er*fand* das Teleskop und s*tudierte* damit die Bewegung der Sterne. Dabei s_____ er _____, dass sich die Erde um die Sonne dreht.
Galileo Galilei (1564-1642) oder ~~James Watt (1736-1819)~~?

   er · ~~dies~~ · fest ·
   ~~fand~~ · stell · ~~ten~~
   te · te

2. Er s_____ aus einer armen Familie und l_____ erst spät lesen und schreiben. Zusammen mit seinem Sohn Robert e_____ b_____ er die „Rocket", die erste Dampflokomotive der Welt. Sie f_____ von Liverpool nach Manchester.
Louis Pasteur (1822-1895) oder George Stephenson (1781-1848)?

   bau · er · fuhr ·
   lern · stamm · te ·
   te · te

3. Er b_____ w_____, dass Mikroorganismen, die man später Bakterien n_____, bei Krankheiten eine Rolle spielen. Er b_____ g_____ die Mikrobiologie und Immunologie.
Louis Pasteur oder Carl Benz (1844-1929)?

   be · be · grün · de ·
   nann · wies · te · te

4. Er e_____ w_____ die Dampfmaschine und v_____ b_____ sie weiter. Das e_____ l_____ den Menschen die Arbeit, außerdem e_____ h_____ sich die Produktion.
George Stephenson oder James Watt?

   bes · ent · er · er ·
   höh · leich · ser ·
   ter · ver · wickel

5. Er s_____ das erste Automobil und m_____ es als Patent an. Auf Ausstellungen f_____ die Presse seinen „Wagen ohne Pferde", doch das Publikum l_____ ihn aus.
Galileo Galilei oder Carl Benz?

   de · fei · er · lach ·
   mel · schuf · te ·
   te · te

B Welcher Entdecker oder Erfinder ist gemeint? Streichen Sie die falsche Antwort.

C Ordnen Sie die Präteritum-Formen in die Tabelle ein. Ergänzen Sie den Infinitiv und markieren Sie Vokalwechsel.

regelmäßig		unregelmäßig	
studierte	studieren	erf**a**nd	erf**i**nden

Präteritum

⭐ ⑪ Besuch in Basel

Ergänzen Sie das passende Verb im Präteritum.

1. Letzten Sommer _fuhren_ wir mit einer Reisegruppe in die Schweiz.
   Unser Reiseleiter _____ uns am ersten Tag durch die Altstadt von Basel.

   fahren
   führen

2. Die meisten Teilnehmer _____ zum ersten Mal in der Schweiz.
   Ein Basler Stadtführer _____ uns einen Einblick in ein schönes altes Stadthaus, das früher reichen Stofffabrikanten gehört hatte.

   gewähren
   sein

3. Unser Hotel _____ direkt in der Altstadt.
   Freundlicherweise _____ uns der Reiseleiter jeden Morgen eine Zeitung und den Tagesplan vor die Tür.

   legen
   liegen

4. Das Hotel _____ sogar ein Schwimmbad.
   Und der Reiseleiter _____ darauf, dass wir es wenigstens einmal benutzten.

   besitzen
   bestehen

5. Am ersten Tag _____ wir die Altstadt mit dem Münster.
   Als wir wieder aus dem Münster kamen, _____ wir die Schiffe auf dem Rhein.

   beobachten
   besichtigen

6. Auch das Kunstmuseum _____ auf dem Programm.
   Vor dem Tinguely-Brunnen _____ wir uns zu einem Gruppenfoto auf.

   stehen
   stellen

7. Von den Museen _____ uns vor allem das Museum Beyerle in Riehen.
   Zurück nach Basel sind wir durch den Park gelaufen, dabei _____ wir kurz vom Weg ab und landeten in Deutschland.

   gefallen
   geraten

8. Einen ganzen Nachmittag _____ wir auf dem neuen „Campus des Wissens" einer großen Pharmafirma.
   Dabei _____ wir unsere ganze Sonnencreme, weil die Sonne so gebrannt hat.

   verbrauchen
   verbringen

9. Zum Glück _____ sich das schöne Wetter bis zu unserer Abreise.
   Nur einmal _____ eine Teilnehmerin den Regenschirm heraus – aber nur, um sich vor der Sonne zu schützen.

   halten
   holen

10. Am letzten Tag _____ wir am Rhein entlang Richtung Süden.
    Wir _____ uns über die vielen Schwimmer im Rhein, die sich mit der Strömung treiben ließen.

    wandern
    wundern

11. Die meisten Schweizer _____ sich sehr, Hochdeutsch zu sprechen.
    Wir alle _____, auf jeden Fall wiederzukommen.

    beschließen
    bemühen

⑫ Ankunft bei der Gastfamilie

Ergänzen Sie die fehlenden Buchstaben der Verben im Präteritum.

(...) Als ich am Flughafen in Frankfurt (0) *a_n_k_a_m,* (1) *war* ____ ____
schon meine neue Familie auf mich. Die Eltern und ihre Kinder, Max, Laura
und Tino, ihr Schäferhund, (2) *be* ____ ____ mich sehr freundlich.
Ich (3) *schl* ____ ____ alle sofort in mein Herz.
Wir (4) *w* ____ ____ noch eine Stunde mit dem Auto fahren, bis wir
in Neuwied bei Koblenz (5) *w* ____ *n.* Das Haus der Familie (6) ____ *r* frisch
renoviert. Mein Zimmer (7) *l* ____ im ersten Stock neben Lauras Zimmer. Mit
Laura (8) *ver* ____ ich mich von Anfang an sehr gut. Ihr Bruder Max
dagegen (9) *spr* ____ nicht viel mit mir.
In meinem Zimmer (10) *pa* ____ ich zuerst meinen Koffer aus, dann
(11) *l* ____ *g* ____ ich mich für ein paar Minuten aufs Bett. Nach dem langen Flug
(12) *w* ____ ich ein bisschen ausruhen.
Nach dem Abendessen (13) *schl* ____ der Vater vor, noch gemeinsam einen
kleinen Spaziergang durch den Ort zu machen. Wir (14) *w* ____ *en* Tino mit.
Max (15) *bl* ____ zu Hause, seine Mutter (16) *h* ____ *f* ihm beim
Spanischlernen. Das wird wahrscheinlich bald meine Aufgabe sein.

ankommen
(aus)packen
begrüßen
bleiben
helfen
legen
liegen
(mit)nehmen
müssen
schließen
sein
sein
sprechen
verstehen
(vor)schlagen
warten
wollen

⑬ Unfallbericht

Korrigieren Sie die fehlerhaften Verbformen.

Anlage zum Unfallbericht

Der Unfall (0) *passiert* ~~passierte~~ am 12. Januar 2018 auf der
Bundesstraße 106 zwischen Schwerin und Wismar
kurz nach Zickhusen. An dem Abend (1) *fällen* innerhalb
von einer Stunde zehn Zentimeter Neuschnee und die Temperaturen
(2) *liegen* bei minus zwei Grad. Meine durchschnittliche Geschwindig-
keit (3) *beträgt* 40 km/h. Dennoch (4) *käme* der Wagen in einer
leichten Kurve ins Schleudern. Es (5) *lagen* sicher am Neuschnee und dem Glatteis
darunter. Beim ersten Rutschen (6) *ginge* ich sofort vom Gas, trotzdem (7) *verlier* ich
die Kontrolle über den Wagen. Der Wagen (8) *abkam* von der Fahrbahn und
(9) *stoße* gegen einen Baum. Am fast neuen Auto (10) *entstanden* ein Totalschaden.
Mein Beifahrer, Rudi Hohlmeier, und ich (11) *blieb* unverletzt. Beim Aussteigen
(12) *rutsche* der Beifahrer aus und (13) *gebrochen* sich das Handgelenk.

Präteritum

⚫14 Vermischtes

Ergänzen Sie die Verben im Präteritum. Jeweils ein Verb ist regelmäßig, das andere unregelmäßig.

0. Der Zeuge _beobachtete_ den Überfall und _beschrieb_ den Täter der Polizei.

1. Er _____ viel an seine Eltern und _____ ihnen für alles, was sie für ihn getan hatten.

2. Der neue Film von Wim Wenders _____ die Kinofans, ein bekannter Filmemacher _____ dem Regisseur sogar aufzuhören.

3. Es _____ eine neue Firma, die sich gut _____.

4. Wir _____ zusammen und _____ von alten Zeiten.

5. Sie _____ nach Bali und _____ dort Hochzeit.

6. Die Tränen _____, so sehr _____ er sich, uns wiederzusehen.

7. Solange sie _____, _____ sie.

8. Ich _____ viele deutsche Bücher und _____ sehr viel dabei.

9. Nach der Filmvorführung _____ die einen, die anderen _____.

10. Die Kinder _____ und _____ den ganzen Tag im Garten herum.

11. Dass die Brüder sich früher oft _____, _____ übrigens.

12. Er _____ sein Haus und _____ die Stadt.

13. Sie _____ sich aufs Bett und _____.

14. Wir _____ nicht daran, dass alle Bescheid _____.

beobachten • beschreiben

danken • denken

enttäuschen • empfehlen

entstehen • entwickeln

sitzen • erzählen

fliegen • feiern

fließen • freuen

leben • lügen

lesen • lernen

schimpfen • schweigen

spielen • springen

stimmen • streiten

verkaufen • verlassen

weinen • werfen

wissen • zweifeln

Plusquamperfekt

1 **Endlich Urlaub!**

A Unterstreichen Sie die Plusquamperfekt-Formen.

0. Wir bekamen das Hotelzimmer, weil wir schon lange reserviert hatten.

1. Beim Auspacken bemerkte ich, dass ich meinen Badeanzug vergessen hatte.

2. Wie ärgerlich! Ich hatte mir extra für den Urlaub einen neuen gekauft und jetzt lag er zu Hause.

3. Nachdem wir zu Abend gegessen hatten, beschlossen wir, noch einen Spaziergang am Strand zu machen.

4. Als wir um elf Uhr zurückkamen, waren wir fast zwei Stunden spazieren gegangen.

5. Wir fielen todmüde in unsere Betten. Kein Wunder, wir waren ja auch schon um vier Uhr morgens aufgestanden.

6. Am nächsten Tag lagen wir faul am Strand und konnten uns nicht vorstellen, dass wir zwei Tage zuvor noch im Büro gesessen hatten!

B Ordnen Sie die Formen in die Tabelle ein.

*haben/sein
im Prät. S. 31*

*Partizip Perfekt
S. 18*

Plusquamperfekt mit *haben*	Plusquamperfekt mit *sein*
hatten reserviert	

C Welche Aussagen sind richtig, welche falsch? Kreuzen Sie an.

	richtig	falsch
0. Das Plusquamperfekt ist eine Zeit der Vergangenheit, auch Vorvergangenheit genannt.	☒	☐
1. Die Hilfsverben *haben* und *sein* stehen im Präsens.	☐	☐
2. Plusquamperfekt steht, wenn eine Handlung **vor** einer anderen in der Vergangenheit passiert ist.	☐	☐
3. Statt Plusquamperfekt kann auch Präteritum oder Perfekt stehen.	☐	☐
4. Perfekt und Plusquamperfekt werden mit den Hilfsverb *haben/sein* und dem Partizip Perfekt gebildet.	☐	☐

D Formen Sie die Sätze 0–6 ins Präsens und Perfekt um.

0. Wir *bekommen* das Hotelzimmer, weil wir schon lange *reserviert haben.*

Plusquamperfekt

2 Der neue Job

Ergänzen Sie *hatte* oder *war*.

0. Gestern besuchte mich eine Freundin. Ich _hatte_ sie zwei Jahre nicht *gesehen*.

1. Sie erzählte mir von ihrem neuen Job, den sie vor ein paar Monaten *angenommen*
   _____.

2. Es ist ihr Traumjob. Die Anzeige _____ sie zufällig in der Zeitung *gefunden*.

3. Eine kleine Firma suchte eine neue Marketing-Assistentin, nachdem die vorherige
   von heute auf morgen *verschwunden* _____.

4. Zwei Tage, nachdem sich meine Freundin *beworben* _____, erhielt sie eine
   Einladung zum Vorstellungsgespräch.

5. Alles, was sie *gehofft* _____, wurde Wirklichkeit. Sie bekam den Job und ein
   gutes Gehalt.

6. Schon nach einer Woche durfte sie selbstständig arbeiten. Auch das _____ sie
   nicht *erwartet*.

7. Sie verstand sich mit allen Kollegen gut. Das _____ ihr vorher noch
   nie *passiert*.

8. Nachdem die Probezeit *abgelaufen* _____, feierte sie mit Freunden und
   Kollegen.

3 Was ist passiert?

Bilden Sie Sätze im Plusquamperfekt.

0. Ich konnte die Rechnung nicht bezahlen.
   Ich hatte meinen Geldbeutel zu Hause vergessen.

1. Peters Rad wurde gestohlen.

2. Wir sind zu spät ins Theater gekommen.

3. Karin musste die Einladung absagen.

4. Paul hat seinen Job verloren.

5. Julia bekam eine Fünf in Mathe.

ich • meinen
Geldbeutel zu
Hause vergessen

er • es nicht
abschließen

wir • den Bus
versäumen

sie • plötzlich
krank werden

er • den Chef
beleidigen

sie • nicht genug
lernen

Plusquamperfekt

4 Märchen

A Was gehört zusammen? Ordnen Sie zu.

0. Der Frosch verwandelte sich in einen Prinzen,

1. Nachdem sie in den vergifteten Apfel gebissen hatte,

2. Die Kinder kamen zu einem Lebkuchenhaus,

3. Nachdem die Vögel ihr bei der Arbeit geholfen hatten,

a. nachdem die Prinzessin ihn geküsst hatte.

b. konnte sie auf den Ball des Königs gehen.

c. sank sie ohnmächtig zu Boden.

d. nachdem sie lange im Wald herumgeirrt waren.

B Wie heißen die vier Märchen der Brüder Grimm?

0. [a] _Der Froschkönig_   2. [ ]

1. [ ] _____   3. [ ]

verwandeln
anders aussehen

ohnmächtig
tief schlafend

herumirren
suchen und nicht
finden

~~Der Froschkönig~~
Aschenputtel
Schneewittchen
Hänsel und Gretel

C Unterstreichen Sie die Plusquamperfekt-Formen.

5 Eine Liebesgeschichte

Verbinden Sie die Sätze mit _nachdem_.

0. _Nachdem er sie auf einer Party kennengelernt hatte, dachte er nur noch an sie._
Er lernte sie auf einer Party kennen. Er dachte nur noch an sie.

1. _____
Er besorgte sich ihre Telefonnummer. Er rief sie an.

2. _____
Sie verabredeten sich für einen Abend. Sie trafen sich regelmäßig.

3. _____
Sie küssten sich zum ersten Mal. Sie beschlossen, eine gemeinsame Wohnung zu suchen.

4. _____
Sie zogen um. Sie planten ihre Hochzeit.

5. _____
Sie heirateten. Sie machten ihre Hochzeitsreise nach Paris.

6. _____
Das erste Kind kam auf die Welt. Sie arbeitete nur noch halbtags.

7. _____
Die Wohnung wurde zu klein. Sie kauften sich ein Haus.

8. _____
Sie bekamen noch zwei Kinder. Das Glück war perfekt.

Verb + Endung | 41

Plusquamperfekt

6 Im Sprachkurs

Bilden Sie Sätze mit nachdem.

0. Zuerst wählten wir ein Thema, dann stellte die Lehrerin verschiedene Fragen.
   Nachdem wir ein Thema gewählt hatten, stellte die Lehrerin verschiedene Fragen.

1. Zuerst überlegten wir ein paar Sekunden, dann antworteten wir.

2. Zuerst sammelten wir Informationen zum Thema, danach verglichen wir unsere Ergebnisse.

3. Zuerst bildeten wir kleine Gruppen, dann verteilte die Lehrerin verschiedene Texte.

4. Zuerst lasen wir die Texte, danach besprachen wir sie in den Gruppen.

5. Zuerst stellten wir unseren Text vor, anschließend diskutierten wir mit den anderen darüber.

★ 7 Wieder daheim

Was passt? Ordnen Sie zu und ergänzen Sie das passende Verb.

> *nach* (+Dat.) + Nomen
> *nachdem/als* + Nebensatz + Plusquamperfekt

a	0. Als das Flugzeug _gelandet war_, telefonierten Hans und Lilly gleich mit ihren Freunden.
a.	Nach der Landung telefonierten sie gleich mit ihren Freunden.
	1. Nachdem sie aus dem Urlaub _____, sahen sie zuerst die Post durch.
b.	Nach dem Duschen packten sie die Koffer aus.
☐	2. Nachdem sie _____, packten sie die Koffer aus.
c.	Nach dem Abendessen schauten sie fern.
☐	3. Nachdem sie zusammen einen Kaffee _____, holten sie den Hund bei den Nachbarn ab.
d.	Nach dem Blumengießen setzte er sich an den Computer.
☐	4. Nachdem Lilly mit dem Hund _____, machte sie Einkäufe.
e.	Nach dem Spaziergang mit dem Hund ging sie einkaufen.
☐	5. Nachdem Hans die Blumen _____, schaute er nach seinen E-Mails.
f.	Nach dem Kaffeetrinken holten sie den Hund ab.
☐	6. Als sie _____, sahen sie sich die Nachrichten im Fernsehen an.
g.	Nach ihrer Rückkehr lasen sie zuerst die Post.

8 **Stress in der Arbeit**

Ergänzen Sie die Sätze im Plusquamperfekt.

Ihr erster Arbeitstag nach dem Urlaub:

0. Kaum *hatte* ich *in der U-Bahn Platz genommen*, kam schon ein Fahrkartenkontrolleur.

Platz nehmen • in der U-Bahn

1. Kaum _____ ich _____, klingelte schon das Telefon.

sich setzen • an den Schreibtisch

2. Kaum _____ ich _____, klopfte es an der Tür.

auflegen • den Hörer

3. Kaum _____ ich _____, fiel der Strom aus.

anschalten • den Computer

4. Kaum _____ ich _____, kam schon die nächste.

beantwortet • eine E-Mail

5. Kaum _____ ich _____, ließ mich der Chef rufen.

beginnen • mit der Arbeit

6. Kaum _____ ich _____, fing es an zu regnen.

verlassen • das Büro

---

9 **Im Skilager** ⭐

Perfekt oder Plusquamperfekt? Streichen Sie die falsche Form.

0. Schon zu Beginn des Schuljahres *haben/hatten* unsere Lehrer beschlossen, mit uns ins Skilager zu fahren. Leider wurden zwei Schüler am Abreisetag krank.

1. Bei unserer Ankunft in Österreich *hat/hatte* es geschneit, aber schon nach einer Stunde schien die Sonne wieder.

2. Mittagessen gab es erst, nachdem wir die Zimmer bezogen *haben/hatten*.

3. Kaum *haben/hatten* wir gegessen, ging es schon auf die Piste.

4. Obwohl alle in der ersten Nacht nicht viel geschlafen *haben/hatten, sind/waren* wir um sieben Uhr morgens gut gelaunt aufgestanden.

5. Nachdem wir die Zimmer aufgeräumt *haben/hatten, sind/waren* wir zum Frühstück gegangen.

6. In der Nacht *hat/hatte* es noch einmal geschneit und Jens *hat/hatte* sich beim Tiefschneefahren das Bein gebrochen.

7. Nachdem er im Krankenhaus behandelt worden *ist/war*, holten ihn seine Eltern ab.

8. Das Skirennen *hat/hatte* Petra gewonnen, nachdem unsere besten Skifahrer nicht ins Ziel gekommen *sind/waren*.

9. Die Woche verging wie im Flug. Für den letzten Abend *haben/hatten* wir noch eine Abschlussparty organisiert.

10. Erst auf der Heimreise *ist/war* uns aufgefallen, dass wir kein einziges Mal unsere Computerspiele vermisst *haben/hatten*.

Futur I + II

1 Vermischtes

A Was gehört zusammen? Ordnen Sie zu.

0. In unserem Büro sind zwei Stellen frei geworden. — ☑ a

1. Warum war sie heute Morgen nicht pünktlich? — ☐

2. Wo ist denn unser Praktikant? — ☐

3. Heute Abend müssen wir unsere Gäste vom Flughafen abholen. — ☐

4. Was hast du dir für das neue Jahr vorgenommen? — ☐

5. Wir sollten nicht mehr so viel Auto fahren. — ☐

6. Du bist gestern zu spät nach Hause gekommen. — ☐

7. Du spielst für dein Alter wirklich sehr gut Tennis. — ☐

8. Der Unfall war doch nicht meine Schuld. — ☐

9. Keiner darf erfahren, dass ich dir das Geld gegeben habe. — ☐

10. Du sitzt ja immer noch vor dem Computer. — ☐

a. Nächsten Monat werden zwei neue Mitarbeiterinnen anfangen.

b. Der wird schon nach Hause gegangen sein.

c. Ich werde mal wieder versuchen, mit dem Rauchen aufzuhören.

d. Ihr werdet den Termin doch nicht vergessen haben?

e. Die Benzinpreise werden in der nächsten Zeit weiter steigen.

f. Sie wird wahrscheinlich im Stau gestanden haben.

g. Du wirst mit niemandem darüber sprechen.

h. Wirst du jetzt endlich ins Bett gehen?

i. Ich werde die Polizei rufen.

j. Du wirst bestimmt mal Profi werden.

k. Da wird es noch Ärger mit Papa geben.

B Unterstreichen Sie die Futur-Formen in a–k und ergänzen Sie die Liste:

Futur I Satz _a,_ _b,_

Futur II Satz _b,_

C Welche Bedeutung hat das Futur in den Sätzen a–k? Ordnen Sie zu.

1. Ankündigung, Absicht _a,_
2. Vermutung, Hoffnung, Befürchtung _b,_
3. Vorausschau, Prognose
4. Warnung, Drohung
5. Aufforderung, Befehl

Futur I
Er **wird** zu spät **kommen.**

Futur II
Er **wird** zu spät **losgefahren sein.**

2 Gespräch übers Auto

A Ergänzen Sie *werden* in der richtigen Form.

Unser Auto ist schon 12 Jahre alt und macht komische Geräusche.

0. Dann _wird_ es wahrscheinlich nicht mehr lange fahren.

1. Die komischen Geräusche _____ wohl vom Motor kommen.

2. Wir _____ uns spätestens nächstes Jahr ein neues kaufen müssen.

3. Wahrscheinlich _____ ihr das dann wieder 12 Jahre fahren.

4. Das neue Auto _____ hoffentlich weniger Benzin verbrauchen als das alte.

5. Du _____ schon das richtige Auto finden.

6. Ich _____ erst einmal verschiedene Autos im Internet anschauen.

7. Du _____ mich doch beim Autokauf beraten, oder? – Na klar!

B Ergänzen Sie die Formen von *werden*.

ich _____ du _____ er/sie/es _____ wir _____ ihr _____ sie _____

3 Studium oder Lehre?

Steht hier Futur I, Futur II oder keines von beiden? Kreuzen Sie an.

	Futur I	Futur II	weder noch
0. Ich werde sicher mal Lehrer.		☒	
1. Meine Eltern werden das vielleicht nicht wollen.	☐	☐	
2. Aber Lehrer werden überall gesucht.	☐	☐	
3. Was willst du eigentlich werden?	☐	☐	
4. Meine Tochter wird nicht studieren, sondern eine Lehre machen.	☐	☐	
5. Sie wird sich ihre Entscheidung genau überlegt haben.	☐	☐	
6. Was ist eigentlich nach dem Studium aus ihm geworden?	☐	☐	
7. Morgen werde ich Bewerbungen schreiben.	☐	☐	
8. Es wird sicher schwierig, eine Stelle zu finden.	☐	☐	
9. Ich bin gespannt, was man mich im Vorstellungsgespräch fragen wird.	☐	☐	
10. Wahrscheinlich werde ich nervös sein.	☐	☐	
11. Weißt du schon, ob du bei der Bank genommen wirst?	☐	☐	
12. Wegen meiner schlechten Noten werde ich sicher abgelehnt.	☐	☐	
13. Das wird nicht deine letzte Chance gewesen sein.	☐	☐	
14. Du wirst sehen, dass ich recht habe.	☐	☐	

Futur I + II

4 Das muss sich ändern!

Was passt? Bilden Sie Sätze im Futur I.

0. Ich _werde jetzt mal den Nachbarn einen Brief schreiben_ und sie bitten, nicht immer so laut Musik zu hören.

1. Ihr _____ , sonst wird sich in eurer Firma nie etwas ändern.

2. Wir _____ . Ich will nicht mehr den ganzen Haushalt allein machen.

3. Er _____ , wenn du weiter so gemein zu ihm bist.

4. Sie _____ , damit sie sich weniger aufregen müssen.

5. Wir _____ . Der Service ist miserabel.

ab sofort die
Hausarbeit
aufteilen

dieses Hotel nicht
mehr buchen

~~jetzt mal den
Nachbarn einen
Brief schreiben~~

mal mit eurem
Chef reden müssen

ihren Eltern
nicht mehr alles
erzählen

nichts mehr mit
dir zu tun haben
wollen

gemein
nicht nett

miserabel
sehr schlecht

5 Wo sind denn die anderen?

Formulieren Sie Vermutungen im Futur. Ergänzen Sie werden und den passenden Satzteil.

Sie wollten sich mit Freunden treffen, aber nur Diana ist gekommen.

0. Zsuzsa _wird unser Treffen vergessen_ haben.

1. Claire und Rene _____ kommen.

2. Unser Sportler Alfredo _____ sein.

3. Mustafa _____ müssen.

4. Claudio und Jana _____ sein.

5. Ana _____ haben.

6. Marcel _____ haben _____ .

bestimmt noch
die U-Bahn
verpasst

keine Lust zu
kommen

noch bis sechs
arbeiten

~~unser Treffen
vergessen~~

wahrscheinlich
beim
Fußballtraining

zu spät
losgefahren

★ 6 Was Politiker versprechen

Was passt? Ergänzen Sie die Verben im Futur I.

0. Die Arbeitslosenzahlen _werden_ im nächsten Quartal _sinken_ .

1. Wir	wieder mehr Geld zur Verfügung	haben
2. Die Firmen	niemanden mehr	~~sinken~~
3. Es	viele neue Arbeitskräfte	geben
4. In den Schulen	es kleinere Klassen und mehr Lehrer	bekommen
5. Alle Kinder	einen Kindergartenplatz	gesenkt werden
6. Die Steuern	im nächsten Jahr	entlassen müssen
		eingestellt werden
		können

7 Im Jahr 2100

Was gehört zusammen? Verbinden Sie die Satzteile.

0. Die Erde	[a]	a. wird sich um einige Grad erwärmt haben.
1. Autos/Taxis	[ ]	b. werden 3 Billionen Euro verschlungen haben.
2. Der Meeresspiegel	[ ]	c. wird große Trockenheit herrschen.
3. Die Alpen	[ ]	d. werden nicht mehr auf Straßen fahren,
4. Die CO2-Konzentration	[ ]	sondern schweben.
5. Die Folgen des Klimawandels	[ ]	e. wird zwischen 9 und 88 cm angestiegen sein.
6. Im Süden Europas	[ ]	f. wird um 75 Prozent gestiegen sein.
		g. werden fast schneefrei sein.

8 Disziplin im Unterricht

Was ist ein Befehl? Was ist eine Drohung? Kreuzen Sie an.

	Befehl	Drohung
0. Du wirst jetzt aufpassen.	[X]	[ ]
1. Werdet ihr jetzt endlich ruhig sein?	[ ]	[ ]
2. Ich werde euch nichts mehr erzählen.	[ ]	[ ]
3. Du wirst gleich eine extra Hausaufgabe bekommen.	[ ]	[ ]
4. Wir werden gleich deine Eltern verständigen.	[ ]	[ ]
5. Ihr werdet jetzt mal zuhören.	[ ]	[ ]
6. Wirst du endlich still sein?	[ ]	[ ]
7. Ich werde sofort den Direktor holen.	[ ]	[ ]
8. Ich werde keinen Ausflug mehr mit euch unternehmen.	[ ]	[ ]

extra
zusätzlich
verständigen
informieren

9 Liebesschwüre

Formulieren Sie Schlusssätze für Liebesbriefe.

0. *Ich werde immer an Dich denken.*

Deine große Liebe
Julia

3.

Viele heiße Küsse
Sally

1.

Ich ♥ Dich!
Harry

4.

Dein Dich immer liebender Schatz

2.

Love!
Romeo

5.

Dein ewig treuer
Spatz

0. an • denken • Dich • Ich • immer • werde

1. fehlen • mir • Du • wirst

2. Dich • Ich • nie • werde • vergessen

3. Dir • Ich • jeden • schreiben • Tag • werde

4. aushalten • Dich • es • ich • nur • ohne • werde • Wie?

5. immer • sein • bei • ich • In • Gedanken • Dir • werde

10 Ich wandere aus

Formulieren Sie Vermutungen im Futur I. Ergänzen Sie *wahrscheinlich* usw.

0. Ich glaube, dass die ersten Wochen schwer werden.
Die ersten Wochen werden wahrscheinlich schwer werden.

1. Du musst damit rechnen, dass du erst mal nichts verstehst.

2. Es kann sein, dass du das fremde Essen nicht verträgst.

3. Ich vermute, dass du auch Heimweh bekommst.

4. Ich bin überzeugt, dass du wichtige Erfahrungen sammelst.

5. Ich bin sicher, dass du viele nette Leute kennenlernst.

6. Ich gehe davon aus, dass du bei den ersten Schwierigkeiten nicht gleich aufgibst.

wahrscheinlich

mit Sicherheit

vielleicht

möglicherweise

auf jeden Fall

sicherlich

bestimmt

★ 11 Hochzeit

A Formulieren Sie Vermutungen im Futur II.

Ihre Freundin hat gestern in der Karibik geheiratet.
Sie überlegen, wie es wohl war.

0. Das Hochzeitspaar _wird zu romantischer Musik getanzt haben._

1. Sie _____

2. Er _____

3. Die Sonne _____

4. Nur wenige Freunde _____

5. Champagner _____

6. Die beiden _____

7. Alles _____

bei Sonnen-untergang	
am Strand spazieren gehen	
~~zu romantischer Musik tanzen~~	
mitfeiern	
ein weißes Kleid tragen	
sich einen Smoking ausleihen	
in Strömen fließen	
perfekt sein	
scheinen	

B Formulieren Sie Vermutungen im Futur I.

Eine Woche vor der Hochzeit haben Sie noch mit Freunden diskutiert:

0. Glaubt ihr wirklich, dass _das Hochzeitspaar zu romantischer Musik tanzen wird?_

★ 12 Mach dir keine Sorgen!

Formen Sie die Sätze um. Verwenden Sie Futur I oder II und schon.

0. ○ Hoffentlich klappt es dieses Mal. ■ _Es wird dieses Mal schon klappen._

1. ○ Hoffentlich haben wir nichts Wichtiges vergessen.

2. ■ Hoffentlich haben wir an alles gedacht.

3. ○ Hoffentlich werden wir rechtzeitig fertig.

4. ■ Hoffentlich ist in der Prüfung nichts schiefgegangen.

5. ○ Hoffentlich sind die Prüfer freundlich.

6. ○ Hoffentlich wird die Prüfung nicht so schwer.

7. ○ Hoffentlich hat sie die Prüfung bestanden.

8. ■ Hoffentlich nützt mir das Zertifikat etwas.

★ **13** Typische Redewendungen

Was bedeuten die Redewendungen? Ordnen Sie zu.

0. Wird schon werden!
1. Du wirst dich noch umschauen.
2. Ihm wird das Lachen schon noch vergehen.
3. Das wird mich Kopf und Kragen kosten.
4. Bis dahin wird noch viel Wasser den Rhein hinunterfließen.
5. Es wird nichts dabei herauskommen.
6. Der Tag wird kommen.
7. Das wird sich alles finden.
8. Er wird dich schon nicht fressen.

a	

a. Es wird bestimmt alles gut gehen.
b. Es wird noch lange dauern, bis etwas passiert.
c. Irgendwann ist der richtige Zeitpunkt da.
d. Etwas wird keinen Erfolg haben.
e. Irgendwann wird er noch Schwierigkeiten bekommen.
f. Du brauchst keine Angst vor ihm zu haben.
g. Du wirst noch eine böse Überraschung erleben.
h. Es wird alles in Ordnung kommen.
i. Ich gehe das Risiko ein, aber ich bekomme sicher Probleme.

1 Tipps zum Fremdsprachenlernen

A Ordnen Sie die Imperativ-Formen zu.

Sie			
b			
du			
ihr			
wir			

a. Bevor ihr etwas Neues lernt, überlegt, was ihr schon wisst.

b. <u>Fragen Sie</u> Ihren Lehrer nach geeigneten Übungen.

c. Geh nur in Sprachkurse, die deinem Lernniveau entsprechen.

d. Bildet Lerngruppen, in denen ihr gemeinsam übt.

e. Reden wir nicht mehr so viel.

f. Fangen wir endlich zu üben an.

g. Benutzen Sie Techniken und Strategien, die das Lernen leichter machen.

h. Lies Zeitungen, sieh fern und sprich Deutsch!

> *Ein Ausrufezeichen ist sehr stark.*
> → Komm endlich**!**

B Unterstreichen Sie die Imperativ-Formen.

C Welche Regeln gibt es beim Imperativ? Ergänzen Sie.

du-Form	Das Verb hat kein –st als _____ .
du-/ihr-Form	Hier fehlt das _____ du oder ihr.
Sie-/wir-Form	Das _____ steht immer vor dem Pronomen *Sie* oder *wir*.

> Endung
> Verb
> Pronomen

D Ergänzen Sie den Infinitiv der zehn Verben im Imperativ aus **A**.

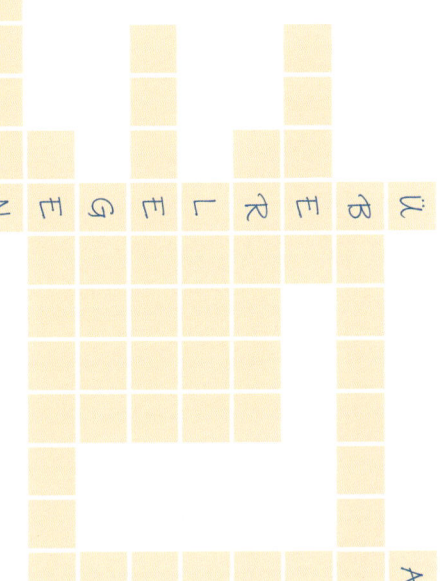

Imperativ

② Im Unterricht

A Ergänzen Sie den Imperativ in der *du*-Form.

Sie-Form bei Personen ab 16:	*du*-Form bei Personen unter 16:
0. Sprechen Sie bitte lauter.	Sprich bitte lauter.
1. Lesen Sie bitte weiter.	
2. Hören Sie gut zu.	
3. Schreiben Sie bitte deutlich.	
4. Passen Sie bitte auf.	
5. Reden Sie bitte langsamer.	
6. Seien Sie bitte pünktlich.	
7. Haben Sie etwas Geduld.	
8. Stören Sie die anderen nicht.	
9. Achten Sie auf die neue Rechtschreibung.	
10. Vermeiden Sie Wiederholungen.	

Wartest du auf mich?
→ Warte mal.
→ Wart mal. *ugs.*

aufpassen
konzentriert sein

Geduld haben
warten können

stören ↔ in Ruhe
lassen

vermeiden
nicht machen

B Ersetzen Sie die *du*-Form durch die *ihr*-Form.

0. Sprecht bitte lauter.

1. _____   6. _____

2. _____   7. _____

3. _____   8. _____

4. _____   9. _____

5. _____   10. _____

③ Meine Tochter geht aus.

Ergänzen Sie den Imperativ in der *du*-Form.

0. _Triff_ dich nicht mit deinen Freunden im Park.
1. _____ mir, um elf Uhr wieder zu Hause zu sein.
2. _____ bitte _____, wann die S-Bahn fährt.
3. _____ nicht immer bei McDonalds.
4. _____ nicht so viel Geld _____.
5. _____ dein Handy _____.
6. _____ den Schlüssel nicht.
7. _____ mir jetzt noch schnell in der Küche.

④ Auf in den Biergarten!

A Bilden Sie Imperativ-Sätze in der *du*-Form.

0. _Hol schon mal den Korb aus dem Keller hoch._
   hochholen • den Korb • aus dem Keller • schon mal
1. _____
   einpacken • zwei Geschirrtücher und Servietten • auch
2. _____
   mitnehmen • genug Besteck • für alle • ja
3. _____
   zerschlagen • die Teller • beim Einpacken • ja nicht
4. _____
   vorbereiten • den Salat • ruhig schon mal
5. _____
   einwickeln • die gekochten Eier • in Alufolie • bloß nicht
6. _____
   aufschneiden • die Wurst • doch mal
7. _____
   fertig machen • den Kartoffelsalat • endlich
8. _____
   vergessen • den Geldbeutel • ja nicht
9. _____
   sich umziehen • vielleicht noch
10. _____
    sich beeilen • bitte mal

Mach bitte **auf.**
Beeil dich.

 10 Trennbare und
untrennbare
Verben

B Ersetzen Sie die *du*-Form durch die *ihr*-Form.

0. _Holt_ schon mal …

Imperativ

5 Im Deutschkurs

Ergänzen Sie das passende Verb im Imperativ in der *Sie*-Form.

aufschlagen
diskutieren
durchlesen
hören
überlegen
überprüfen
unterstreichen
vergleichen
versuchen

verzweif**eln**
→ Verzweif**le** nicht.
→ Verzweif**el** nicht.
ugs.

0. Bitte *schlagen Sie* die Bücher auf Seite 82 *auf*.

1. _____ die Aufgabe 3 zum Hörtext _____ und _____ die Aufgabe mit Ihrem Nachbarn.

2. _____ Schlüsselwörter und _____ mit Ihrem Nachbarn, welches Thema im Hörtext behandelt wird.

3. _____ nun den Text auf der CD und _____ , die Aufgabe zu lösen.

4. _____ die Ergebnisse mit Ihrem Nachbarn und _____ beim zweiten Hören Ihre Lösungen.

6 Bitten und Ratschläge

A Was gehört zusammen? Ordnen Sie zu.

0. Du brauchst doch den Stift nicht mehr, oder?   [d]
1. Wenn du Karriere machen willst,   [ ]
2. Wollt ihr wirklich schon wieder Urlaub in Österreich machen?   [ ]
3. Falls du Karin siehst,   [ ]
4. Du frierst ja.   [ ]
5. Wenn du spät nach Hause kommst,   [ ]
6. Du kennst doch den Redakteur der Lokalzeitung?   [ ]
7. Falls du die Prüfung nicht schaffst,   [ ]
8. Deine Grammatikkenntnisse könnten besser sein.   [ ]
9. Wenn du in die Apotheke gehst,   [ ]
10. Du triffst doch morgen Hans?   [ ]

a. besorg mir bitte Aspirin.
b. Fahrt doch mal in die Schweiz.
c. Kauf dir doch mal eine Übungsgrammatik.
d. Gib ihn mir bitte.
e. bewirb dich bei einer großen Firma.
f. Mach doch das Fenster zu.
g. richte ihr herzliche Grüße von mir aus.
h. Sag ihm doch, wir hätten gern mehr Honorar.
i. sei bitte leise.
j. Stell ihm mir bitte mal vor.
k. verzweifle nicht.

B Ordnen Sie die Imperativ-Sätze nach ihrer Funktion.

Bitte   *0d,* _____

Ratschlag/Vorschlag   _____

7 Tipps für den Umzug

Bilden Sie Imperativ-Sätze in der *ihr*-Form.

> Sie sind schon oft umgezogen und geben Ihren Freunden Tipps.

✔ Checkliste

So früh wie möglich oder etwa zwei Monate vor dem Umzug

- 0. *Beauftragt rechtzeitig eine Umzugsfirma oder reserviert einen Umzugswagen.*

  rechtzeitig eine Umzugsfirma beauftragen oder einen Umzugswagen reservieren

- 1. _____
  den Umzug am besten aufs Wochenende legen

- 2. _____
  bei Freunden nachfragen, ob sie beim Umzug helfen können

- 3. _____
  den Keller entrümpeln und in der Wohnung altes Zeug ausmisten

Zwei Wochen vor dem Umzug

- 4. _____
  von Bekannten Umzugskartons besorgen oder welche im Baumarkt kaufen

- 5. _____
  sich überlegen, wo in der neuen Wohnung die Möbel stehen sollen

Ein paar Tage vor dem Umzug

- 6. _____
  Nachsendeauftrag bei der Post stellen

- 7. _____
  nicht vergessen, Internet und Stromanschluss zu kündigen und neu anzumelden

- 8. _____
  die Umzugskartons nicht ganz voll packen und jeden Karton beschriften

Am Umzugstag

- 9. _____
  genug Brotzeit und Getränke für die Umzugshelfer bereitstellen

- 10. _____
  Trinkgeld für die Leute der Umzugs-firma einplanen

- 11. _____
  die Kinder am Umzugstag bei Oma oder Freunden unterbringen

Nach dem Umzug

- 12. _____
  die neue Adresse dem Einwohnermeldeamt mitteilen

entrümpeln / altes Zeug ausmisten
Sachen, die man nicht mehr braucht, wegtun

Imperativ

8 Fangen wir an!

Was gehört zusammen? Ordnen Sie zu.

0. Der Lehrer will mit dem Unterricht beginnen und unterbricht deswegen die privaten Gespräche in der Klasse.

1. Die Lehrerin lässt noch eine Übung machen, obwohl der Unterricht in wenigen Minuten zu Ende ist.

2. Die Party ist zu Ende. Wer noch da ist, muss beim Aufräumen helfen.

3. Eine Familie könnte zu spät ins Kino kommen, wenn sie sich nicht sofort auf den Weg macht.

4. Eine Gruppe entscheidet, dass sie eine unangenehme Arbeit sofort erledigen will, damit sie vorbei ist.

5. Es ist zwei Uhr nachts an der Haltestelle und der Bus ist gerade abgefahren.

6. Freunde überlegen, wie sie das Wochenende verbringen wollen. Jemand macht einen Vorschlag.

7. In einer Arbeitsbesprechung wird klar, dass der Zeitplan nicht eingehalten werden kann.

8. In einer Diskussion werden die Teilnehmer gebeten, nicht so subjektiv zu argumentieren.

9. Jemand kommt zum letzten Punkt seines Vortrags und will noch mal die Aufmerksamkeit der Zuhörer gewinnen.

10. Nach langen Diskussionen soll sich die Projektgruppe entscheiden.

11. Nach einem langen Tag mit viel Arbeit meint jemand, dass genug gearbeitet wurde und alle nach Hause gehen dürfen.

a. Lassen wir es für heute gut sein.

b. Nehmen wir ein Taxi.

c. Seien wir doch ehrlich, wir müssen den Termin verschieben.

d. Genug geredet. Treffen wir eine Entscheidung.

e. Bringen wir es gleich hinter uns.

f. Kommen wir zum Schluss.

g. Gehen wir jetzt endlich los.

h. Nutzen wir die restliche Zeit. Machen wir noch eine Übung.

i. Kommt, räumen wir auf.

j. Los, machen wir uns an die Arbeit.

k. Bleiben wir doch objektiv.

l. Fahren wir in die Berge.

☑ j
☐
☐
☐
☐
☐
☐
☐
☐
☐
☐
☐

wir-Form im Imperativ → oft feststehende Ausdrücke

e Besprechung ein Thema wird in einer Gruppe diskutiert

r Vortrag einer spricht, alle anderen hören zu

1 Absagen

A Unterstreichen Sie alle Konjunktiv-Formen in der indirekten Rede.

Sie erzählen Ihrem Freund, wer nicht zur Party kommen kann und warum.

0. Petra meint, sie _habe_ schon etwas anderes _vor_.
1. Lisa und Mark haben gesagt, sie hätten keine Zeit.
2. Hans behauptet, er sei nicht eingeladen worden.
3. Max meint, er müsse für die Deutschprüfung lernen.
4. Inge hat erklärt, sie habe für den Abend schon Opernkarten besorgt.
5. Anna und Marina meinten, sie könnten nicht kommen. Sie seien das ganze Wochenende mit dem Umzug beschäftigt.
6. Tobias behauptet, dass wir ihm nichts gesagt hätten.
7. Cara hat erzählt, ihre Großeltern würden goldene Hochzeit feiern und hätten ein großes Fest geplant.
8. Sabine hat gemalt, dass der Termin für sie ungünstig sei, aber dass sie versuchen werde, später nachzukommen.
9. Pia hat angerufen und gesagt, dass sie hingefallen sei und im Krankenhaus liege.
10. Und Michael hat mal wieder gemeint, dass er Partys doof findet.

B Ordnen Sie die Konjunktiv-Formen in die Tabelle ein.

	Konjunktiv I	Konjunktiv II
Gegenwart	sie _habe vor_	
Vergangenheit		
Zukunft		

> Er sagt, dass sie
> **kommen.**
> **kämen.**
> **kommen würden.**
>
> Konj. II oder
> würde-Form, wenn
> Konj. I-Form identisch
> mit Indikativ

> Er hat gesagt,
> dass er **kommt.** ugs.
> In der Umgangssprache
> statt Konjunktiv I auch
> Indikativ möglich

C Setzen Sie die Sätze 0–10 in die _direkte_ Rede.

0. Petra meint: „_Ich habe schon etwas anderes vor._"

D Was gehört zusammen? Ordnen Sie zu.

1. Im Konjunktiv I gibt es ☐
2. Der Konjunktiv in der indirekten Rede zeigt, ☐
3. Den Konjunktiv in der indirekten Rede findet man ☐
4. In der Umgangssprache wird in der indirekten Rede ☐

a. vor allem in der Schriftsprache und Nachrichtensprache.
b. drei Zeitformen: Gegenwart, Vergangenheit, Zukunft.
c. dass die Person, die spricht oder schreibt, nicht für den Inhalt der Rede verantwortlich ist.
d. oft der Indikativ verwendet.

Konjunktiv I / Indirekte Rede

7

2 Hörensagen

A Ergänzen Sie *sein* im Konjunktiv I.

0. Es heißt, Sie _seien_ Expertin für deutsche Grammatik.

1. Der Politiker behauptet von sich, er _____ kein Lügner.

2. Markus meint, du _____ für das Chaos verantwortlich.

3. Verena erzählt herum, ich _____ in ihren Freund verliebt.

4. Unser Trainer glaubt, wir _____ ein super Team.

5. Kathrin hat mir erzählt, ihr _____ krank.

6. Man erzählt sich, unsere neuen Nachbarn _____ beide Schauspieler.

B Bilden Sie Sätze im Konjunktiv II.

0. Es heißt, Sie _wären_ Expertin für deutsche Grammatik.

In der gesprochenen Sprache: Konjunktiv II öfter als Konjunktiv I

★ 3 Was hat die Ärztin gesagt?

A Ergänzen Sie das passende Verb im Konjunktiv I.

0. Die Ärztin hat gesagt, ich _solle_ mich schonen. Aber mir fehlt der Sport!

1. Der Arzt hat gesagt, meine Freundin _____ nur leicht verletzt.
   Da hat sie großes Glück gehabt.

2. Die Ärztin hat gesagt, die Wunde _____ schnell heilen.
   Hoffentlich hat sie recht.

3. Der Arzt hat gesagt, der Verband _____ jeden Tag gewechselt werden.
   Das machen wir natürlich.

4. Die Ärztin hat gesagt, er _____ eine Bronchitis.
   Jetzt ist er drei Tage krankgeschrieben.

5. Der Arzt hat gesagt, es _____ ein neues Medikament. Leider ist es sehr teuer.

6. Die Ärztin hat gesagt, ich _____ wieder gesund. Ab morgen arbeite ich wieder.

7. Der Arzt hat gesagt, sie _____ bald keine Medikamente mehr brauchen.
   Das kann sie sich noch gar nicht vorstellen.

gebe
habe
müsse
sei
sei
solle
werde
werde

B Statt Konjunktiv I ist auch Konjunktiv II möglich. Bilden Sie Sätze im Konjunktiv II.

0. Die Ärztin hat gesagt, ich _sollte_ mich schonen.

★ 4 Fragen im Vorstellungsgespräch

A Ergänzen Sie die passenden Verben im Konjunktiv I.

Ihre Freundin war beim Vorstellungsgespräch und Sie berichten darüber.

0. wann sie anfangen _könne_ .
1. wie sie ihre Freizeit
2. was sie für Gehaltsvorstellungen
3. ob sie zeitlich flexibel einsetzbar
4. warum sie in ihrer alten Firma
5. was sie über die neue Firma
6. welche Fachzeitschriften sie
7. warum sie sich um den Job
8. wie sie sich ihre Arbeit
9. ob sie Stress
10. was sie unter beruflichem Erfolg

sein
haben
kennen
~~können~~
wissen
gekündigt haben
beworben haben
verbringen
vertragen
verstehen
vorstellen

e Gehaltsvorstellung
wie hoch das Gehalt
sein soll

vertragen
kein Problem mit
etwas haben

B Formen Sie die Sätze um. Verwenden Sie *ich* und den Konjunktiv II.

0. Man hat *mich* gefragt, wann *ich* anfangen *könnte*.

★ 5 Utopie oder Wirklichkeit?

Indikativ oder Konjunktiv? Ergänzen Sie die richtige Verbform.

Statistik aus dem Jahr 2050

Männer (0) _werden_ in Europa deutlich schlechter bezahlt als Frauen. Weltweit (1) _____ Frauen im Durchschnitt 25 Prozent mehr als Männer. Der europäische Finanzminister (2) _____ deutlich, dass es dabei nicht nur um unterschiedliche Bezahlung für gleiche Arbeit (3) _____. Ein wichtiger Faktor für die Ungleichheit (4) _____, dass Männer wegen der Kindererziehung vor allem in Teilzeit oder im Niedriglohnbereich (5) _____. Der Minister (6) _____: „Die europäische Regierung (7) _____ sich für eine gerechte Bezahlung von Männern einsetzen." „Mit Gesetzesänderungen allein (8) _____ man das Problem aber nicht lösen. So (9) _____ die Doppelbelastung von Familie und Beruf für Männer reduziert werden. Dazu (10) _____ man für mehr Kindergärten und Ganztagsschulen sorgen. „Im Durchschnitt (11) _____ die Frau sechs Stunden pro Woche im Haushalt, der Mann dagegen 25 Stunden", (12) _____ der europäische Familienminister. Laut Angaben des Europäischen Statistik-Amtes (13) _____ die Beschäftigungsquote von Männern mit Kindern in Europa bei 65 Prozent, bei Frauen (14) _____ sie 97 Prozent.

werden/würden
verdienen/verdienten
macht/mache
geht/gehe
ist/sei
arbeiten/arbeiteten
verspricht/verspreche
wird/werde
kann/könne
muss/müsse
muss/müsse
arbeitet/arbeite
sagt/sage
liegt/liege
beträgt/betrage

Konjunktiv I / Indirekte Rede

6 **Was sagen die Lehrer?**

A **Was gehört zusammen? Ordnen Sie zu.**

0. Die Lehrer schimpfen über die schlechten Noten der Schüler. ☐ a

1. Frau Krüger möchte, dass die Schüler pünktlicher sind. ☐

2. Die Sportlehrer schlagen ein Fußballturnier vor. ☐

3. Der Direktor hält eine Rede zum Schuljahresbeginn. ☐

4. Die Spanischlehrer werben für einen Schüleraustausch. ☐

5. Der Kunstlehrer ist von den Bildern der Klasse 10 b begeistert. ☐

6. Herr Haller verabschiedet sich in den Ruhestand. ☐

a. Die Schüler müssten besser aufpassen. Sie würden sich viel zu leicht ablenken lassen.

b. Auch Mädchen könnten mitspielen. Es werde noch nach einem Termin gesucht.

c. Er werde seine Schüler vermissen, aber er freue sich auch, mehr Zeit für seine Hobbys zu haben.

d. Die Schule habe einen guten Ruf und er werde alles tun, dass dies so bleibt. Für Verbesserungen sei er offen.

e. So eine begabte Klasse wie die 10 b habe er lange nicht unterrichtet. Es mache wirklich Spaß, in dieser Klasse zu arbeiten.

f. Das sei die Gelegenheit, sein Spanisch zu verbessern. Wer Interesse habe, solle sich anmelden.

g. Sie kämen ständig zu spät in den Unterricht. Damit verliere sie unnötig Zeit.

B **Was sagen die Lehrer zu den Schülern? Setzen Sie a–g in die *direkte* Rede.**

a. „*Ihr müsst* besser aufpassen. *Ihr lasst euch* viel zu leicht ablenken."

r Ruhestand
Pensionierung / Rente

sich ablenken lassen
nicht bei einer Sache bleiben

A Wo steht die direkte und wo die indirekte Rede?

> Aus stilistischen
> Gründen wird in
> Texten die **direkte**
> **und indirekte**
> **Rede** benutzt.

Der Ex-Fußballprofi Oliver Kahn galt als einer der besten Torhüter der Welt. Er war ehrgeizig, zielstrebig und motiviert. In einem Motivationsprogramm will er seine Erfahrungen in Schulen weitergeben. Die ersten Tipps bekamen Jugendliche in einem Münchner Gymnasium:

(0) „Ich war nie das Supertalent", betont Kahn. (1) Aber man brauche eine Vision im Leben, ein „Megaziel", wie er es nennt. (2) „Mein großer Traum war schon als Achtjähriger, einmal als Torhüter in einem großen Stadion zu stehen." (3) Kahn erklärt, dass jeder sich auf seine eigenen Stärken und Vorlieben konzentrieren müsse. (4) Dabei sei es wichtig, sich realistische Ziele zu setzen. (5) „Ich hatte ja nicht von Anfang an vor, einmal der beste Torhüter der Welt zu werden." (6) Auch vergisst der ehemalige Fußballstar nicht zu erwähnen, dass er unzählige Niederlagen und Rückschläge erlebt habe. (7) Dennoch dürfe man nie aufgeben. (8) „Wie hast du es geschafft, immer Lust zu haben?", fragt ein Schüler. (9) Kahn gibt zu, dass das nicht immer leicht gewesen sei. (10) „Motivation verhält sich in etwa so wie die Liebe: Man weiß nie genau, wie lange sie anhalten wird."

aus: *Siegen lernen mit Olli*, Beate Wild, Süddeutsche Zeitung, 03.02.2009 (gekürzt)

B Schreiben Sie den Text um. Verwenden Sie nur indirekte Rede.

Ergänzen Sie.

direkte Rede	indirekte Rede
0.	0. *Er sei nie das Supertalent gewesen, betont Kahn.*

Konjunktiv II

1 Wunsch und Wirklichkeit

A Was gehört zusammen? Ordnen Sie zu.

Sie träumen ein bisschen:

0. Ich hätte gern einen großen Bruder. ☑ a
1. Wenn doch endlich Sommer wäre! ☐
2. Ich würde jetzt gern in der Sonne sitzen und lesen. ☐
3. Wenn wir doch länger Urlaub gehabt hätten! ☐
4. Ich wäre sehr gern zu deinem Geburtstag gekommen. ☐
5. Wenn ich am Prüfungstag bloß gesund gewesen wäre! ☐
6. Ich wüsste zu gern, wie das hübsche Mädchen heißt. ☐
7. Hättest du doch nur dein Handy nicht vergessen! ☐
8. Wenn es doch mehr gute Grammatik-Übungen gäbe! ☐

Ihre Freundin sieht, wie es wirklich ist:

a. Sei froh, dass du eine kleine Schwester hast.
b. Aber es gibt doch dieses Übungsbuch!
c. Du sitzt aber am Schreibtisch und musst lernen.
d. Es dauert nicht mehr lang. Bald ist der Winter vorbei.
e. Kein Problem, denn du hast ja deins dabei.
f. Hauptsache, du hast die Prüfung bestanden.
g. Da kann ich dir nicht helfen. Ich kenne sie auch nicht.
h. Ich weiß. Vielleicht klappt es beim nächsten Mal.
i. Aber ihr hattet doch mehr als drei Wochen Urlaub.

Präteritum	→	Konjunktiv II
hatte	→	hätte
war	→	wäre
konnte	→	könnte
wusste	→	wüsste
lernte	→	**würde** lernen (selten: lernte)

B Unterstreichen Sie die Konjunktiv-Formen. Ergänzen Sie die Tabelle.

	haben	sein	wissen	würde + Inf.
ich				
du		wärst		
er/sie/es				**würde** sitzen
wir				
ihr	hättet			
sie/Sie			wüssten	
Vergangenheit	er	er wäre gewesen	er	

2 Schon was vor?

Ergänzen Sie das passende Verb.

1. _Hättest_ du Lust, mit mir ins Kino zu gehen? Ich _____ zwei Karten reservieren. – Das _____ toll, danke.

2. _____ ihr Lust, am Wochen-ende einen Ausflug zu machen? Wir _____ Räder organisieren. – Das _____ super.

3. _____ ihr Zeit, am Sonntag zum Essen zu kommen? Ich _____ euch gern einladen. _____ ihr mir morgen noch Bescheid geben?

4. _____ Sie Zeit, morgen mit mir Tennis zu spielen? Ich _____ mich wirklich freuen. – Gern, _____ Sie mich vielleicht abholen?

~~hättest~~	hätten
hättet	hättet
könnte	könnten
wäre	würde
würden	würde

3 Im Café

A Was gehört zusammen? Ordnen Sie zu.

0. _K_ : Was hätten Sie denn gern?
1. ___ : Würden Sie bitte draußen rauchen?
2. ___ : Könnten Sie uns bitte ein Glas Wasser bringen?
3. ___ : Wir hätten gern die Eiskarte.
4. ___ : Hätten Sie noch einen Wunsch?
5. ___ : Würden Sie die Musik bitte leiser stellen?
6. ___ : Könnten Sie uns einen Kuchen empfehlen?
7. ___ : Wir möchten gern zahlen.

a. _G_ : Wir hätten gern zwei Milchkaffee.
b. ___ : Ist sie Ihnen zu laut?
c. ___ : Ich bringe sie Ihnen.
d. ___ : Schwarzwälder Kirschtorte ist unsere Spezialität.
e. ___ : Zusammen oder getrennt?
f. ___ : Gerne, mit oder ohne Kohlensäure?
g. ___ : Natürlich! Entschuldigung.
h. ___ : Danke, im Moment nicht.

B Was sagt der Kellner K, was sagt der Gast G? Ergänzen Sie.

> _Höfliche Bitten + Fragen_
> Ich **hätte** gern ...
> Ich **möchte** (gern) ...
> **Würdest** du bitte ...
> **Könnten** Sie ...? /
> ...? (mal) ...?

Konjunktiv II

4 Im Unterricht

Formulieren Sie höfliche Fragen.

0. *Könnten wir morgen etwas später anfangen?*
   anfangen • etwas • morgen • später • wir • könnten

1. _____
   zuerst • bitte • den • ihr • lesen • Text • würdet

2. _____
   bitte • könnten • die • Frage • Sie • wiederholen

3. _____
   bitte • dein • du • Handy • ausschalten • würdest

4. _____
   einen • Kaffee • schnell • dürften • holen • wir

5. _____
   aufmachen • könnten • die • Fenster • mal • wir

6. _____
   bitte • mal • ihr • würdet • zuhören

7. _____
   dein • du • halten • nächste • Referat • Woche • könntest

8. _____
   könnten • bitte • das • einmal • erklären • noch • Sie

9. _____
   ausnahmsweise • früher • dürfte • gehen • heute • ich

10. _____
    bitte • ihr • könntet • leiser • sein

Vorschläge
Das **könntest** du auch anders machen.

5 Was würdest du gern tun?

Formulieren Sie Wünsche mit *würde* und Vorschläge mit *könnte*.

0. *Ich würde gern daheimbleiben, wir könnten aber auch joggen gehen.*

1. _____

2. _____

3. _____

4. _____

5. _____

daheimbleiben
ein paar E-Mails schreiben
im Internet chatten
eine neue Sonnenbrille kaufen
vor dem Kamin sitzen und lesen
sich mit Freunden auf ein Bier treffen

joggen gehen
zusammen kochen
einen Film anschauen
den nächsten Urlaub planen
eine Stunde Rad fahren
faulenzen

6 Karriere-Tipps

A Ergänzen Sie *würde* und das passende Verb.

0. An deiner Stelle _würde_ ich die Firma _wechseln_ .   bewerben
1. An deiner Stelle _____ ich ein Praktikum im Ausland _____.   kommen
2. An deiner Stelle _____ ich eine zweite Fremdsprache _____.   lernen
3. An deiner Stelle _____ ich mich um ein Projekt _____.   machen
4. An deiner Stelle _____ ich nicht in Jeans ins Büro _____.   **wechseln**
5. An deiner Stelle _____ ich immer pünktlich im Büro _____.   widersprechen
6. An deiner Stelle _____ ich nicht ständig dem Chef _____.   erscheinen
7. An deiner Stelle _____ ich mich nicht von den Kollegen _____.   provozieren lassen

B Bilden Sie Sätze mit *müsste* oder *sollte*.

0. Du _müsstest/solltest_ die Firma _wechseln_.

C Setzen Sie die Sätze in die Vergangenheit.

0. An deiner Stelle _hätte_ ich die Firma _gewechselt_.
Du _hättest_ die Firma _wechseln müssen/sollen_.

⭐ 7 Männerlügen

Bilden Sie Sätze mit *als (ob)*.

0. Wolfgang kennt sich mit Computern nicht aus.
Aber _er tut so, als ob_ er sich super _auskennen würde._
Aber _er tut so, als würde_ er sich super _auskennen._

1. Jan hat kein großes Einkommen. Aber _____   viel verdienen

2. Tom ist nur Angestellter. Aber _____   etwas zu sagen haben

3. Thomas ist neu in seinem Job. Aber _____   schon alles können und wissen

4. Stefan ist kein Gemüse. Aber beim Geschäftsessen _____   ihm alles schmecken

5. Klaus wohnt noch im Hotel Mama. Aber _____   eine eigene Wohnung besitzen

8

8 Schein und Sein bei Familie Schneider

A Bilden Sie Sätze mit *als ob*. Ergänzen Sie den passenden Inhalt.

die Familie
ausziehen wollen
die Familie im
Lotto gewonnen
haben
Frau Schneider
gern Rad fahren
die Kinder schon
um zehn Uhr
schlafen
Herr Schneider
arbeitslos sein
die Töchter sich
gut verstehen
~~Matthias den~~
~~ganzen Tag lernen~~

erben
etwas nach dem
Tod einer Person
bekommen

0. Es sieht so aus, *als ob Matthias den ganzen Tag lernen würde.*
   In Wirklichkeit *zeichnet er Comicfiguren.*
   Comicfiguren zeichnen

1. Es sieht so aus,
   In Wirklichkeit
   bis elf unter der Bettdecke lesen

2. Es scheint so,
   In Wirklichkeit
   das Auto kaputt sein

3. Es sieht so aus,
   In Wirklichkeit
   Geld von der Tante geerbt haben

4. Es scheint so,
   In Wirklichkeit
   oft streiten

5. Es scheint so,
   In Wirklichkeit
   die Wohnung renoviert werden

6. Es sieht so aus,
   In Wirklichkeit
   seine Arbeit von zu Hause aus erledigen

B Bilden Sie Sätze mit *als*.

0. Es sieht so aus, *als würde* Matthias den ganzen Tag lernen.

9 Da staunt man

Formen Sie die Sätze um. Verwenden Sie _als ob_.

0. Meine Freundin Gina spricht Deutsch wie ihre Muttersprache.
   Meine Freundin Gina spricht Deutsch, _als ob es ihre Muttersprache wäre._

1. Emma schwimmt wie ein Fisch.

_____

2. Die beiden sehen aus wie echte Profi-Tänzer.

_____

3. Du benimmst dich wie ein kleines Kind.

_____

4. Christian verhält sich wie ein Pascha.

_____

5. Jungs, ihr schwitzt ja wie Marathonläufer.

_____

10 Berufswünsche

A

Was gehört zusammen? Ordnen Sie zu.

0. Dolmetscherin   `a`
1. Galeriebesitzer   ☐ ☐
2. Tierpflegerin
3. Schriftsteller   ☐ ☐ ☐ ☐
4. Musikerin in einem
   berühmten Orchester
5. Schauspieler   ☐ ☐
6. Bundeskanzlerin/Präsidentin

a. spricht viele Sprachen
b. beobachtet den ganzen Tag
   Menschen und schreibt Romane
c. steht jeden Tag auf der Bühne und
   spielt eine andere Person
d. tritt überall auf der Welt auf
e. kümmert sich im Zoo um Tierbabys
f. trifft wichtige Entscheidungen und
   kann Steuern senken
g. stellt interessante Kunstwerke aus
   und verkauft sie teuer

B

Bilden Sie Wunschsätze im Konjunktiv.

0a. Ich _wäre_ gern Dolmetscherin, dann _würde_ ich viele Sprachen _sprechen._

Konjunktiv II

8

11 Liebeskummer

Formulieren Sie Wünsche mit *wenn* + *(doch) nur*. Achten Sie auf die Negation.

0. Er schaut mich überhaupt nicht an.
   Wenn er mich doch nur anschauen würde!

1. Er interessiert sich nicht für blonde Mädchen.

2. Ich bin so jung.

3. Er wohnt nicht in meiner Nähe.

4. Ich habe seine Handynummer nicht.

5. Er hat mich nicht angerufen.

6. Ich werde so schnell rot.

7. Ich bin so schüchtern.

8. Ich bin nicht auf sein Fest eingeladen.

schüchtern
unsicher + ängstlich

12 Es hat nicht geklappt

Ergänzen Sie das passende Verb im Konjunktiv der Vergangenheit.

0. Ich _hätte_ dich gern _besucht_, aber ich hatte keine Zeit.

1. Wir _____ gern ins Konzert _____, aber es war leider ausverkauft.

2. Wir _____ euch gern zum Fest _____, aber ihr wart in Urlaub.

3. Ich _____ gern zu euch zum Essen _____, aber ich musste noch arbeiten.

4. Wir _____ uns gern persönlich bei ihnen _____, aber leider hatten wir bisher keine Gelegenheit dazu.

5. Ich _____ dir gern beim Umzug _____, aber es war leider nicht möglich.

6. Ich _____ gern ein Jahr länger in Deutschland _____, aber es ging nicht.

bedanken
besuchen
bleiben
einladen
gehen
helfen
kommen

Konj. II Vergangenheit
Sie **hätte** gestern Zeit
gehabt.

Konjunktiv II

13 Typische Redewendungen

A Was gehört zusammen? Ordnen Sie zu.

0. Wann wollten denn deine Eltern da sein? –   `a`
1. Keiner hat mir beim Kochen geholfen. –   ☐
2. Ich sage immer das Falsche. –   ☐
3. Der Stress in der Arbeit ist unerträglich.   ☐
4. Nichts kann man ohne Erlaubnis der Eltern machen. Das nervt.   ☐
5. Du hattest recht.   ☐
6. Wir haben einen Computervirus. –   ☐
7. Mein Geburtstag war so schön!   ☐
8. Wenn ich mehr Zeit zum Lernen hätte, dann ...   ☐

a. Wenn ich das bloß wüsste!
b. Wäre ich doch schon achtzehn!
c. Hättest du doch was gesagt!
d. Wenn doch schon Wochenende wäre!
e. Hätte ich doch auf dich gehört!
f. Hättet ihr doch besser aufgepasst!
g. Wenn man doch nur jeden Tag Geburtstag hätte!
h. Hätte ich doch bloß meinen Mund gehalten!
i. Wenn das Wörtchen wenn nicht wär!

B Markieren Sie die Zeiten im Konjunktiv: Gegenwart G oder Vergangenheit V.

`G` a   ___
b   ___
c   ___
d   ___
e   ___
f   ___
g   ___
h   ___
i   ___

14 Was soll das?

Was gehört zusammen? Ordnen Sie zu und ergänzen Sie.

0. Die Kassiererin prüft den Geldschein,   `a`
1. Jan spricht so laut,   ☐
2. Warum tust du so erstaunt,   ☐
3. Christine kauft wie wahnsinnig ein,   ☐
4. Sie diskutieren sehr heftig,   ☐
5. Meine Eltern reden mit mir,   ☐
6. Ihr tut so,   ☐

a. als bezweifelte sie, dass er echt ist.
b. als ginge es um nichts mehr.
c. als hättest du nicht Bescheid gewusst?
d. als gäbe es morgen nichts mehr.
e. als wären wir schwerhörig.
f. als wäre nichts geschehen.
g. als wäre ich noch ein Kind.

0. Aber *er ist echt!*
1. Aber _____
2. Aber _____
3. Aber _____
4. Aber _____
5. Aber _____
6. Aber _____

Konjunktiv II

⭐ 15 80. Geburtstag

A Was passt? Ergänzen Sie in der E-Mail die Sätze a–g.

Mein Opa hat am Sonntag seinen 80. Geburtstag gefeiert. (0) [a] Es gab eine riesige Geburtstagstorte. (1) ☐ Opa war an seinem Geburtstag in Anzug und Krawatte. (2) ☐ Nach dem Essen hat er eine witzige Rede gehalten. (3) ☐ Später wurden alte Schlager gesungen. (4) ☐ Es gab nur eine Panne: Das Gemüse wurde zu kalt serviert. (5) ☐ Zum Schluss haben alle Walzer getanzt. (6) ☐

a. Da hättest du dabei sein müssen. Es war unglaublich!

b. Da hätte ich mittanzen wollen. Aber ich kann keinen Walzer.

c. Das hätte ich ihm gar nicht mehr zugetraut.

d. Das hätte nicht passieren dürfen. Aber es hat niemanden gestört.

e. Das hättest du hören sollen. Opa kannte alle Texte auswendig.

f. Die hättest du sehen sollen. Es waren 80 Kerzen darauf.

g. Richtig schick! Du hättest ihn kaum wiedererkannt.

B Formen Sie a–g in Nebensätze um. Achten Sie auf die Stellung der Verben.

a. Ich weiß, dass *ich da hätte dabei sein müssen.*

16 Ein schwieriger Arbeitstag

Was passt? Streichen Sie die falsche Form.

0. Heute früh *hätte/~~wäre~~* ich fast den Bus versäumt.

1. Ich *hätte/wäre* beinahe zu spät in die Arbeit gekommen.

2. Auf der Rolltreppe *hätte/wäre* ich fast gestürzt.

3. Und dann *hätte/wäre* ich beinahe dem Chef in die Arme gelaufen.

4. Meine Kollegin und ich *hätten/wären* fast eine Warenlieferung übersehen.

5. Nach der Mittagspause *hätte/wäre* ich beinahe eingeschlafen.

6. Meine Kollegin und ich *hätten/wären* fast mit einem Kunden gestritten.

7. Der Kunde *hätte/wäre* sich beinahe beim Chef beschwert.

8. Die Kinder einer Kundin *hätten/wären* fast die Dekoration kaputt gemacht.

9. Ich war so genervt, dass ich beinahe gekündigt *hätte/wäre.*

10. Heute *hätte/wäre* ich wirklich beinahe verrückt geworden.

17 Elternsorgen

A Bilden Sie Sätze mit wenn.

0. Du räumst dein Zimmer nie auf. (regelmäßig)

   Es wäre nett, _wenn_ du _regelmäßig_ dein Zimmer _aufräumen würdest._

1. Ihr helft mir so selten. (öfter)

   Ich würde mich freuen, _____

2. Ihr deckt nie den Tisch. (auch mal)

   Ich wäre froh, _____

3. Du gehst viel zu spät ins Bett. (früher)

   Es wäre gut, _____

4. Sarah macht zu wenig Sport. (mehr)

   Es wäre gut, _____

5. Markus übt zu Hause nie Klavier. (mal)

   Es wäre schön, _____

6. Ich muss euch alles zehnmal sagen. (nicht)

   Es wäre einfacher, _____

7. Die Kinder lesen zu wenig. (mehr)

   Es würde uns freuen, _____

8. Ihr streitet euch regelmäßig um den Nachtisch. (weniger oft)

   Es wäre besser, _____

B Bilden Sie Sätze in der Vergangenheit.

Jahre später erinnern sich die Eltern: Es wäre gut gewesen, …

0. _wenn_ du regelmäßig dein Zimmer _aufgeräumt hättest._

_____

Irreale Bedingungen
Wenn ich Zeit **hätte**, …
Hätte ich Zeit, …
würde ich dich
   besuchen.

18 Meine Tiere

A Was gehört zusammen? Ordnen Sie zu.

a	b	c	d	e	f

0. Wenn ich einen Hund hätte,   a. wäre ich weniger allein.
1. Wenn ich einen Hasen hätte,   b. würde er sprechen lernen.
2. Wenn ich eine Katze hätte,   c. würde ich sie Mia nennen.
3. Wenn ich eine Maus hätte,   d. würde ich jeden Tag reiten.
4. Wenn ich ein Pferd hätte,   e. könnte ich die Leute erschrecken.
5. Wenn ich einen Papagei hätte,   f. bekäme er täglich eine Karotte.

B Bilden Sie Sätze ohne wenn. Beginnen Sie mit dem Hauptsatz.

0. _Hätte ich_ einen Hund, wäre ich weniger allein.

Konjunktiv II

19 Städtereisen

A Bilden Sie kleine Dialoge nach folgendem Muster.

0. ■ Wenn wir *mal an die Ostsee fahren würden, würden wir segeln gehen.*
   o *Ich würde lieber eine Sandburg bauen.*
   mal an die Ostsee fahren • segeln gehen • eine Sandburg bauen

1. Wenn wir _____
   o _____
   mal nach München reisen • ins Hofbräuhaus gehen • die BMW Welt besichtigen

2. Wenn ich _____
   o _____
   mal nach Bayern eingeladen werden • Schloss Neuschwanstein anschauen •
   auf die Zugspitze steigen

3. Wenn wir _____
   o _____
   in Wien Urlaub machen • im Hotel Sacher übernachten •
   für das Geld lieber Kuchen essen

4. Wenn ich _____
   o _____
   einmal in Berlin zu tun haben • durchs Brandenburger Tor gehen •
   das Mauermuseum besichtigen

5. Wenn wir _____
   o _____
   mal in die Schweiz fahren • in Davos Ski fahren •
   die Filmfestspiele in Locarno besuchen

B Setzen Sie die Sätze in die Vergangenheit.

0. Wenn ich an die Ostsee *gefahren wäre, wäre* ich segeln *gegangen.* –
   Ich *hätte* lieber eine Sandburg *gebaut.*

8

Konjunktiv II

★ 20 Unter Kollegen in der Kaffeepause

A Was gehört zusammen? Ordnen Sie zu.

0. Wir müssen versuchen, den Auftrag zu bekommen. ☐ a

1. Du könntest dich selbstständig machen. ☐

2. Vielleicht kann ich morgen nicht zur Betriebsfeier bleiben. ☐

3. Du kannst ja früher gehen. ☐

4. Wir sollten mal eine Rhetorik-Schulung machen. ☐

5. Vielleicht nehme ich nächstes Jahr unbezahlten Urlaub. ☐

6. Soll ich wegen der Assistentin mal zum Betriebsrat gehen? ☐

7. Ich könnte mir einen Termin beim Chef geben lassen. ☐

a. Das läge im Interesse der Firma.

b. Das käme für mich nicht infrage.

c. Das täte mir leid.

d. Das ginge vielleicht.

e. Das sähe der Chef nicht gern.

f. Das brächte sicher viel.

g. Das fände ich besser.

h. Das gäbe Ärger mit dem Chef.

B Ergänzen Sie die Konjunktiv-Formen aus a–h und den Infinitiv.

a. _läge_ – _liegen_   c. ___ – ___   e. ___ – ___   g. ___ – ___

b. ___ – ___   d. ___ – ___   f. ___ – ___   h. ___ – ___

★ 21 Was ich noch fragen wollte

Formulieren Sie höfliche Fragen im Konjunktiv.

Ihr Freund ist manchmal schwierig. Sie fragen ihn deshalb ganz vorsichtig:

0. „_Hättest du etwas dagegen, ... wenn wir am Samstag zur Hochzeitsfeier gehen würden / gingen?_"

Ihr Freund ist manchmal schwierig. Sie fragen ihn deshalb ganz vorsichtig:

0. Wir gehen am Samstag zur Hochzeitsfeier.

1. Ich lese dir die Einladung vor.

2. Ich nehme auch meine Schwester mit.

3. Wir bleiben über Nacht.

4. Ich bringe einen Kuchen mit.

5. Wir geben 100 Euro für das Geschenk aus.

6. Wir besprechen das morgen.

7. Ich überlasse dir meine Kreditkarte.

8. Wir treffen uns schon früher.

9. Wir singen dem Brautpaar ein Lied vor.

10. Wir fangen morgen zu üben an.

etwas dagegen haben
einverstanden sein
gut finden
recht sein
passen

Konjunktiv II

★ **22** Gedanken eines Studenten

Indikativ oder Konjunktiv? Ergänzen Sie das passende Verb.

0. Gestern _habe_ ich mal wieder mit meinen Eltern _gestritten_. Wenn das doch endlich einmal _aufhören würde_!

1. Ich _____ gern von zu Hause _____. Das Problem _____, dass meine Eltern mir keine eigene Wohnung _____.

2. Als Student _____ ich natürlich kein Geld. Vielleicht _____ ich mir einen Job _____. Aber dann _____ das Studium zu kurz.

3. Schön _____ es, wenn ich mit anderen Studenten zusammen _____. Ich _____ das auch. Mir _____ viele, die sich Wohnungen _____.

4. Meine Eltern _____ immer _____, was ich gerade _____ und wohin ich _____. Als _____ ich noch ein kleines Kind. Das _____.

5. Am liebsten _____ es ihnen, wenn ich jeden Abend zu Hause _____. Das _____ natürlich. Aber dann _____ ich bald keine Freunde mehr.

6. Mit meinen Eltern _____ es schwierig, obwohl ich sie wirklich gern _____. Was _____ ihr an meiner Stelle?

7. Ich _____ mich vielleicht um ein Stipendium _____, am besten ein Auslandsstipendium. Ein Studium im Ausland _____ mir Spaß _____.

8. Meine Eltern _____ damit sicher auch einverstanden. Und ich _____ endlich einen Grund, von zu Hause auszuziehen.

9. Ein Auslandsaufenthalt _____ auch meine Berufschancen _____. Zumindest _____ ich das. Außerdem _____ ich meine Fremdsprachenkenntnisse _____.

10. Aber jetzt _____ ich erst mal _____, nicht mehr mit meinen Eltern zu streiten. Das _____ schon ein Anfang!

Zusatzaufgabe: Was raten Sie dem Studenten? Was sollte er tun?

Wortkästen:

0.
würde aufhören
habe gestritten

1.
ist
habe
käme
bezahlen
sollte suchen
würde ausziehen

3.
wäre • wäre
gefiele • gehe
kenne • nervt
mache • teilen
könnte wohnen
wollen wissen

5.
wäre • ist
hätte
bliebe
ginge
mag
tätet

7.
hätte
wären
würde machen
könnte bewerben

9.
glaube
wäre
will versuchen
würde erhöhen
könnte verbessern

1 Rund ums Essen

A **Welche Sätze stehen im Passiv? Kreuzen Sie an und unterstreichen Sie die Passiv-Formen.**

0. In der asiatischen Küche wird das Gemüse nur kurz <u>angebraten</u>. ☒
1. In Italien ist schon immer mit viel Olivenöl gekocht worden. ☐
2. Wir waren gestern bei Freunden zum Essen eingeladen. ☐
3. Das Gemüse muss noch klein geschnitten werden. ☐
4. Der Tisch ist gedeckt und das Essen ist fertig. ☐
5. Jetzt wird gegessen und nicht mehr gespielt! ☐
6. Wann werden die ersten Gäste kommen? ☐
7. Der Wein wurde viel zu kalt serviert. ☐
8. Wenn Fisch billiger wäre, würde mehr Fisch gegessen werden. ☐
9. Er ist Koch geworden. ☐
10. Wenn der Kuchen nicht verbrannt gewesen wäre, wäre er sicher von allen gegessen worden. ☐
11. Geduld! Das Essen wird schon noch serviert werden. ☐

B **Ordnen Sie die Passiv-Formen in die Tabelle ein.**

	Vorgangspassiv	Zustandspassiv
Infinitiv	gekocht **werden**	gedeckt **sein**
Präsens	es **wird** gekocht	Der Tisch **ist** gedeckt.
	0. *wird angebraten,*	
Imperfekt	es **wurde** gekocht	Der Tisch **war** gedeckt.
Perfekt	es **ist** gekocht **worden**	Der Tisch **ist** gedeckt **gewesen.**
Plusquam-perfekt	es **war** gekocht **worden**	Der Tisch **war** gedeckt **gewesen.**
Futur	es **wird** gekocht **werden**	Der Tisch **wird** gedeckt **sein.**
Konj. II Gegenwart	es **würde** gekocht **(werden)**	Der Tisch **wäre** gedeckt.
Konj. II Vergangenheit	es **wäre** gekocht **worden**	Der Tisch **wäre** gedeckt **gewesen.**

Passiv

c Welche Aussagen passen zu den Sätzen 0–11?

a. Im Passiv steht die Handlung oder Tatsache im Mittelpunkt. _0,_
   Die handelnde Person ist weniger wichtig. _____

b. Das Vorgangspassiv wird gebildet mit werden + Partizip Perfekt. _____

c. Wird ein Zustand oder eine Situation im Passiv beschrieben,
   verwendet man sein + Partizip Perfekt. _____

d. Nach Modalverben steht das Passiv im Infinitiv. _____

e. Das Partizip Perfekt von werden (als Hilfsverb) ist worden. _____

2 Familienleben

Ergänzen Sie werden im Präsens.

0. Niklas _wird_ oft mit seinem Bruder verwechselt.

1. Ich _____ jeden Morgen um sechs von unserem Hund geweckt.

2. Du _____ von deiner Mutter sehr verwöhnt.

3. Gabi _____ täglich von ihren Eltern angerufen.

4. Wir _____ samstags immer zu Oma geschickt.

5. Ihr _____ nach dem Kino von Papa abgeholt.

6. Markus und Lena _____ mit dem Auto in die Schule gebracht.

verwöhnen
Dinge tun, die jd.
gerne hat

3 Umzug

A Bilden Sie Sätze im Passiv Präsens.

0. _Morgen wird der Mietvertrag unterschrieben._
   morgen • der Mietvertrag • unterschreiben

1. _____
   dann • offiziel • der Schlüssel • übergeben

2. _____
   der Balkon • noch • streichen

3. _____
   bei Ikea • neue Möbel • bestellen

4. _____
   der Keller • komplett • ausmisten

5. _____
   Umzugskisten • organisieren

6. _____
   Strom und Wasser • abmelden

7. _____
   zuletzt • die alte Wohnung • renovieren

streichen, strich,
gestrichen
neue Farbe an die
Wände tun

ausmisten
aufräumen und
Altes wegwerfen

B Bilden Sie Sätze im Passiv mit *müssen*.

0. Morgen *muss* der Mietvertrag *unterschrieben werden*.

---

4 Weihnachtseinkäufe

Bilden Sie Sätze im Passiv Präsens mit *wird* oder *werden*.

Was wird am liebsten gekauft?

0. DVDs	_werden_	oft	_gekauft._ → _Oft werden DVDs gekauft._
1. Bücher		sehr gern	→ aussuchen
2. Parfüm		häufig	→ auswählen
3. Kalender		bevorzugt	→ kaufen
4. Winterkleidung		oft	→ nehmen
5. Elektronisches		am liebsten	→ mitnehmen
6. Uhren		vorrangig	→ schenken
7. Gutscheine		gern	→ verschenken
8. Schmuck		meistens	→ wählen

---

5 Was Eltern sagen

Formulieren Sie Aufforderungen im Passiv Präsens.

0. Jetzt _wird_ endlich _geschlafen_! — schlafen

1. Jetzt _____ endlich mal _____! — lernen

2. Jetzt _____ aber _____! — nicht mehr Computer spielen

3. Jetzt _____ mal _____! — Hausaufgaben machen

4. Jetzt _____ endlich mal _____! — den Fernseher ausschalten

5. Jetzt _____ aber _____! — nicht mehr reden

6. Jetzt _____ endlich _____! — das Zimmer aufräumen

7. Jetzt _____ aber mal _____! — die Zähne putzen

Passiv

6 Hast du ...?

Ergänzen Sie in den Fragen das Partizip Perfekt und in den Antworten das Zustandspassiv im Präsens.

0.	○ Hast du dein Zimmer _aufgeräumt_?	aufräumen
	■ *Mein Zimmer ist schon längst aufgeräumt.*	
1.	○ Hast du deine Freunde für Samstag _____ ?	einladen
2.	○ Hast du deine Hemden _____	bügeln
	■ _____ ?	
3.	○ Hast du deine Hausaufgaben _____	erledigen
	■ _____ ?	
4.	○ Hast du dein Handy _____	aufladen
	■ _____ ?	
5.	○ Hast du den neuen James-Bond-Film _____	herunterladen
	■ _____ ?	
6.	○ Hast du den Müll _____	wegbringen
	■ _____ ?	
7.	○ Hast du die Pflanzen _____	gießen
	■ _____ ?	
8.	○ Hast du den Kuchen für Oma _____	backen
	■ _____ ?	
9.	○ Hast du die Hasen _____	füttern
	■ _____ ?	
10.	○ Hast du den Computer _____	ausschalten
	■ _____ ?	

7 Kontoeröffnung

Passiv oder Aktiv? Streichen Sie die falsche Form.

0. Ein Student hat/~~wird~~ bei der Stadtsparkasse ein Konto eröffnet.
1. Die Bank hatte/wurde ihm empfohlen.
2. Überweisungen hat/wird er schon immer online gemacht.
3. Die Kontogebühr hat/wird monatlich abgebucht.
4. Kredite für Studenten haben/werden meistens abgelehnt.
5. Er hat/wird noch nie sein Konto überzogen.
6. Die Bankkarte hat/wird ihm in den nächsten Tagen zugeschickt.
7. Die Bank hat/wird ihm zur Kontoeröffnung ein Fußballticket geschenkt.

e Stadtsparkasse
lokale Bank

abbuchen
vom Konto
wegnehmen

sein Konto
überziehen
kurzzeitig Kredit von
der Bank bekommen

⑧ Rätsel

A Was passt? Ergänzen Sie die fehlenden Sätze.

0. *d. Es wurde geflirtet.*

1. _____

2. _____

3. Es wurde ein Ring geschenkt.

4. Es wurde das Datum festgesetzt.

5. _____

6. Es wurde monatelang organisiert.

7. _____

8. Es wurde in die Kirche gegangen.

9. _____

10. _____

11. Es wurde eine Reise gemacht.

a. Es wurden Kleid und Anzug ausgesucht.

b. Es wurde gefilmt und fotografiert.

c. Es wurde gegessen und getrunken, gelacht und getanzt.

d. ~~Es wurde geflirtet.~~

e. Es wurde geküsst und die entscheidende Frage gestellt.

f. Es wurden Einladungen verschickt.

g. Es wurde sich oft verabredet und viel Zeit zusammen verbracht.

> Es wurde viel gelacht.
> **Heute wurde** viel gelacht.
> → **Kein unpersönliches es,** wenn *Position 1 besetzt ist.*

B Welche Situation wird hier beschrieben?

C In welchen Sätzen a–g steht nach es das Verb im Plural? Warum?

Die Sätze _____ stehen im Plural,

weil _____

D Schreiben Sie den Text neu. Beginnen Sie die Sätze mit:

0. zuerst	4. am gleichen Tag	8. an einem Tag im Juli
1. dann	5. schon sehr früh	9. dort
2. danach	6. monatelang	10. später
3. dann	7. einen Monat vorher	11. schließlich

0. Zuerst *wurde geflirtet.*

Passiv

9 Wochenchronik

A Ergänzen Sie *werden* im Präteritum.

0. Am Samstag _____ das neue Hallenbad eröffnet.
1. Am Sonntag _____ ein neuer Bürgermeister gewählt.
2. Am Montag _____ fünf Menschen bei einem Sturm verletzt.
3. Am Dienstag _____ mit dem Anbau des Gymnasiums begonnen.
4. Am Mittwoch _____ die Olympiasiegerin im Rathaus empfangen.
5. Am Donnerstag _____ tausend Euro im Stadtpark gefunden.
6. Am Freitag _____ der Bau des neuen Sportzentrums genehmigt.

r Anbau
zusätzliches, neues
Gebäude

B Bilden Sie Nebensätze mit *dass*.

Ich habe gelesen/gehört, ...
Ich finde es toll/schrecklich, ...
Hast du schon gelesen, ...?
Ich finde es (nicht) gut, ...
Ich finde es komisch, ...
In der Zeitung steht, ...

0. Ich habe gehört, *dass letzten Samstag das neue Hallenbad eröffnet wurde.*

> Eine Schule **wird** _____ gebaut.
> Ich finde es gut, dass eine Schule gebaut **wird.**

10 Flug gebucht?

Ergänzen Sie das passende Verb im Passiv Perfekt.

0. *Ist* dein Flugtermin vom Reisebüro *bestätigt* *worden* ?
1. _____ für dich ein Fensterplatz _____ ?
2. _____ das Gepäck schon _____ ?
3. _____ unser Flug jetzt endlich _____ ?
4. _____ unser Gate schon _____ ?
5. _____ die Reise schon wieder um eine Woche _____ ?
6. _____ dein Flug kostenfrei _____ ?
7. _____ unser Flug wegen des Streiks _____ ?

aufrufen
bestätigen
canceln
durchleuchten
nennen
reservieren
umbuchen
verschieben

11 Wissensquiz: Deutsches Spielzeug

Ersetzen Sie das Passiv Präteritum durch das Passiv Perfekt.

0. Wie heißt die weltbekannte Firma am Bodensee, deren Puzzles 1964 zum ersten Mal verkauft wurden / *worden sind* ?

a. *Ravensburger® Spiele*

1. Wie heißen die Stofftiere, die 1880 eigentlich als Nadelkissen entwickelt wurden / _____ und seit 1903 mit dem Teddy in fast jedem deutschen Kinderzimmer zu finden sind?

2. Wie heißt das elektrische Spielzeug für Väter und Söhne, das vor allem um die Weihnachtszeit im Wohnzimmer *aufgebaut wurde* / _____ ?

3. Wie heißt die Puppe, die Weihnachten 1905 als erste weiche, warme Puppe *verschenkt wurde* / _____ und von der es heute viele verschiedene Modelle gibt?

4. Wie heißen die kleinen Spielfiguren aus Kunststoff, die 1974 auf der Spielzeugmesse in Nürnberg *vorgestellt wurden* / _____ und von denen es heute unzählige Figuren zu Spielwelten wie Bauernhof, Ritterburg, Piratenschiff usw. gibt?

5. Wie heißt das leuchtend rote Kinderauto aus stabilem Plastik, das 1972 zum ersten Mal *produziert wurde* / _____ ?

6. Wie heißen die kleinen handbemalten Tiere aus Kunststoff, die in den 1980er-Jahren in vielen naturgetreuen Varianten *entworfen wurden* / _____ ?

a. Ravensburger® Spiele

b. Käthe Kruse®-Puppe

c. BIG-Bobby-Car®

d. Märklin® Modelleisenbahn

e. Playmobil®-Figuren

f. Steiff®-Tiere

g. Schleich®-Tiere

entwerfen
planen und herstellen

Passiv

★ **12** **Wir protestieren!**

A Bilden Sie Sätze im Passiv. Verwenden Sie *müssen* oder *nicht dürfen.*

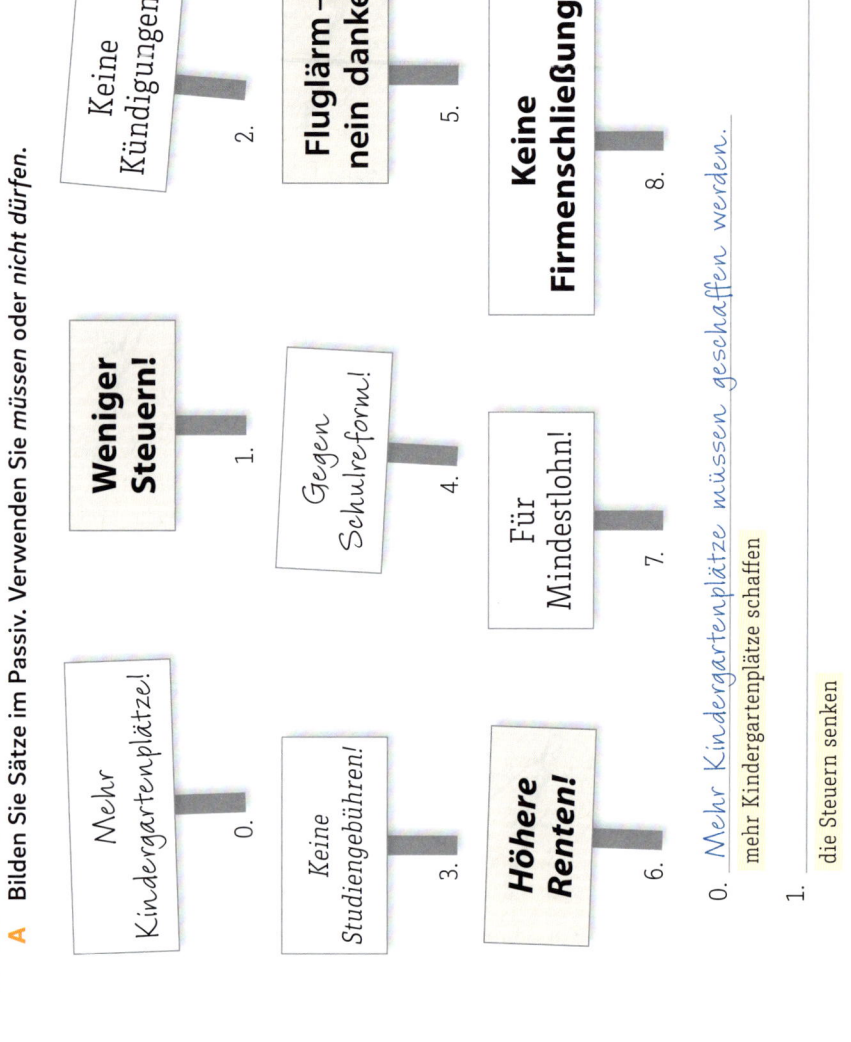

Protest-Schilder:

0. Mehr Kindergartenplätze!
1. Weniger Steuern!
2. Keine Kündigungen!
3. Keine Studiengebühren!
4. Gegen Schulreform!
5. Fluglärm – nein danke!
6. Höhere Renten!
7. Für Mindestlohn!
8. Keine Firmenschließung!

0. *Mehr Kindergartenplätze müssen geschaffen werden.*
   mehr Kindergartenplätze schaffen

1. _____
   die Steuern senken

2. _____
   den Mitarbeitern nicht kündigen

3. _____
   die Studiengebühren abschaffen

4. _____
   die Schulreform zurücknehmen

5. _____
   keine neue Startbahn bauen

6. _____
   die Renten erhöhen

7. _____
   einen Mindestlohn garantieren

8. _____
   die Firma nicht schließen

abschaffen
etwas soll es nicht
mehr geben

Steuern senken ↓
↔
erhöhen ↑

Passiv

B Bilden Sie Nebensätze.

0. Die Demonstranten rufen, *dass mehr Kindergartenplätze geschaffen werden müssen.*

C Bilden Sie Nebensätze im Konjunktiv II der Vergangenheit.

Die Proteste haben nichts genutzt, aber Sie bleiben bei Ihrer Meinung:

0. Ich bin noch immer der Meinung, dass mehr Kindergartenplätze *hätten geschaffen werden müssen.*

> Ich finde, **dass** man für die Leute mehr **hätte tun sollen.**
> → Wenn *drei oder mehr Verbteile,* dann Änderung der Verb-stellung im NS.

★ **13 Wissenswertes über die Kartoffel**

A Ergänzen Sie das Verb im Passiv Präsens oder Passiv Präteritum.

0. Die Kartoffel _wurde_ im 16. Jahrhundert aus Peru und Bolivien nach Europa _gebracht_ . — bringen

1. 2008 _____ das „Internationale Jahr der Kartoffel" _____ . — feiern

2. Weltweit _____ mehr als 5000 Sorten Kartoffeln _____ . Sie heißen Agata, Bintje, Charlotte, Jelly, Maestro, Nicola, Sieglinde usw. — anbauen

3. Anders als Reis und Mais _____ Kartoffeln nicht auf dem Weltmarkt _____ , sondern nur regional _____ . — handeln · verkaufen

4. Früher _____ die Kartoffelernte oft durch Pilze oder Käfer _____ . — zerstören · verzehren

5. Viele lebenswichtige Nährstoffe wie Ballaststoffe, Mineralstoffe, Eiweiß und Vitamine _____ über die Kartoffel _____ . — aufnehmen

6. Während 1969 in Deutschland noch 19 Kilo Kartoffeln pro Person _____ , sind es heute nur noch 5 Kilo. — verzehren

7. In Österreich und Bayern _____ Kartoffeln auch Erdäpfel _____ . — nennen

8. Kartoffelsalat _____ im Süden Deutschlands mit Essig und Öl, im Norden mit Mayonnaise _____ . — anmachen

9. Aus Kartoffeln können viele Gerichte _____ sie z. B. zu Kartoffelpuffern _____ . In Norddeutschland _____ in Bayern zu Knödeln und in der Schweiz zu Rösti. — zubereiten · verarbeiten

10. Grüne, unreife Kartoffeln enthalten giftige Stoffe und dürfen nicht _____ . — essen

anbauen
hier: pflanzen

r Käfer
Insekt
verzehren
essen

anmachen
mit Salz, Pfeffer, Essig, Öl würzen

zubereiten
kochen

B Bilden Sie Nebensätze mit dass.

0. Wussten Sie, *dass die Kartoffel im 16. Jahrhundert aus Peru und Bolivien nach Europa gebracht wurde?*

Passiv

★ **14 Dialoge aus der Arbeitswelt**

Ergänzen Sie *werden* in der richtigen Form und Zeit.

0. ~~Wirst~~ du in deinen neuen Job eingearbeitet? – Vielleicht _werde_ ich noch von meiner Vorgängerin eingearbeitet.

1. Wann _____ unser Gehalt zuletzt erhöht? – Alle Gehälter sind letztes Jahr erhöht _____.

2. Wohin sind die Kisten gebracht _____? – Normalerweise _____ sie im Gang abgestellt.

3. Warum _____ unser Team verkleinert? – Weil überall gespart _____ muss.

4. Müssen die Dokumente noch sortiert _____? – Nein, sie können direkt nach Datum abgeheftet _____.

5. _____ man am Firmeneingang kontrolliert? – Ich bin noch nie _____ kontrolliert _____.

6. _____ Überstunden bezahlt? – Ja, Überstunden sollen angeblich bezahlt _____.

7. Von wem _____ gestern die Geschäftspartner aus Polen empfangen? – Sie sind vom Chef persönlich empfangen und durch die Firma geführt _____.

8. Von welcher Firma _____ wir jetzt eigentlich übernommen? – Das _____ gerade entschieden.

e Vorgängerin
Person, die den Job vorher gemacht hat

abheften
Dokumente ordnen und wegräumen

e Überstunde
zusätzlich zur normalen Arbeitszeit

★ **15 Auf deutschen Straßen**

Von oder durch? **Streichen Sie die falsche Präposition.**

0. Wegen eines Unfalls auf der Autobahn A8 wird der Verkehr *von der* / ~~durch die~~ Polizei umgeleitet.

1. *Von / Durch* Signaltafeln werden die Autofahrer vor Staugefahren gewarnt.

2. Die Autofahrer wurden *vom / durch das* Radio über den Unfall informiert.

3. Ein Reisebus wurde *von einem / durch einen* Lastwagen überholt und von der Straße gedrängt.

4. Die Businsassen wurden *von Helfern / durch Helfer* der Polizei mit warmen Decken und heißen Getränken versorgt.

5. Der verletzte Busfahrer wurde sofort *vom / durch den* Notarzt untersucht.

6. Defekte Autos werden *vom / durch den* ADAC abgeschleppt. *(Für ADAC-Mitglieder kostenlos)*

7. An großen Kreuzungen wird der Verkehr *von / durch* Ampeln geregelt.

8. *Von / durch* Geschwindigkeitskontrollen können Raser aus dem Verkehr gezogen werden.

Ich wurde **von** der Polizei angehalten.
→ *konkrete Person / Institution o. ä.*
Das Handy ist **durch** starke Hitze beschädigt.
→ *Mittel / Instrument*
mittels / mithilfe von

e Signaltafel
Schild mit wichtigen, aktuellen Verkehrsinformationen

abschleppen
kaputte Autos abtransportieren

ADAC
Allgemeiner Deutscher Automobilclub

r Raser
jemand, der viel zu schnell fährt

84 | Verb + Endung

9. Wegen auffälligen Fahrverhaltens wurde einem 81-jährigen Autofahrer von einem / durch einen Polizisten der Führerschein abgenommen.

10. Von nun an wird er wahrscheinlich von seiner / durch seine Frau in die Stadt gefahren werden.

auffällig
außergewöhnlich, seltsam

---

16 ★ Altstadtfest

Schreiben Sie einen Bericht für die Zeitung. Verwenden Sie das Passiv und achten Sie auf die richtige Zeit.

Auf der Pressekonferenz	In der Zeitung
0. Auch dieses Jahr feiern wir am ersten Augustwochenende das Altstadtfest.	Auch dieses Jahr *wird am ersten Augustwochenende das Altstadtfest gefeiert.*
1. Wir erwarten 100.000 Besucher.	
2. Wir rechnen mit Staus am Stadtrand und vor den Parkhäusern.	
3. Wir wollen zusätzliche Busse und Bahnen einsetzen.	... sollen ...
4. Wir müssen die gesamte Altstadt für den Verkehr sperren.	
5. Wir werden in der Altstadt drei Bühnen aufbauen lassen.	
6. Wir haben zwei große Unternehmen als Sponsoren gewinnen können.	
7. Der Kulturausschuss und verschiedene Vereine werden gemeinsam das Festprogramm gestalten.	
8. Zur Eröffnung am Freitag erwarten wir Gäste aus Politik und Wirtschaft.	
9. Wir möchten aber auch alle Bürgerinnen und Bürger unserer Stadt herzlich einladen, mit uns zu feiern.	Alle Bürgerinnen und Bürger sind ...
10. Mit dem Gewinn aus unserer Tombola wollen wir das Jugendhaus unterstützen.	... soll ...

r Sponsor
jemand, der Geld gibt

r Kulturausschuss
Leute, die in einer Stadt für das kulturelle Leben verantwortlich sind

gestalten
organisieren

10 Trennbare und untrennbare Verben

1 Menschen im Hotel

A Unterstreichen Sie die Verben mit Vorsilben.

0. Vergessen Sie nicht <u>anzurufen</u>, wenn Sie nach 22 Uhr ankommen.
1. Sie haben das Zimmer vor einer Woche abbestellt.
2. Sie müssen zuerst das Formular ausfüllen und unterschreiben.
3. Die Koffer werden bereits hinaufgebracht.
4. Im Hotelzimmer schalten wir zuerst die Klimaanlage aus.
5. Wann reist der Gast aus Zimmer 32 wieder ab?
6. Erzählst du ihnen bitte, dass wir um einen Tag verlängern?
7. Der Gast verlässt das Hotel, ohne zu bezahlen.
8. Sprich doch wegen unserer Beschwerde mal die Hotelleitung an.

B Ergänzen Sie die Tabelle.

Verben	trennbar	untrennbar
Infinitiv		
Infinitiv + zu	*anzurufen*	
Präsens Hauptsatz Fragesatz		
Nebensatz	*Wenn Sie ... ankommen*	
Imperativ		*vergessen Sie*
Partizip Perfekt		

Trennbare Vorsilbe
an-, auf-, aus-,
durch-, mit-, weg-,
zurück- usw.
Untrennbare Vorsilbe
be-, ent-, emp-, er-,
ver-, zer- usw.

2 Elternstolz

A Ergänzen Sie die passenden Verben und markieren Sie die Vorsilbe.

0. Unserem Sohn Jan *gelingt* alles. Ihn *regt* fast nichts (auf) ___ .
1. Seine Hausaufgaben ___ er allein und ohne Fehler.
   Er ___ damit sofort nach dem Unterricht ___ .
2. Seine Lehrerin ___ ihm, Latein zu wählen.
   Wir ___ ihn deshalb für Latein ___ .
3. Zur Erinnerung ___ wir alle Schulhefte, bis er erwachsen ist.
   Auch die alten Schulbücher ___ wir nicht ___ .
4. Unsere Tochter Angela ___ mit Babysitten ihr eigenes Geld.
   Das Geld ___ sie auch nicht gleich wieder ___ .
5. Sie ___ morgen sicher die Führerscheinprüfung.
   Sie ___ bestimmt nicht ___ .
6. In den nächsten Tagen ___ sich, ob sie studieren kann.
   Sie ___ es uns dann sofort ___ .

behalten · geben weg
besteht · fällt durch
empfiehlt · melden
an
entscheidet · teilen
mit
erledigt · fängt an
gelingt · regt auf
verdient · gibt aus

Hauptsatz
Er **ruft** jetzt **an.**
Nebensatz
Sie hofft,
dass er **anruft.**

86 | Verb + Endung

B Bilden Sie Nebensätze. Die Nachbarn fragen sich:

0. Glaubst du wirklich, *dass ihrem Sohn Jan alles gelingt und dass ihn fast nichts aufregt?*

❸ Tanzabend

A Unterstreichen Sie das trennbare Verb. Ergänzen Sie den Infinitiv.

Um acht holt mich mein Freund Dirk zum Tanzen <u>ab</u>.
An dem Abend ziehe ich zum ersten Mal meine neuen
Schuhe an. Ich stelle mir vor, wie ich mit den Schuhen
tanze. Aber meine Mutter meint: „Pass auf, dass du
keine Blasen bekommst. Du weißt ja, wie weh das tut."
Also packe ich noch meine alten Ballerinas ein
und stecke mir noch schnell ein Pflaster ein. Dann geht
es los. Dirk wartet schon. Wir fahren vorher noch bei
Gabi und Andreas vorbei. Natürlich habe ich schon
nach einer Stunde eine Blase. Deshalb sehe ich die
meiste Zeit den anderen beim Tanzen zu. Zum Glück
findet ja bald der nächste Tanzabend statt. Am Ende
machen wir noch aus, wer das nächste Mal Auto fährt.

0. *abholen*
1. _____
2. _____
3. _____
4. _____
5. _____
6. _____
7. _____
8. _____
9. _____
10. _____
11. _____

e Blase

Ballerinas (Pl.)
flache Schuhe

B Setzen Sie den Text – soweit möglich – ins Perfekt.

Um acht *hat* mich mein Freund Dirk zum Tanzen *abgeholt*.

❹ Handy-Szenen

A Unterstreichen Sie alle untrennbaren Verben.

0. Das Handy hat geklingelt und ich habe es nicht <u>bemerkt</u>.
1. Gehört das Handy Ihnen? Sie haben es auf dem Tisch liegen lassen.
2. Ich habe mich für den billigsten Handytarif entschieden.
3. Vorhin habe ich per Textnachricht erfahren, dass Petra uns einlädt.
4. Ich glaube, du hast mich missverstanden.
5. Was hast du erzählt? Von wem sprichst du? Ich habe gerade nichts gehört.
6. Mein Mann hat mein Handy zerlegt, weil er es reparieren wollte.
7. Wir haben gerade deine Nachricht empfangen, aber noch nicht gelesen.
8. Haben Sie versucht, mich auf dem Handy zu erreichen?

B Notieren Sie die untrennbaren Verben im Infinitiv und markieren Sie die Vorsilben.

<u>be</u>merken _____

_____

Trennbare und untrennbare Verben

10

5 Meine Freundin, die Stubenhockerin

Was passt? Ergänzen Sie die fehlenden Vorsilben der trennbaren Verben.

0. Nach dem Frühstück schaltet Sie den Fernseher _ein_ , abends um elf schaltet sie ihn wieder _aus_ .

1. Sie geht selten _____ und lehnt fast jede Einladung _____ .

2. Fernsehsendungen, die sie nicht sofort _____ schauen kann, nimmt sie _____ .

3. Oft schläft sie vor dem Fernseher _____ , aber bei den Nachrichten wacht sie sofort wieder _____ .

4. Statt _____ zunehmen hat sie in den letzten Jahren immer mehr _____ genommen.

5. Manchmal überrede ich sie, ins Fitnessstudio _____ zugehen. Allein hat sie nie Lust.

6. Bevor ich sie danach _____ bringe, lade ich sie noch zu einem leichten Essen _____ .

7. Ich habe ihr schon _____ geschlagen, mit mir _____ zuziehen. Sie ist nämlich nett und lustig.

8. Sie will mal in Ruhe darüber _____ denken.

9. Ich würde mich freuen, wenn sie _____ sagt.

ab
ab
an
auf
auf
~~aus~~
~~ein~~
ein
ein
mit
nach
vor
weg
zu
zu
zurück
zusammen

r Stubenhocker jemand, der nicht gern aus dem Haus geht

6 Der erste Urlaubstag

Ergänzen Sie das Partizip Perfekt. Es gibt einen Lesetrick.

Wir sind erst so gegen elf Uhr (0) _aufgestanden_ . Das Hotelpersonal hatte nämlich schon fünf Mal (1) _____ , um das Zimmer sauber zu machen. Alle anderen Hotelgäste hatten schon (2) _____ , wir haben nur noch einen Kaffee (3) _____ . Dann sind wir direkt zum Strand (4) _____ . Nach Schwimmen und Beachvolleyball wäre ich in der Sonne fast (5) _____ . Mein Freund hat mich kurz danach ins Hotel (6) _____ . Oben im Zimmer habe ich eine Flasche Wasser (7) _____ . Nach dem Duschen habe ich mich noch einmal kurz (8) _____ . Später habe ich für den Abend im Club meine besten Klamotten (9) _____ . Natürlich haben wir auch diese Nacht (10) _____ ...

nednatsegfua
tfpolkegna
tkcütshürfeg
nemmokeb
nefualegretnunih
nefalhcsegnie
thcarbegkcüruz
neknurtegsua
tgelegnih
negozegna
tznateghcrud

Klamotten *ugs.*
Kleidung

7 Alltägliches

A Finden Sie das Gegenteil. Ergänzen Sie die passende Vorsilbe.

0. Ich	steige	am Marktplatz	aus.	a.	ein steigen	ab
1. Wir	kommen	um 15.45 Uhr	an.	b.	___ fahren	ab
2. Vor elf	schlafe	ich nicht	ein.	c.	___ wachen	ab
3. Wir	packen	unsere Sachen später	aus.	d.	___ packen	auf
4. Wer	macht	die Tür	auf?	e.	___ machen	auf
5. Ich	gehe	schon mal	voraus.	f.	___ kommen	aus
6.	Schalte	doch das Licht	an.	g.	___ schalten	aus
7. Im Urlaub	nehme	ich immer zwei Kilo	zu.	h.	___ nehmen	aus
8. Die Uhr	geht	ein paar Minuten	nach.	i.	___ gehen	aus
9. Er	hängt	gerade die Wäsche	auf.	j.	___ hängen	aus
10. Warum	sagt	er den Termin	ab?	k.	___ sagen	~~ein~~
11. Ihr	räumt	nie die Spülmaschine	ein.	l.	___ räumen	ein
12. Sie	zieht	die Jacke nicht	an.	m.	___ ziehen	nach
13. Wer	zieht	bei dir	ein?	n.	___ ziehen	vor
14. Wann	fangen	wir endlich	an?	o.	___ hören	raus
15. Sie	kommen	gleich	rein.	p.	___ gehen	zu
						zu

B Ergänzen Sie die Verben aus a–p im Präsens.

a. Ihr _steigt_ am Nordfriedhof _ein_ .

b. Wann _____ ihr _____ ?

c. Ich _____ jeden Morgen um sieben _____ .

d. _____ du den Fotoapparat _____ ?

e. Ich _____ mal das Fenster _____ .

f. In zehn Minuten _____ ich _____ .

g. Den Computer _____ du _____ .

h. Wenn du Sport machst, _____ du schnell wieder _____ .

i. Meine Uhr _____ schon wieder _____ .

j. Wer _____ die Handtücher _____ ?

k. Wenn ich den Job angeboten bekomme, _____ ich sofort _____ .

l. Wir _____ gerade die Garage _____ .

m. Warum _____ du deine Stiefel nicht _____ ?

n. Meine Schwester ist 18 und _____ jetzt von zu Hause _____ .

o. Der Regen _____ überhaupt nicht mehr _____ .

p. Gleich _____ ich mit dem Hund _____ .

10 Trennbare und untrennbare Verben

8 Zusammen oder getrennt?

A Markieren Sie die Wortgrenzen.

> *Partizip Perfekt*
> auf**ge**schrieben
> beschrieben
> *Infinitiv mit **zu***
> nach**zu**holen
> **zu** entscheiden

1. Ichhabesievoreinemjahrwiedergesehen
   dumusstsieunbedingtkennenlernen
   siewirddirsichersehrgutgefallen

2. istessinnvolldasabiturnachzuholen
   esistimmersinnvollseinwissenzuvermehren
   invielenberufenwirddasabiturvorausgesetzt

3. sicherhabenschonvielemitbekommendassinderschulmensa
   keinfettesessenmehrangebotenwird
   esisterwiesendassfettesessendaslernenbehindert
   deswegenhatdieschulmensadieaufgabemehrfischundgemüse
   anzubieten

4. über90-Jährigekönnenunfällevermeiden
   siesolltenrechtzeitigmitdemautofahrenaufhören
   auchwäreesbesserwennsiebeidunkelheitdasautostehenließen

B Korrigieren Sie die Groß- und Kleinschreibung und ergänzen Sie die Satzzeichen: Punkt, Komma und einmal ein Fragezeichen.

9 Betonung

Markieren Sie den Wortakzent.

> *Wortakzent:*
> *trennbar →* **a**ngekommen
> *untrennbar →* bek**o**mmen

0. m**i**tgeschrieben
1. missverstanden
2. eingekauft
3. vorhaben
4. unterschreiben
5. verkauft
6. anzubieten
7. unterbrechen
8. zugehört
9. gehören
10. mitbekommen
11. zerstören
12. verabreden
13. benachrichtigt
14. überarbeiten

10 Rauf oder runter?

Ergänzen Sie die passende Vorsilbe.

0. Es ist kalt draußen. Komm schnell *rein/herein* .
1. Die Ampel ist grün, wir können _____ gehen.
2. Lehn dich nicht so weit aus dem Fenster, du fällst sonst _____ .
3. Ich suche nichts Bestimmtes, ich möchte nur _____ schauen.
4. Die Getränke sind im Keller. Holst du bitte eine Flasche Wein _____ ?
5. Ich habe die Datei schon _____ geladen.
6. Fahr kurz rechts _____ , dann steige ich aus.

ran / heran
rauf / herauf
raus / hinaus
rein / herein
rüber / hinüber
rum / herum
runter / herunter

ran, rauf, raus, … *ugs.*

90 | Verb + Endung

⑪ Sicherheitstipps

A Bilden Sie Imperativsätze mit Sie.

0. Beim Fahrradfahren sollte man einen Helm aufsetzen. → *Setzen Sie immer einen Helm auf!*

1. Im Auto muss man sich immer anschnallen. _____

2. Fußgänger sollten den Zebrastreifen immer vorsichtig überqueren. _____

3. Beim Bezahlen mit Bankkarte sollte man die Geheimzahl verdeckt eintippen. _____

4. Im Internet sollte man keine persönlichen Daten weitergeben. _____

5. Am Computer sollte man sich auch für kurze Zeit immer ausloggen. _____

6. Man sollte keine Medikamente nach dem Verfallsdatum verwenden. _____

B Bilden Sie Infinitivsätze.

0. *Es wird empfohlen, einen Helm aufzusetzen.*

_____

_____

★ ⑫ Diebstahl im Kaufhaus

Ergänzen Sie das Verb in der richtigen Zeit und Form. Einige Lücken bleiben leer.

0. Eine ältere Frau ist völlig *überrascht*, als plötzlich ein Kaufhaus-Detektiv vor ihr steht und sie bittet *mitzukommen*.

1. Im ersten Moment versucht sie noch, sich _____ und _____.

2. Aber der Kaufhaus-Detektiv hat das sofort _____ und _____.

3. In dieser Situation wäre sie fast _____ sie _____.

4. Sie _____ immer wieder _____, dass sie wirklich nichts _____
hat _____ lassen.

5. Als ihre Tasche _____ wird, ist keine unbezahlte Ware zu finden.

6. Dennoch ist der Detektiv _____, eine Diebin vor sich zu haben.

7. Sie _____ ihm energisch _____.

8. Als der Filialleiter _____ er die Frau kurz _____ und lässt sie dann gehen.

9. Vor lauter Dankbarkeit _____ sie ihn _____.

durchdrehen *ugs.*
verrückt werden
mitgehen lassen *ugs.*
stehlen
überraschen
mitkommen
umdrehen
verschwinden
durchschauen
festhalten
durchdrehen
wiederholen
mitgehen
durchsuchen
überzeugen
widersprechen
hinzukommen
befragen
umarmen

10 Trennbare und untrennbare Verben

⭐ 13 (Staatliche) Ordnung
Ergänzen Sie das Partizip Perfekt.

0. Jede Ware, die verkauft wird, muss mit einem Etikett *versehen* sein.
1. Die Preise auf den Waren müssen in Euro _____ werden.
2. In öffentlichen Gebäuden müssen die Notausgänge deutlich _____ sein.
3. Für jedes Auto muss eine Versicherung _____ werden.
4. Bei einem Unfall mit Verletzten muss sofort die Polizei _____ werden.
5. Den Schaden, den der Brand _____ hat, übernimmt die Versicherung.
6. Der Anspruch auf Urlaub ist gesetzlich _____.
7. Die Kanzlerin hat den Minister _____, die Sparmaßnahmen umzusetzen.
8. Geld sollte nur sicheren Banken _____ werden.

versehen
auszeichnen
kennzeichnen
abschließen
benachrichtigen
verursachen
vorschreiben
beauftragen
anvertrauen

versehen
haben

auszeichnen
Preis nennen

kennzeichnen
sichtbar sein

vorschreiben
bestimmen

⭐ 14 In der Oper
Ergänzen Sie das passende Verb im Präsens oder Partizip Perfekt.

Umgangssprache	Schriftsprache
0. Sie *fängt* um acht *an*.	Die Vorstellung *beginnt* um 20 Uhr.
1. Das Theaterrestaurant *macht* erst in der Pause *auf*.	Das Buffet ist erst in der Pause _____.
2. Die Zuschauer *setzen* sich *hin*.	Die Zuschauer _____ sich auf ihre Plätze.
3. Als Erstes *kommt* das Orchester *rein*.	Zuerst _____ das Orchester den Saal.
4. Der Dirigent *hat* natürlich einen Smoking *an*.	Der Dirigent _____ einen Smoking.
5. Pünktlich um acht *machen* sie die Türen *zu*.	Um Punkt 20 Uhr werden die Türen _____.
6. Das Publikum *findet* die Sänger *super*.	Die Sänger _____ das Publikum.
7. Etwa um halb elf *ist* es *aus*.	Die Vorstellung _____ gegen 22.30 Uhr.
8. Bald *gehen* wir wieder *in* die Oper.	Demnächst _____ wir wieder eine Vorstellung.

begeben
begeistern
~~beginnen~~
besuchen
betreten
enden
öffnen
schließen
tragen

★ 15 Ein Leben rückwärts

Ergänzen Sie das Verb im Präsens. Einige Lücken bleiben leer.

0. Mit 82 _steht_ plötzlich ein alter Mensch _da_.
1. An seinem 80. Geburtstag _____ ihn seine Familie im Seniorenheim _____.
2. Im selben Jahr _____ plötzlich seine Frau _____.
3. Er _____ das Seniorenheim _____ und _____ eine Villa.
4. Zu seinem 70. Geburtstag _____ er über fünfzig Leute _____.
5. In den nächsten Jahren _____ sich sein Gesundheitszustand _____.
6. Mit 63 _____ er _____ zu arbeiten.
7. Sein Wissen und Können wird von allen _____.
8. Nach dem 30. Hochzeitstag _____ er eine Weltreise _____.
9. Mit 54 Jahren _____ er Verantwortung _____ und wechselt ins Labor.
10. Er _____ ein wichtiges Projekt _____.
11. Sein Chef _____ oft seine Ideen und Vorschläge _____.
12. Fünfzehn Jahre lang _____ er erfolgreich Medikamente.
13. Am ersten Tag in der Universität _____ er seinen Doktortitel _____.
14. In der Schule _____ sich sein Aussehen _____.
15. Mit sechs Jahren _____ er _____ zu lesen und zu schreiben.
16. Mit zwei Jahren _____ er immer wieder _____, weil er nicht mehr richtig laufen kann.
17. Nach ein paar Monaten _____ er sich auch nicht mehr allein _____.
18. Er liegt nur noch und _____ nur mit Musik aus der Spieluhr _____.
19. An seinem Geburtstag _____ er aus der Welt _____.

dastehen
besuchen
auftauchen
verlassen – beziehen
einladen
verbessern
anfangen
anerkennen *(Part. Perf.)*
vorbereiten
abgeben
abschließen
berücksichtigen
entwickeln
zurückgeben
verändern
aufhören
hinfallen
hinsetzen
einschlafen
verschwinden

★ 16 Viel geredet!

Ergänzen Sie das passende Verb.

0. Man muss Frau Merkel mit Frau Bundeskanzlerin _anreden_.
1. Wenn es um Politik geht, kann ich leider nicht _____.
2. In einer Diskussion soll man jeden _____ lassen.
3. Politiker können viel _____, aber sie halten meist wenig.
4. Man kann Arbeitslosen gut _____, aber das hilft ihnen nicht.
5. Die Kanzlerin will mit dem Minister aktuelle Probleme _____.
6. Manchem Politiker muss man seine Kompetenz _____.
7. Er darf bei der Kanzlerin persönlich _____.
8. Man kann alles _____, bis nichts mehr übrig bleibt.
9. Das Thema ist so interessant, dass man noch lange _____ könnte.
10. Diese Übung dürfte mindestens dem Niveau C1 _____. ☺

absprechen
besprechen
entsprechen
versprechen
vorsprechen
~~anreden~~
ausreden
mitreden
weiterreden
zerreden
zureden

Trennbare und untrennbare Verben

10

17 Gesagt, getan

A Ergänzen Sie *sagen* im Partizip Perfekt mit passender Vorsilbe.

ab
an
auf
aus
ein
nach
unter
ver
vor
vorher
voraus
weiter
zu

0. Der Professor hat Grippe, die Vorlesung wird kurzfristig _a b gesagt_.
1. Der Prüfungstermin wird in der nächsten Vorlesung _____
2. In der Prüfung wurde den Studenten _____ Wörterbücher zu benutzen.
3. Zum Glück hat mir mein Studienkollege in der Prüfung ein paar Lösungen _____
4. In der mündlichen Prüfung hat der Professor dem Studenten die richtige Antwort fast _____
5. Mist! Ich habe in der Prüfung leider total _____.
6. Das hat meine Freundin bereits _____, weil sie wusste, dass ich zu wenig gelernt habe.
7. Jetzt wissen alle, dass ich durchgefallen bin. Vera hat es allen _____
8. Die Professorin hat in der Vorlesung alle Gedichte auswendig _____
9. Ich habe der Professorin jetzt _____, ab März werde ich für sie arbeiten.
10. Der Professor für Biochemie musste gehen. Ihm wird _____, dass er Forschungsergebnisse gefälscht hat.
11. Es kam zum Prozess, in dem ein Student gegen den Professor _____ hat.
12. Dem Professor wird bereits heute _____ dass er an keiner Universität mehr genommen wird.

B Was bedeuten die Verben? Ordnen Sie zu.

Sätze 0 – 3
a. Sie findet nicht statt.
b. Die Lösung wird zugeflüstert.
c. Er wird vorher angekündigt.
d. Hilfsmittel sind verboten.

Sätze 4 – 6
a. Sie wusste, was passieren wird.
b. Die Prüfung lief schlecht für mich.
c. Er hat mir in der Prüfung geholfen.

Sätze 7 – 9
a. Ich habe den Job angenommen.
b. Sie hat es anderen erzählt.
c. Sie hat die Texte frei vorgetragen.

Sätze 10 – 12
a. Vor Gericht berichtet er, was er gesehen hat.
b. Es wird über die Zukunft geredet.
c. Das erzählt man sich.

18 Was ist eigentlich „Alltag"?

A Unterstreichen Sie alle trennbaren und untrennbaren Verben.

Ein Gefühl des Alltags empfinden wir dann, wenn sich – im wahrsten Sinne des Wortes „Alltag" – ein Tag wie alle Tage anfühlt bzw. ein Tag wie jeder Tag. Wir nehmen keine Unterschiede mehr zwischen den Tagen wahr, woraus das Gefühl von Eintönigkeit entsteht. Doch inwiefern tragen wir selbst zur Entstehung eines solchen Alltags bei? In gewisser Weise erzeugen wir ihn selbst, indem wir uns täglich gleich verhalten und auch unsere Blickwinkel auf andere Menschen und die Sichtweise auf bestimmte Dinge nicht mehr verändern. Daraus entsteht die Illusion, wir wüssten bereits, „wie alles läuft" und wir ziehen nicht mehr in Betracht, dass es auch anders sein oder kommen könnte. Dadurch nehmen wir uns selbst die Möglichkeit, uns überraschen zu lassen. Wir nehmen also den Tagen den Unterschied, indem wir schon im Vorhinein annehmen, dass der nächste Tag „wie alle Tag(e)" wird. Entsprechend verhalten wir uns wie „all(e) Tag(e)", erzeugen damit jedoch erst den Alltag und fügen uns zugleich nahtlos in ihn ein. Wir fühlen uns in ihm zunehmend zuhause und es fällt uns schwer „dem Alltag zu entkommen". Wenn wir davon ausgehen, dass auch der „nicht-Alltag", also das Gegenstück zum Alltag, aktiv von uns selbst hergestellt werden muss, ist es nötig, sich bewusst „anders" zu verhalten als im Alltag und auch anders wahrzunehmen. So lange uns dieses Repertoire fehlt – und auch der Mut dazu, es zu entdecken und zu nutzen – werden wir uns dem Alltag immer ausgeliefert fühlen. Wir flüchten uns in die Opferrolle, um nicht erkennen zu müssen, dass wir selbst doch meistens sehr „alltäglich" sind.

Cornelia Ulrich, 03.10.2008, https://www.jetzt.de

B Ergänzen Sie die Tabelle.

trennbare Verben	untrennbare Verben	Verb + Endung
anfühlt	empfinden	
nehmen ... wahr	entsteht	

e Eintönigkeit
alles ist immer
gleich

erzeugen
produzieren

r Blickwinkel,
e Sichtweise
Perspektive

e Illusion
falsche Vorstellung

in Betracht ziehen
einbeziehen,
berücksichtigen

im Vorhinein
im Voraus

sich nahtlos
einfügen
sich total anpassen

dem Alltag
entkommen
etwas Nicht-
Alltägliches machen

wahrnehmen
bewusst sehen

s Repertoire
Kenntnisse

sich ausgeliefert
fühlen
nicht fähig sein,
etwas zu ändern

flüchten
vor etwas
weglaufen

s Opfer ↔ r Täter

Modalverben

1 Party-Stress

A Unterstreichen Sie die Modalverben.

0. Alle <u>müssen</u> mithelfen.
1. Du kannst schon mal die Getränke kaltstellen.
2. Ich muss noch das Bad putzen.
3. Ihr sollt nicht herumstehen, sondern helfen!
4. Die Gäste sollen sich wohlfühlen.
5. Wir können keine Pause machen.
6. Wir wollen doch in zwei Stunden fertig sein.
7. Ich mag keinen Stress.
8. Wer kann schön schreiben?
9. Ihr müsst noch den Salat fertig machen.
10. Möchtest du den Kuchen probieren?
11. Der Sekt darf nicht warm sein.
12. Ihr könnt jetzt die Musik aussuchen.
13. Die meisten Gäste möchten tanzen.
14. Leider kann ich nicht tanzen.
15. Nach 23 Uhr dürfen wir keine laute Musik mehr spielen.
16. Wir wollen keinen Ärger mit den Nachbarn.
17. Darf ich noch jemanden mitbringen?
18. Ihr könnt gerne mit euren Freunden kommen.
19. Dürfen wir in Jeans kommen?
20. Heute soll gefeiert werden!

B Was bedeuten die Modalverben in den Sätzen 0–20?

a.	Wille, Absicht	*wollen*	16,
b.	Wunsch, Lust	*mögen / möchten* Konj.	7,
c.	Notwendigkeit	*müssen*	0,
d.	Möglichkeit	*können*	5,
e.	Aufforderung, indirekte Bitte	*können*	1,
f.	Fähigkeit	*können*	8,
g.	Erlaubnis, Verbot	*dürfen, können*	11,
h.	Auftrag, Aufgabe, Ziel	*sollen*	4,
i.	höfliche Bitte, Frage	*dürfen*	17,

c Ergänzen Sie die Präsens-Formen. Markieren Sie die Endungen und den Vokalwechsel.

	dürfen	können	mögen/möchten *Konj.*	müssen	wollen	sollen
ich						
du		kannst				
er/sie/es				muss		
wir						
ihr						
sie/Sie						

D Was gehört zusammen? Ergänzen Sie die Regeln für das Präsens.

1. In der *ich*-Form (1. Person Singular) und der *er*-Form (3. P. Sg) hat .... ☐

2. In den Plural-Formen *wir/ihr/sie* werden .... ☐

3. In den Singular-Formen *ich/du/er* ändert .... ☐

4. Bei den Modalverben steht.. ☐

a. sich der Stammvokal bei allen Modalverben außer bei *sollen*.

b. die Modalverben regelmäßig gebildet.

c. das Modalverb keine Endung.

d. (fast) immer ein Infinitiv.

② **Eigentlich …**

Ergänzen Sie das passende Modalverb im Präsens.

0. Eigentlich _mag_ ich heute nicht ins Kino gehen, aber ich _kann_ meine Freundin nicht allein gehen lassen. — können • mögen

1. Eigentlich _____ ich schon gut Ski fahren, aber trotzdem _____ ich noch einen Skikurs machen. — können • wollen

2. Eigentlich _____ ich heute noch einkaufen gehen, aber leider _____ ich nicht vor 20 Uhr aus dem Büro weg. — können • müssen

3. Eigentlich _____ ich nichts Süßes essen, aber heute _____ ich einen Geburtstagskuchen backen. — dürfen • wollen

4. Eigentlich _____ ich lernen, aber ich _____ gerade nicht. — mögen • sollen

5. Eigentlich _____ ich die ganze Zeit im Bett liegen, aber zum Essen _____ ich aufstehen. — dürfen • sollen

6. Eigentlich _____ ich jetzt langsam nach Hause gehen, aber ich _____ noch nicht. — müssen • wollen

Modalverben

dürfen
müssen
können
möchten
sollen
wollen

e WG
Wohngemeinschaft

3 WG-Leben

Ergänzen Sie das passende Modalverb im Präsens.

0. Wer _muss_ heute die Küche aufräumen? _Musst_ du sie nicht aufräumen? – Nein, du bist dran. Wir _müssen_ das Bad putzen.

1. _____ wir heute Abend zusammen kochen? – Ich _____ leider nicht, weil ich schon verabredet bin. Du _____ gern mitkommen.

2. _____ wir am Samstag in die Berge fahren? – Schon wieder?! Du _____ dauernd wandern gehen. Ich _____ mal ein Wochenende zu Hause verbringen.

3. _____ wir eigentlich den Garten der Vermieterin benutzen? – Ich glaube, du _____ draußen sitzen und lesen. Aber man _____ nicht grillen.

4. _____ wir das Altpapier wegbringen? – Ja, aber wir haben nicht viel Zeit. Ich _____ doch noch einkaufen und du _____ noch staubsaugen.

5. Nächstes Jahr _____ die Vermieterin die Wohnung renovieren lassen. Wenn wir _____, können wir beim Renovieren in eine andere Wohnung ziehen. Oder _____ ihr lieber bleiben?

4 Kurz und knapp

A Was gehört zusammen? Ordnen Sie zu.

0. Ich hole Eis beim Italiener.
1. Ich habe keine Lust, darüber zu diskutieren.
2. Warum stornierst du den Urlaub?
3. Uwe geht mit seinen Freunden zum Fußballspiel.
4. Der letzte Bus fährt in fünf Minuten.
5. Wer begleitet Lea am Sonntag zum Flughafen?

☐ f	a. Ich kann nicht.
☐	b. Und ich darf mit.
☐	c. Ich muss los.
☐	d. Was soll das?
☐	e. Ich will nicht mehr.
☐	f̶. Wer möchte eins?

ich darf mit
mitgehen

ich muss los
losgehen

B Ergänzen Sie die Modalverben aus a–f im Präteritum.

0. Ich habe ganz viel Eis mitgebracht. Wer _wollte_ eins?

1. Ich weiß, du hattest keine Lust mehr zu diskutieren. Du _____ nicht mehr.

2. Warum hast du den Urlaub storniert? Was _____ das?

3. Ich war nicht mit Uwe beim Fußballspiel. Ich _____ nicht mit.

4. Ich bin gestern nicht länger geblieben. Ich _____ los. Der letzte Bus fuhr um eins.

5. Warum hast du Lea nicht zum Flughafen begleitet? _____ du nicht?

5 Fragen rund um den Sport

Ergänzen Sie *kennen*, *können* oder *wissen* im Präsens.

0. _Weißt_ du noch, wer 2006 in Deutschland Fußballweltmeister wurde?
1. _____ man ohne Doping Olympiasieger werden?
2. _____ Sie Deutschlands bekannteste Tennisspieler?
3. _____ Sie zehn Olympiasieger nennen?
4. _____ Sie, wie oft in Deutschland schon olympische Spiele stattgefunden haben?
5. _____ du alle Regeln im Fußball?

6 Deutsch mag ich
Bilden Sie Sätze im Präteritum.

0. Ich möchte zusammen mit meiner Freundin Deutsch lernen.
Schon immer _wollte ich_ zusammen mit meiner Freundin _Deutsch lernen_.

1. In den Ferien möchten wir in Hamburg einen Sprachkurs machen.
Bereits in den letzten Sommerferien _____
Leider hatte es nicht geklappt.

2. Wir möchten beide gute Noten in Deutsch (haben).
Mit den beiden letzten Kursen _____
unsere Noten in Deutsch verbessern.

3. Ich mag die deutsche Sprache _____
schon immer.

4. Unsere jetzige Lehrerin mögen meine Freundin und ich sehr.
Unseren ersten Deutschlehrer _____
auch sehr.

5. Alle Studenten möchten heute nach dem Kurs noch ein Bier zusammen trinken.
Im letzten Kurs _____

6. Komisch, unsere Lehrerin mag kein Bier.
Interessant finden wir, dass unsere letzte Deutschlehrerin auch _____

---

mögen _Vollverb_
gernhaben, lieben
→ _Prät._ **mochte**
mögen/möchten
Modalverb
wünschen
(nicht so stark wie
wollen)
→ _Prät. meist_
wollte

11

7 Erziehung

A Bilden Sie Sätze mit *müssen* und *dürfen* im Präsens.

0. *Ich muss immer die U-Bahn nehmen und darf nie mit dem Auto fahren.*
   immer die U-Bahn nehmen • nie mit dem Auto fahren

1. Wir _____
   abends immer lernen • nie fernsehen

2. Ich habe gehört, dass sie _____
   immer auf ihre Geschwister aufpassen • nie ihre Freunde treffen

3. Er _____
   zweimal pro Woche mit seinem Vater joggen • nicht ins Fitnessstudio gehen

4. Warum _____ du _____?
   zu Hause immer beim Putzen helfen • nie faul sein

5. Stimmt es, dass ihr _____?
   jeden Tag um neun ins Bett gehen • nie bei Freunden übernachten

6. Mich nervt es, dass ich _____
   immer mit meinen Eltern in Urlaub fahren • nie mit Freunden verreisen

B Was war früher? Bilden Sie Sätze im Präteritum.

0. Früher *musste* ich immer die U-Bahn nehmen und *durfte* nie mit dem Auto fahren.

8 Das nervt!

A Bilden Sie Sätze mit *sollen* und *lieber wollen* im Präsens.

0. *Ich soll mein Zimmer aufräumen, aber ich will lieber Musik hören.*
   mein Zimmer aufräumen • Musik hören

1. Sie _____
   einkaufen gehen • ihre Lieblingssendung ansehen

2. Wir _____
   mit dem Hund spazieren gehen • zum Fußballtraining gehen

3. Du _____
   für die Schule lernen • Computer spielen

4. Er _____
   einen Ferienjob suchen • nichts tun

5. Die Eltern _____
   mal ins Theater gehen • fernsehen

6. Ihr _____
   eure Oma besuchen • Freunde treffen

Modalverben

B **Was war gestern? Bilden Sie Sätze im Präteritum.**

0. Gestern *wollte* ich eigentlich Musik hören, aber ich *sollte* mein Zimmer aufräumen.

---

9 **Informationen für den Hotelgast**

A **Was gehört zusammen? Schreiben Sie vollständige Sätze.**

0. Sie sollen sich bei uns   [b]

1. Kinder unter zwölf Jahren dürfen   [ ]

2. Wird das Zimmer nicht rechtzeitig storniert,   [ ]

3. Am Tag der Abreise müssen die Zimmer   [ ]

4. Wir möchten Sie darauf hinweisen, dass in keinem unserer Zimmer   [ ]

5. Wenn Sie Ausflugsfahrten buchen möchten,   [ ]

6. Sie können jederzeit an der Rezeption   [ ]

7. Hier steht, dass von 22 Uhr abends bis 7 Uhr früh   [ ]

8. Auch im Winter sollten Sie   [ ]

a. geraucht werden darf.

b. wie zu Hause fühlen.

c. beraten wir Sie gern.

d. bis spätestens 11 Uhr geräumt sein.

e. das Schwimmbad nicht benutzt werden darf.

f. Stadtführungen und Ausflüge buchen.

g. kann eine Stornogebühr erhoben werden.

h. im Zimmer der Eltern übernachten.

i. einmal unser Hotel besuchen.

B **Unterstreichen Sie Modalverb und Infinitiv.**

0. Sie <u>sollen</u> sich bei uns wie zu Hause <u>fühlen</u>.

Sie sollen sich bei uns wie zu Hause fühlen.

1. _____
2. _____
3. _____
4. _____
5. _____
6. _____
7. _____
8. _____

C **Welcher Satz aus B passt zu welcher Regel?**

0. Sie <u>sollen</u> sich bei uns wie zu Hause <u>fühlen</u>.

Hauptsatz → mit Verbklammer   **Modalverb + Infinitiv:** Satz   *0,*

Nebensatz → am Satzende   **Infinitiv + Modalverb:** Satz _____

Modalverben

11

10 Alte Zeiten ohne Handy

Konnte oder musste? Streichen Sie das Verb, das nicht passt.

0. Früher *konnte/~~musste~~* man nicht immer und überall angerufen werden.
1. Man *konnte/musste* auch nicht für jeden erreichbar sein.
2. Man *konnte/musste* noch in Ruhe in Urlaub fahren.
3. Man *konnte/musste* noch ohne Handy aus dem Haus gehen.
4. Niemand *konnte/musste* dringend eine Textnachricht schreiben.
5. Früher *konnte/musste* man seine Verabredungen genau planen.
6. Man *konnte/musste* sich nicht spontan irgendwo treffen.

spontan
schnell und nicht
geplant

11 Wie war dein Deutschkurs?

A Ergänzen Sie das passende Modalverb im Präteritum.

0. _Musstest_ du zu Beginn des Kurses einen Einstufungstest machen?
1. Jeder _____ sich kurz vorstellen.
2. Schon vom ersten Tag an _____ wir Deutsch sprechen.
3. Im Unterricht _____ man seine Fehler selbst korrigieren.
4. _____ ihr im Unterricht ein Wörterbuch benutzen?

5. Woher _____ du die Sprachenschule?
6. Manche _____ schon ein bisschen Deutsch.
7. Einige _____ nicht, was *Grüß Gott* bedeutet.
8. Die Kursleiterin _____ bereits am zweiten Tag unsere Namen.
9. _____ ihr, dass unsere Kursleiterin auch Übungsbücher schreibt?

10. Eine Teilnehmerin _____ in einen anderen Kurs wechseln.
11. Wir _____ unsere Lehrerin sehr.
12. Jeder _____ schnell und gut Deutsch lernen.
13. Fast alle Kursteilnehmer _____ sich.
14. Am Ende des Kurses _____ wir gleich weitermachen.

dürfen
müssen
sollen

kennen
können
wissen

mögen
wollen

etw. tun **müssen**
Notwendigkeit,
Befehl (ohne
Alternative)
etw. tun **sollen**
Auftrag, Aufga-
be, Empfehlung
(nicht so stark
wie müssen)

B Bilden Sie Sätze im Perfekt.

0. *Hast* du zu Beginn des Kurses einen Einstufungstest *machen müssen?*

12 Kluge Ratschläge

A Bilden Sie Sätze mit *er/sie sollte* oder *wir/sie sollten.*

0. weniger arbeiten: *Wir sollten weniger arbeiten.*
1. endlich heiraten
2. mal in Urlaub fahren
3. mehr Sport treiben
4. weniger Schokolade essen

5. anderen besser zuhören
6. einmal im Ausland arbeiten
7. öfter Zeitung lesen
8. nicht so viel Geld ausgeben

Ich **soll/sollte**
weniger rauchen.
Sollte ist nicht so
stark wie soll.

Modalverben

B Was empfehlen Sie Ihren Freunden? Bilden Sie Sätze mit *du* und *ihr*.

0. *Du solltest* weniger arbeiten.

Zusatzaufgabe: Auch Sie bekommen Ratschläge. Bilden Sie Sätze:

0. Ich weiß, *ich sollte* weniger arbeiten, aber ich habe gerade ein wichtiges Projekt.

---

13 In der Welt des Theaters

Was gehört zusammen? Verbinden Sie die Sätze.

0. Sie will eine gute Schauspielerin werden.

a. Deswegen besucht sie eine Schauspielschule. — **a**

1. Sie will Marilyn Monroe persönlich gekannt haben.

   b. Das behauptet sie jedenfalls. Ich kann mir das nicht vorstellen. ☐

2. Er muss jeden Abend auf der Bühne stehen, ...

   a. weil die Zweitbesetzung längere Zeit ausfällt. ☐

3. Er muss die Rolle bekommen haben, ...

   b. weil er so glücklich aussieht. ☐

4. Du kannst dich als Statist für das Theaterstück bewerben.

   a. Es werden nämlich noch Jugendliche ab 15 gesucht. ☐

5. Er kann sich nicht für die Rolle beworben haben.

   b. Das ist unmöglich, weil er schon woanders zugesagt hat. ☐

6. Wir sollen Werbung für unser Theaterstück machen.

   a. Kann sein, aber ich hab den Artikel noch nicht gesehen. ☐

7. In der Zeitung soll ein Artikel über unser Stück stehen.

   b. Aber das ist eigentlich nicht unsere Aufgabe. ☐

Subjektive Bedeutung
müssen, sollen: *starke Vermutung*
können: *Vermutung*
wollen: *Sprecher glaubt eine Behauptung nicht*

---

14 Ferienzeit

Formen Sie die Sätze um, indem Sie *müssen* verwenden.

0. In den Ferien braucht man keine E-Mails zu kontrollieren.

   In den Ferien muss man keine E-Mails kontrollieren.

1. Man braucht keine Geschäftstelefonate zu führen.

2. Außerdem braucht man sein Smartphone nicht anzuschalten.

3. Niemand braucht zu wissen, wie man den Tag verbringt.

4. Man braucht nicht morgens um sechs an einer Telefonkonferenz teilzunehmen.

5. Wir brauchen nichts anderes zu tun, als das Leben zu genießen!

nicht brauchen (zu) *oder nicht müssen*

Modalverben

15 Ein Bücherwurm

Was gehört zusammen? Ordnen Sie zu.

0. Warum kann ich meine bestellten Bücher noch nicht abholen? [f]
1. Hast du eine Ahnung, wann die Buchmesse beginnt? [ ]
2. Wo finde ich das neueste Buch von Uwe Timm? [ ]
3. Kann ich mich noch für die Lesung von Peter Stamm anmelden? [ ]
4. Ich bräuchte bis morgen zehn Exemplare von Christoph Heins *Tangospieler*. [ ]
5. Wann erscheint das neue Buch von John von Düffel? [ ]

a. Dahinten müssten noch ein paar Exemplare liegen.
b. Das dürfte kein Problem sein.
c. Das sollte möglich sein, wenn die Lieferung pünktlich ist.
d. Es müsste ab nächster Woche im Handel sein.
e. Sie dürfte morgen losgehen.
f. Eigentlich müssten sie schon da sein.

Subjektive Bedeutung
dürfte: *vorsichtige Vermutung*
müsste/sollte: *stärkere Vermutung*

16 Große und kleine Bitten

Ergänzen Sie das passende Modalverb.

0. Könnten Sie sich bitte kurz gedulden?
1. _____ wir euch um einen Gefallen bitten?
2. _____ ich dich kurz stören?
3. _____ ihr einen Moment warten?

4. Wir _____ Sie bitten, kurz zuzuhören.
5. _____ ich Sie später noch mal anrufen?
6. Ich _____ Sie leider bitten, draußen zu rauchen.

dürfte
dürften
kann
~~könnten~~
könntet
möchten
muss

★ 17 Hilfreiche Tipps

A Reagieren Sie höflich. Verwenden Sie *können/müssen/sollen* im Konjunktiv II.

0. Unser alter Fernseher ist kaputt. — Ihr *könntet* ihn vielleicht noch reparieren lassen.
1. Mein Kühlschrank ist fast immer leer. — Du _____ nur öfter einkaufen.
2. Die Waschmaschine schleudert nicht mehr. — Da _____ du gleich den Kundendienst anrufen.
3. Meine Frisur gefällt mir nicht mehr. — Du _____ zum Friseur gehen und dich beraten lassen.
4. Die neue Kaffeemaschine funktioniert nicht richtig. — Ihr _____ auf jeden Fall versuchen, sie umzutauschen.
5. Ich finde die deutsche Grammatik so schwer. — Du _____ nur mehr Übungen machen!

B Reagieren Sie weniger höflich und benutzen Sie den Imperativ.

0. *Lass ihn doch reparieren.*

schleudern
sich schnell drehen
r Kundendienst
Hilfe bei Problemen mit einem Produkt

⭐ 18 Bürogespräche

Was passt? Ergänzen Sie das Modalverb im Präsens und Perfekt.

0. ■ Wie bitte? Du hast nicht auf den Kongress in die USA _gedurft_?
   ○ _Darfst_ du etwa fahren?

■ In meiner Abteilung habe ich letztes Jahr sogar auf drei Kongresse fahren _dürfen_.

1. ■ Habt ihr wirklich Mittwochnacht eure Präsentation fertigstellen _____?
   ○ Klar, und ich _____ bis um drei noch die letzten Verbesserungen machen.

2. ■ Und heute Morgen, warum hast du da zum Chef _____?
   ○ Ich glaube, du _____ gar nicht pünktlich sein.

3. ○ Es tut mir leid, aber ich habe nicht früher kommen _____.
   ■ Ehrlich gesagt, das habe ich noch nie _____.

4. ○ Das ist mir aber peinlich! Das habe ich nicht _____.
   ■ Mir ist das auch schon passiert. Ich habe Julius eine private E-Mail schicken und jeder auf dem Verteiler hat sie lesen können.

■ In Zukunft kontrolliere ich die Adresse zweimal, wenn ich mal schnell etwas verschicken _____.

4. ■ Ich habe meinen Computer immer noch nicht reparieren _____.
   ○ Warum _____ du dir nicht gleich einen neuen geben?

dürfen
können
lassen
müssen
wollen

⭐ 19 Schriftsprache – gesprochene Sprache

Ergänzen Sie das passende Modalverb im Präsens.

0. Wir gehen davon aus, dass _Sie in der Lage sind_, die Ware fristgerecht zu liefern.

   Sie _können_ die Ware sicher rechtzeitig liefern.

1. Wir ziehen es vor, mit unseren Gästen ins Restaurant zu gehen, statt in der Kantine zu essen.

   Wir _____ mit unseren Gästen lieber im Restaurant als in der Kantine essen.

2. _Sie haben die Gelegenheit_, in der nächsten Mitarbeiterbesprechung Ihre Meinung zu äußern.

   Sie _____ in der nächsten Mitarbeiterbesprechung Ihre Meinung sagen.

3. _Leider sind wir gezwungen_, weitere Mitarbeiter zu entlassen.

   Leider _____ wir weitere Mitarbeiter entlassen.

4. _Die neue Software eignet sich hervorragend für die Buchführung._

   Mit der neuen Software _____ man die Buchführung sehr schnell erledigen.

5. _Mein Chef hat mir strengstens untersagt_, im Büro private Telefongespräche zu führen.

   Ich _____ nicht mehr so viel im Büro telefonieren, sonst bekomme ich Ärger mit dem Chef.

Modalverben

★ **20** **Studieren in Deutschland**

Ergänzen Sie die Sätze. Achten Sie auf die richtige Wortstellung in Haupt- und Nebensatz.

0. Wenn man in Deutschland studieren will,
   sollte man die deutsche Sprache sehr gut beherrschen.
   beherrschen • die deutsche Sprache • man • sehr gut • sollte

1. Man benötigt eine Sprachprüfung, die
   _____
   abgelegt • im In- und Ausland • kann • werden

2. Sie müssen sich genau überlegen,
   _____
   in Deutschland • Sie • studieren • welches Fach • wollen

3. Die Sprachprüfung muss anerkannt sein, damit
   _____
   bewerben • für einen Studienplatz • können • ohne Probleme • Sie • sich

4. Um z. B. die TestDaF-Prüfung zu bestehen,
   _____
   absolviert • haben • mindestens 700 Unterrichtseinheiten • Sie • sollten

5. Es wird geprüft, ob
   _____
   können • schreiben • Sie • und • verstehen • wissenschaftliche Texte

6. Wenn man Geld sparen will,
   _____
   auf die Prüfung • kann • man • mit Modelltests • sich • vorbereiten • zu Hause

7. Eine Prüfung lohnt sich immer, weil
   _____
   damit • im In- und Ausland • nachweisen • man • kann • seine Sprachkenntnisse

Modalverben

⭐ **21 Hasso ist weg**

Ergänzen Sie die Modalverben in der angegebenen Zeit.

Hallo Tanja,

ich (0) *habe* leider nicht früher schreiben (1)_____. Meine Nachbarn, Herr und Frau Krafzyk, sind auf Geschäftsreise und (2)_____ dass ich währenddessen auf ihr Haus und den Hund aufpasse. Ich (3)_____ mich übrigens auch ab und zu um den Garten kümmern. Jetzt lachst du sicherlich ... ich als Gärtner?! Ich (4)_____ mir das vor einer Woche auch noch nicht vorstellen. Aber ich bekomme 50 Euro am Tag. Da (5)_____ ich doch nicht Nein sagen, oder? Aber irgendwie läuft es nicht so optimal. Schon am ersten Tag ist mir ein Glas heruntergefallen und der Gartenschlauch geplatzt. Und es (6)_____ noch schlimmer kommen: Seit heute Morgen ist Hasso, der Hund, weg. Ich weiß, ich (7)_____ besser aufpassen. Ich (8)_____ ihn nicht ohne Leine im Wald laufen lassen. Aber er ist einem Hasen nachgejagt und plötzlich war er weg. Ich (9)_____ ihn nicht mehr zurück-rufen, soviel ich (10)_____ auch nichts tun. Er ist nicht mehr zurück-gekommen. Ich habe sofort Leute im Wald befragt, ob sie einen Hund gesehen haben. Und nach zwei Stunden vergeblicher Suche habe ich die Polizei verständigt, aber die (11)_____ wir uns so einen Job teilen. Das wäre dir sicher nicht passiert, weil du dich mit Tieren so gut auskennst. Das nächste Mal (12)_____ ich Herrn Krafzyk am Telefon alles beichten. Vorhin (13)_____ sie die Reise nicht abbrechen und nach Hause kommen. Erstaunlicherweise (14)_____ sich und Hasso besucht sie, sooft er (15)_____. Warum? In einem Bauernhaus am Waldrand wohnt Hassos liebste Freundin, eine Schäferhündin. Die beiden (16)_____ ich mal nachschauen. In einer halben Stunde (17)_____ Bernd mit seinem Auto da sein. Er (18)_____ mich zu dem Bauernhaus fahren, wo laut Herrn Krafzyk Hasso zu finden sein (19)_____. Herr Krafzyk meinte, dort (20)_____ jetzt Schluss machen, werde mich aber später wieder bei dir melden. Du (21)_____ ja sicher wissen, wie die Geschichte ausgegangen ist.

Bis dann, Tom

nachjagen	hinterherlaufen
vergeblich	ohne Erfolg
verständigen	informieren
beichten	etwas sagen müssen, das unangenehm ist
erstaunlicherweise	seltsamerweise
angeblich	anscheinend

(0) Perfekt können
(1) Präteritum wollen
(2) Präsens sollen
(3) Konj. II Vergangenheit können
(4) Präteritum können
(5) Präteritum sollen
(6) Konj. II Vergangenheit müssen
(7) Konj. II Vergangenheit dürfen
(8) Perfekt können
(9) Präteritum wollen
(10) Perfekt können
(11) Konj. II sollen
(12) Perfekt müssen
(13) Präsens wollen
(14) Präsens mögen
(15) Präsens können
(16) Konj. I sollen
(17) Konj. II dürfen
(18) Präsens wollen
(19) Konj. II müssen
(20) Präsens müssen
(21) möchten

Modalverben

★ 22 Eine Radtour entlang der Donau

Ergänzen Sie das passende Modalverb in der richtigen Form.

Schon lange (0) _wollten_ wir mit unseren Freunden eine Fahrradtour entlang der Donau machen. Im August hat es dann endlich geklappt.

Vor der Abreise (1) _____ wir einiges organisieren und vor allem die genaue Route festlegen. Wir waren so gut vorbereitet, dass eigentlich nichts schiefgehen (2) _____ ! Schon am ersten Tag ist meine Schwester gestürzt und (4) _____ deshalb zum Arzt. Der hat ihr geraten, nach Hause zu fahren. Ihr Freund hat dann auch nicht mehr weiterfahren (5) _____ . Jetzt waren wir nur noch zu acht.

Aber alles haben wir doch nicht planen (3) _____

Die erste Etappe nach Tuttlingen legten wir im Zug zurück. Wir (6) _____ nämlich unsere Radtour direkt an der Donauquelle beginnen. Mittags (7) _____ wir frische Forellen beim „Müllerwirt" essen. Aber es hat nicht sein (8) _____ , der Gasthof war geschlossen.

Am nächsten Tag fuhren wir durch das wildromantische Donautal bis Burg Wildenstein. Zur Besichtigung der Burg war es leider zu spät. Bei ständigem Gegenwind (9) _____ wir nicht schneller fahren. Da hätten wir Profis sein (10) _____ !

Die dritte Etappe nach Ulm war mit fast hundert Kilometern die längste. Es hätte wirklich nichts passieren (11) _____ , sonst wären wir nicht angekommen. Wir (12) _____ es schaffen, denn am Abend (13) _____ es ein richtig starkes Gewitter geben. Jetzt (14) _____ uns der Regen egal sein.

Für nächstes Jahr planen wir eine Radtour nach Budapest. Es heißt, man (15) _____ zum Teil direkt an der Donau entlangfahren.

Außerdem (16) _____ Budapest total interessant sein. Die Strecke ist lang, aber sie (17) _____ zu schaffen sein, wenn wir fleißig trainieren. Ich (18) _____ jedenfalls wieder dabei sein

dürfen
dürfte
könne
können
konnte
konnte
konnten
müssen
musste
mussten
mussten
soll
sollen
sollte
will
wollen
wollten
wollten
wollten

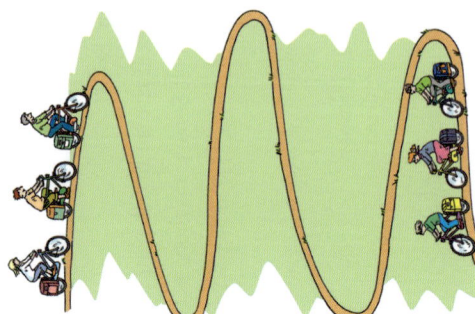

Nomen + Verb

1 Wiederholung

A Markieren Sie das Verb.

0. Du (bist) ein guter Koch.
   <u>Nom.</u>   Nom.

1. Kochst   du oder ich?

2. Ich   helfe   dir   gern.

3. Ich   fahre   zum Einkaufen.

4. Gib   mir   bitte   Geld.

5. Ich   gehe   jetzt.

6. Denkst   du   daran,   Tomaten zu kaufen?

7. Hallo, ich   bin   wieder   da.

8. Es   gab   keine Tomaten.

9. Ich   freue   mich   richtig   auf das Essen.

10. Das Fleisch   ist   sehr gut.

11. Wer   hat   mein Rezeptbuch weggenommen?

12. Ich? Nein!   Ich   bin   mir   keiner   Schuld   bewusst.

13. Willst   du   mich   einen Lügner nennen?

14. Nein, nein.   Hier   ist   es   ja.

B Unterstreichen Sie die Ergänzungen des Verbs und benennen Sie diese:

Nom.   Akk.   Dat.   Gen.   feste Präp.   Ort   Zeit

C Welche Aussagen passen zu welchen Sätzen 0–14?

a. Jedes Verb hat mindestens eine Ergänzung
   im Nominativ. (= obligatorisch)   _alle Sätze_

b. Die meisten Verben brauchen neben einem Nominativ
   auch eine Ergänzung im Akkusativ und/oder Dativ.

c. Angaben des Ortes *(hier),* der Zeit *(jetzt)* u. a.
   können beim Verb stehen. (= fakultativ)

d. *sein* und *werden* haben zwei Nominative oder   _0,_
   Nominativ + Adjektiv u. a.

e. Manche Verben haben eine feste Präposition
   (= Präpositionalergänzung).

f. Nur wenige Verben haben eine Ergänzung im Genitiv.

13 Verben mit
    Präpositionen

2 Vergesslichkeit

A Nominativ oder Akkusativ? Ergänzen Sie der oder den.

0. Wo ist bloß _der_ Schlüssel?
1. Wohin habe ich _____ USB-Stick gelegt?
2. Wie _heißt_ gleich _____ neue Nachbar?
3. Wo _steht_ _____ Drucker jetzt?
4. Haben wir _____ Urlaub schon gebucht?
5. Wer hat uns _____ Obstkorb geschenkt?
6. Wann wollte _____ Handwerker kommen?

B Unterstreichen Sie alle Ergänzungen, außer die im Nominativ.

Jemand hat auf die Fragen 0–6 geantwortet:

a. Dein Schlüssel _liegt_ <u>hier</u>.
b. Ich _habe_ den USB-Stick doch auf den Tisch gelegt.
c. Unser neuer Nachbar _heißt_ Gert.
d. Der Drucker _steht_ jetzt wieder neben dem Computer.
e. Wir müssen den Urlaub endlich buchen.
f. Unser neuer Nachbar _hat_ uns gestern Obst aus seinem Garten geschenkt.
g. Wollte der Handwerker nicht heute um neun kommen?

3 Nett oder nicht nett?

A Ergänzen Sie die Dativendungen -m, -r, -m, -n.

0. Warum _hilfst_ du deine_w_ kleinen Bruder nicht?
1. Würdest du bitte de____ Mädchen den Ball _zurückgeben_?
2. De____ Baby _gefällt_ es nicht, wenn du es ärgerst.
3. Auf dem Spielplatz begegnen wir oft eine____ älteren Frau, die de____ Kindern Schokolade schenkt.
4. Ich verrate de____ anderen Müttern gern meine Lieblingsrezepte.
5. Ich erzähle de____ Kindern gern eine Geschichte, wenn sie wollen.
6. Die Kinder hören de____ Geschichtenerzählerin neugierig zu.
7. _Leihst_ du deine____ Freundin mal dein Märchenbuch?

B Ordnen Sie die Verben im Infinitiv in die Tabelle ein.

Verben + Dat.	helfen, zurückgeben,
Verben + Akk. + Dat.	

Verben und Ergänzungen

4 Das richtige Geschenk

Welches Geschenk passt zu welcher Person? Formulieren Sie Dialoge.

0. ■ Sollen wir *ihm ein T-Shirt* schenken?
   ○ Kaufen wir *ihm lieber einen Helm!*

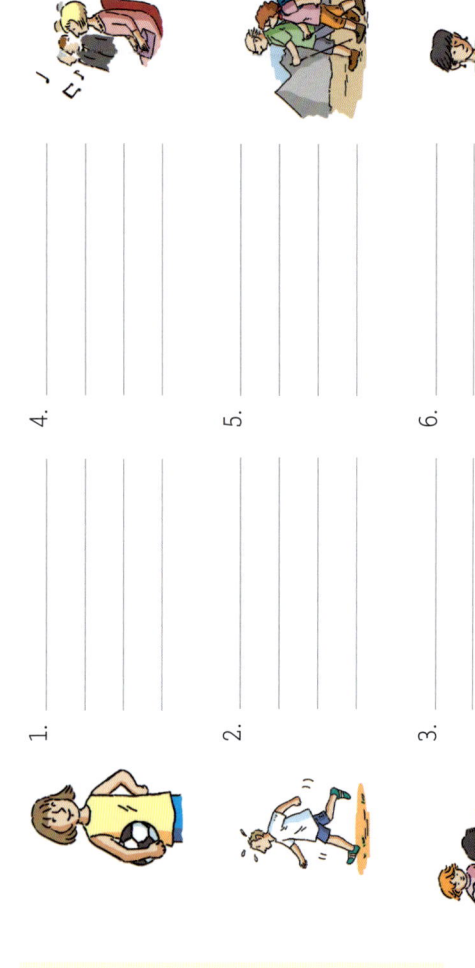

1. _____

2. _____

3. _____

4. _____

5. _____

6. _____

s Laufrad •
s Spielzeug •
s Opernglas •
e Konzertkarte •
e Sportmassage •
r Jogginganzug •
s T-Shirt •
r Helm •
r Rucksack •
s Handy •
e Sonnenbrille •
s E-Book •
e Handtasche •
s Fußballticket

s Opernglas
kleines Fernglas

5 Gespräche unter Jugendlichen

Ergänzen Sie die passenden Pronomen.

0. Gestern habe ich Hannes mal wieder gesehen. – Wo denn? Ich bin *ihm* nämlich auch begegnet. – Ich habe *ihn* im Schwimmbad getroffen.

   `ihn · ihm`

1. Karin, ich muss dir unbedingt was erzählen. – Okay. Ich höre _____ zu, aber mein Akku ist gleich leer. – Was hast du gesagt? Ich kann _____ nicht richtig hören.

   `dich · dir`

2. Wer wohnt jetzt eigentlich neben euch? – Ich glaube, ein Arzt ist eingezogen. _____ gehört jedenfalls das tolle Auto, das vor dem Haus steht. _____ hat auch ein super Motorrad.

   `er · ihm`

3. Wann bist du endlich wieder da? _____ vermisse _____ so sehr. – _____ fehlst _____ auch. Bitte ruf morgen wieder an.

   `ich · du · dich · mir`

4. Hast du eigentlich die Schuhe, die wir gesehen haben, gekauft? _____ fand _____ echt schön. – _____ haben _____ auch super gefallen, aber sie waren einfach zu teuer.

   `ich · sie · sie · mir`

5. Geht Janina mit auf die Party? Frag _____ doch bitte mal. – Ich habe _____ schon eine Nachricht geschickt, aber sie antwortet _____ nicht.

   `sie · ihr · mir`

6. Könntest du _____ bei den Mathe-Hausaufgaben helfen? Ich verstehe sie überhaupt nicht. – Kein Problem. Kannst du _____ dafür ein bisschen in Deutsch unterstützen?

   `mich · mir`

6 Gutes tun

A Ergänzen Sie die passenden Artikel.

0. Die Firma schenkt *dem* Verein *Schulen in Afrika* alten Computer.

1. Der Fußballverein bezahlt ____ Spielern der Jugendmannschaft ____ Paar Fußballschuhe pro Jahr.

2. Zu DDR-Zeiten hat ____ Mutter ____ Cousine in Ostberlin regelmäßig Pakete mit Schokolade, Strumpfhosen und anderen Sachen geschickt.

3. Die Firma hat ____ Angestellten für nächstes Jahr ____ Betriebskindergarten versprochen.

4. Meine Freundin bietet ____ Nachbarskind aus Rumänien ____ Hilfe bei den Hausaufgaben an.

allen • ein		
dem • ihre		
dem • ihre		
den • einen		
meine • ihrer		

B Schreiben Sie die Verben aus 0–4 im Infinitiv in die Tabelle.

Verben + Akk. + Dat. *schenken,*

Verben mit Dat. +
Akk.
→ **Dativ** = Person
→ **Akkusativ** =
Sache

C Bilden Sie sinnvolle Fragen mit wem oder was.

0. *Wem* schenkt die Firma ihre Computer?
   Was schenkt die Firma dem Verein *Schulen in Afrika?*

15 Artikel

Nom	Akk.	Dat.
m der	den	dem
f die	die	der
n das	das	dem
Pl. die	die	den

7 Familienleben

Ergänzen Sie die Endungen im Nominativ, Akkusativ oder Dativ.

0. Helft eur*er* Mutter mal im Haushalt. D*ie* Arbeit ist für sie allein zu viel und wir haben keine Putzfrau.

1. D____ Nachbarn haben eine Postkarte aus dem Urlaub geschickt. Sie grüßen auch d____ Kinder und wünschen uns all____ schöne Ferien.

2. Dies____ Schal gehört mir, d____ habe ich gestern erst gekauft. Gib mir d____ Schal jetzt sofort zurück.

3. Wo ist d____ Geld, das hier lag? Hast du d____ Geld genommen? Mit d____ Geld wollte ich die Putzfrau bezahlen.

4. Morgen findet d____ Schulparty statt. Soll ich da mein____ neue Hose anziehen? Meinst du, dass sie mein____ Freundinnen gefällt?

Verben und Ergänzungen

Ich **kaufe** das Obst jetzt immer **auf dem Markt.**
Früher habe ich im Supermarkt **gutes Obst bekommen.**
Wichtige Position am Satzende →
Satzstellung je nach Sprechintention variabel

8 Wir feiern

Bilden Sie Sätze.

0. Dein Bruder *hat euren Eltern immer noch keine Einladung geschickt.*

   hat geschickt • immer noch • euren Eltern • keine Einladung

1. Wir _____

   gratulieren • zum Geburtstag • unserer Tante • noch • müssen

2. Willst _____, länger aufzubleiben?

   erlauben • den Kindern • du • am Samstag

3. Kannst _____?

   holen • du • noch • für mich • ein Stück Kuchen • bitte

4. Ich weiß nicht, ob _____

   besorgt • alle Geschenke • Michael und Pia • gestern • haben

5. Ich empfehle euch, _____

   liefern zu lassen • von einem guten Restaurant • das Essen • für den Geburtstag

9 Im Sportverein

Ergänzen Sie die passenden Pronomen.

1. Kennst du schon den neuen Tennislehrer? Ich finde *ihn* super. _____ hat früher international gespielt. _____ gehört auch die Tennisschule.

   er • ihm • i̶h̶n̶

2. _____ passiert es leider immer wieder, dass _____ zu spät ins Training komme. Irgendwann wird _____ der Trainer nicht mehr beachten.

   ich • mir • mich

3. Passen _____ die neuen Turnschuhe? Wer hat _____ denn beim Kauf beraten? _____ kannst ja damit gar nicht richtig laufen.

   du • dir • dich

4. Was ist mit Rick los? Heute gelingt _____ im Training aber auch gar nichts. Und Klara? _____ fehlten Kraft und Kondition. – Sie sind abends oft lange unterwegs und das wirft _____ der Trainer natürlich vor.

   ihm • ihr • ihnen

⑩ Kleine Krisen

Was passt? Ergänzen Sie Artikel und Pronomen.

1. _Ich_ hatte ____ Geburtstag meiner besten Freundin vergessen. Deswegen
   habe ____ ____ am nächsten Tag angerufen und ____ um Entschuldigung
   gebeten. ____ nahm ____ Entschuldigung gern an, denn ____ hat
   auch schon zu spät gratuliert.

   | den • die • ich • |
   | mir • ich • ich • sie • |
   | sie • sie • sie |

2. Ja, ____ habe ____ Freund ____ SMS geschrieben. Na und? ____ hat ____
   sogar zurückgeschrieben. Warum glaubst ____ nicht?

   | das • deinem • du • |
   | eine • er • mir • |
   | mir • ich |

3. ____ Freundin droht ____ immer damit, ____ zu verlassen. Okay,
   habe ____ einmal nicht ____ Wahrheit gesagt. Da gebe ____ recht.
   Aber ____ habe nie etwas getan, was ____ Beziehung geschadet hätte.

   | ich • ich • ich • |
   | die • ihr • ihr • |
   | meine • mich • |
   | mir • unserer |

⑪ Gespräche in der Kneipe

Was passt: Akkusativ oder Dativ? Ergänzen Sie.

0. Kann ich _Ihnen_ aus dem Mantel helfen?
   Darf ich _dich_ zu einem Glas Wein einladen?

   | (Sie / Ihnen) |
   | dich / dir |

1. Ich kenne ____ Typen nicht
   und gebe ____ auf keinen Fall meine Handy-Nummer.

   | den / dem |
   | ihn / ihm |

2. ____ fällt der Name der Familie nicht ein,
   der ____ Teppichgeschäft im Industriegebiet gehört.

   | Mich / Mir |
   | das / dem |

3. Sind wir ____ Künstler schon mal begegnet
   oder haben wir ____ nur im Fernsehen gesehen?

   | den / dem |
   | ihn / ihm |

4. Ich muss noch ____ Cousine für den Kinotipp danken.
   Wir haben den Film auch ____ Bekannten empfohlen.

   | meine / meiner |
   | unsere / unseren |

5. Kannst du ____ Freund bitte erklären,
   dass ich ____ nicht beleidigen wollte.

   | deinem / deinen |
   | ihn / ihm |

6. Gehört der schwarze BMW vor der Tür etwa ____?
   So ____ will ich später auch mal haben.

   | dich / dir |
   | einen / einem |

7. Muss ich ____ die Speisekarte etwa selbst holen?
   Die haben hier aber ____ guten Service.

   | mich / mir |
   | keinen / keinen |

8. Teilen wir uns ____ Fischgericht?
   Fisch schmeckt ____ doch nicht.

   | das / dem |
   | mich / mir |

12

Verben und Ergänzungen

★ 12 Probleme mit dem Hund

Ergänzen Sie das passende Verb und unterstreichen Sie den Dativ.

1. Ich kann meinem Hund nichts *befehlen* . Er _____ mir nur, wenn er Lust hat.

2. Warum _____ du den Kindern nicht, mit deinem Hund spazieren zu gehen? _____ du ihnen etwa nicht?

3. Ich weiß nicht, warum es ihm nicht _____ , seinen Hund ordentlich zu erziehen. Ich glaube, er _____ dem Hund viel zu wenig.

4. Ich würde ihm _____ , so schnell wie möglich eine Hundeschule aufzusuchen. Da würdet ihr mir doch _____ , oder?

gehorcht
befehlen
gelingt
erlaubst
raten
vertraust
verbietet
zustimmen

★ 13 Mutters Kochkünste

A Was passt? Ergänzen Sie die Verben.

0. Ich werde immer gefragt, wer mir das Kochen <u>beigebracht</u> | *beigebracht* | hat. – Meine Mutter.

1. Es _____ ihr noch heute Freude, für die ganze Familie zu kochen.

2. Dass meine Mutter nur Kochlehrerin war, das _____ mir fast niemand , denn es schmeckt bei ihr wie in einem 4-Sterne-Lokal.

3. Ein Gourmetkoch war mal bei meiner Mutter zu Gast und hat ihr genau dasselbe _____ , dass ihre Oma früher auf dem Land ein Gasthaus besessen habe und sie dort das Kochen gelernt habe.

4. Darauf hat sie ihm _____ , dass ihre Oma früher auf dem Land ein Gasthaus besessen habe und sie dort das Kochen gelernt habe.

5. Natürlich wollte ihr der Gourmetkoch das eine oder andere Rezept _____ , aber das gelang ihm natürlich nicht.

6. Auch wir mussten ihr hoch und heilig _____ , keines ihrer Rezepte zu verraten.

7. Das würde sie uns auch nie _____ .

☑ beigebracht
etw. von jdm.
lernen

☐ bereitet
machen

☐ bescheinigt
bestätigen

☐ entgegnet
antworten

☐ entlocken
jd. erzählt etw.
Geheimes

☐ nimmt ... ab
glauben

☐ versprechen
sagen + tun

☐ verzeihen
Fehler machen,
Freunde bleiben

B Markieren Sie die | Verben | sowie Dativ und Akkusativ.

★ 14 Büroalltag

Ergänzen Sie das passende Verb und den bestimmten Artikel.

0. Bitte antworten Sie beim nächsten Mal auf die Fragen.
Der Projektleiter *beantwortet* beim nächsten Mal *die* Fragen.

1. Die Firma lehnt es ab, den Angestellten mehr Urlaubstage zu geben.
Unsere Firma _____ Angestellten mehr Urlaubstage.

2. Wer lässt ständig die Akten von meinem Schreibtisch verschwinden?
Wer _____ ständig _____ Akten von meinem Schreibtisch?

3. Unser Chef nennt uns nicht den Namen seines Nachfolgers.
Unser Chef _____ uns _____ Namen seines Nachfolgers.

reichen + Dat.
entwenden + Akk.
verweigern + Dat.
überlassen + Akk.
~~beantworten~~ + Akk.
verschweigen + Akk.

116 | Nomen + Verb

4. Könnte ich die Unterlagen bekommen?
Könnten Sie mir _____ Unterlagen _____?

5. Wem gibt unser Chef auf dem Foto die Hand?
Wer ist das auf dem Foto, der _____ Chef die Hand _____?

⭐ 🔵15 Es bedarf des Genitivs

Was passt? Ersetzen Sie das *kursiv* Gedruckte durch den Ausdruck mit Genitiv.

0. In schwierigen Zeiten braucht man gute Geschäftspartner. ☐ *a.*

1. Wir machen nichts Illegales, wir greifen auf die Geldmittel zurück, die uns laut Budget zur Verfügung stehen. ☐

2. Ich erinnere mich an einen Vorfall vor zehn Jahren, der damals durch die Presse ging. ☐

3. Wie immer hast du Mitleid mit ihm und hilfst ihm bei seinem Projekt. Er muss auch mal allein klarkommen. ☐

4. Wir müssen etwas tun, damit die Verkaufszahlen in Japan nicht weiter fallen. Herr Sakane könnte sich um diese Sache kümmern. ☐

5. Ich kann mich nicht entscheiden, ob ich für oder gegen die Schließung der Niederlassung in Polen bin, deshalb gebe ich keine Stimme ab. ☐

6. Die Aufenthaltserlaubnis meiner Kollegin wurde nicht verlängert. Sie muss das Land verlassen. ☐

7. Ich habe gerade vor wichtigen Kunden ein privates Gespräch am Handy angenommen. Das ist mir wirklich peinlich. ☐

8. Wie? Ich soll einen Fehler gemacht haben? Das stimmt nicht. ☐

9. Wenn Sie die Beförderung nicht annehmen, wird das Konsequenzen für Ihre Karriere haben. Ist Ihnen das klar? ☐

10. Wer hat erzählt, dass die Firma verkauft werden soll? Davon weiß ich nichts. ☐

11. Seit wir nur noch Teilzeit arbeiten, ignoriert uns der Chef. ☐

12. Wer behauptet, dass einer unserer Manager bestechlich ist? ☐

a. beschuldigt einen unserer Manager der Korruption?

b. Das entzieht sich meiner Kenntnis.

c. Ich bin mir keiner Schuld bewusst.

d. Ich schäme mich meines Verhaltens.

e. Sind Sie sich dessen bewusst?

f. wüdigt uns der Chef keines Blickes mehr.

a. bedarf es guter Geschäftspartner.

b. erbarmst du dich seiner

c. sich dieser Sache annehmen

d. Sie wurde des Landes verwiesen.

e. Ich entsinne mich eines Vorfalls

f. enthalte ich mich der Stimme.

g. Wir bedienen uns der Geldmittel,

Verben mit Präposition

13

1 Zirkus

A Unterstreichen Sie die Verben und die feste Präposition beim Verb.

0. Habt ihr schon einmal vom Zirkus Krone gehört?
1. Zirkus erinnert mich an meine Kindheit.
2. Jedes Jahr haben wir ungeduldig auf die Zirkus-Plakate gewartet.
3. Im Zirkus riecht es nach Popcorn, Sägemehl und Tieren.
4. Am meisten kann ich immer über die Clowns lachen.
5. Als Kind habe ich mich oft gefragt, wer sich eigentlich um die Tiere im Zirkus kümmert.
6. Wir freuen uns auf die nächste Zirkusvorstellung.
7. Erzähl mir ein bisschen von deinem letzten Besuch im Zirkus!
8. Interessierst du dich überhaupt für den Zirkus?

B Ergänzen Sie aus 0–8:

Verb	Präposition	+ Dativ
0. hören	von	+ Dativ
1.		+
2.		+
3.		+
4.		+
5.		+
6.		+
7.		+
8.		+

2 Immer für euch da

Was passt? Ergänzen Sie.

0. Ich kümmere mich _um alles_ .
1. Ich helfe euch gern _____ .
2. Ich denke beim Einkaufen auch _____ .
3. Ich passe _____ auf, wenn ihr in der Schule seid.
4. Ich freue mich mit euch _____ .
5. Ich interessiere mich _____ .
6. Aber ich muss mich auch oft _____ ärgern.
7. Und ihr bedankt euch nie _____ !

beim Aufräumen
auf euren Hund
um alles
an eure Schokolade
bei mir
über euch
über eure Erfolge
für eure Hobbys

3 Persönlicher Fragebogen

Welche Antwort passt? Ordnen Sie zu.

0. Wovor fürchten Sie sich? `a`
1. Wofür kämpfen Sie? ☐
2. Worüber regen Sie sich am meisten auf? ☐
3. Über welchen Politiker ärgern Sie sich am meisten? ☐
4. Worauf kommt es im Leben an? ☐
5. Mit wem unterhalten Sie sich am liebsten? ☐
6. Auf wen können Sie sich immer verlassen? ☐
7. Womit beschäftigen Sie sich in Ihrer Freizeit? ☐

a. Vor Dingen, die ich gerade? nicht kenne.
b. Oft auf Kleinigkeiten, die nicht wichtig zu sein scheinen.
c. Auf meine Familie.
d. Eigentlich über fast alle.
e. Für bessere Schulen.
f. Mit meinem 86-jährigen Nachbarn.
g. Mit meinem Hund.
h. Über das Gerede der Politiker.

> **An wen** denkst du gerade? → **An dich.**
> *Präp. + wen/wem?*
> **Woran** denkst du gerade?
> **An die Prüfung.**
> → *bei/ Sachen*
> **wo(r) + Präp.?**

4 Was man alles tun muss

A Ergänzen Sie die passenden Präpositionen.

0. Harald hat sich _bei_ seinem Onkel noch nicht _für_ das Geld bedankt.
1. Zu Weihnachten verschicken wir _____ alle Verwandten Fotokarten.
2. Nach langer Planung möchte Julia endlich _____ der Renovierung anfangen.
3. Klaus sollte sich noch _____ seinem Vermieter _____ den Partylärm entschuldigen.
4. Ich darf auf keinen Fall vergessen, meiner Freundin _____ Geburtstag zu gratulieren.
5. Seit drei Tagen bereitet sich Herbert intensiv _____ die Prüfung vor.
6. Am Sonntag müssen wir unsere Eltern _____ Essen einladen.
7. Habt ihr euch seit dem Umzug schon mal _____ euren alten Freunden gemeldet?
8. Sei nicht beleidigt, sondern denk in Ruhe _____ unser Gespräch nach.

an
auf
bei
bei
bei
für
für
mit
über
zum
zum

B Formulieren Sie Fragen mit Präposition.

0. *Bei wem* hat sich *Harald* noch nicht bedankt?
   Wofür hat sich *Harald* noch nicht bedankt?

13

Verben mit Präposition

Denk **an** die Milch.
Denk **daran,** ...
dass wir Milch
brauchen.
Milch ein**zu**kaufen.

5 Im Beruf

A Was kann man auch sagen? Ordnen Sie zu und ergänzen Sie.

a	0. Ich träume _davon_, dass ich einmal einen besseren Job finde.
☐	1. Er rechnet _____, dass er bei der Firma genommen wird.
☐	2. Wir bereiten uns _____ vor, dass unsere Firma verkauft wird.
☐	3. Sie hofft _____, dass sie nächstes Jahr mehr Gehalt bekommt.
☐	4. Alle beklagen sich _____, dass sie so viele Überstunden machen müssen.
☐	5. Wir haben ihn _____ überredet, dass er an unserem Seminar teilnimmt.
☐	6. Warum bist du nicht _____ überzeugt, dass das Produkt ein Erfolg wird?

a. _Ich träume_ von einem besseren Job.

b. _____ auf eine Gehaltserhöhung im nächsten Jahr.

c. _____ mit einer Zusage der Firma.

d. _____ über die vielen Überstunden.

e. _____ auf einen Verkauf der Firma vor.

f. _____ vom Erfolg unseres Produkts ?

g. _____ zur Teilnahme an unserem Seminar .

B Formen Sie die *dass*-Sätze, wenn möglich, in Infinitivsätze um.

0. Ich träume davon, _einmal einen besseren Job zu finden._

6 So nicht!

Was passt? Ergänzen Sie.

0. _Darum_ geht es überhaupt nicht.

1. _____ will ich nichts wissen.

2. _____ wird sich nichts ändern.

3. _____ sprechen Sie eigentlich?

4. Es handelt sich _____ ein Missverständnis.

5. _____ will ich nichts zu tun haben.

6. _____ kann ich nur warnen.

7. _____ mir können Sie nicht rechnen.

8. _____ soll ich denn noch verzichten?

9. Ich kann Ihnen sagen, _____ ich zweifle.

10. _____ antworte ich nicht.

11. _____ möchte ich nicht mit Ihnen diskutieren.

12. _____ wen halten Sie mich?

für
mit
um
damit
daran
darauf
darüber
~~darum~~
davon
davor
woran
worauf
wovon

7 Peter liebt Eva

Bilden Sie Sätze. Ergänzen Sie die fehlenden Präpositionen.

0. _Peter leidet unter Liebeskummer._
leidet • Liebeskummer • Peter

1. _____
muss • Tag und Nacht • Eva • er • denken

2. _____
er • ihr • will • allen Leuten • erzählen

3. _____
nichts anderes • er • interessiert • mehr • sich

4. _____
schon lange • hofft • ein Lächeln • er • von ihr

5. _____
unbedingt • treffen • sich • mal • ihr • will • er

6. _____
ist • bis über beide Ohren • Eva • er • verliebt

an
auf
für
in
mit
~~unter~~
von

Verben mit Präposition

13

★ **8** **Schauen Sie genau hin!**

A **Wo steht in der Spalte links und rechts dasselbe Verb? Ergänzen Sie die passende Verbform.**

entschuldigen
denken
sorgen
~~freuen~~
leiden
schicken
sprechen

0. Wir *freuen* uns auf die große Feier nächsten Sonntag.

1. _____ Sie an einer Allergie?

2. _____ Sie doch mal an Ihre Zukunft!

3. Meine Eltern _____ sich immer um mich.

4. Mit wem hast du gerade _____ ?

5. _____ Sie Ihre Bewerbung an folgende Adresse.

6. _____ dich bei ihm!

a. Wir haben uns sehr über den Wein *gefreut* .

b. _____ hier keiner für Ordnung?

c. Was _____ du über die Deutschen?

d. Wer _____ heutzutage nicht unter Stress?

e. Wer ist zum Chef _____ worden?

f. Hört endlich auf, über den neuen Lehrer _____ .

g. Wofür soll ich mich denn _____ ?

0. [a]
1. [ ]
2. [ ]
3. [ ]
4. [ ]
5. [ ]
6. [ ]

B **Ergänzen Sie die Tabelle.**

0.	[a]	*sich freuen*	auf die Feier	*über den Wein*
1.	[ ]		an einer Allergie	
2.	[ ]		an Ihre Zukunft	
3.	[ ]		um mich	
4.	[ ]		mit wem	
5.	[ ]		an folgende Adresse	
6.	[ ]		bei ihm	

9 **Auftragsänderung**

Was passt? Ergänzen Sie.

Sehr geehrte Damen und Herren,

wir beziehen uns (0) _auf_ Ihr Schreiben vom 10.03.18, in dem Sie uns aus dringenden Gründen (1) _____ baten, die Lieferung (2) _____ vier Wochen vorzuziehen. Leider ist es uns nicht möglich, (3) _____ kurzfristige Auftrags- änderungen zu reagieren. Bitte melden Sie sich in den nächsten Tagen (4) _____ Frau Kainz. Wir werden unser Möglichstes tun, um (5) _____ einer für beide Seiten befriedigenden Lösung zu kommen.

Mit freundlichen Grüßen

Dr. K. Blechschmitt, Geschäftsführer

~~auf~~
auf
bei
darum
um
zu

10 **Schauen Sie genau hin!**

A **Ergänzen Sie das passende Verb. Achten Sie auf die Präpositionen.**

Auf einen Auslandsaufenthalt muss man sich gut (0) _vorbereiten_ . Es genügt meist nicht, nur die Sprache zu lernen, man sollte sich auch mit der Kultur des Gastlandes (1) _____ . Es (2) _____ nämlich _darauf_ an, für welches Land man sich (3) _____ hat. Ist das Gastland dem eigenen Land ähnlich oder nicht? Wenn man nicht _unter_ Heimweh (4) _____ möchte, muss man versuchen, sich an den neuen Alltag (5) _____ . (6) _____ Sie sich selbst _um_ Kontakte. dass man sie anspricht, (7) _____ Sie nicht _darauf,_ Es (8) _____ auch von Ihnen ab, ob der Auslandsaufenthalt zu einer positiven Erfahrung (9) _____ . Auch wenn man _mit_ verschiedenen Schwierigkeiten (10) _____ wird, sollte man nicht gleich an eine Rückkehr in die Heimat (11) _____ . Anderen Leuten gefällt es so gut im Ausland, dass sie _darüber_ (12) _____ , länger zu bleiben als geplant. Ein Auslandsaufenthalt ist auf jeden Fall ein spannendes Abenteuer. (13) _____ Sie nicht _mit_ Ihrer Entscheidung!

anzupassen
bemühen
denken
beschäftigen
entschieden
hängt ... (ab)
kommt ... (an)
leiden
konfrontiert
nachdenken
~~vorbereiten~~
warten
wird
zögern

B **Ergänzen Sie das passende Nomen. Achten Sie auf die Präpositionen.**

a. Sie müssen _Lust_ _auf_ neue Erfahrungen haben.

b. Sie müssen sich _____ _für_ die Vorbereitung nehmen.

c. Sie dürfen keine _____ _vor_ Veränderungen haben.

d. Sie müssen großes _____ _am_ Gastland mitbringen.

e. Vielleicht haben Sie _____ _nach_ Freunden und Familie.

f. Die _____ _an_ den fremden Alltag kann schwierig werden.

g. Es kann auch mal _____ _bei_ der Rückkehr geben.

h. Je mehr die _____ _für_ das Gastland wächst, desto mehr wächst auch die _____ an der Heimat.

Angst
Begeisterung
Gewöhnung
Probleme
Heimweh
Interesse
Kritik
~~Lust~~
Zeit

Reflexive Verben sich

1 Opernbesuch

A Bringen Sie den Dialog in die richtige Reihenfolge.

Ein Ehepaar will in die Oper gehen:

1	2	3	4	5	6	7	8
a				h			

a. Schatz, hast du dich schon umgezogen?

b. Den blauen Anzug natürlich! Ich glaube, wir müssen uns jetzt beeilen. Ich freue mich schon so!

c. Weiß ich, sonst regst du dich wieder über meinen Dreitagebart auf.

d. Ja, aber nicht so lange. Bevor man die Oper geht, rasiert man sich übrigens.

e. Nein, ich wollte mich erst noch kurz duschen. Wir haben doch noch genug Zeit, oder?

f. Ich freue mich vor allem darüber, dass die Oper nur zwei Stunden und nicht wie sonst drei Stunden dauert.

g. Okay. Hast du dir eigentlich schon überlegt, was ich anziehen soll?

h. Gut. Während du dich duschst, putze ich mir schon mal die Zähne und schminke mir die Augen.

B Unterstreichen Sie die reflexiven Verben. Ergänzen Sie die Tabelle.

	Dat.	Akk.	Infinitiv
a		sich	umziehen
b			
b+f			
c			
d			
e+h			
g			
h			

C Ergänzen Sie die Reflexivpronomen.

	ich	du	er/sie/es	wir	ihr	sie/Sie
Akkusativ			sich		euch	sich
Dativ			sich	uns	euch	sich

2 **Krank**

A Was gehört zusammen? Ordnen Sie zu.

0. Er ist krank und muss ☐ a

1. Sie ist bei Regen gejoggt und hat ☐

2. Bleib bitte zu Hause. Wir möchten ☐

3. Was ist mit deinem Bein? Hast du ☐

4. Beim Skifahren habe ich ☐

5. Was ist passiert? Habt ihr ☐

6. Der Fisch war schlecht. Du hast ☐

7. Ich war vor Kurzem krank und habe ☐

a. sich unbedingt schonen.
b. dich beim Sport verletzt?
c. dir den Magen verdorben.
d. euch wehgetan?
e. sich dabei erkältet.
f. mich noch nicht richtig erholt.
g. uns nicht anstecken.
h. mir das Bein gebrochen.

B Ergänzen Sie die reflexiven Verben im Infinitiv.

sich schonen,

unbedingt
auf jeden Fall

Magen verderben
krank, weil man
das Falsche
gegessen hat

sich anstecken
krank werden durch
Kontakt mit kranken
Personen

3 **Immer morgens**

Ergänzen Sie das Reflexivpronomen an der richtigen Stelle.

0. Vor dem Frühstück duschen wir *uns* ↓.

1. Ich vermute, dass die Kinder das Gesicht wieder nicht gewaschen haben.

2. Putzt bitte nach dem Frühstück die Zähne.

3. Wer muss noch die Haare föhnen?

4. Um halb acht müssen die Kinder für die Schule fertig machen.

5. Wir können dann noch eine halbe Stunde Zeit lassen.

6. Es wäre schön, wenn ihr heute mal beeilen könntet.

7. Das wiederholt jeden Tag, Woche für Woche.

8. Und dann fragen mich die Kinder, ob ich gestresst fühle!

Peter föhnt **sich** die Haare.
Selten föhnt **sich Peter** die Haare.
Selten föhnt **er sich** die Haare.

Ich weiß, dass …
sich Peter die Haare
nicht föhnt.
er sich die Haare
nicht föhnt.

→ *kurz vor lang, d. h.
Pronomen sich vor
Nomen/Namen möglich*

Reflexive Verben sich

14

4 Auf zur Silvesterparty

Was passt? Ergänzen Sie.

mich • jemanden
~~dich - die hohen Schuhe~~
dich • etwas
mich • es
uns • sie
sich • es

---

sich verändern
Du hast **dich** verändert.
etw. verändern
Ich habe **nichts** verändert.

0. Zieh *dich* bitte endlich an. – Soll ich *die hohen Schuhe* anziehen? – Wir haben
1. Ich feiere nicht gern Silvester. Das wird _____ auch nicht ändern. – Wir haben aber zugesagt und jetzt können wir _____ nicht mehr ändern.
2. Aber Hofners kommen da auch hin. – Mit denen können wir _____ auch so treffen. Außerdem haben wir _____ erst vor Kurzem getroffen.
3. Ich ärgere _____ wirklich, dass ich überhaupt mitgekommen bin. – _____ ärgert mich, dass wir den Weg nicht finden.
4. Ich frage _____ wirklich, ob wir noch rechtzeitig ankommen. Ich glaube, wir müssen _____ nach dem Weg fragen. – …
5. Deine schlechte Laune nervt mich. Hör bitte endlich auf, _____ aufzuregen! – So _____ regt mich nun mal auf!

Hast **du dich** für die Blumen **bedankt?**

Oft: Reflexivpronomen bei Verben mit Präposition

5 Vorwürfe

Ergänzen Sie das Reflexivpronomen im Akkusativ oder Dativ.

■ Ulrike, du musst (0) *dich* mehr um unsere Eltern kümmern.
○ Aber Gabi, du machst (1) _____ viel zu viele Sorgen um sie.
■ Mag sein, aber du konzentrierst (2) _____ nur auf deine Arbeit Ich finde, du könntest (3) _____ ein bisschen mehr für deine Familie interessieren. Stell (4) _____ einfach mal vor, wie ein Leben ohne Familie wäre.
○ Gabi, wenn du so mit mir redest, brauchst du (5) _____ nicht zu wundern, dass ich (6) _____ so selten bei dir melde.
■ Okay, ich entschuldige (7) _____ für den Ton, aber dann kannst du (8) _____ auch mal bei mir entschuldigen.
○ Wofür denn?
■ Du erzählst überall herum, dass Stefan und ich (9) _____ scheiden lassen.
○ Aber das stimmt doch auch!
■ Ja, aber das muss ja nicht gleich jeder erfahren. Bitte merk (10) _____ , dass ich so etwas nicht mag.

r Vorwurf sagen, was der andere falsch macht

⑥ Szenen eines Schüleraustauschs

Bilden Sie Sätze und ergänzen Sie die passenden Reflexivpronomen.

0. Am Anfang *haben sich die Schüler noch nicht gekannt.*
   noch nicht • gekannt • haben • die Schüler

1. Wir _____ und _____
   begrüßen   gleich • kennenzulernen • versuchen • ein bisschen

2. Rick und Pierre _____ , aber _____
   finden • sofort • sympathisch   verstehen • Paula und Julie • überhaupt nicht

3. Manche _____ und _____
   verlieben • ganz schnell   von Anfang an • andere • streiten

4. An manchen Tagen _____ und _____
   im Unterricht • langweilt • man   mit den Banknachbarn • lieber • unterhält

5. Es ist faszinierend,
   dass • viel • wir • trotz mancher Sprachprobleme _____ zu sagen haben.

6. Am letzten Tag _____
   zum Grillen • alle • treffen • am See

7. Wir _____ , aber _____
   umarmen • beim Abschied   nicht alle • wollen • wiedersehen

Wir küssen **uns.**
= Ich küsse dich
und du küsst
mich.

sich gegenseitig
küssen
→ *Reflexivprono-*
men im Pl.

⭐ ⑦ Tipps für das Bewerbungsgespräch

Was passt? Ergänzen Sie das passende Reflexivpronomen.

1. Es versteht __*sich*__ von selbst, dass ein Bewerbungsgespräch wichtig ist und dass
   man _____ gut darauf vorbereiten sollte. Du solltest _____ genau überlegen,
   was du sagen möchtest und was du lieber für _____ behältst. Achte auch darauf,
   _____ angemessen anzuziehen.

2. Im Gespräch kann man _____ an ein paar Regeln halten. Lasst _____ nicht
   provozieren und antwortet nicht auf private Fragen. Es macht _____ gut, über die
   Firma Bescheid zu wissen. Also informiert _____. Man sollte _____ trauen, selbst
   Fragen zu stellen. Damit erspart ihr _____ vielleicht unangenehme Fragen im
   Bewerbungsgespräch.

3. Am Ende solltest du _____ auch allein für oder gegen die Stelle entscheiden.
   Lass _____ Zeit für deine Entscheidung und hol _____ Rat bei Familie oder
   Freunden. Dann hat _____ die Mühe gelohnt.

angemessen
passend

provozieren
ärgern

ersparen
nicht bekommen

Artikel

1 Reisetipp

A Unterstreichen Sie die Nomen und Artikelwörter.

Ich habe schon (0) <u>manches</u> <u>Land</u> bereist und spreche (1) mehrere Sprachen, unter anderem auch (2) Chinesisch. In (3) Europa gefällt mir vor allem (4) die Schweiz mit (5) ihren Bergen und (6) dem Genfer See. Auf (7) unserer letzten Schweizreise waren wir nicht wie sonst in (8) irgendeinem Hotel, sondern in (9) einem teuren 5-Sterne-Hotel. Schon (10) die Lage (11) des Hotels ist einmalig. Von (12) allen Zimmern aus kann man (13) den See sehen. Deswegen heißt es auch (14) Hotel Vista. Es hat (15) zwei Schwimmbäder und (16) Tennisplätze. (17) Dieses Hotel kann ich Ihnen wirklich empfehlen. (18) Manche Gäste kommen (19) jedes Jahr wieder. Wir haben jetzt leider (20) kein Geld mehr für (21) solche exklusiven Hotels!

B Ordnen Sie die Nomen nach ihrem Artikelwort in die Tabelle ein.

der	bestimmter Artikel
ein, kein	unbestimmter Artikel
kein Artikelwort	Nullartikel
mein	Possessivartikel
dieser	Demonstrativartikel
kein, irgendein, jeder, mancher, alle, solche	andere Artikel
0,	

2 Zu Hause

Was passt? Streichen Sie den bestimmten oder den unbestimmten Artikel.

1. Möchtest du noch *die/eine* Zeitschrift lesen? – Nein, ich lese jetzt lieber *das/ein* Buch.
2. Du hast *den/einen* Brief von Martina bekommen. Ich habe dir *den/einen* Brief auf *den/einen* Schreibtisch gelegt.
3. Hast du noch *den/einen* Teller Suppe für mich? – Nein, Papa hat *die/eine* Suppe aufgegessen. – Dann esse ich noch *die/eine* Scheibe Brot.
4. Ich habe im Keller *die/eine* Spinne gesehen. Kannst du bitte mal kommen und *die/eine* Spinne fangen?
5. *Der/Ein* Anruf für dich! Soll ich *den/einen* Anruf in dein Zimmer umleiten?
6. Gestern hat *der/ein* Mann an der Tür geklingelt, den ich noch nie gesehen habe. Ich glaube, das war *der/ein* neuen Hausmeister. – Kennst du *den/einen* neuen Hausmeister noch nicht?

der = bestimmter Artikel
→ *Information +*
Kontext bekannt

ein = unbestimmter Artikel
→ *Information +*
Kontext neu

e Spinne

3 Ordnung muss sein

A Ergänzen Sie die Genitivendungen.

0. Das ist komisch. In unserem Briefkasten ist die Post der Nachbarin.
1. Brauchen wir noch den Zeitungsartikel über die Firma deine___ Bruders?
2. Die Zimmer unsere___ Kinder sind mal wieder nicht aufgeräumt.
3. Die Tastatur de___ Computers ist total schmutzig.
4. Überall liegen die Kleider deine___ Schwester herum.

Die alten Möbel
der Eltern Gen.
von den Eltern Dat. ugs.

B Ergänzen Sie die Endungen aus den Übungen 1–3.

	Nom.	Akk.	Dat.	Gen.
m	de[ ]	de[ ]	de[*w*]	de[ ]
f	di[ ]	di[ ]	de[ ]	de[*r*]
n	da[ ]	da[ ]	de[ ]	de[ ]
Pl.	di[ ]	di[*e*]	de[ ]	de[ ]

	Nom.	Akk.	Dat.	Gen.
m	ein[ ]	ein[ ]	ein[ ]	ein[ ]
f	ein[ ]	ein[*e*]	ein[ ]	ein[ ]
n	ein[ ]	ein[ ]	ein[ ]	ein[ ]
Pl.	–	–	–	–

4 Mein Sohn

Ergänzen Sie den bestimmten Artikel, wo nötig.

0. Mein Sohn heißt — Joseph.
1. Er ist _____ Redakteur und wohnt in _____ München.
2. Er liebt _____ Schnitzel mit _____ Pommes.
3. Er trinkt nur _____ Kaffee, den er aber schwarz ohne _____ Milch und _____ Zucker.
4. Er besucht mich auch bei _____ Sturm und Regen. Aber wenn _____ Regen zu stark ist, kommt er später.
5. Er nimmt sich immer _____ Zeit für mich und hat _____ Geduld mit mir.
6. Er kämpft für _____ Freiheit und _____ Gerechtigkeit auf _____ Welt.
Möchten Sie meinen Sohn vielleicht kennenlernen?

Nullartikel
→ Berufe, Länder, Städte, Abstrakta, Nationalität usw.

Pommes ugs.
Pommes frites

s Schnitzel
Fleischgericht

Artikel

15

5 Geschmacksfrage

Was passt? Ergänzen Sie pro Satz *dies-* und *ander-*.

0. *Diese* Schuhe hier nehme ich. *Die anderen* gefallen mir nicht.

1. Über _____ Film habe ich nur Schlechtes gehört. Schauen wir lieber _____ an.

2. Mir gefällt _____ Blumenstrauß nicht. Der Blumenstrauß in _____ Geschäft war viel schöner.

3. Ich würde mich für _____ Handy entscheiden. Oder hat dir _____ von Nikoi besser gefallen?

4. Das ist nicht meine Idee! Mein Vater hat _____ Vorschlag gemacht. Er hat aber auch noch _____ gute Ideen.

dieser
diese
dieses
diesen
diesen
das andere
die anderen
dem anderen
einen anderen
andere

6 Stereotypen

Bilden Sie Sätze und ergänzen Sie das das passende Artikelwort.

0. *Alle Menschen sind gleich.*
gleich • Menschen • sind

1. _____
weiß • doch • das Kind

2. _____. Nur du nicht!
versteht • das • doch • Mensch

3. _____
Junge • davon • träumt • Millionär • werden • zu

4. _____
Mädchen • werden • möchten • Prinzessin

5. _____
nicht • man • kann • es • Menschen • recht machen

**dieser/jeder/
mancher/alle**
→ Endungen wie
bestimmter
Artikel

manchen
mancher
jedes
jeder
alle
nicht alle

7 Warum nicht?

Ergänzen Sie *kein* oder *irgendein*.

0. Ich trinke heute __*keinen*__ Wein.

1. Ich möchte auch _____ Musik hören.

2. Ich habe _____ Lust, mich mit euch zu unterhalten.

3. Ich werde euch auf eure Fragen _____ Antworten geben.

4. Habt ihr etwa _____ Verständnis für mich?

5. Ich möchte jetzt wirklich _____ Wort mehr sagen.

6. _____ Mensch weiß, warum das heute so ist.

7. Das muss doch _____ Grund haben!

8. Habt ihr _____ Idee?

kein/irgendein
→ Endung wie unbe-
stimmter Artikel

irgendeinen
irgendeine
kein
kein
kein
keine
keine
keine
keinen

8 Nach der Schule

A Was gehört zusammen? Verbinden Sie.

0. Wo hast du denn
1. Da vorn steht
2. Sarah wird heute von
3. Tim wartet noch auf
4. Um drei bringt Sarah
5. Habt ihr zufällig
6. Hilfst du uns bei
7. Wie teuer war eigentlich

a. dein Fahrrad abgestellt?
b. unseren Hausaufgaben?
c. ihre Mathehausaufgabe vorbei.
d. meine Schultasche gesehen?
e. unser Klassenlehrer.
f. euer Laptop?
g. seinen Freund.
h. ihren Eltern abgeholt.

B Ergänzen Sie die Possessivartikel ohne Endung.

a							

9 Was man im Keller so findet

A Ergänzen Sie die Endungen.

1. Das ist uns**er** Geschirr, uns ____ Kaffeemaschine, uns ____ Toaster. Und das sind uns ____ Töpfe. Brauchen wir das alles noch?

2. Das hier gehört alles Robert. Sein ____ CDs, sein ____ Schaukelstuhl, sein ____ Base- ballmütze und sein ____ FC-Bayern-Trikot will er später vielleicht wiederhaben.

3. Mein ____ leeres Weinregal, mein ____ Sonnenbrille, mein ____ Picasso und mein ____ Fotoalben gebe ich nicht weg.

4. Könnt ihr euch nicht von eur ____ Schlittschuhen, eur ____ Surfbrett, eur ____ Modelleisenbahn und eur ____ Puppenhaus trennen?

B Ergänzen Sie den passenden Possessivartikel.

5. Seid ihr einverstanden, wenn ich **eure** alten Winterschuhe wegwerfe?
6. Hier ist ja Omas altes Radio. Wer hat eigentlich ____ Fernseher bekommen?
7. Wem gehören denn die alten Schulhefte? Ich glaube, Johanna, das ist ____ Schrift.
8. Wisst ihr noch, wann die Nachbarn ____ Tisch bei uns abgestellt haben?
9. In dem Plastiksack stehen ____ Bücherkisten aus Studentenzeiten.
   Er steht immer noch hier.
10. Die brauchen wir doch nicht mehr, oder? ____ erster Computer.
11. Und, wie sieht es in ____ Keller aus? Ja genau, ich meine SIE!

___

unser Vater
uns**ere** Mutter
(*ugs.* uns**re** Mutter)
eu**er** Vater
eu**re** Mutter

(Ergänzen Sie die Possessivartikel ohne Endung.)

dein ____ ____ ____ unser ____ ____

Nomen

1 Wer ist Alissa?

A Unterstreichen Sie die Genitivformen.

0. Alissa ist die Tochter der Nachbarn.
1. Alissa hat zwei Schwestern und zwei Brüder.
2. Alissas Vater ist der Freund meines Vaters und ihre Mutter ist die Freundin meiner Mutter.
3. Die Freundinnen und Freunde von Alissa sind oft zu Besuch. Ich auch.
4. Sie hat ein Haustier, denn sie liebt Tiere.
5. Wie der Name des Tiers ist, weiß ich nicht. Kennst du das Tier?
6. Alissa hat viele Puppen und Autos, aber auch Bücher.
7. Alissa ist so, wie viele Mädchen sind.

> Das sind
> Pete**rs** und Li**z'** Räder.
> die Räder **von** Peter und Liz. ugs.
> → Genitiv-Apostroph nur bei Namen mit Endung -s, -z usw.

B Ergänzen Sie in der Tabelle die Nomen mit Genitiv.

Singular	maskulin	feminin	neutral	Plural	Namen
Genitiv	de	de	de	die Tochter de *r* Nachbarn	

C Ergänzen Sie den Artikel beim Nomen.

___ Tochter ___ Bruder ___ Freund ___ Tier ___ Freundinnen
___ Schwester ___ Vater ___ Mutter ___ Freundin ___ Freunde

D Wie heißt der Plural? Ordnen Sie die Nomen in die Tabelle ein.

	Singular	Plural
(Umlaut +) -e		
-n / -en	r Nachbar	Nachbarn
(Umlaut +) -er		
(Umlaut +) -	e Tochter	Töchter
-s		

~~e Tochter~~
~~r Nachbar~~
e Schwester
r Bruder
r Vater
e Mutter
r Freund
e Freundin
s Tier
r Name
e Puppe
s Auto
s Buch
s Mädchen

2 Nicht sehr logisch

A Ergänzen Sie die Artikel *der, die, das*.

0. ___ *der* Lehrer, ___ *die* Lehrerin, ___ *das* Lehrwerk = ___ *der* Unterricht
1. ___ Mond, ___ Sonne, ___ Stern = ___ Himmel
2. ___ Messer, ___ Gabel, ___ Löffel = ___ Besteck
3. ___ Tasse, ___ Teller = ___ Geschirr
4. ___ Apfel, ___ Birne = ___ Obst
5. ___ Frau, ___ Mann, ___ Kind = ___ Familie
6. ___ Morgen, ___ Tag, ___ Nacht = ___ Zeit
7. ___ Regen, ___ Sturm, ___ Gewitter = ___ Wetter
8. ___ Bett, ___ Tisch, ___ Lampe = ___ Möbel
9. ___ Computer, ___ Kamera, ___ Handy = ___ Gerät
10. ___ Kalender, ___ Anmeldung, ___ Datum = ___ Termin
11. ___ Trockenheit, ___ Frühling, ___ Veilchen = ___ Natur
12. ___ Rhein, ___ Donau, ___ Elbe = ___ Fluss
13. ___ Meer, ___ See, ___ Ozean = ___ Gewässer
14. ___ BMW, ___ Auto, ___ Harley-Davidson = ___ Fahrzeug

der/die/das + Nomen mit **Endung**
immer **der** **-er/-ling**
immer **die** **-ung/-heit/**
-keit/ usw.
immer **das** **-um**
meist **die** **-e/-ur**
Tipp: Lernen Sie die Nomen immer mit Artikel.

B Welche Nomen haben keine Pluralform?

3 Was man mag

A Ergänzen Sie die Nomen im Plural ohne Artikel.

1. Ich esse gern *Äpfel* und ___, aber ich mag keine ___
   r Apfel • e Birne
   e Mango • r Pfirsich
2. Mein Sohn malt am liebsten ___ und ___, aber nie ___
   r Hund • s Pferd
   s Haus • r Baum
3. Meine Freundin trägt gern ___ und ___, aber selten ___
   e Hose • r Pulli
   r Rock • r Mantel
4. Wir gehen oft in ___ und zu ___, aber nie auf ___
   s Konzert • e Lesung
   r Ball • e Party
5. ___ und ___ sind viel praktischer als ___
   r Koffer • r Rucksack
   e Tasche •
   e Plastiktüte

B Welche Nomen haben welche Pluralendungen?

(¨)e	-(e)n	-s	¨	-er
			Apfel – Äpfel	

Nomen

4 In der Natur

Ergänzen Sie das Nomen im Dativ Plural.

0. In den *Bergen* kann man ab und zu einen Bären sehen.
1. An den _____ deutscher Flüsse gibt es viele Radwege.
2. In manchen _____ findet man wieder Lachse.
3. Auf den _____ singen Vögel.
4. In den _____ sagen sich Fuchs und Hase gute Nacht.
5. Auf den _____ arbeiten Bauern.
6. Auf bayerischen _____ grasen meist braun-weiße Kühe.
7. Unter diesen _____ findet man vielleicht einen Schatz.
8. An den _____ gibt es zu viele Enten.

r Berg
s Ufer
r Fluss
r Baum
r Wald
s Feld
e Wiese
r Stein
r See

5 In der Schule

Ergänzen Sie die Pluralendungen.

0. Zweimal im Jahr erhalten Schüler*innen* und Schüler ihre Zeugnisse.
1. Schulausflüge sind für Schüler immer tolle Erlebnis__.
2. Wichtige Ereignis__ während des Jahres sind die Schulparty und der Schüleraustausch mit einer Schule in Madrid.
3. In meiner Schulzeit wollten viele Mädchen Flugbegleiterin__ werden.
4. In diesem Jahr haben wir an unserer Schule zwei Siegerin__ in der Mathe-Olympiade.
5. In der Schule sind nette Freundin__ vielleicht das Wichtigste.
6. Hattet ihr auch viele Geheimnis__, die bis heute niemand erfahren hat?

s Zeugnis –
Zeugni**sse**
e Lehrerin –
Lehrer**innen**

6 Lauter Fragen

Ergänzen Sie das Nomen im Genitiv mit -s, -es oder ohne Endung.

0. Kennst du den Namen des *Berges* ?
1. Wo ist der Rest meines _____ ?
2. Kennst du die Frau meines _____ ?
3. Kennst du die Lehrerinnen deiner _____ ?
4. Wie ist gleich wieder das Ende des _____ ?
5. Wie findest du den neuen Trainer der _____ ?
6. Wer wird der Star der nächsten Olympischen _____ ?
7. Wie lautet der Titel der _____ ?
8. Wie heißt der Autor des _____ ?

r Berg
r Kuchen
r Chef
Kinder Pl.
r Film
e Fußballmannschaft
Spiele Pl.
e Geschichte
s Buch

7 Wissen Sie das?

A Verbinden Sie das Nomen mit dem passenden Genitiv.

0. 1989 war das Jahr des

1. Am 3. Oktober feiert man den Tag der

2. Kennen Sie den Text der

3. 2009 war das Jahr vieler

4. Wie heißt die größte Stadt

5. Wo fand 2018 das Endspiel der

6. Der Reichstag in Berlin ist Sitz des

7. Köln, Düsseldorf, Mainz und Aachen sind die Hochburgen des

a. ── Mauerfalls.   a |
b. wichtiger Jubiläen.   ☐
c. Deutschen Einheit.   ☐
d. Fußballweltmeisterschaft statt?   ☐
e. Bundestages.   ☐
f. Nationalhymne?   ☐
g. Karnevals.   ☐
h. Deutschlands?   ☐

B Setzen Sie die Artikel und Nomen aus a–h in den Nominativ.

a. *der Mauerfall*

e Hochburg
Zentrum

8 Menschen

A Ergänzen Sie die fehlenden Endungen der Nomen.

1. Wer sind die Herr*en* an der Rezeption? – Das sind neue Kunde____ von uns. Sie warten auf einen unserer Experte____, der ihnen ein paar Fragen beantworten kann. Ich lasse gerade unseren Biologe____ holen.

2. Habt ihr die Elefant____ im Zoo gesehen? Nein, ich habe die meiste Zeit den Affe____ im Affenhaus zugeschaut. Und dann waren wir noch bei den Löwe____ und zum Schluss bei den Eisbär____ .

3. Zur Eröffnung unseres Büros sind Presse und Fotograf____ gekommen. Ich habe sogar einem Journalist____ ein kurzes Interview gegeben. Leider habe ich seinen Name____ schon wieder vergessen. Aber ich habe mit so vielen Mensch____ gesprochen.

B Ordnen Sie die Nomen der *n*-Deklination in die Tabelle ein.

-ant	-e	-ist	-oge	Tier	andere
					Herren

n-Deklination → best. maskuline Nomen

Nom.	der Student
Akk.	den Studenten
Dat.	dem Studenten
Gen.	des Studenten
Pl.	drei Studenten

Nomen

9 Herren im Büro

Ergänzen Sie das maskuline Nomen *Herr* mit der richtigen Endung.

0. Wenden Sie sich bitte in dieser Sache an _Herrn_ Fritsch.

1. Ich schaue sofort, ob _____ Fritsch in seinem Büro ist.

2. Sie können hier auf _____ Fritsch warten.

3. Ist das der Ausweis des _____, der gerade mit _____ Fritsch spricht?

4. Würden Sie den beiden _____ bitte einen Kaffee bringen?

5. Die _____ haben das Büro schon wieder verlassen.

10 Königin der Herzen

A

Ergänzen Sie das Nomen *Herz* mit der richtigen Endung.

0. Weißt du, wer Königin der _Herzen_ genannt wurde?

1. Ein Prinz hat ihr das _____ gebrochen.

2. Ihr flogen die _____ der Menschen zu.

3. Sie hatte alles, was das _____ begehrt, und war doch nicht glücklich.

4. Sie hatte ein _____ für Kinder.

5. Soziales Engagement war ihr eine Sache des _____.

6. Sie sprach vielen Menschen aus dem _____.

7. In den _____ ihrer Fans lebt sie weiter.

B Von welcher Person ist die Rede?

11 Komposita

A Was ist mit dem Wort gemeint? Machen Sie einen Pfeil.

1. der Autoschlüsselanhänger

2. die Regenwassertonne

3. die Blumentopferde

> **die** Autotür =
> das Auto + **die** Tür

B Sind Sie kreativ? Bilden Sie aus den Nomen Komposita mit Artikel.

s Bein	s Holz	_der Gartenstuhl / der Gartentisch /_
Blumen _Pl._	r Tisch	_der Blumengarten_
e Decke	r Strauß	_____
e Erde	r Stuhl	_____
r Garten	e Fläche	_____

C Ergänzen Sie das fehlende Nomen und die Artikelendung.

a. Bei unserem Spaziergang haben wir uns gemütlich unter einen _____ _Apfel_ baum gesetzt
und _____ saft getrunken. Leider ist Hanna später in einen Pferde _____ getreten.
Du hättest ihre Schuhe sehen sollen!

b. Unser neuer Kinder _____ ist für unseren Klein _____ viel zu groß. Jetzt fahren
wir mit dem Zug im Großraum _____ in den Urlaub.

c. Bald ist _____ zeit! Wohin fahrt ihr in den Sommer _____? Wir kennen eine
tolle _____ anlage am Meer. Dort haben wir die Pfingst _____ verbracht.

d. Was halten Sie vom Nicht _____ schutz? Sind Nicht _____ wirklich benach-
teiligt? Sind extra _____ ecken und _____ zimmer eine Lösung? Gibt es zu viele
oder zu wenige _____ clubs? Was ist Ihre Meinung?

e. Machst du noch einige _____ fehler? Dann arbeite noch mehr mit diesem
_____ übungsbuch!

> r Apfel
> Ferien _Pl._
> r Wagen
> r Raucher
> e Grammatik

r Pferdeapfel

Pronomen

1 Das kennen Sie

A Unterstreichen Sie die Pronomen.

0. Ich suche mal wieder meinen Schlüssel. Ich weiß nie, wo er ist. Ich verlege ihn immer.
1. Kennst du die *Prinzen*? – Nein, von denen habe ich noch nie was gehört.
2. Heute muss das Bad geputzt werden. Jennifer ist an der Reihe. Ich habe es ihr schon gesagt.
3. Zurzeit habe ich kein Geld für einen Urlaub. Mein Freund hat auch keins. Deswegen können wir dieses Jahr nicht wegfahren.
4. Die Socken in meinem Schrank gehören mir nicht. Das sind wahrscheinlich deine.
5. Chris glaubt, dass das sein Joghurt ist. Oder ist das deiner?
6. Heute kommt *Lola rennt* im Fernsehen. Ein super Film! Habt ihr den schon gesehen?
7. Ich finde Carstens Bücher nicht mehr. Hat einer von euch sie ihm schon zurückgegeben?
8. Wir brauchen wieder Servietten. Hier sind keine mehr. Hat schon jemand welche gekauft?

B Was ist richtig? Korrigieren Sie das *kursiv* Gedruckte.

a. Pronomen stehen *vor dem Nomen*. anstelle des Nomens.
b. Pronomen stehen für *neue* Information.
c. Die Personalpronomen stehen *weit weg vom* Verb. _____
d. Pronomen auf Position 1 sind *nicht so wichtig*. _____

betont
nah beim
bekannte
anstelle des Nomens

2 *Sie und du*

A Ergänzen Sie die höfliche *Sie*-Form an der richtigen Stelle.

0. ○ Wie heißen Sie↓ ?   *Sie*
   ■ Paula und Mario. Und Sie↓ ?
1. ○ Kommen aus Spanien?
   ■ Nein, wir kommen aus Italien.
2. ○ Wie lange lernen schon Deutsch?
   ■ Seit wir hier wohnen.
3. ○ Können mal einen Satz auf Italienisch sagen?
   ■ Come sta?
4. ○ Können mir das bitte übersetzen?
   ■ Wie geht es Ihnen?
5. ○ Welche andere Sprache sprechen noch?
   ■ Russisch.
6. ○ Wo wohnen hier?
   ■ Im Studentenwohnheim.

Wie geht es
Dir und **D**einer
Familie?
→ *in Briefen usw.*
Großschreibung
möglich

B Schreiben Sie den Dialog um. Verwenden Sie die *ihr*- und *du*-Form.

0. Wie *heißt* *ihr*? – Paula und Mario. Und ihr?
Wie *heißt* *du*? – Paula. Und *du*?

3 Es wird knapp

Ergänzen Sie *er, ihn, sie* oder *es.*

0. Ich kann die Kinder nicht abholen. Oma bringt _sie_ heim.
1. Wo bleibt denn Kirsten? Ach, da kommt ___ ja endlich.
2. Mein Fahrrad ist kaputt, aber ich kann ___ nicht allein reparieren.
3. Hoffentlich ist die Prüfung leicht. Ich muss ___ unbedingt schaffen.
4. Gleich fährt der Bus. Beeil dich, dann erwischst du ___ noch.
5. Ich suche die Druckerpatronen. ___ lagen bisher immer im Schrank.
6. Der Termin ist viel zu früh. ___ passt mir überhaupt nicht.
7. Das Auto springt nicht an. Wahrscheinlich ist ___ wieder kaputt.

4 *Mir oder mich?*

A Was ist richtig? Streichen Sie das falsche Pronomen.

0. Uwe Timms Bücher gefallen mich/mir sehr gut. Kennst du ihn/ihm?
1. Kann ich *Sie/Ihnen* helfen? – Danke, im Moment brauche ich *Sie/Ihnen* nicht.
2. Du musst mal mit Katrin sprechen. Triffst du *sie/ihr* heute? – Nein, aber ich bin *sie/ihr* gestern zufällig begegnet.
3. Wenn sie *dich/dir* etwas fragen, dann musst du *sie/ihnen* auch antworten.
4. Julia chattet im Internet mit einer Freundin. Ich habe *sie/ihr* gerade beobachtet. Aber die Mädchen möchten nie, dass man *sie/ihnen* zuschaut.

B Ergänzen Sie die Tabelle.

	ich	du	er	sie	es	wir	ihr	sie	Sie
Nom.	ich	du	er	sie	es	wir	ihr	sie	Sie
Akk.			ihn			uns	euch		
Dat.	mir					uns	euch		

Pronomen

⑤ Abreise

Ergänzen Sie die passenden Pronomen im Nominativ und Akkusativ/Dativ.

0. Es wird sicher kalt. Hast _du_ _dir_ eine warme Jacke eingepackt?
1. Das Hemd ist ja nicht gebügelt. Gib _____ bitte, dann bügle _____ .
2. Hast du deinen Pass eingesteckt? – Warum fragst _____ dauernd?
3. Willst du wirklich deinem Freund unser Zelt leihen? – Ich habe _____ versprochen.
4. Unter welcher Telefonnummer können _____ anrufen?
5. Dein Freund wollte sich doch um das Malariamittel kümmern. Hat _____ schon besorgt?

du mich
wir dich
es ihm
es mir
~~du dir~~
ich es
er es

⑥ Das ist nett

Ergänzen Sie die passenden Pronomen im Akkusativ oder Dativ.

0. Diese Tasche gehört deiner Oma. Gib _sie_ _ihr_ bitte, wenn du sie siehst.
1. Die Pullis sind für die Kinder. Wir schenken _____ _____ zu Weihnachten.
2. Kennt ihr schon unser neues Haus? Ich kann _____ _____ gern zeigen.
3. Wann willst du denn deinem Freund die Bücher zurückgeben? – Ich wollte _____ _____ morgen bringen.
4. Kannst du das Gedicht schon auswendig? – Soll ich _____ _____ beweisen?
5. Heute ist ein Brief von deinen Eltern gekommen. Ich habe _____ _____ auf den Tisch gelegt.

sie ihnen
es dir
es euch
sie ihm
~~sie ihr~~
ihn dir

Ich schenke **dem Kind** das **Auto.**
es  **ihm.**

⑦ Probleme

Ergänzen Sie die passenden Pronomen.

0. Ich vermisse mein Handy. Vielleicht hat _es_ _mir_ jemand gestohlen.
1. Meine Freunde hätten gern dein Computerspiel. Leihst du _____ _____ mal?
2. Die Lautsprecher brauche ich nicht mehr. Ich schenke _____ _____ .
3. Diesen Link kennen wir nicht. Schickst du _____ _____ mal?
4. Ihr wollt jetzt ein neues Notebook kaufen? _____ verbiete ich _____ !
5. Ich habe deine neue Handy-Nummer nicht. Gibst du _____ _____ bitte?
6. Schade, dass der neue Laptop so teuer ist. – Oma zahlt _____ _____ bestimmt.
7. Ihr Drucker steht bei mir. Wollen Sie, dass ich _____ _____ zurückgebe?
8. Meine USB-Sticks sind nicht mehr da. Wer hat _____ _____ weggenommen?

das
dir • dir
es • es
euch
ihn • ihn • ihn
Ihnen • ihnen
mir • mir • mir
sie • sie • sie
uns

8 Öfter mal was Neues

Ergänzen Sie *der/die/das* im Nominativ, Akkusativ oder Dativ.

Was denken die anderen ...
... über die neue Kollegin?

0. *Die* ____ sieht aber jung aus.
1. Ob ____ der E-Roller im Hof gehört?
2. Mit ____ würde ich gern mal Kaffee trinken.
3. Ach, für ____ sind die Blumen.

... über das neue Computerprogramm?

4. ____ ist ja kompliziert.
5. Mit ____ komme ich gar nicht zurecht.
6. Nichts Besonderes, ____ kenne ich schon.

... über den neuen Schüler?

7. ____ sieht so aus, als ob er alles kann.
8. Neben ____ möchte ich gern sitzen.
9. Für ____ interessieren sich sicher einige Mädchen.

... über die neuen Nachbarn?

10. ____ sehen ganz nett aus.
11. Für ____ gieße ich gern mal die Blumen.
12. Mit ____ will ich nichts zu tun haben.

9 Die Qual der Wahl

Ergänzen Sie die passenden Pronomen.

0. Sag mal, welche Kaffeemaschine soll ich kaufen? Vielleicht *diese* ____ hier?
Die ____ würde mir auch gefallen. Mit *der* ____ kann man nichts falsch machen.
1. Für eines der Häuser müssen wir uns entscheiden. Ich wäre für ____ am ____ Stadtrand. Bei ____ anderen ist die Miete zu hoch.
2. Wie findest du die Schränke hier? – ____ dunkelbraune gefällt mir ganz gut, ____ anderen sind mir zu modern.
3. Was hältst du von den Stühlen? – ____ hier würden gut in unsere Wohnung passen. Aber auf ____ sitzt man nicht gut. Wir nehmen besser ____
4. Welchen Tennisschläger willst du denn jetzt kaufen? Ich würde ____ aus China nehmen. ____ ist doch nicht schlecht. Oder findest du ____ hier besser?
5. Von den leckeren Pralinen muss ich ____ mitnehmen. ____ mit dunkler Schokolade mag ich am liebsten. Von ____ kann ich nicht genug kriegen.

die • der • diese

das • dem

die • der

die • diese • denen

der • den • diesen

die • denen • welche

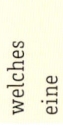

Pronomen

⑩ Ausverkauft

Ergänzen Sie das passende Pronomen.

0. Haben Sie noch Ananas? – Wie viele brauchen Sie denn? – Nur *eine* .

1. Ich suche Blattsalat. – Tut mir leid, wir haben _____ mehr.

2. Gibt es irgendwo noch kleine Kartoffeln? – Nein, leider _____ mehr.

3. Wo sind Ihre Kräuter? – Da im Regal stehen _____ im Glas.

4. Haben Sie noch deutschen Spargel? – Leider nein, nur noch _____ aus Griechenland.

5. Ich bräuchte frisches Basilikum. – Ich bringe Ihnen gleich _____.

6. Ich hätte gern eine große Wassermelone. Draußen in der Kiste müsste noch _____ sein.

welches
eine
~~eine~~
welchen
keine
keinen
welche

Gibt es noch Bonbons?
Ja, nimm dir **eins**.
Wir haben **keine** mehr.
Wir haben noch
welche. → zählbar
Kann ich noch Brot
haben?
Nimm dir **welches**.
ugs. → unzählbar

Kräuter *Pl.* /
s Basilikum
Gewürz

r Spargel
e Ananas / e Melone
tropische Früchte

⑪ Waschtag in einer WG

A Ergänzen Sie das Possessivpronomen mit der richtigen Endung.

0. Die blauen Socken sind *meine* .

1. Das schwarze T-Shirt gehört Ulrike. Ist das braune auch _____?

2. Hier ist noch ein weißes Hemd. Ist das _____, André? – Nein, an _____ fehlen keine Knöpfe.

3. Ist das nicht die Tischdecke von deinen Eltern? Ich glaube, das ist _____. Wir haben noch nie eine rote besessen.

4. Der Pullover ist aber eingegangen. – Das war _____! Der hätte mit der Hand gewaschen werden müssen.

5. Die Hose hat doch Mark getragen. Das ist bestimmt _____.

6. Die bunte Bettwäsche kenne ich. Ilka und Adrian, das kann nur _____ sein. – Nein stimmt nicht! Wir haben _____ schon selbst gewaschen. Das ist Sebastians. Ich bin ganz sicher, das ist _____.

B Markieren Sie die Signal-Endungen.

mein-
dein-
sein-
ihr-
unser-
euer-
ihr-

Das Hemd gehört
mir. Das ist **meins**.
Signalendung
Nom. r e s e
Akk. n e s e
Dat. m r m n

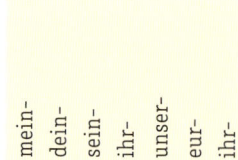

12 Es wird ernst

Was passt? Ergänzen Sie.

0. _Es regnet_ ziemlich stark. Ich bin schon ganz nass.
1. Die ganze Nacht _____. Hoffentlich finde ich mein Auto wieder.
2. _____ nur zwei Minuten lang _____. Aber im Garten sind alle Blumen kaputt.
3. _____ an der Tür. Das ist bestimmt der Paketdienst.
4. _____ leider keine warmen Gerichte mehr. Die Küche schließt um 23 Uhr.
5. Wann _____ endlich Sommer? Wir haben Juni und es ist immer noch so kalt.
6. Wie _____ dir? – Es geht. Und dir?
7. Wegen eines Unfalls _____ auf dieser Straße nicht weiter. Der Verkehr wird umgeleitet.
8. Und wie _____ ? – Was meinst du? Den Film oder das Treffen mit Judith?
9. Jetzt _____ ernst. Morgen findet die Prüfung statt.

es gibt
es geht
es geht dir
es klingelt
es hat gehagelt
es hat geschneit
es regnet
es war
es wird
es wird

★ 13 Macht Fernsehen dumm?

Ergänzen Sie es an der richtigen Stelle.

Kinder chatten zum Thema Fernsehen:

(0) **Leila:** Ich finde _es_ nicht gut, wenn Erwachsene Kindern das Fernsehen verbieten.

(1) **hb:** hängt davon ab, welche Sendungen man anschaut. ist nicht jede Sendung schlecht.

(2) **Marie:** Ich finde auch, dass darauf ankommt, ob man eine Wissenssendung oder einen dummen Zeichentrickfilm ansieht.

(3) **KuLa:** Wenn Fernsehen informiert, dann macht nicht dumm. Man sollte aber nicht den ganzen Tag vor dem Fernseher sitzen.

(4) **Gabi:** Man sollte wirklich nicht zu lange fernsehen, weil schädlich für die Augen ist.

(5) **Spongi:** Ist doch egal, ob dumm oder krank macht. Kinder lieben das Fernsehen und das wird so bleiben.

(6) **Mandy:** Wenn draußen schön ist, spiele ich lieber mit meinen Freunden. macht mir auch Spaß, allein in meinem Zimmer zu lesen

(7) **ELKE:** Wenn Kinder nur fernsehen und wenig sprechen, kann zu Sprachproblemen kommen.

(8) **Luisa:** Ich denke nicht, dass Fernsehen dumm macht. gibt so viele interessante Sendungen, bei denen man etwas lernt.

(9) **Uli:** Mir hat Fernsehen bisher nicht geschadet. Aber dass schaden kann, stimmt sicher.

(10) **Anna:** Warum sollte Fernsehen dumm machen? Im Gegenteil, bietet ja nicht nur Unterhaltung, sondern auch Information.

Pronomen

14 Sprachkurs-Statistik

A Ergänzen Sie *all-, jed-* oder *einig-*.

0. In unserem Sprachkurs wollen _all_e Deutsch lernen.

1. _____ e brauchen ein Kurs- und Arbeitsbuch.

2. Mit _____ em von uns wurde am ersten Tag ein Einzelgespräch geführt.

3. Fast _____ er will am Ende die Prüfung machen.

4. Wir haben schon _____ es über die Prüfung erfahren.

B Ergänzen Sie die Endungen.

5. In unserem Sprachkurs sprechen nur wenig _____ Französisch.

6. All _____ bekommen ein Kurs- und Arbeitsbuch.

7. Einig _____ haben den Einstufungstest im Internet gemacht.

8. Die Schule bittet jed _____ von uns, sich bald zur Prüfung anzumelden, denn es haben sich noch nicht all _____ angemeldet.

9. Einig _____ von uns macht die Prüfung Angst.

15 *Irgendjemand kann das schon*

Was passt? Ergänzen Sie.

0. Ich möchte heute Abend meine Ruhe haben und _irgendetwas_ im Fernsehen anschauen.

1. Fährt mich _____ zum Bahnhof? Ich habe so viel Gepäck.

2. Wir brauchen noch ein Geschenk für Mama. Hast du eine Idee? Wir können ja nicht _____ kaufen.

3. Was für ein Bier möchten Sie denn? Ein Weißbier, ein Helles oder ...? – Ich weiß nicht, ach, bringen Sie einfach _____

4. Hast du noch _____ im Kühlschrank? Ich habe Hunger.

5. Die Blusen sind alle schön. Nimm _____ und komm. Ich möchte nicht mehr überlegen.

irgendeine
irgendeins
irgendetwas
irgendetwas
irgendetwas
irgendjemand

Kann ich **irgendetwas** essen?
= *egal, was es ist*
= *irgendwas* ugs.

1 Mamakind

A Unterstreichen Sie die Ausdrücke mit Präpositionen.

0. <u>Vor einem Jahr</u> bin ich <u>von zu Hause</u> ausgezogen.

1. Ich bin in eine kleine Wohnung an den Stadtrand von Köln gezogen.

2. Wir wohnen im zweiten Stock.

3. Auf dem Weg zur Universität komme ich immer am Haus meiner Eltern vorbei.

4. In den ersten Wochen nach dem Auszug war ich noch jeden Tag bei ihnen zum Abendessen.

5. Meine Mama macht alles für mich.

6. Ich bringe ihr immer noch die Hemden zum Waschen und Bügeln.

7. Manchmal bringt sie mir vom Bäcker Brötchen mit oder holt meine Hosen aus der Reinigung.

8. Auch fahre ich immer noch gern mit meinen Eltern in Urlaub.

9. Ohne meine Eltern entscheide ich eigentlich nichts.

10. Nur wegen meines Papas habe ich das Studium der Zahnmedizin angefangen.

11. Seit einem Semester studiere ich nun an der Universität Köln.

12. Innerhalb des nächsten Semesters mache ich in der Praxis meines Vaters ein Praktikum.

B Welche Bedeutung hat die Präposition? Ordnen Sie zu.

Zeit / temporal	Ort / lokal	Grund / kausal / u.a.
vor einem Jahr	von zu Hause	

2 Deutsch lernen

A Ergänzen Sie die passende Präposition.

0. Ich bin _nach_ Österreich gekommen, um Deutsch zu lernen.

1. _____ zwei Monaten mache ich einen Sprachkurs.

2. _____ meiner österreichischen Freundin spreche ich immer Deutsch.

3. Man kann eine Sprache nicht nur _____ Büchern lernen.

4. _____ Grammatikproblemen frage ich meine Lehrerin.

5. _____ ihr bekommt man immer nützliche Tipps.

6. Komm doch auch _____ uns und lern Deutsch!

aus
bei
mit
~~nach~~
seit
von
zu

B Stehen die Präpositionen mit Dativ oder Akkusativ?

Präpositionen *in*

bis um drei Uhr
bis zur Kreuzung
bis in drei Stunden
→ bis + Präposition

r Reflektor
kann Licht wieder-
geben

rasen
schnell fahren

3 Im Straßenverkehr

A Verbinden Sie die Sätze.

0. Ich fahre niemals
1. *Durch* Spielstraßen fahre ich
2. Falschparken kann
3. *Für* den Kindersitz am Fahrrad
4. Ich habe nichts
5. *Um* große Städte herum sollte es

a. *ohne* Fahrradhelm.
b. brauche ich noch Reflektoren.
c. *gegen* höhere Strafen für Raser.
d. Autobahnringe geben.
e. immer besonders langsam.
f. *bis* zu 40 Euro kosten.

| a | ☐ | ☐ | ☐ | ☐ | ☐ |

B Steht nach den Präpositionen Akkusativ oder Dativ?

4 Wahre Liebe

Ergänzen Sie *mit dir* oder *ohne dich.*

0. *Ohne* *dich* wäre ich nicht glücklich.
1. _____ kann ich nicht mehr leben.
2. Mein zukünftiges Leben möchte ich nur _____ verbringen.
3. _____ möchte ich alt werden.
4. _____ wäre das Leben nicht schön.
5. Mein Leben hat _____ keinen Sinn.
6. Ich möchte alles _____ teilen.
7. Was wäre mein Leben _____ ?

5 Am Handy

A Ergänzen Sie die passenden Präpositionen.

Rate mal, wo ich gerade bin. –

0. *Auf* dem Fahrradweg? *Auf* der Straße? – Nein, *auf* dem Fernsehturm.
1. _____ Auto? _____ der Arbeit? – Nein, _____ einer Pferdekutsche.
2. _____ der Bushaltestelle? _____ der Ampel? – Nein, _____ Strand.
3. _____ einer Brücke? _____ einem Baum? – Nein, _____ deinem Fenster.
4. _____ dem Supermarkt? _____ der Bäckerei? – Nein, _____ deiner Tür.
5. _____ deiner Oma? _____ Freunden? – Nein, _____ mir zu Hause.
6. _____ dem Balkon? _____ der Terrasse? – Nein, _____ einem Ruderboot.
7. _____ den Dächern von Berlin? – Nein, _____ dir in einem Heißluftballon.

an • am
auf
auf
bei
in • im
über
unter
vor

e Pferdekutsche
Wagen, der von
Tieren gezogen wird

r Heißluftballon
damit kann man
fliegen

s Boot
kleines Schiff

B Ergänzen Sie Artikel oder Pronomen im Akkusativ.

0. Ich fahre gleich mit meiner neuen Freundin auf _den_ Fernsehturm.
1. Ich steige gerade mit ihr in _____ Pferdekutsche.
2. Ich gehe gleich mit ihr an _____ Strand.
3. Ich stelle mich unter _____ Fenster und warte auf ein Zeichen von ihr.
4. Ich lege einen Liebesbrief vor _____ Tür.
5. Ich fahre jetzt in _____ neues Haus und warte dort auf sie.
6. Ich steige gerade in _____ Ruderboot.
7. Ich fliege in einem Heißluftballon über _____ hinweg.

der
eine
der
ihr
ihre
mein
ein
du

Wechselpräpositionen

**in   an   auf   über
unter   vor   hinter
neben   zwischen**

Ich bin **in der** Küche.
→ *Wo? Dativ*
Ich gehe **in die** Küche.
→ *Wohin? Akkusativ*

---

6 Einen Kuchen backen

A Was passt? Streichen Sie die falsche Form.

0. Erstens brauchen wir Mehl. Das steht schon auf dem / ~~auf den~~ Schrank.
1. Zweitens Eier. Die sind noch in der / in die Einkaufstasche.
2. Drittens Butter. Die liegt in den / im Kühlschrank.
3. Viertens Zucker. Den findest du hinter der / hinter die Kaffeedose.
4. Fünftens Salz. Das steht neben die / neben der Pfeffermühle.
5. Sechstens das Rührgerät. Das ist in die / in der großen Schublade.

Danke für deine Hilfe!

B Was passt? Ergänzen Sie den Artikel.

0. Das Mehl gehört auf _den_ (r) Schrank.
1. Die Eier gehören in _____ (s) Eierfach.
2. Die Butter muss in _____ (r) Kühlschrank.
3. Die Zuckerdose kann vor _____ (e) Kaffeedose.
4. Das Salz gehört neben _____ (r) Pfeffer.
5. Das Rührgerät muss wieder in _____ (e) Schublade.   Danke!

---

7 Häufige Fragen

Was passt? Ergänzen Sie.

0. Gehen wir _ins_ Schwimmbad?
1. Fahren wir _____ Meer?
2. Kommst du mit _____ Fest?
3. Gehst du _____ Hochzeit?
4. Wann gehst du _____ Friseur?
5. Bist du gerade _____ Friseur?
6. Wartest du _____ Café auf mich?

7. Holst du mich _____ Bahnhof ab?
8. Soll ich dich _____ Kino einladen?
9. Treffen wir uns _____ Haupteingang?
10. Wann kommst du _____ Einkaufen zurück?

am · ans
aufs
im · ~~ins~~ · ins
vom · vom
zum · zur

**am = an + dem
ins = in + das
zur = zu + der**

18

8 Was macht Gina?

Was passt? Ergänzen Sie.

an die • in die • nach
in die • zu • zum
durch den • im
um den
in den • ins • zum
in die • nach • zu

0. Sie joggt gerade _im_ Stadtpark / _um den_ See / _durch den_ Wald.
1. Sie fährt gleich _____ Kindergarten / _____ Büro / _____ Flughafen.
2. Sie will schnell _____ Oma / _____ Hause / _____ Stadt.
3. Sie geht _____ Freunden / _____ Arbeit / _____ Arzt.
4. Sie fliegt _____ Moskau / _____ Alpen / _____ Ostsee.

9 Viel unterwegs

Ergänzen Sie *in*, *nach*, *bei* oder *zu*.

1. Ich fahre morgen beruflich _nach_ Berlin, aber ich werde _____ Freunden übernachten.
2. Nächste Woche muss ich _____ Mercedes _____ die Zentrale.
3. Ich war gestern _____ Hamburg _____ der Eröffnung unseres zweiten Geschäfts.
4. In diesem Monat plane ich noch eine Reise _____ wichtigen Kunden _____ Italien.
5. Ich bleibe drei Tage _____ Italien. Dann fahre ich wieder _____ Hause _____ meiner Familie.
6. Am Freitag fahren wir _____ unser Ferienhaus _____ die Berge.

★ 10 Mithelfen

Was gehört zusammen? Ergänzen Sie die passende Präposition mit oder ohne Artikel.

0. Gehst du *ran*?   a
1. Bringst du das Paket *rüber*?   ☐
2. Wer hilft mir, die Stühle *raufzutragen*?   ☐
3. Wer bringt die Wäsche *rein*?   ☐
4. Ich gehe gleich *runter* in den Keller.   ☐
5. Schmutzige Schuhe gehören *raus*.   ☐
6. Komm bitte sofort *her*.   ☐

a. Gehst du _ans_ Telefon?
b. Jemand muss die Wäsche _____ Haus bringen.
c. Schmutzige Schuhe müssen _____ draußen _____ Tür.
d. Komm bitte sofort _____ mir.
e. Ich gehe gleich _____ unten.
f. Das Paket muss _____ drüben _____ Nachbarn gebracht werden.
g. Wir müssen die Stühle wieder _____ oben _____ zweiten Stock bringen.

Präpositionen in

11 Wegbeschreibung

Ergänzen Sie die Präpositionen und ordnen Sie die Skizzen zu.

0. Gehen Sie geradeaus und vorn *an der* nächsten Ecke *nach* rechts. ☐ **a**

1. Du musst erst einmal _____ Fluss fahren. ☐

2. _____ 200 Metern siehst du dann _____ rechten Seite einen Kiosk. ☐

3. Sie müssen zuerst _____ Tunnel und dann _____ ersten Ampel links. ☐

4. Fahren Sie _____ gelben Häusern vorbei. Direkt _____ letzten Haus sehen Sie schon den Parkplatz. ☐

5. _____ Tankstelle geht es rechts ab. Wir wohnen _____ Supermarkt. ☐

6. Wenn Sie _____ Schwimmbad wollen, müssen Sie hier _____ Brücke. ☐

7. Fahren Sie _____ Ortsende und biegen Sie rechts _____ kleinen Weg ein. ☐

a.
b.
c.
d.
e.
f.
g.
h.

an der
an der
an den
auf der
bis zum
durch den
am ... entlang
gegenüber dem
hinter dem
über die
vor der
in den
nach
nach
zum

12 Im Flugzeug

A
Ergänzen Sie den passenden Artikel.

0. Bitte hängen Sie Ihre Jacke an _den_ (r) Haken.
1. Bitte legen Sie Ihre Tasche in _____ (s) Gepäckfach.
2. Auch die Kinder müssen sich auf _____ Plätze setzen.
3. Sie dürfen nichts vor _____ (r) Notausgang stellen.

B
Ergänzen Sie Präpositionen und Artikel.

0. Meine Jacke hängt schon _am_ Haken.
1. Meine Tasche liegt schon _____ Gepäckfach.
2. Die Kinder sitzen jetzt _____ Plätzen.
3. Von mir steht nichts mehr _____ Notausgang.

C
Ergänzen Sie in der Tabelle die Verben und das Partizip Perfekt.

Wohin? → *Präposition + Akkusativ*	Wo? → *Präposition + Dativ*
hängen – gehängt	*hängen – gehangen*

Perfekt S. 31

Präpositionen *in*

18

13 Daten

A Ergänzen Sie die passende Präposition.

0. Ich bleibe _bis_ Sonntag.
1. ___ Montag ___ wird gestreikt.
2. ___ nächsten Mittwoch ist schulfrei.
3. ___ morgen habe ich Urlaub.
4. ___ Weihnachten und Neujahr fahre ich weg.
5. Ich bleibe ___ drei Tage
6. ___ die Feiertage soll es regnen.
7. ___ Dienstag ___ Freitag habe ich Besuch.
8. ___ einer Woche sind Ferien.
9. ___ Ostern kommt Oma.

ab
an
~~bis~~
in
ohne Präp.
ohne Präp.
über
von ... an
von ... bis
zwischen

B Ordnen Sie die Präpositionen in die Tabelle ein.

Präp. + Akkusativ	_bis,_
Präp. + Dativ	

14 Unser Baby

A Ergänzen Sie *vor, nach, seit* oder *in*.

0. Mein Mann und ich haben uns _vor_ sechs Jahren kennengelernt.
1. Schon ___ kurzer Zeit waren wir ein Paar und uns war schnell klar, dass wir ___ vier Jahren war es dann soweit.
   heiraten würden. ___ vier Jahren war es dann soweit.
2. ___ unserem Leben hat sich ___ der Hochzeit nicht viel verändert.
3. Jetzt haben wir ___ Juni Nachwuchs. ___ der Geburt von Amelie ging
   der Stress los.
4. ___ der Nacht will Amelie ständig trinken und wir kommen kaum ___
   vier Uhr morgens zur Ruhe.
5. Vielleicht ist der Stress auch schon vorbei. ___ einer Woche schläft unser Baby durch!

B Ordnen Sie die Präpositionen in die Tabelle 13 B ein.

15 Meine Arbeit macht Spaß!

Ergänzen Sie die Präpositionen *seit* oder *vor*.

0. _Seit_ einem Jahr arbeite ich für eine junge Software-Firma.
1. Die Firma wurde erst ___ einem Jahr gegründet.
2. ___ einer Woche macht die Arbeit richtig Spaß.
3. Denn ___ zwei Wochen habe ich eine neue Chefin bekommen.
4. Eigentlich wollte ich ___ einem Monat noch kündigen.

seit + *Verb im Präsens*
vor + *Verb in der*
Vergangenheit

150 | Nomen + Verb

16 Zahlenspiele

Ergänzen Sie die passenden Präpositionen.

0. _Um_ wie viel Uhr beginnt die Visite des Chefarztes? – _Um_ neun.

1. _____ wie vielen Personen besteht das Ärzteteam? – _____ zwei bis fünf Personen.

2. _____ wie vielen Ärzten waren Sie schon? – Nur _____ einem.

3. _____ wie viel Uhr schließt die Praxis? – _____ fünf.

4. _____ wie vielen Tagen soll ich wiederkommen? – _____ einer Woche.

5. _____ wie vielen Jahren gehen Sie zum selben Arzt? – _____ meiner Kindheit.

17 Auf einer Konferenz

Ergänzen Sie die passende Präposition.

0. _Wegen_ Platzmangels können nur Voranmeldungen berücksichtigt werden.

1. _____ des Vortrags bitten wir Sie, Ihre Handys auszuschalten.

2. Sie müssen _____ der nächsten Tage entscheiden, ob Sie am Abendprogramm teilnehmen.

3. _____ des Seminars mache ich lieber den Workshop.

4. _____ des schlechten Wetters fällt die Stadtführung am Nachmittag aus.

5. _____ des Konferenzgebäudes können Sie natürlich Ihr Namensschild abnehmen.

6. _____ großer Visaprobleme sind auch Kollegen aus dem Iran angereist.

> wegen **des** Wetters
> → *Genitiv*
> wegen dem Wetter *ugs.*
> → *Dativ*

> außerhalb
> innerhalb
> statt
> trotz
> während
> wegen
> ~~wegen~~

> des Elfmeters
> des Unwetters
> einer Verletzung
> ~~unseres Torwarts~~
> eines groben Fouls
> meines neuen Jobs

> **kassieren**
> hier: bekommen

> **s Foul**
> ein Spieler bringt
> einen Gegenspieler
> zu Fall

⭐ 18 Fußball-Sorgen

A Was passt? Ergänzen Sie.

0. Wegen _unseres Torwarts_ haben wir vier Tore kassiert.

1. Wegen _____ konnte Anton drei Spiele lang nicht mitspielen.

2. Wegen _____ wird es noch viele Diskussionen geben.

3. Wegen _____ habe ich nur noch wenig Zeit zum Trainieren.

4. Wegen _____ bekam ein Spieler die Rote Karte.

5. Wegen _____ musste das Spiel abgebrochen werden.

B Formen Sie die Sätze um. Verwenden Sie wegen + Dativ (ugs.).

0. Wegen _unserem Torwart_ haben wir vier Tore kassiert.

19 **Fahrradunfall**

Streichen Sie die Präposition, die nicht passt.

Liebe Ulrike,

stell Dir vor, ich hatte (0) *seit/vor* einer Woche einen Unfall. Ich war (1) *an/mit* dem Rad (2) *in der / durch die* Stadt unterwegs und hatte meiner Mutter versprochen, um sechs wieder (3) *zu/nach* Hause zu sein. Dann kam alles ganz anders.

(4) *Aus dem / Im* ersten Geschäft habe ich festgestellt, dass ich kein Geld bei mir habe. Also musste ich umkehren ... und das war ein Fehler. Vielleicht erinnerst du dich noch, wie die Fahrradwege (5) *an/in* der letzten Woche ausgesehen haben?

Na ja, es kam, wie es kommen musste: Ich bin (6) *an/auf* dem vereisten Radweg ausgerutscht und (7) *mit dem / ohne das* Rad gestürzt und dabei irgendwie (8) *an/auf* den rechten Arm gefallen. Ich habe einfach nicht aufgepasst!

Zwei Frauen haben mir sofort (9) *beim/zum* Aufstehen geholfen. Eine Frau hat mich dann (10) *ins/zum* Krankenhaus gebracht. (11) *In/Nach* einer Stunde Wartezeit kam ich endlich dran. Es war schnell klar, dass der Arm gebrochen war. (12) *Vor/Zum* Glück muss ich nicht operiert werden. Aber unseren Skiurlaub (13) *am/im* Februar können wir nun vergessen. Jetzt haben wir umsonst so viel Zeit (14) *bei/mit* der Hotelsuche verbracht. Na ja, vielleicht klappt es noch (15) *an/in* den Osterferien.

Ruf mich doch mal an oder schreib mir.

Bis dann, deine Sandra

ausrutschen
hinfallen

1 Im Blumenland

A Unterstreichen Sie die Artikel und Adjektive.

Kennst du (0) <u>das</u> kleine Blumenmädchen Rosa aus (1) dem schönen Blumenland?
Du weißt nicht, wo (2) das schöne Blumenland liegt?
Es liegt hinter (3) den hohen Bergen an (4) einem riesigen See. Rosa spielt (5) den
ganzen Tag auf (6) bunten Blumenwiesen. Dort wachsen (7) rote, gelbe, blaue und
weiße Blumen. Rosa sieht in (8) ihrem gelben Kleid selbst wie (9) ein kleines Blümchen
aus. Zu (10) den gelben Kleid trägt sie (11) grüne Hosen, (12) rote Schuhe und (13) einen
großen Hut. Das Leben (14) im schönen Blumenland gefällt (15) der kleinen Rosa. Dort ist
immer (16) gute Luft und (17) schönes Wetter. Ich war vor (18) langer Zeit mal dort und
habe (19) die kleine Rosa besucht.
(20) Nächstes Mal nehme ich dich mit – wenn du willst.

B Ergänzen Sie die drei Regeln für die Adjektivendung.

a. Bei Artikel + Adjektiv vor Nomen gibt es sehr oft _____ .
b. Hat der Artikel _____ , dann hat das Adjektiv die Endung –en,
   aber im Nominativ und Akkusativ Singular die Endung –e.
c. Hat der Artikel _____ , hat das Adjektiv die Signalendung.

nur ein **Signal**
EIN **Signal**
KEIN Signal

C Markieren Sie in 0–19 *nur* die **Signale** beim Artikel oder Adjektiv. Die Tabelle hilft Ihnen.

	Nominativ		Akkusativ		Dativ		Genitiv	
m	der	blaue See	den	blauen See	dem	blauen See	des	blauen Sees
f	die	gelbe Blume	die	gelbe Blume	der	gelben Blume	der	gelben Blume
n	das	grüne Kleid	das	grüne Kleid	dem	grünen Kleid	des	grünen Kleides
Pl.	die	roten Blumen	die	roten Blumen	den	roten Blumen	der	roten Blumen
m	ein	blauer See	einen	blauen See	einem	blauen See	eines	blauen Sees
f	eine	gelbe Blume	eine	gelbe Blume	einer	gelben Blume	einer	gelben Blume
n	ein	grünes Kleid	ein	grünes Kleid	einem	grünen Kleid	eines grünen Kleides	
Pl.		rote Blumen		rote Blumen		roten Blumen		roter Blumen
m		blauer See		blauen See		blauem See		blauen Tees
f		gelbe Blume		gelbe Blume		gelber Blume		kalter Milch
n		grünes Kleid		grünes Kleid		grünem Kleid		kalten Biers
Pl.		rote Blumen		rote Blumen		roten Blumen		roter Blumen

D Welche Adjektive in 0–19 haben ein **Signal**?

auf bunten Blumenwiesen, _____

Adjektive

2 Alles ist weg!

Was gehört zusammen? Ordnen Sie zu und ergänzen Sie das Adjektiv im Nominativ oder Akkusativ.

0. Ich finde die rote Bluse nicht mehr.
1. Hast du das blaue T-Shirt gesehen?
2. Ich suche den gelben Schal.
3. Ich sehe die braunen Schuhe nicht.

4. Wo ist bloß die neue Hose?
5. Der lange Rock ist nicht mehr im Schrank.
6. Das blaue Hemd fehlt. Mein Lieblingshemd!
7. Die weißen Sportsocken sind weg.

a. Hier ist doch die _rote_ Bluse. [a]
b. Die _____ Schuhe stehen vor der Tür. [ ]
c. Da ist doch das _____ T-Shirt. [ ]
d. Der _____ Schal ist hier. [ ]

a. Die _____ Sportsccken habe ich in der Wäsche gesehen. [ ]
b. Die _____ Hose habe ich gerade gewaschen. [ ]
c. Das _____ Hemd war kaputt, ich habe es weggeworfen. [ ]
d. Den _____ Rock hat sich deine Schwester ausgeliehen. [ ]

3 Ist das wirklich nötig?

A Ergänzen Sie die Adjektive _neu_ und _alt_ mit der richtigen Endung.

0. Wollen wir einen _neuen_ Fernseher kaufen? Unser _alter_ ist schon wieder kaputt.
1. Ich möchte gern ein _____ Rad. Mit meinem _____ kann ich nicht mehr gut fahren.
2. Du bräuchtest eine _____ Jeans. Deine _____ sehen alle unmöglich aus.
3. Ich würde gern _____ Gartenstühle kaufen. Unsere _____ gefallen mir nicht mehr.
4. Wie würde dir ein _____ Wohnzimmertisch gefallen? Ich finde unseren _____ total hässlich.
5. Ich wünsche mir eine _____ Sonnenbrille. Bei meiner _____ sind die Gläser zerkratzt.

B Ergänzen Sie die Sätze. Verwenden Sie _kein + neu_.

0. Wir kaufen _keinen neuen Fernseher._
1. Du bekommst _____.
2. Ich will aber _____.
3. Wir kaufen _____.
4. Ich brauche _____.
5. Deswegen brauchst du doch _____.

mein/kein neues Buch
→ *Adjektivendung wie nach unbestimmtem Artikel*
meine/keine neuen Bücher
→ *Adjektivendung wie nach bestimmtem Artikel*

zerkratzt
kaputt, aber nicht gebrochen

4 Fragen und mehr

Ergänzen Sie das Adjektiv.

0. Trinken Sie gern _deutsches_ Bier?
1. Vertragen Sie _____ Kaffee?
2. Schmeckt dir _____ Tee?
3. Magst du den Geruch _____ Farbe?
4. Besitzt du _____ Schmuck?
5. Hörst du gern _____ Musik?
6. Interessieren Sie sich für _____ Sendungen?
7. Sie lernen sicherlich mit _____ Interesse Deutsch.
8. Behaltet die Übungen in _____ Erinnerung.
9. Diese Übungen sind nicht nur _____ Zeug.
10. Bis bald, in _____ Frische!

deutsch
stark
kalt
frisch
teuer
laut
politisch
groß
gut
dumm
alt

5 Wohnen

Ergänzen Sie das *kursiv* gesetzte Adjektiv.

0. Die Wohnung ist leider sehr *dunkel* und _dunkle_ Wohnungen mag ich nicht.
1. Wie *hoch* sind die Nebenkosten? Ich kann schon die _____ Miete kaum zahlen.
2. München ist wirklich *teuer*. Ich werde diese _____ Wohnung mieten müssen, weil ich keine andere finde.
3. Meine Freundin hat eine _____ Wohnung, aber die Lage ist nicht so *super*.
4. Ich habe viele Sachen, die *lila* sind. Besonders liebe ich mein _____ Sofa.

dun**kel** ein dun**kles** Zimmer
hoch ein ho**her** Turm
teuer eine te**ure** Wohnung
eine **super** Idee
ein **prima** Vorschlag
→ *immer ohne Endung*

6 Reg dich nicht auf!

Bilden Sie Sätze.

0. Ich _finde die deutsche Grammatik nicht so schwer._
die • nicht so schwer • deutsche Grammatik • finde

1. Sie _____
beim • locker • müssen • bleiben • einfach • Lernen

2. Die Regeln _____
kompliziert • wirken • anfangs • aber • einfach • sie • eigentlich • sind • ganz

3. Sie _____
nicht • werden • Lernen • nur • ungeduldig • dürfen • beim

4. Es _____
wäre • wenn • die • würden • gut • Sie • Adjektive • beherrschen

5. Aber machen Sie sich und andere _____
nicht • der • verrückt • mit • vielen Lernerei

Verb + Adjektiv
Sie ist
Sie wirkt } **nett.**
Ich finde sie
→ *Adj. ohne Endung*

Adjektive

7 Mahlzeit!

Ergänzen Sie das passende Adjektiv.

Adjektiv als Adverb
Du übst
Er lernt   } **fleißig**.
Wir arbeiten
→ *Adj. ohne Endung*

langsam • ~~schnell~~
klein • groß
kurz • lang
heiß • kalt

0. Heute muss alles _schnell_ gehen, weil Gäste kommen.
1. Wir haben _____ eingekauft, aber trotzdem etwas vergessen.
2. Die Nudeln dürfen nicht zu _____ kochen, sonst haben sie keinen Biss.
3. Die Zwiebel muss noch _____ geschnitten werden.
4. Ich hoffe, du hast das Fleisch nur _____ angebraten.
5. Das Essen sollte _____ serviert werden und alle sollen es gleichzeitig bekommen.
6. Wir möchten unseren Kaffee nicht _____ trinken.
7. Wir möchten _____ essen und genießen.

8 Beim Arzt

Adjektiv oder Adverb? Ergänzen Sie.

0. Zum Glück habe ich einen _kurzfristigen_ Termin bekommen.   kurzfristig
1. Wenn _____ ein Termin frei wird, sagen wir Ihnen Bescheid.
2. Die Patientin ist _____ gestürzt und hat sich verletzt.   schwer
3. Sie hat sich noch nicht von ihrem _____ Sturz erholt.
4. Der Arzt hat uns die Untersuchung _____ erklärt.   genau
5. Wir haben den Arzt um eine _____ Erklärung der Untersuchung gebeten.
6. Die Therapie wurde _____ besprochen.   ausführlich
7. Wir haben ein _____ Gespräch über die Therapie geführt.
8. Manchmal müssen Patienten _____ warten, bis sie an der Reihe sind.   lang
9. Die _____ Warterei beim Arzt kann sehr anstrengend sein.
10. Ich muss _____ beim Arzt anrufen, weil ich ein Rezept brauche.   kurz
11. Für ein Rezept genügt ein _____ Anruf.

★ 9 Im Büro

A Was gehört zusammen? Ordnen Sie zu.

0. Das ist der neue Mitarbeiter. | a. Der Chef begrüßt jeden *neuen*

1. Wo gibt es diesen guten Kuchen zu kaufen?

2. Ich suche den blauen Ordner.

3. Meine alte Software war besser.

4. Wie werden wichtige Kunden betreut?

5. Weißt du, wo mein gelber Stift ist?

6. Hast du meine private E-Mail gelesen?

a. Der Chef begrüßt jeden *neuen* Mitarbeiter persönlich.

b. Ich? Nein! Welche E-Mail meinst du?

c. Welchen _____ Ordner?

d. Alle _____ Kunden werden zu unseren Veranstaltungen eingeladen.

e. Manche _____ Programme sind wirklich besser als neue.

f. Dieser _____ Kuchen ist aus der Cafeteria.

g. Meinst du diesen _____ Stift hier, der schon nicht mehr schreibt?

a: [ ] b: [ ] c: [ ] [ ] d: [ ] [ ] e: [ ] f: [ ] g: [ ]

a. [a]

> mancher **alte** Film
> alle **alten** Filme
> dies-/jed-/welch-/
> manch-/alle
> *sind Artikelwörter*
> → *Adjektivendung*
> *wie nach bestimm-*
> *tem Artikel*

B Ergänzen Sie in a–g die Adjektive aus 0–6.

★ 10 Im Buchhandel

Was gehört zusammen? Ordnen Sie zu und ergänzen Sie die Endung -e oder -en.

0. Jeden Monat erscheinen viele

1. Wir führen Bücher aller

2. An der Kasse liegen kostenlos einige

3. In diesem Monat gibt es mehrere

4. Wir können Ihnen gern noch andere

5. In der Kinderbuchabteilung haben wir weitere

6. Leider habe ich seit Studienbeginn nur wenig

7. Es lohnt sich, auch Bücher mancher

8. Wir wünschen Ihnen mit allen

a. neu *e* Bücher.

b. preiswert _____ Ausgaben von Kinderbüchern.

c. interessant _____ Neuheiten für Sie.

d. unser _____ Büchern viel _____ Spaß beim Lesen.

e. frei _____ Zeit zum Lesen.

f. aktuell _____ Prospekte zum Mitnehmen.

g. unbekannt _____ Autoren zu lesen.

h. groß _____ Verlage in Deutschland.

i. schön _____ Bildbände zeigen.

a: [a] b: [ ] c: [ ] d: [ ] [ ] [ ] [ ] [ ] e: [ ] f: [ ] g: [ ] [ ]

> **viel/wenig** Arbeit
> → *Singular ohne*
> *Endung*
>
> viel**e**/wenig**e** Tage
> → *Plural mit Endung*
>
> viel**e** gut**e** Freunde
> viele/einige/mehrere
> *sind Adjektive*
> → *jedes Adjektiv mit*
> *Signalendung*

Adjektive

11 Volksfest

A Ergänzen Sie das passende Partizip mit oder ohne Endung.

0. Zu einem richtigen Volksfest gehören festlich _geschmückte_ Bierzelte.
1. Nur die _____ Tische sind noch frei, alle anderen sind _____ .
2. _____ Bedienungen warten auf den Feierabend.
3. An einem Tisch machen _____ Gäste Ärger.
4. Am Eingang stehen drei _____ Jugendliche mit ein paar Mädchen.
5. Es gibt _____ und _____ Kinder und Kinder, die mit _____ Augen auf Luftballons zeigen.
6. Man sieht viele Besucher, die _____ sind, aber auch manche _____ Paare.
7. Auf den Plakaten steht: Verhalten Sie sich _____ und lassen Sie _____ Ihr Auto zu Hause, wenn Sie aufs Volksfest gehen.

besetzt
betrunken
flirtend
geschmückt
gestresst
lachend
leuchtend
reserviert
staunend
streitend
umweltschonend
vergnügt

> *Partizip als Adjektiv*
> **schreiende** Kinder
> → Part. Präsens
> **genervte** Mütter
> → Part. Perfekt

B Ergänzen Sie den Infinitiv.

0. geschmückt – _schmücken_

12 Geburtstagsgeschenk

Ergänzen Sie die Adjektive als Nomen.

0. Hast du eine Idee, was wir Tom zum Geburtstag schenken könnten? Es sollte etwas _Besonderes_ sein.
1. Da fragst du die _____ . Mir fällt doch nie was _____ ein.
2. Das _____ wäre, wenn wir ihm irgendwas zum _____ Anziehen kaufen würden.
3. Aber Tom interessiert sich doch nicht für Mode! Der will lieber was _____ im Schrank. a _____ .
4. Das ist es ja! Er hat wirklich nichts _____ im Schrank.
5. Vielleicht hast du recht. Etwas _____ weiß ich auch nicht.
6. Wir könnten gleich zusammen einkaufen gehen. Alles _____ entscheiden wir dann.
7. Tom wird schauen! Wir haben was ganz _____ gekauft, das _____ , was wir finden konnten.
8. Alles _____ zum Geburtstag, Tom!

besonder-

falsch • passend
best- • modisch

ander-

aufregend
besser
weiter-

toll • schönst-

gut

> *Adjektiv als Nomen*
> (et)was **Gesundes**
> viel/wenig/nichts **Süßes**
> das/alles **Wichtige**
> der/die/das **Beste**

13 Glaubst du das wirklich?

A   Was gehört zusammen? Ordnen Sie zu.

0. Julia finde ich nicht so nett wie Klara. –
   Findest du Klara wirklich

1. Lukas ist nicht so groß wie sein Vater. –
   Ist sein Vater wirklich

2. Hamburg ist nicht so teuer wie München. –
   Ist München wirklich

3. Eure Wohnung ist nicht so dunkel wie unsere. –
   Ist eure Wohnung wirklich

4. Der Film gefällt mir nicht so gut wie das Buch. –
   Gefällt dir das Buch wirklich

5. Sie haben nicht so viel Geld wie wir. –
   Haben wir wirklich

6. Ich bin nicht so jung wie du. – Was? Bin ich
   wirklich

7. Ich koche nicht so gern wie mein Mann. –
   Kocht dein Mann wirklich

8. Deutsch ist nicht so schwer wie Japanisch. –
   Ist Japanisch wirklich

a. netter als Julia?
b. jünger als du?
c. dunkler als unsere?
d. besser als der Film?
e. schwerer als Deutsch?
f. mehr Geld als sie?
g. lieber als du?
h. größer als er?
i. teurer als Hamburg?

☐ a
☐
☐
☐
☐
☐
☐
☐
☐

B   Ordnen Sie die Adjektive und ihre Komparativformen in die Tabelle ein.

Vergleich mit Komparativ
schön → **schöner**
Er ist **so** schön **wie** ich.
schöner **als** ich.

Superlativ
Aber sie ist
am schönsten.
das **schönste** Mädchen.

Grundform	Komparativ + –er	Superlativ + –(e)st
nett	netter	das netteste Mädchen
			regelmäßig
			a, o, u → ä, ö, ü
			Komparativ kein –e
			unregelmäßig

C   Unterstreichen Sie Superlativformen und ergänzen Sie die Tabelle.

0. Marina ist das netteste Mädchen von allen.
1. Der Größte in der Familie ist sein Bruder.
2. Am teuersten ist Berlin.
3. Am dunkelsten ist das Schlafzimmer.
4. Die Filmmusik gefällt mir am besten.
5. Wer das meiste Geld hat, weiß ich nicht.
6. Die jüngste Kollegin ist Diana.
7. Ich mag es am liebsten, wenn meine Mutter kocht.
8. Welche Sprache ist am schwersten zu lernen?

Adjektive

19

14 Im Kaufhaus

Ergänzen Sie das passende Adjektiv im Komparativ.

0. Nimm doch das gelbe T-Shirt. – Das rote ist aber _schöner_.
1. Diese Jeans sieht super aus. – Die andere sah noch _____ aus.
2. Der Rock ist leider zu groß. – Ich frage mal, ob sie ihn eine Nummer _____ haben.
3. Stellen Sie sich doch mal vor den Spiegel. Da ist es auch _____.
4. Der Pulli ist recht günstig, aber der andere ist noch etwas _____.
5. Soll ich die blaue Jacke kaufen? – Das würde ich mir _____ noch mal überlegen.
6. Die Bluse gefällt mir. Nur die Ärmel müssten etwas _____ sein.

billig
gern
gut
hell
klein
kurz
~~schön~~

15 Tatsachen oder Meinungen

Streichen Sie _wie_ oder _als_ und ergänzen Sie den Superlativ.

0. Ich schwimme _lieber_ im See _wie/als_ im Schwimmbad. _Am liebsten_ schwimme ich im Meer.
1. Meine Mutter macht die _____ Semmelknödel der Welt. Sie schmecken _besser wie/als_ im Restaurant.
2. Mein Vater ist genauso _alt wie/als_ deiner. Pias Vater ist der _____.
3. Meine Schwester ist viel _erfolgreicher_ im Beruf _wie/als_ ich. Aber mein Bruder ist am _____. Er hat eine eigene Firma.
4. Ich glaube nicht, dass du _höher_ und _weiter_ springst _wie/als_ mein Freund. Er springt am _____ und am _____ in seiner Klasse.
5. Mein Onkel ist Bodyguard. Er ist der _____ Mann, den ich kenne. Mein Bruder und ich sind zusammen nicht so _stark wie/als_ er.
6. Meine Cousine ist das _____ Mädchen in ihrer Klasse. Ich finde sie _hübscher wie/als_ viele Fotomodels.

Adjektiv als Nomen
Weißt du schon **das Neueste?**
→ _für Abstrakta_
Er ist **der Beste.**
→ _für Personen_

★ 16 Unsere Stadt

Ergänzen Sie die passenden Nomen.

0. In unserer Stadt trifft man _Fremde_ aus allen Ländern.
1. Am Bahnhof kommen _____ aus der ganzen Welt an.
2. In manchen Stadtvierteln wohnen nur _____ mit teuren Autos, in anderen nur _____ in Sozialwohnungen.
3. Das _____ in unserer Stadt ist der riesige Stadtpark.
4. Dort sieht man die _____ Hand in Hand spazieren gehen.
5. Es gibt aber auch _____ wie die Hochhäuser am Stadtrand.
6. Als _____ plant die Stadt den Bau eines modernen Einkaufszentrums.
7. Eine Stadt braucht doch auch etwas _____, oder?

Arme
~~Fremde~~
Hässliches
Modernes
Nächstes
Reiche
Reisende
Schönste
Verliebten

Adjektive

17 Sprachprüfung

A Verbinden Sie das Adjektiv mit der passenden Präposition.

0. Karla ist sehr glücklich	a
1. Marian ist ganz blass	☐
2. Elena ist begeistert	☐
3. Die Prüfung war viel zu leicht	☐
4. Ist jemand von euch enttäuscht	☐
5. Wir sind alle müde	☐
6. Eure Sprachkenntnisse sind euch sicher nützlich	☐
7. Adrian ist stolz	☐

a. über die bestandene Prüfung.
b. für euch.
c. vor Prüfungsangst.
d. vom vielen Lernen.
e. auf seine gute Note.
f. für den Beruf.
g. über sein Prüfungsergebnis?
h. von ihrem neuen Lehrer.

B Ergänzen Sie die Adjektive mit Präposition (mit Akk. oder Dat.)

Adjektiv	Präposition	Adjektiv	Präposition
glücklich	über + Akk.		

★ 18 Wohnungssuche

Ergänzen Sie zu den *kursiv* gesetzten Adjektiven die passende Präposition.

Wir suchen eine Wohnung, die (0) ___*für*___ eine Familie mit drei Kindern und Hund *geeignet* ist. Das ist so schwierig, dass wir (1) _____ jedes Angebot *froh* sind. Familien sind nämlich nicht gerade *beliebt* (2) _____ Vermietern. Zum Glück bin ich (3) _____ einem Immobilienmakler *befreundet*, der uns (4) _____ der Suche *behilflich* ist. Vorhin hat er angerufen und gefragt, ob wir auch (5) _____ einer Neubauwohnung *interessiert* wären. Wir waren natürlich sofort (6) _____ dem Besichtigungstermin, den er uns vorgeschlagen hat, *einverstanden.* Jetzt sind wir sehr *gespannt* (7) _____ diese Wohnung. Sie liegt nicht weit *entfernt* (8) _____ der Schule der Kinder. Sie hat einen großen Keller, der (9) _____ meinen Mann *nützlich* wäre, und es gibt einen Garten für alle Mieter, (10) _____ den die Kinder *glücklich* wären. Hoffentlich ist der Vermieter *nett* (11) _____ uns. Wenn die Miete nicht zu hoch ist, haben wir bald eine neue Wohnung, (12) _____ der wir alle *zufrieden* sein können.

an
auf
bei
bei
für
für
mit
mit
mit
über
über
von
zu

gespannt
neugierig

nützlich
hilfreich, wichtig

Adjektive

19 ⭐ **Wetter**

A **Was passt? Ergänzen Sie.**

0. Gestern hat es _sehr stark_ geregnet.
1. Letztes Jahr war der Winter _____ Frühling.
2. Wir hatten heuer einen _____
3. Der Juli ist dieses Jahr _____ .
4. Im Januar gab es _____ Schnee.
5. Wir müssen heute mit einer _____ Nacht rechnen.
6. Am Samstag hatten wir ein _____ Gewitter.
7. Es wurde _____ Wetter vorhergesagt.
8. Die Temperaturen sind im Moment _____ .
9. Leider wird es ab November viel _____ dunkel.
10. Im April war das Wetter _____ .

ausgesprochen mild
besonders viel
extrem heiß
~~sehr stark~~
total verregneten
ziemlich kalten

äußerst trocken
recht angenehm
relativ schönes
ungewöhnlich
heftiges
zu früh

B **Welches Adverb verstärkt das Adjektiv, welches schwächt es ab?**

Verstärkung +	Abschwächung –
sehr	_ziemlich_

20 ⭐ **Unser Urlaub**

Was passt? Ergänzen Sie.

0. Unser Urlaub war dieses Jahr _ausgesprochen nett_ . Allerdings war das Wetter _ziemlich schlecht_ .
1. Die Hotelzimmer waren _____ und das Essen _____ .
2. Das Hotel war _____ , obwohl es _____ war.
3. Das Freizeitangebot war _____ . Es gab auch zwei Tanzabende, die _____ waren.
4. Es war wirklich ein _____ Urlaub, der _____ Spaß gemacht hat.

ungemein lustig •
ganz toll •
~~ausgesprochen nett • ziemlich schlecht~~ •
höchst erholsamer •
außerordentlich viel
ganz gut •
einigermaßen sauber •
relativ teuer •
komplett ausgebucht

ganz schön
→ ganz betont = sehr schön
ganz schön
→ ganz unbetont = nicht so schön

① Draußen

A Unterstreichen Sie die Adverbien.

0. Wir spielen <u>oft</u> <u>draußen</u> hinter unserem Haus.
1. Da gibt es eine große Wiese und dahinter fängt gleich der Wald an.
2. Dort ist <u>auch</u> ein altes Baumhaus, das jetzt uns gehört.
3. Unten am See kann man sogar baden, aber das Wasser ist meistens kalt.
4. Hoffentlich ist es morgen schön, weil mein Freund kommen möchte.
5. Dann könnten wir aufs Baumhaus klettern und von oben die Leute beobachten.
6. Das machen wir eigentlich immer.
7. Vielleicht kommst du auch? Es würde dir sicher gefallen!

B Ordnen Sie die Adverbien in die Tabelle ein.

a.	Adverbien des Orts	*draußen,*
b.	Adverbien der Zeit	*oft,*
c.	andere Adverbien	*auch,*

② Wann hast du denn Zeit?

A Was gehört zusammen? Ordnen Sie zu.

0. Wann hast du denn Zeit? ☐ a.
1. Wie sieht es am Sonntag aus? ☐
2. Hast du am Samstag frei? ☐
3. Wann könnten wir uns mal treffen? ☐ ☐ ☐
4. Wie ist es mit Dienstag? ☐ ☐
5. Und Freitag? ☐
6. Kann ich abends mal bei dir vorbeikommen? ☐
7. Du hast ja wirklich gar keine Zeit! ☐

a. Ich habe immer Zeit.
b. Nein, samstags muss ich meistens arbeiten.
c. Abends bin ich öfter noch am Arbeiten. Ruf doch vorher einfach an.
d. Dienstags kann ich nie.
e. Sonntags bin ich selten zu Hause. Da spiele ich Squash.
f. Vielleicht mal mittags. Manchmal kann ich eine längere Mittagspause machen.
g. Freitags gehe ich zum Tennisspielen.
h. Ich weiß! Das wurde mir schon oft gesagt.

B Ergänzen Sie die Tabelle mit den passenden Adverbien aus A.

Wie oft? → Häufigkeit	*Wann?* → Wiederholung
immer	*samstags,*
→	→
→	
→ *nie*	

öfter
ugs. öfters

Adverbien *draußen*

3 Im Haus

Streichen Sie, was nicht passt.

0. Steht da jemand ~~drinnen~~/draußen vor der Tür?

1. Ich sitze *drinnen/draußen* auf der Terrasse.

2. Von *innen/außen* sieht das Haus größer aus, als es ist.

3. Nachts schließen wir immer die Haustür von *innen/außen* ab.

4. Bei geöffneten Fenstern hört man von *drinnen/draußen* den Straßenlärm.

5. Das Haus ist *innen/außen* modern eingerichtet.

6. Hunde müssen leider *drinnen/draußen* bleiben.

4 Rechts und links

A Was gehört zusammen? Ordnen Sie zu.

0. Hier wohne ich. $\boxed{a}$

1. Ich sitze immer vorn im Auto. $\square$

2. Unten im Keller ist der Hobbyraum. $\square$

3. Rechts in der Küche steht der Kühlschrank. $\square$

4. Nebenan gibt es ein Eiscafé. $\square$

a. Da wohnst du.

b. Und ein bisschen weiter weg eine Pizzeria.

c. Oben im ersten Stock sind die Schlafzimmer.

d. Links haben wir den Herd.

e. Meine Schwester sitzt gern hinten.

B Wie heißen die Gegensatzpaare? Ergänzen Sie.

0. *hier* ⟷ *da/dort*

1. _____ ⟷ _____

2. _____ ⟷ _____

3. _____ ⟷ _____

4. _____ ⟷ _____

5 Familienfoto

Formen Sie um. Ergänzen Sie das Adverb.

0. Da vorn, das bin ich. Rechts _daneben_ steht meine Schwester. | neben mir

1. In der dritten Reihe direkt _____ siehst du Onkel Hugo. | hinter uns

2. Ganz außen ist Tante Martha. _____ | vor Martha

3. _____ erkennt man das Gesicht von Monika. | meine Cousine Britta.

4. Schau mal, Britta trägt auf dem Foto einen super Pulli und eine schicke Bluse. | unter dem Pulli

5. Weißt du, wer auf dem Foto fehlt? – Ich glaube, dein Bruder ist nicht _____. | auf dem Foto

| zwischen Hugo und Martha

daneben/darunter/drunter *ugs.*
→ *da(r) + Präposition*

6 Jetzt schon?

Was passt? Ergänzen Sie erst oder schon.

1. Wir müssen endlich gehen. Es ist _schon_ zehn. – Nein, wir haben doch noch Zeit. Wir gehen _____ in einer Stunde.

2. Wann kommst du endlich nach Hause? Ich warte _____ über eine Stunde auf dich. – Tut mir leid, im Büro ist noch so viel zu tun. Ich kann _____ gegen neun losfahren.

3. Du lernst _____ zwei Jahre Deutsch und sprichst _____ so gut. Wie hast du das geschafft?

4. Verrückt! Sie hat das Buch _____ vorgestern zum Geburtstag bekommen und hat es heute _____ ausgelesen.

5. Er ist _____ 14 Jahre alt und _____ 1,85 Meter groß. Wahrscheinlich wird er noch größer werden.

6. Was? Ihr habt gerade _____ gefrühstückt? Wir sind _____ beim Mittagessen.

erst eine Stunde.
→ *weniger als erwartet*
relativ wenig
Ich warte
Ich warte
schon eine Stunde.
→ *mehr als erwartet*
relativ viel

Adverbien draußen

Schule und Unterricht

Was passt? Ergänzen Sie das Adverb auf -weise.

0. _Glücklicherweise_ haben wir dieses Schuljahr nur gute Lehrer. Letztes Jahr war das anders.

1. Am Wochenende muss ich _____ viel lernen, aber dieses Wochenende habe ich frei.

2. Manchmal sitze ich stundenlang am Schreibtisch, wenn wir _____ Hausaufgaben aufhaben.

3. Die Deutschhausaufgabe ist heute _____ einfach. Sonst brauche ich immer viel mehr Zeit dafür.

4. _____ hatte ich in der letzten Englischschulaufgabe eine schlechte Note. Jetzt bekomme ich eine Vier ins Zeugnis.

5. Unser Physiklehrer verteilt _____ gute Noten an uns. Deswegen mögen wir ihn und seinen Unterricht.

6. In Musik bekommen wir _____ einen neuen Lehrer. Unser Musiklehrer soll bald in Rente gehen.

7. Morgen schreiben wir _____ einen kleinen Test, damit unser Lehrer sieht, was wir können.

8. _____ sind Noten nicht alles im Leben. Oder bist du anderer Meinung?

glücklich

normal
Seite + n

dumm
Vergleich + s

möglich
Reihe + n

bekannt
Probe

normal**erweise**
→ *Adjektiv* + **er** + weise
beispiels**weise**/
seiten**weise**
→ *Nomen* + **s/n** + weise
probe**weise**
→ *Nomen* + weise

Satz + Satzbau

Satzstellung

1 Unser Hund

A **Unterstreichen Sie die Verben und zeichnen Sie, wenn möglich, eine Verbklammer.**

0. Wir sind vor einem Monat aufs Land gezogen.

   Verb 1 ⎿_____⏌ Verb 2

1. Unser neues Haus gefällt uns gut, aber es ist ziemlich einsam hier.

2. Deswegen haben wir uns einen Hund gekauft.

3. Mein Mann hat ihn unserer Tochter zu Weihnachten geschenkt.

4. Ich fühle mich seitdem in unserem Haus sicherer.

5. Unsere Tochter ist glücklich, einen neuen Spielkameraden zu haben.

6. Sie geht jeden Tag mit dem Hund im Wald spazieren.

7. Wir haben schon allen Freunden und Verwandten Fotos von unserem Hund gemailt.

8. Wir bekommen jetzt oft Besuch, weil jeder den Hund sehen will.

9. Haben Sie eigentlich einen Hund? Verraten Sie es mir!

B **Ergänzen Sie die Regeln.**

a. Das Verb / Verb 1 steht im Hauptsatz immer auf _Position 2._

b. Nach Verb 1 steht am Satzende das _____

c. Verb 1 und Verb 2 bilden eine _____

d. Auf _____ stehen und/oder/aber/denn.

e. Im Nebensatz und Infinitivsatz steht das Verb immer am _____

> Verb 2
> Satzende
> Position 2
> Verbklammer
> Position 0

C **Markieren Sie in 0–9 das Mittelfeld mit ⁓⁓⁓. Ergänzen Sie die Tabelle.**

f. Zeit vor Ort
   Sie leben seit zwei Jahren in Köln.

g. TeKaMoLo = temporal *wann?* – kausal *warum?* – modal *wie?* – lokal *wo?*
   Wir bleiben am Samstag wegen des Fußballspiels bestimmt zu Hause.

h. Dativ vor Akkusativ
   Ich schenke dem Mädchen den Ball.

i. Akkusativ vor Dativ bei Personalpronomen
   Ich schenke ihn ihr.

j. Pronomen nach Verb(–Subjekt)
   Wann schenkst du ihn den Kindern?

k. Wichtigste Ergänzung zum Verb am Satzende bzw. vor Verb 2.
   Ich bringe heute auf dem Weg nach Hause den Ball mit.

> *Für das Mittelfeld gibt es wenige Regeln und viele Ausnahmen.*

Satz				
0,				

21

2 Schwierige Wochenendplanung

A Formen Sie die Sätze um. Beginnen Sie mit dem Subjekt.

Habt ihr Lust, morgen mit uns in Garmisch Ski zu fahren? /

0. *Morgen kann ich nicht. /* *Ich kann morgen nicht.*

1. *Lust habe ich schon, aber keine Zeit. /* _____

2. *Mit mir kannst du immer rechnen.* _____

3. *In Garmisch fahre ich nicht so gern Ski. /* _____

4. *Wenn Peter nicht mitfährt, bleibe ich auch zu Hause. /* _____

5. *Bei schlechtem Wetter mache ich lieber etwas anderes. /* _____

6. *Skifahren ist langweilig. /* Es _____ Ski zu fahren.

7. *Statt nach Garmisch zu fahren, könnten wir hier etwas unternehmen. /* _____

_____

B Was kann am Satzanfang stehen? Ergänzen Sie.

a. Zeit, Ort, Grund usw. 0,

b. Ergänzung im Nom., Akk., Dat., mit Präp. _____

c. Nebensatz _____

d. Infinitivsatz _____

C Wo steht das Subjekt in 0–7?

Das Subjekt steht _____ .

3 Was macht ihr gerade?

Ergänzen Sie die Verben an der richtigen Stelle.

0. Im Moment ↓ *frühstücken* wir noch.

1. Wir am Computer.

2. Zurzeit ich nur abends.

3. Ich mich auf den Unterricht.

4. Aber das du doch.

5. In fünf Minuten ich aus dem Haus.

6. Du wirklich, was wir?

7. Du doch, dass wir ein Buch.

8. Hoffentlich wir es bald.

Um drei bin ich bei dir.
→ *wichtige Information auf Position 1*

frühstücken

sitzen

bin ... erreichbar

bereite ... vor

weißt

will ... gehen

fragst – machen

weißt – schreiben

haben ... geschafft

Satzstellung

4 Auch ein deutscher Lebenslauf

A Ergänzen Sie die Sätze.

Cem Özdemir
erster Deutscher
türkischer Abstam-
mung im Bundestag

0. Cem Özdemir kam _1965 als Sohn türkischer Gastarbeiter in_ _Bad Urach zur Welt._

in Bad Urach • 1965 • zur Welt • als Sohn türkischer Gastarbeiter

1. Er hat _____ gelernt.

Deutsch • von seinen Freunden • auf der Straße

2. Cem schloss _____ ab.

die Schule • mit der mittleren Reife • nach der 10. Klasse

3. Er begann _____ .

nach seiner Ausbildung als Erzieher • ein Studium • in Reutlingen

4. Er nahm _____ an.

nach vielen Diskussionen mit seinen Eltern • die deutsche Staatsbürgerschaft • 1983

5. Cem machte _____ .

einen Abschluss als Diplom-Sozialpädagoge • 1994 • an der Universität Reutlingen

6. Cem Özdemir ist _____ politisch aktiv.

seit den Achtzigerjahren • für die Partei BÜNDNIS 90/DIE GRÜNEN

B Formen Sie die Sätze sinnvoll um.

1. _Deutsch hat er von seinen Freunden auf der Straße gelernt._ _Von seinen Freunden auf der Straße hat er Deutsch gelernt._

5 Kühe und Ufos

Bilden Sie einen unsinnigen Satz, der von 1–6 immer länger wird.

0. _Drei bayerische Kühe haben gestern ein Ufo beobachtet._

+ gestern

1. _____

+ am Himmel

2. _____

+ trotz ihrer Kurzsichtigkeit

3. _____

+ gemeinsam

4. _____

+ aus Langeweile

5. _____

+ stundenlang

6. _____

+ Glaubst du wirklich, dass

unsinnig
lustig, weil mit
wenig Sinn

1 Fragen an Leonardo DiCaprio

A Welche Antwort passt? Ordnen Sie zu.

0. Wie heißen Sie?
1. Kommen Sie aus Italien?
2. Wo sind Sie geboren?
3. Sie sprechen kein Deutsch?
4. Kann ich meine Fragen auf Deutsch stellen?
5. Was ist typisch deutsch an Ihnen?
6. Wissen Sie, welche Hollywood-Schauspieler auch Deutsch sprechen?
7. Ich frage mich schon lange, ob Sie auch in Berlin leben könnten.

a. Leonardo DiCaprio.
b. Doch, ein bisschen. Mit meiner Oma habe ich immer Deutsch gesprochen.
c. Ja, das können wir versuchen.
d. In Los Angeles.
e. Nein, aus den USA, aber mein Vater ist Halbitaliener.
f. Da gibt es viele: Johnny Depp, Sandra Bullock, ...
g. Nein, denn ich liebe L.A.
h. Ich sage, was ich denke – wie meine Oma.

| a | | | | | | | |

B Welche Aussage passt zu den Fragen 0–7?

A. In Fragesätzen steht fast immer das Subjekt nach dem Verb. __0,__
B. Fragewörter beginnen immer mit w-. __0,__
C. Auf Fragen ohne Fragewörter antwortet man mit ja oder nein. ____
D. Auf verneinte Fragen antwortet man mit doch oder nein. ____
E. Indirekte Fragesätze beginnen mit ob oder Fragewörtern. ____
F. In der gesprochenen Sprache kann die Satzmelodie eine Aussage zur Frage machen. ____

2 Bekannte Fragen

A Fragen Sie nach dem kursiv gedruckten Wort oder Satzteil.

0. _Wie heißt du_ ? – Ich heiße Anita.
1. ____ ? – Ich komme aus Prag.
2. ____ ? – Ich wohne in München.
3. ____ ? – Ich arbeite hier.
4. ____ ? – Ich bin 28 Jahre alt.
5. ____ ? – Ja, ich bin verheiratet.
6. ____ ? – Nein, ich habe keine Kinder.
7. ____ ? – Seit einem Jahr bin ich hier.
8. ____ ? – Mir gefällt es hier gut, aber dir wohl nicht so.

B Bilden Sie Fragen mit Sie.

0. _Wie heißen Sie?_

Fragesatz

3 **Kinoabend**

Formulieren Sie die Fragen zu den Antworten.

0. *Kommst* du *nicht mit* ? – Doch.
1. _____ Luisa _____ ? – Nein, sie kann nicht.
2. _____ wir _____ ? – Den Film *Der Vorleser*.
3. _____ das _____ ? – Meiner Meinung nach schon.
4. _____ er _____ ? – Doch, aber das ist mir egal.
5. _____ du _____ ? – Ja, mache ich.

nicht mitkommen

heute Zeit haben

welchen Film ansehen wollen

ein guter Film sein

schlechte Kritiken nicht bekommen haben

die Kinokarten kaufen

4 **Wie bitte?**

Fragen Sie nach dem *kursiv* gedruckten Wort oder Satzteil.

0. *Diana und Dimi* helfen uns. – Wer hilft euch ?
1. Ich habe nicht verstanden, *warum* ihr nicht gekommen seid. – ?
2. Gestern habe ich *Valentin* gesehen. – ?
3. Wir kaufen jetzt *einen Ventilator*. – ?
4. Er meldet sich nicht, *weil er unterwegs ist*. – ?
5. Das rote Fahrrad gehört *meiner Schwester*. – ?
6. Gestern habe ich mit *Nele* gespielt. – ?
7. Das Geschenk ist *für Herrn Hillreiner*. – ?
8. Sie hat versprochen, *den Laptop zu reparieren*. – ?
9. Oma hat ein Problem *mit ihrer Heizung*. – ?
10. Wir wollen, *dass ihr gern Deutsch lernt*. – ?

Für wen
Mit wem
Warum
Was
Womit
Was
Wem
Was
~~Wer~~
Was
Wen

Personen
Wer ist da?
Wen? Wem?
Mit wem?

Sachen
Was ist das?
Was?
Womit?

5 **Meine Traumfrau**

Ergänzen Sie *dass* oder *ob*.

0. Mir ist wichtig, *dass* sie anders ist als alle anderen.
1. Es ist aber egal, _____ sie blonde oder braune Haare hat.
2. Es ist nicht wichtig, _____ sie schon einmal verheiratet war.
3. Ich wünsche mir, _____ sie sich für meine Hobbys interessiert.
4. Ich glaube, _____ ich sie verwöhnen würde.
5. Ich bin mir unsicher, _____ ich später Kinder haben will.
6. Ich hoffe, _____ ich eine Frau finde, die mich versteht.
7. _____ ich wirklich heiraten will, weiß ich aber noch nicht.

verwöhnen
alles für jdn. tun

22

6 Tatort

A Ergänzen Sie das passende Fragewort.

0. *Was* ist hier genau passiert?
1. _____ hat die Polizei gerufen?
2. _____ wurde die Tür aufgebrochen?
3. _____ stammen die Scherben?
4. _____ Geld fehlt?
5. _____ groß ist der Schaden?
6. _____ hat die Alarmanlage nicht funktioniert?
7. _____ Handy liegt unter dem Schrank?
8. _____ hat man Fingerabdrücke gefunden?
9. _____ Zeugen gibt es?
10. _____ könnte der Täter geflüchtet sein?

Weshalb
Wessen
Wie viel
Was
Wer
Wie
Wo
Wohin
Womit
Woher
Wie viele

B Bilden Sie indirekte Fragesätze.

0. Keiner weiß, *was hier genau passiert ist.*

r Fingerabdruck

Scherben = kaputtes Glas oder Porzellan

flüchten = weglaufen

r Zeuge = jd., der etw. gesehen oder gehört hat

7 Fragen im Büro

A Formulieren Sie indirekte Fragen mit Punkt oder Fragezeichen am Ende.

0. Ich hätte gern gewusst, *wann ich einen eigenen Computer bekomme.*
   ich • wann • eigenen • bekomme • Computer • einen

1. Können Sie mir sagen, _____
   das • überwiesen • ob • Gehalt • wurde • schon

2. Du weißt sicher, _____
   neue • funktioniert • wie • Softwareprogramm • das

3. Erklär mir doch bitte, _____
   Formular • wozu • ausfüllen • ich • dieses • soll

4. Ich wollte fragen, _____
   stattfindet • nächste • wann • Mitarbeiterbesprechung • die

5. Weißt du vielleicht, _____
   bekommen • im • ob • nächsten • eine • Jahr • wir • Gehaltserhöhung

6. Sag mir doch, _____ , dass
   Chef • woher • hat • erfahren • unser // Weiterbildung • abends • ich • mache • eine

Können Sie mir (bitte) sagen, wie spät es ist?
→ *Indirekte Frage; höflicher als direkte Frage:* Wie spät ist es?

B Formen Sie die Nebensätze in Fragesätze um.

0. *Wann bekomme ich* einen eigenen Computer?

Fragesatz

8 Auf Geschäftsreise

A Ergänzen Sie in 0–6 das passende Fragewort.

Fragewörter
Seit wann
Um wie viel
~~Wann~~
Wann
Wie lange
Wie oft
Wie weit

0. _Wann_ kommst du zurück? ☐ a.

1. _____ dauert diese Geschäftsreise? ☐

2. _____ bist du auch für China zuständig? ☐

3. _____ musst du in Zukunft nach China fliegen? ☐

4. _____ Uhr landet dein Flugzeug in Peking? ☐

5. _____ ist dein Hotel vom Flughafen entfernt? ☐

6. _____ kann ich mit einer Nachricht von dir rechnen? ☐

a. Mittwoch in einer Woche.
b. Alle zwei oder drei Monate.
c. Ich melde mich, wenn ich im Hotel bin.
d. Nicht so weit, denke ich.
e. Um 16 Uhr Ortszeit.
f. Seit mein Kollege gekündigt hat.
g. Zehn Tage.

B Welche Antwort a–g passt zu den Fragen 0–6? Ordnen Sie zu.

9 Umzug

Was passt? Ergänzen Sie.

Fragewörter
Welche
~~In welche~~
In welchem
In welcher
Was für
Was für eine
Was für einen

0. _In welche_ Stadt zieht ihr? – Nach Köln.

1. _____ Wohnung habt ihr gemietet? – Eine große Drei-Zimmer-Wohnung mit Garten.

2. _____ Stockwerk liegt die Wohnung? – Im fünften, unter dem Dach.

3. _____ Nachbarn habt ihr? – Keine Ahnung. Das werden wir noch sehen.

4. _____ Farbe willst du das Wohnzimmer streichen? Wieder in Hellgrün? – Vielleicht.

5. _____ Mietvertrag habt ihr? – Leider nur einen Mietvertrag auf Zeit.

6. _____ Umzugsfirma habt ihr beauftragt? – Die Spedition Braun.
Kennst du die?

> **Welches** Sofa gefällt dir?
> **Das** schwarze.   *Auswahl*
> **Was für ein** Sofa sucht ihr?
> **Ein** schwarzes Ledersofa.
> *Art, Qualität*

1 Wochenende

A Unterstreichen Sie *nicht*.

0. Am Wochenende arbeite ich <u>nicht</u>.

1. Ich sehe nicht fern.

2. Ich will auch nicht lesen.

3. Ich sitze nicht am Computer.

4. Ich gehe nicht aus dem Haus.

5. Eigentlich mag ich Wochenenden nicht.

6. Nicht jeder versteht das.

7. Ich diskutiere auch nicht gern darüber.

8. Aber denken Sie auch nicht, dass ich freie Tage nicht genieße.

B Wo steht *nicht*? Ergänzen Sie die Tabelle.

Die Negation *nicht* steht

a. am Satzende.

b. vor dem Verb oder vor einer Ergänzung am Satzende.

c. vor einem verneinten Wort oder Satzteil.

Satz
0,

2 Habt ihr Lust?

Verneinen Sie die Sätze.

0. Ich kann mitkommen.

Ich kann nicht mitkommen.

1. Er spielt gern Karten.

2. Wir gehen auf das Fest.

3. Mir gefällt diese Stadt.

4. Ich besuche euch in der Schweiz.

5. Er möchte das Museum besuchen.

6. Sie will die neuen Nachbarn kennenlernen.

_____

3 *Nicht(s)* gewusst?

Was passt? Streichen Sie das falsche Wort.

0. Viele ältere Leute wollen nicht/~~nichts~~ ins Seniorenheim.

1. Sie wollen ihre Wohnung nicht/nichts verlassen.

2. Sie wollen in ihrem Alltag nicht/nichts mehr ändern.

3. Nicht/Nichts kann sie von den Vorteilen eines Altersheims überzeugen.

4. Die Heime sind auch nicht/nichts immer ganz billig.

5. Meine Eltern haben auch nicht/nichts dagegen, später ins Heim zu ziehen.

Negation *nicht*

23

4 **Gummitwist**

Was passt? Ergänzen Sie.

0. Heute wird es _nicht_ mehr so oft gespielt.

1. Man braucht _____ Ball,
   nur ein sehr langes Gummiband.

2. Es kostet _____, weil man nur
   drei Leute und einen Gummi braucht.

3. _____ jeder lernt es schnell, weil man springen und sich gleichzeitig
   drehen muss.

4. Man muss _____ viele Regeln kennen.

5. Erwachsene spielen es eigentlich _____.

6. Außerhalb von Deutschland kennt es fast _____. – Oder doch?

keinen
nichts
~~nicht~~
nicht
nicht
nie
niemand

5 **Überall und nirgends**

A **Was gehört zusammen? Ordnen Sie zu.**

0. Hier kann man überall gut essen.
1. Habt ihr schon etwas gegessen?
2. Indisches Essen ist nie(mals) langweilig.
3. Kennst du jemanden, der schon
   mal Schlange gegessen hat?

4. Ich kaufe fast alles bei eBay.
5. Ich bin sowohl bei StayFriends als auch
   bei Facebook angemeldet. Und du?
6. Hast du schon einen neuen Laptop?
7. Irgendwo muss es doch ein
   Internetcafé geben.

a. Wirklich? Ich habe hier noch
   <u>nirgends</u> gut gegessen.
b. Nein! Das traut sich doch niemand.
c. Da gibt es immer einen neuen
   Geschmack zu entdecken.
d. Nein, noch nichts.

a. Ich habe nirgendwo eins
   gesehen.
b. Ich kaufe dort gar nichts.
c. Ich interessiere mich weder
   für alte Schulfreunde noch für
   andere Internetkontakte.
d. Nein, ich habe noch keinen.

a			

e Schlange

sich trauen
Mut haben

B **Unterstreichen Sie die Negationen und ihr Gegenteil in 5A. Ergänzen Sie.**

A. überall ↔ _nirgends_ _____
B. irgendwo ↔ _____
C. sowohl ... als auch ↔ _____
D. etwas ↔ _____
E. alles ↔ _____
F. jemand ↔ _____
G. ein ↔ _____
H. immer ↔ _____

6 **Hier spricht man Deutsch**

Ergänzen Sie das Gegenteil.

Sie sprechen aber schon gut Deutsch.

0. Ich habe aber _noch nie_ einen Sprachkurs gemacht.

1. Ich kenne _____ in unserem Dorf, der Deutsch spricht.

2. Grammatikbegriffe sagen mir _____ .

3. In meiner Familie spricht _____ Deutsch.

4. _____ in Büchereien _____ in Buchhandlungen habe ich deutsche Bücher gefunden.

5. _____ gab es Deutschkurse.

6. Und ich war _____ in Deutschland.

schon oft	
jeden	
etwas	
jeder	
nicht nur …	
sondern auch	
überall	
immer	

7 **Kaffeeklatsch**

Ergänzen Sie *nicht* an der richtigen Stelle.

0. Wir wollten uns ↓ heute, sondern erst morgen treffen. *(nicht)*

1. Leider können alle kommen.

2. Findet unser Treffen heute nun statt oder ?

3. Ich weiß, warum Patricia keine Zeit hat.

4. Bitte seid wieder so unpünktlich.

5. Im Café am Marktplatz treffen wir uns dieses Mal.

6. Ich kann dich heute mit dem Auto abholen.

7. Ich arbeite grundsätzlich am Wochenende.

8. Diese Arbeiten mache ich am Wochenende.

9. Ich fahre diesen Freitag weg.

10. Du hast Daniel zum Geburtstag gratuliert.

11. Habt ihr daran gedacht, ihm zu gratulieren?

12. Ich habe mich entschieden, ihm das Geschenk zu geben.

r Kaffeeklatsch
man trifft sich am
Nachmittag zum
Kaffeetrinken und
Reden

Negation *nicht*

8 **Fragen nach einem Unfall**

A **Ergänzen Sie die passenden Negationen.**

0. ■ Stimmt es, dass du einen Autounfall hattest?
   o Ja, aber mir ist *nichts* passiert.
   ● *b. Ja, leider. e. Erzähl ich dir später.*

1. ■ Wie ist der Unfall denn passiert?
   o _____ Ahnung. Ich kann mich an _____ erinnern.
   ●

2. ■ Bist du zu schnell gefahren?
   o Ich glaube _____ .
   ●

3. ■ War die Polizei gleich am Unfallort?
   ■ _____ sofort, erst nach einer halben Stunde.
   o
   ●

4. ■ Gab es irgendwelche Zeugen?
   o Kann ich _____ sagen. Ich habe _____ gesehen.
   ●

5. ■ Kann man das Auto noch reparieren?
   ■ Sicher _____ . Es ist total kaputt.
   o
   ●

B **Wo passen auch folgende Antworten?**

a. Ich hoffe es.
b. Ja, leider.
c. Schon nach 5 Minuten.
d. Wahrscheinlich schon.
e. Erzähl ich dir später.
f. Ja, einen Radfahrer.

nichts
nicht
nicht
niemanden
keine
nicht
nicht
~~nichts~~

1 Hobbys

A Unterstreichen Sie die Satzverbindungen und markieren Sie die Kommas.

0. Uli fährt gern Ski ◯ aber Ute kann nicht Ski fahren.

1. Dafür taucht Ute gern und Uli geht gern Fallschirmspringen.

2. Ute geht abends oft ins Kino oder sie trifft sich mit Freundinnen.

3. Freitags geht sie nie ins Kino, sondern meist mit Uli ins Konzert.

4. Manchmal haben weder Ute noch Uli Lust und Zeit, etwas zu unternehmen.

5. Sowohl Uli als auch Ute lesen gern Sportnachrichten im Internet.

6. Uli will nicht nur alles über Fußball wissen, sondern auch bei Tennis und Skispringen mitreden können.

7. Am Wochenende machen die beiden entweder Radtouren oder sie laden Freunde ein.

B Ordnen Sie die Satzverbindungen/Konjunktionen in die Tabelle ein.

	Konjunktion	Zweiteilige Konjunktion
Bedeutung		
Aufzählung	*und*	
Alternative		

Sie macht gern Sport,
aber heute ist sie faul.

0   1   2

→ Position 0:
und/oder/
aber/sondern, denn

28 Kausalsatz

2 Freundinnen

Was passt? Verbinden Sie die Sätze mit *und* oder *(Komma +) aber.*

0. Petra wohnt in München. Monika wohnt in Hamburg.

   Petra wohnt in München und Monika (wohnt) in Hamburg.

1. Sie sind Freundinnen. Sie sehen sich nicht oft.

2. Sie telefonieren fast täglich. Sie erzählen sich alles.

3. Petra liebt das Meer. Monika surft gern.

4. Sie fahren immer gemeinsam in Urlaub. Leider klappt es dieses Jahr nicht.

5. Petra fährt jetzt allein in Urlaub. Monika bleibt zu Hause.

Satzverbindung und

24

③ Freundin zu Besuch

Ergänzen Sie aber oder sondern.

0. Heute Nachmittag kommt meine Freundin Bettina zu Besuch, _aber_ sie kann nicht lange bleiben.
1. Diesmal wollen wir nichts unternehmen, _____ in Ruhe quatschen.
2. Bettina trinkt wie ich keinen Kaffee, _____ nur Tee.
3. Ich will noch schnell einen Kuchen backen, _____ ich muss mich beeilen.
4. Bettina liebt Schokoladenkuchen, _____ ich habe leider keine Schokolade da.
5. Also gibt es keinen Schokoladenkuchen, _____ Apfelkuchen.
6. Wir sitzen gern auf dem Balkon, _____ heute ist es zu kalt dafür.

> Ich heiße **nicht** Sabine, **sondern** Susanne.
> → nach Negation

quatschen ugs.
reden

④ Im Gasthof Zur Post

Ergänzen Sie sowohl ... als auch oder weder ... noch.

0. Im Gasthof Zur Post gibt es _sowohl_ _als auch_ ↓ Tagesmenüs ↓ Essen à la carte.
1. Wir gehen gern hin, denn man isst dort billig gut.
2. der Chef die Bedienungen sind sehr freundlich. Das finde ich wichtig.
3. Der Gasthof liegt in einer engen Straße und ist mit dem Bus mit dem Auto gut zu erreichen.
4. Es ist immer gut besucht. ältere jüngere Leute fühlen sich dort wohl.
5. In einem Nebenraum kann man Geburtstage feiern Seminare durchführen.
6. Leider hat das Restaurant eine Terrasse einen Garten.

> Er spricht **sowohl** Bairisch **als auch** Hochdeutsch.
> → verbindet nur Satzteile, keine ganzen Sätze

s Essen à la carte
kein festes Menü

5 Entscheidungen

A Was passt? Bilden Sie Sätze mit entweder ... oder.

0. Wir _kaufen entweder einen VW oder_ einen Opel.
1. Ich _____ ich schicke dir morgen eine E-Mail.
2. Ihr _____ das Auto günstig leasen können.
3. Ich _____ wir treffen uns gleich im Café.
4. Man _____ neu kaufen.
5. Du _____ später.

vor dem Café
warten
die Übung jetzt machen
das Auto günstig leasen können
mit der U-Bahn fahren können
dich heute Abend kurz anrufen
~~einen VW kaufen~~

B Formen Sie die Sätze um. Beginnen Sie mit entweder.

0. _Entweder kaufen wir einen VW oder einen Opel._

6 Bayern

A Bilden Sie Sätze mit nicht nur ..., sondern auch oder weder ... noch.

0. Bayern ist nicht nur das größte Bundesland, _sondern hat auch_ die niedrigste Arbeitslosenquote.
1. _____ kommen am liebsten nach Bayern.
   + deutsche Touristen + ausländische Touristen
2. In Bayern fehlt es _____
   – an alten Städten und schönen Landschaften – an moderner Architektur
3. Auf den bayerischen Seen kann man _____
   + surfen + segeln
4. In den Alpen kann man im Sommer _____
   + wandern + Ski fahren
5. München _____
   + die Hauptstadt Bayerns sein + die nördlichste Stadt Italiens genannt werden
6. Das bayerische Bier ist _____ beliebt.
   + im Inland + im Ausland
7. Man kann in Bayern zu Essen _____ bestellen, sondern
   nur Fleischpflanzerl.
   – Buletten – Frikadellen.

e Arbeitslosenquote
Prozentzahl der
Menschen ohne
Arbeit

Satzverbindung und

24

7 **Dresden**

Was passt? Ergänzen Sie.

0. ___Nicht nur___ berühmte Persönlichkeiten wie Goethe waren von Dresden begeistert. ___Auch___ die heutigen Besucher finden die Stadt faszinierend.

1. Das Dresdner Elbtal verlor 2009 schon nach fünf Jahren den Titel „Welterbe der UNESCO" wieder, weil durchs Elbtal eine neue Autobahnbrücke gebaut wurde.
Warum sich _____ die Stadt Dresden _____ das Land Sachsen um einen Kompromiss bemüht haben, versteht niemand.

2. Die Mischung aus Kunst, Kultur _____ Geschichte ist in Dresden einzigartig.

3. Dresden ist ein beliebtes Reiseziel und gehört _____ zu den schönsten _____ bekanntesten Städten in Europa.

4. In Dresden kann man _____ prächtige Bauwerke wie den Dresdner Zwinger, _____ herrliche Naturlandschaften an der Elbe bewundern.

5. Die Dresdner Frauenkirche wurde 1945 total zerstört. _____ mit privaten _____ und staatlichen Geldern konnte sie schließlich wiederaufgebaut _____ 2005 eingeweiht werden.

6. Rufen Sie uns an _____ informieren Sie sich genauer unter folgendem Link:
www.dresden.de

nicht nur ...,
sondern auch
weder ... noch
und
aber
oder
und
~~nicht nur ...~~ auch
sowohl ... als auch

Elbe
Fluss durch Dresden

einzigartig
besonders

prächtig
sehr schön und
reich dekoriert

s Bauwerk
Gebäude,
Monument, z. B.
Dresdner Zwinger

einweihen
offiziell eröffnen

1 Trennung

A Bringen Sie den Dialog in die richtige Reihenfolge.

Zwei Freundinnen unterhalten sich:

Clara
Julia

[a] → □ → □ → □ → □ → □ → □

a. Hast du schon gehört, dass sich Theresa von Jens getrennt hat?

b. Das hoffe ich auch.

c. So schnell? Ich bin sicher, dass ihr neuer Freund nicht viel anders als Jens ist. Was meinst du?

d. Ja, aber ich kann nicht glauben, dass das wirklich stimmt. Die beiden waren doch ein nettes Paar, oder?

e. Kann sein. Aber dass Jens jetzt so leidet, hat er jedenfalls nicht verdient.

f. Stimmt. Ich hoffe, dass er Theresa schnell vergisst.

g. Das habe ich anders erlebt. Weißt du nicht, dass sie sich in letzter Zeit öfter gestritten haben? Außerdem heißt es, dass Theresa schon wieder einen neuen Freund hat.

B Markieren Sie in den dass-Sätzen:

Einleitung + *dass* + Verb

Ich weiß, **dass** er um 6 **ankommt**.
er **kommt** um 6 **an**. *ugs.*

2 Was denkst du darüber?

Bilden Sie Sätze mit dass.

0. Theresa hat nicht richtig gehandelt.	Ich finde, dass Theresa nicht richtig gehandelt hat.
1. Theresa kommt zu ihm zurück.	Ich finde
2. Ihre Beziehung ist kaputt.	Jens denkt
3. Theresa und Jens sind kein Paar mehr.	Theresa ist sicher
4. Jens soll jetzt erst mal in Urlaub fahren.	Es stimmt
5. Sie haben nichts falsch gemacht.	Wir meinen
	Beide glauben

dass-Satz

3 **Starke Gefühle**

A **Was passt? Verbinden Sie die Sätze mit *dass*. Achten Sie auf das Komma.**

0. Ich habe die Prüfung nicht bestanden.
1. Unser Auto fährt immer noch.
2. Wegen des neuen Computerspiels stürzt sein Computer ständig ab.
3. Seine älteste Tochter steigt in das Familienunternehmen ein.
4. Das Team konnte diese Aufgabe gut und schnell erledigen.
5. Sie hat immer noch keine Halbtagsstelle gefunden.

a. Ich bin geschockt.
b. Meine Mutter ist unzufrieden.
c. Mein Bruder ist genervt.
d. Wir sind alle froh.
e. Mein Vater ist stolz.
f. Sind Sie zufrieden?

(Kästchen: a, ☐, ☐, ☐, ☐, ☐)

0a. Ich bin geschockt, dass ich die Prüfung nicht bestanden habe.

B **Formen Sie die Sätze um. Beginnen Sie mit *dass*, beenden Sie den Satz mit *ist (nicht so) gut.***

0a. Dass ich die Prüfung nicht bestanden habe, ist nicht so gut.

★ **4** **Auto und Verkehr**

Bilden Sie Sätze mit Komma + *dass*.

0. Es ist richtig, *dass die meisten Leute in Deutschland ein Auto besitzen.*

   in · Leute · Deutschland · besitzen · Auto · die · meisten · ein
1. Es ist klar _____
   viele · für · Auto · das · Deutsche · wichtig · ist · sehr
2. Es ist eine Tatsache _____
   zu · Alkohol · führt · am · Steuer · Unfällen
3. Es ist wirklich wichtig _____
   Auto · auch · anschnallt · sich · auf · den · Rücksitzen · man · im
4. Es ist erwiesen _____
   Männer · Unfälle · Frauen · als · weniger · verursachen
5. Es lässt sich kaum vermeiden _____
   im · zu · Zeiten · man · Stau · bestimmten · steht
6. Es kommt oft vor _____
   Wohngebieten · viel · fahren · zu · Autofahrer · schnell · in

s Steuer

sich anschnallen

---

geschockt *ugs.*
negativ überrascht

genervt *ugs.*
gestresst

abstürzen
Computer beendet allein das Programm

---

ist erwiesen
es gibt Beweise

es lässt sich kaum vermeiden
es lässt sich nicht ändern

7. Es ist schrecklich _____

immer • schwere • gibt • wieder • Unfälle • es • Straßenverkehr • im

8. Stimmt es wirklich _____

heutzutage • nichts • ohne • geht • Auto

⭐ 5 Aktuelles aus der Presse

Ergänzen Sie das Verb in der richtigen Form.

0. In der Zeitung _steht_, dass der Außenminister nach Afghanistan gereist ist.
1. Wo hast du _____, dass das Kindergeld gekürzt wird?
2. Wer _____, dass das Asylgesetz geändert wird?
3. In einer aktuellen Meldung _____ es, dass der Präsident erkrankt ist.
4. Aus Berlin wurde _____, dass der neue Flughafen in einem Jahr eröffnet wird.
5. Überall wird _____, dass eine Grippewelle auf uns zukommt.
6. Die Bild-Zeitung hat die Nachricht _____, dass die Deutschen immer älter werden.
7. Gestern wurde _____, dass die Steuern doch nicht erhöht werden.
8. In der Presse wurde _____, dass die Bundespräsidentin morgen die englische Königin empfängt.
9. Auf der Pressekonferenz wurde _____, dass die Firma TIU pleite ist.
10. Es ist nicht _____, dass alles stimmt, was man in der Zeitung liest.

stehen
lesen
schreiben
heißen
melden
berichten
verbreiten
bekannt geben
ankündigen
sagen
mitteilen

⭐ 6 Viel Glück für die Prüfung!

Was passt? Ergänzen Sie. Setzen Sie auch Kommas.

Liebe Elena,

(0) _schön_, dass du dich mal wieder gemeldet hast.

Ich (1) _____ dass du zurzeit viel lernen musst.

Deswegen (2) _____ dass du jetzt nicht mit uns an den See fahren kannst. Aber der Sommer ist ja noch lang ... (3) _____ dass es noch viele Gelegenheiten zum Baden und Grillen geben wird.

Übrigens: (4) _____ noch dass es mir letztes Jahr genauso ging?

(5) _____ jedenfalls dass du die Prüfung bestehst und (6) _____ dir natürlich dass du eine gute Note bekommst.

So, jetzt lasse ich dich aber in Ruhe weiterlernen. Mit diesen paar Zeilen

(7) _____ nur dass du (8) _____ dass ich an dich denke und dir die Daumen halte. Viel Glück für die Prüfung!

Deine Miki

PS: Oder muss ich (9) _____ dass du im Moment keine E-Mails liest?

Erinnerst du dich
ich bin sicher
befürchten
ich hoffe
weiß
~~schön~~
weißt
wünsche
wollte ich
tut es mir leid

1 Unpünktlich

A Was gehört zusammen? Ordnen Sie zu.

0. Findest du es etwa in Ordnung,	a. immer zu spät zu kommen?
1. Habe ich dich nicht gebeten,	b. früher von zu Hause loszugehen.
2. Du könntest ja mal versuchen,	c. endlich einmal pünktlich zu sein?
3. Es ärgert mich,	d. zu wichtigen Terminen zu spät gekommen zu sein.
4. Dir ist es sicher auch schon passiert,	e. immer auf dich warten zu müssen.

Boxes: **a** ☐ ☐ ☐ ☐

5. In Deutschland ist es üblich,	a. bei Einladungen zum Essen pünktlich zu erscheinen.
6. Ich habe keine Lust mehr,	b. sich über unpünktliche Menschen nicht zu ärgern.
7. Es ist schwer,	c. unpünktliche Menschen einzuladen.
8. Es nervt mich,	d. unpünktliche Menschen zur Pünktlichkeit zu erziehen?
9. Gibt es eine Möglichkeit,	e. dauernd versetzt zu werden.

Boxes: ☐ ☐ ☐ ☐

üblich
normal

jdn. versetzen *ugs.*
jdn. warten lassen,
ohne zu kommen

B Unterstreichen Sie den Infinitiv mit zu. Ergänzen Sie die Tabelle.

Verb	zu kommen
	zu
	zu
trennbares Verb	zu
	zu
untrennbares Verb	zu
	zu
Modalverb	zu
Perfekt	zu
Passiv	zu

C Wann steht der Infinitiv mit zu? Ordnen Sie 0–9 in die Tabelle ein.

Infinitivsatz nach bestimmten

a. Verben	
b. unpersönlichen Ausdrücken	
c. Nomen	
d. festen Wendungen	0. du findest es in Ordnung

2 Hochzeit

A Ergänzen Sie den Infinitivsatz.

0. Es ist nicht so wichtig, ein Hochzeitsfest perfekt _zu planen_ .

1. Es ist normal, vor der Hochzeit nervös _____ .

2. Es ist nicht immer leicht, den „richtigen" Partner _____ .

3. Es macht Spaß, mit Familie und Freunden _____ .

4. Es ist eine schwierige Aufgabe, alle Gäste _____ .

5. Es kann ein unvergessliches Erlebnis sein, in Weiß _____ .

planen	
sein	
finden	
feiern	
zufriedenstellen	
geheiratet haben	

B Formen Sie die Sätze um. Beginnen Sie mit dem Infinitivsatz.

0. _Ein Hochzeitsfest perfekt zu planen, ist nicht so wichtig._

Es ist gut.
alles zu planen.
Alles zu planen,
ist gut.

3 Pläne fürs Wochenende

A Ergänzen Sie zu an der richtigen Stelle.

0. Wir planen̂ an die Ostsee ↓ fahren.
   ^zu

1. Wir sind eingeladen dort segeln gehen.

2. Wir haben am Samstag vor gemeinsam grillen.

3. Ich hoffe endlich mal meine Eltern wiedersehen.

4. Ich habe die Absicht sie besuchen.

5. Ich vergesse auch nicht einen Kuchen mitbringen.

B Ergänzen Sie das Komma.

Infinitivsatz zu

4 Kluge Ratschläge

Bilden Sie Infinitivsätze und ergänzen Sie das Komma.

0. Bei Kopfweh rate ich dir, *dich hinzulegen oder spazieren zu gehen.*
   hinlegen • dich • oder • gehen • spazieren

1. Bei Halsweh empfiehlt meine Oma _____
   mit Honig • trinken • heiße Milch • und • umbinden • ein Halstuch

2. Nach einer Krankheit ist es vernünftig _____
   schonen • noch etwas • sich • und • arbeiten • nicht gleich wieder • gehen

3. Bei Migräne kann es sinnvoll sein _____
   Tabletten • so früh wie möglich • einnehmen • und • entspannen • sich

4. Bei einer Grippe ist es am besten _____
   alle Termine absagen • im Bett bleiben • sich ausruhen • und

5 Mutter kommt zu Besuch

Formen Sie die Sätze um. Bilden Sie Infinitivsätze.

0. Sie freut sich, *eine Woche lang für uns kochen zu dürfen.*
   dass sie eine Woche lang für uns kochen darf.

1. Sie bedauert, _____
   dass sie nicht länger bleiben kann.

2. Wir haben ihr angeboten, _____
   dass wir sie vom Bahnhof abholen.

3. Sie glaubt, _____
   dass sie ein zu teures Bahnticket gekauft hat.

4. Ich habe sie gebeten, _____
   dass sie keine Geschenke mitbringt.

5. Sie verbietet uns, _____
   dass wir ihretwegen Urlaub nehmen.

6. Wir wollen sie überreden, _____
   dass sie mit uns ins Theater geht.

Er hofft, dass **er** Zeit hat.
Er hofft, Zeit zu haben.
Ich bitte **ihn**, dass **er** geht.
Ich bitte **ihn**, zu gehen.

Infinitivsatz *zu*

26

6 Der ideale Chef ★

A Was passt? Ergänzen Sie den Infinitiv mit oder ohne *zu*.

1. Er nimmt sich immer Zeit, mit uns einen Kaffee *zu trinken*.
   Er hat auch nichts dagegen etwas aus seinem Privatleben _____.
        erzählen • <s>trinken</s>

2. Er wünscht über alles _____ und _____.
   versucht Probleme direkt _____.
        ansprechen • informiert werden

3. In jedem Meeting bekommen wir die Chance _____, was wir können.
   Es fällt ihm nicht schwer uns immer wieder neu _____.
        motivieren • zeigen

4. Er lässt uns selbstständig _____ und
   genießt es nicht immer alles _____.
        arbeiten • kontrollieren müssen

5. Er ist immer bereit uns _____.
   Wir haben auch keine Angst etwas falsch _____.
        helfen • machen

6. Es ist ihm wichtig uns _____.
   Er duldet es nicht _____.
        angelogen werden • vertrauen können

7. Jetzt will er sogar unser Gehalt _____.
   Kannst du dir das _____?
        erhöhen • vorstellen

8. Es gibt überhaupt keinen Grund mit unserem Chef _____.
   Du musst dich unbedingt bei uns _____.
        bewerben • unzufrieden sein

     nicht dulden
     nicht wollen, nicht
     akzeptieren

B Ergänzen Sie das Komma.

Relativsatz

Relativsätze beschreiben Sachen, Personen, Orte usw. genauer.

1 Einkaufen

A Unterstreichen Sie das Relativpronomen und das Wort, auf das es sich bezieht.

0. Gibt es hier keine Geschäfte, die bis 20 Uhr geöffnet sind?
1. Wo finde ich einen Staubsauger, für den man keine Tüten braucht?
2. In dem Geschäft, in dem meine Freundin arbeitet, habe ich eine tolle Tasche gekauft.
3. Können Sie mir eine Creme empfehlen, die wirklich gegen Pickel hilft?
4. Das T-Shirt, das ich kaufen wollte, gab es nicht mehr in meiner Größe.
5. Zeig mir doch mal die Uhr, die du so schön findest.
6. Ich kaufe nur Lebensmittel, von denen ich weiß, woher sie kommen.
7. Ich suche schon lange nach einem Kochbuch, das ihm gefallen könnte.
8. Die Kreditkarte, mit der ich zahlen wollte, hat schon das zweite Mal nicht funktioniert.
9. Kennst du jemanden, der nicht gern einkauft? – Ja, meinen Mann.
10. Wie heißt die neue Kosmetikmarke, deren Produkte so gut sein sollen?

r Pickel

B Ergänzen Sie die Relativpronomen. Kasussignale werden mit ☐ markiert.

	Nom.	Akk.	Dat.	Gen.
m	de ☐	de ☐	de m	de s sen
f	di e	di e	de ☐	de s sen
n	da ☐	da ☐	de ☐	de s sen
Pl.	di e	di e	de ☐	de r en

2 Tolle Frau!

A Unterstreichen Sie das Relativpronomen und das Verb.

Da drüben steht die Frau, …   Kennst du den Mann, …

0. die ich gern kennenlernen möchte.
1. der ich Blumen geschenkt habe.
2. für die ich alles tun würde.
3. deren Mann ich beneide.
4. mit der ich verabredet bin.
5. die mir so gut gefällt.

6. der da vorn steht?
7. mit dem ich gerade gesprochen habe?
8. dessen Hund so süß ist?
9. den deine Schwester heiratet?
10. für den sich niemand interessiert?
11. neben dem deine Freundin steht?

B Formen Sie die Relativsätze in Hauptsätze um.

0. *Ich möchte sie gern kennenlernen.*

Relativsatz

③ Nachgefragt

A Was gehört zusammen? Verbinden Sie die Sätze.

0. Was wollte der Mann,
1. Wem gehört das Fahrrad,
2. Wo ist der Schlüssel,
3. Wann kommen endlich die Bücher,
4. Was machst du mit der Kamera,
5. Wann besorgst du das Handy,

a. der an der Tür geklingelt hat?
b. das sich Oma gewünscht hat?
c. die ich bei Amazon bestellt habe?
d. den ich auf den Tisch gelegt habe?
e. das vor dem Haus steht?
f. die du nicht mehr brauchst?

0. [a]
1. ☐
2. ☐
3. ☐
4. ☐
5. ☐

B Bilden Sie aus a–f Relativsätze mit anderen Nomen und setzen Sie ein Komma.

0. Was *wollten die Kinder*, die an der Tür geklingelt *haben*?
1. Wem gehört _____?
2. Wo ist _____?
3. Wann _____?
4. Was machst du mit _____?
5. Wann besorgst du _____?

Kinder Pl.
r BMW
e Brille
s Wörterbuch
Weingläser Pl.
r Regenschirm

C Ergänzen Sie den Relativsatz und das Komma.

0. Was wollte der Mann, *mit dem du an der Tür geredet hast?*
   Du hast mit ihm an der Tür geredet.
1. Wem gehört das Fahrrad _____
   Die Kinder streiten gerade darum.
2. Wo ist der Schlüssel _____
   Man kann damit das Gartenhaus aufsperren.
3. Wann kommen endlich die Bücher _____
   Ich habe 80 Euro für sie bezahlt.
4. Was machst du mit der Kamera _____
   Du hängst so sehr an ihr.
5. Wann besorgst du das Handy _____
   Oma hat mir davon erzählt.

Relativsatz

4 Treffpunkte

Was passt? Streichen Sie die falschen Relativpronomen.

Wir treffen uns ...

0. vor der Pizzeria, ~~der/die/das~~ gegenüber der Kirche liegt.
1. im Blumenladen, der/die/das neu eröffnet hat.
2. in dem Café, in dem/der es den guten Schokoladenkuchen gibt.
3. bei Julian und Judith, mit dem/der/denen wir zusammen essen waren.
4. an der Haltestelle, von dem/der der Bus nach Blankenese abfährt.
5. in der Uni in Raum 203, den/die/das du so ungemütlich findest.

5 Verpasst

Ergänzen Sie das passende Relativpronomen.

| denen |
| dem |
| das |
| der |
| die |
| deren |
| dessen |

0. Am Samstag fand das Konzert statt, _das_ ich gern besucht hätte.
1. Jetzt habe ich die Kochsendung verpasst, auf _____ ich mich schon so lange gefreut habe.
2. Gestern kamen Meiers vorbei, _____ wir unsere alte Couch geschenkt haben.
3. Auf dem Fest war auch Thea, _____ Mutter bei BMW arbeitet.
4. Das war übrigens gerade die Frau, _____ das Haus nebenan gehört.
5. Vor zwei Tagen lief ein guter Film im Fernsehen, in _____ es um Energiesparen ging.
6. Wir hatten neulich Franz Hohler bei uns zu Besuch, _____ Bücher man jetzt überall im Buchhandel findet.

6 Gelungener Geburtstag?

Verbinden Sie die Sätze mit einem Relativpronomen und setzen Sie das Komma.

0. _Es gab eine riesige Geburtstagstorte, die viel zu süß war._
Es gab eine riesige Geburtstagstorte. Sie war viel zu süß.

1. _____
Ich habe eine Kaffeemaschine bekommen. Damit kann ich nichts anfangen.

2. _____
Mir wurde ein teures Fahrrad geschenkt. Es gefällt mir aber nicht.

3. _____
Mama hat mir wieder bunte Kissen genäht. Davon habe ich schon ungefähr zehn.

4. _____
Nur Oma hat meinen Geburtstag vergessen. Von ihr bekomme ich immer Socken.

7 WG-Mitbewohner(in) gesucht

A Was passt? Ergänzen Sie.

Es sollte ein Mann oder eine Frau sein, ...

0. *der oder die* nicht älter als 23 ist.

1. _____ wir bei Computerproblemen um Hilfe bitten können.

2. _____ es nichts ausmacht, auch mal für alle zu kochen.

3. _____ Eltern nicht ständig vor der Tür stehen.

4. _____ es selbstverständlich ist, zu putzen.

5. _____ man auch mal Quatsch machen kann.

~~der oder die~~	
mit dem oder der	
den oder der	
für den oder die	
dessen oder deren	

B Zwei neue Mitbewohner sind da. Bilden Sie neue Sätze.

0. Wir haben zwei neue Mitbewohner, die nicht älter als 23 sind.

es macht mir	
nichts aus	
es ist für mich in	
Ordnung	

r Quatsch	
Spaß, Blödsinn	

8 Beim Kleiderkauf

Was passt? Ergänzen Sie.

0. Ihre Hose, *die bis heute* fertig sein sollte, ist leider noch nicht da.

1. Ich suche Ihre Kollegin Frau Kluge, _____ vorhin telefoniert habe.

2. Können Sie mir bitte sagen, was die Kleider kosten, _____ Preisschild fehlt?

3. Am besten gefällt mir der Anzug, _____ aus dem Schaufenster geholt haben.

4. Da hinten hängen noch Hemden, _____ Preis heruntergesetzt sind.

5. Wo ist jetzt der Verkäufer, _____ meinen Rock zur Änderung gegeben habe?

6. Endlich habe ich eine Jacke gefunden, _____ sehr gut steht.

an denen das	
den Sie mir	
dem ich	
die im	
die mir	
mit der ich	
~~die bis heute~~	

9 Neugier oder Kontrolle?

Ergänzen Sie das passende Nomen und Relativpronomen.

0. Was hat er denn mit *den Gummibärchen* gemacht, *die* er sich gekauft hat?

1. Warum benutzt sie _____ nicht, _____ wir ihr geschenkt haben?

2. Warum habt ihr _____ noch nicht zurückgebracht, _____ ihr aus der Bibliothek ausgeliehen habt?

3. Sind _____ , mit _____ du immer Ärger hattest, jetzt ausgezogen?

4. Wozu brauchst du denn _____ , _____ vor der Tür liegt?

5. Wer ist denn _____ , von _____ alle so schwärmen?

r Karton	
Bücher *Pl.*	
Nachbarn *Pl.*	
s Handy	
e Lehrerin	
~~Gummibärchen Pl.~~	

Relativsatz

 **10 Verschiedene Orte**

Verbinden Sie die Sätze mit *wo* oder *wohin*.

0. *Ich wohne in München, wo ich auch geboren bin.*
    Ich wohne in München. Dort bin ich auch geboren.

1. _____
    Kennst du Cannes? Da finden im Mai die Filmfestspiele statt.

2. _____
    Wir lieben die Ostsee. Dorthin fahren wir immer in Urlaub.

3. _____
    Da möchte er sich ein Haus bauen. Seine Geschwister wohnen da.

4. _____
    Lasst uns irgendwohin fahren. Dort ist es warm und es scheint die Sonne.

5. _____
    Es gefällt mir überall. Dort habe ich Freunde.

6. _____
    Sie geht regelmäßig in die Kunsthalle. Dorthin gehe ich auch gern.

In der Stadt,
   wo ich lebe, …
   in der ich lebe, …
Wohin du gehst,
   gehe auch ich.
→ *(bei unbestimmten)*
   Ortsangaben,
   Städte- und
   Ländernamen

 11 Üben

A Ergänzen Sie *wer, wen, wem*.

0. *Wem* diese Übung zu schwer ist, dem helfe ich gern.
1. _____ Lust hat, kann mehrere Übungen machen.
2. _____ die Übungen nerven, der kann das Buch weglegen.
3. _____ die Dialoge nicht gefallen, der kann sich neue ausdenken.
4. _____ nicht üben will, braucht dieses Buch nicht.
5. _____ das Übungsbuch gefällt, der soll es weiterempfehlen.

Und wem hat jetzt die Übung keinen Spaß gemacht?

Wer Zeit hat,
(der) kann kommen.
Wem das schmeckt,
der kann noch mehr
essen.
→ *Bezug auf eine un-*
  bestimmte Person

B Formen Sie die Sätze um. Verwenden Sie *derjenige/denjenigen/demjenigen* + Komma + Relativpronomen.

0. *Demjenigen, dem* diese Übung zu schwer ist, helfe ich gern.

C Formen Sie die Sätze um. Verwenden Sie *jeder/jeden/jedem* + Komma + Relativpronomen.

0. *Jedem, dem* diese Übung zu schwer ist, helfe ich gern.

12 Fachgeschäfte

A Was gehört zusammen? Verbinden Sie die Sätze.

0. Im Baumarkt gibt es   [a]
1. Bei H&M finde ich immer   [ ]
2. Vieles, was ich trage,   [ ]
3. Warst du schon in dem neuen Modegeschäft?   [ ]
4. Das Einzige, was wir bis jetzt bei Ikea gekauft haben,   [ ]
5. Bei Saturn finden Sie   [ ]
6. Aber nicht immer findet man   [ ] [ ]

a. alles, was ein Heimwerker braucht.
b. Unbeschreiblich, was die alles haben!
c. war ein Sofa.
d. etwas, was mir gefällt.
e. das Neueste, was es auf dem Elektronik-Markt gibt.
f. genau das, was man sucht.
g. habe ich von C&A.

> Mach doch
> **(das), was** du willst!
> Ich habe
> **alles, was** ich brauche.

B Unterstreichen Sie die Relativpronomen und worauf sie sich beziehen.

C Bilden Sie Relativsätze. Denken Sie an das Komma.

0. Das ist alles, *was wir zurzeit haben.*
   zurzeit • wir • haben

1. Hier habe ich etwas _____.
   kann • sehr • ich • empfehlen • Ihnen

2. Hier gibt es nichts _____.
   könnte • ich • brauchen

3. Interessant _____.
   angeboten • alles • wird • hier

4. Das ist das Beste _____.
   haben • gesehen • bisher • wir

5. Ist es das _____?
   gesucht • Sie • haben

Relativsatz

27

13 Wohnungsrenovierung

Ergänzen Sie die Sätze. Bilden Sie Relativsätze.

0. Wir renovieren gerade unsere Wohnung, _was dringend notwendig ist._
   Das ist dringend notwendig.

1. Die neue Küche haben wir selbst montiert, _____
   Dabei ist einiges schiefgegangen.

2. Der Parkett-Boden war sehr teuer, _____
   Damit haben wir nicht gerechnet.

3. Die Fenster müssten auch erneuert werden, _____
   Dafür haben wir jetzt kein Geld mehr.

4. Die Wände im Schlafzimmer haben wir blau gestrichen, _____
   Das sieht wirklich toll aus.

5. Morgen bauen wir die letzten Möbel auf, _____
   Dabei wollen uns Freunde helfen.

6. Die Wohnung ist sehr schön geworden, _____
   Darüber freuen wir uns sehr.

Sie treibt viel Sport,
was ich gut finde.
worüber ich staune.
→ *Bezug auf den ganzen
Satz*

schiefgehen *ugs.*
misslingen

⭐ 14 Schulausflug

Ergänzen Sie das passende Relativpronomen.

Zwei ehemalige Schulfreunde erinnern sich:

0. Weißt du noch? Unser Zug ist mit einer Stunde Verspätung abgefahren, _worüber_
   sich vor allem die Lehrer aufgeregt haben.

1. Aber trotzdem waren alle bei der Ankunft gut gelaunt, _____ am schönen
   Wetter lag.

2. Erinnerst du dich? Bei der Stadtführung haben wir unseren Lehrern tausend
   Fragen gestellt, _____ sie nicht vorbereitet waren.

3. Dann stand der Besuch des Schokoladen-Museums auf dem Programm,
   _____ wir aber viel zu wenig Zeit hatten.

4. Ach ja, und mittags ging es in den Biergarten, _____ keiner überredet
   werden musste.

5. Für den Nachmittag hatten unsere Lehrer Spiel und Sport geplant, _____ es
   aber viel zu heiß war.

6. Folglich haben wir den Nachmittag freibekommen, _____ niemand
   protestierte.

7. Um vier Uhr sollten wir wieder pünktlich am Bahnhof sein, _____ sich auch
   alle gehalten haben.

8. Auf der Heimfahrt im Zug war es noch recht lustig, weil ein Lehrer eingeschlafen ist
   und laut geschnarcht hat, _____ heute noch jeder spricht.

was
wofür
wofür
woran
worauf
wogegen
~~worüber~~
wovon
wozu

wo(r) + Präp.
wor**auf**, wor**an**, wor**über**
wo**mit**, wo**für**, wo**zu**

schnarchen
beim Schlafen laut
atmen

Relativsatz

15 ⭐ Heimat

A   Was passt? Streichen Sie die falschen Relativpronomen.

0. Heimat ist etwas, ~~das/was~~/worüber man lange diskutieren kann.

1. Viele verstehen unter Heimat den Ort, an *dem/wo/da* sie geboren und aufgewachsen sind.

2. Was bedeutet Heimat für jemanden, *der/wer/was* mehr als die Hälfte seines Lebens in der Fremde verbracht hat?

3. Das Gegenteil von Heimat ist Fremde, *die/das/was* aber nicht immer einfach zu trennen ist.

4. *Jedem/Dem/Wem* es in der Fremde gefällt und *jeder/der/wer* gut integriert ist, der kann auch eine neue Heimat in der Fremde finden.

5. Der Sänger Herbert Grönemeyer behauptet: „Heimat ist kein Ort, Heimat ist ein Gefühl." Das ist das Interessanteste, *das/was/davon* ich bisher gehört habe.

6. Vielleicht ist Heimat einfach alles, *das/was/wonach* wir uns in der Fremde sehnen.

7. Diskutieren Sie doch mal mit Ihren Freunden darüber, *das/was/wo* sicherlich spannend ist.

B   Unterstreichen Sie, worauf sich das Relativpronomen bezieht.

16 ⭐ Eindrücke von Heidelberg

Ergänzen Sie das passende Relativpronomen und die Kommas.

Text von Lara

Weißt du, wo ich vor Kurzem war? In Heidelberg. Das ist eine Stadt, (0) *in der* ich mir gut vorstellen kann zu leben. Vor allem die Altstadt und der Neckar (1) _____ man zu jeder Tages– und Nachtzeit Leute trifft haben mich begeistert. (2) _____ hier wohnt hat echt Glück. In den Kneipen sind fast nur Studenten (3) _____ man schnell in Kontakt kommt. Und dann gibt es noch das Schloss (4) _____ auf einem Hügel liegt. Von dort oben hat man einen traumhaften Blick auf die Stadt (5) _____ man sich nicht entgehen lassen darf. Vielleicht fahren wir mal gemeinsam nach Heidelberg (6) _____ mir sehr viel Spaß machen würde!

Text von Wolfgang

Letzte Woche war ich in Heidelberg (7) _____ doch deine Freundin Eva zum Studieren gezogen ist. Ich habe sie sogar besucht. Sie wohnt direkt am Neckar (8) _____ sie vom Wohnzimmerfenster schauen kann. Überall in der Stadt sind Studenten oder Touristen (9) _____ mich auf Dauer nerven würden. Man findet weder ein Café noch eine Kneipe (10) _____ man in Ruhe sitzen kann. Deiner Freundin gefällt das. Man trifft angeblich immer jemanden (11) _____ man kennt. (12) _____ ihr gefällt muss mir ja nicht gefallen, oder? Warst du eigentlich schon in Heidelberg?

mit denen
auf den
~~in der~~
den
den
das
die
wohin
was
was
wer
wo
wo

Kausalsatz weil

e Ausrede
Erklärung, die nicht unbedingt stimmt

ständig
immer

1 Ausreden

A Unterstreichen Sie die Wörter mit kausaler Bedeutung.

Sie kommen zu spät in die Arbeit und müssen eine Ausrede finden.

0. Der Bus kam nicht. Darum komme ich zu spät.
1. Es ging nicht schneller, weil ich im Stau gestanden habe.
2. Ich musste Lea in die Schule bringen, da mein Mann keine Zeit hatte.
3. Ich konnte nicht früher kommen, denn ich musste noch zum Arzt.
4. Ich bin spät dran. Mein Auto ist nämlich nicht angesprungen.
5. Da die Ampeln ständig Rot zeigten, habe ich so lange gebraucht.
6. Ich hatte mein Geld vergessen. Deshalb musste ich wieder nach Hause.
7. Heute wird bei Bus und Bahn gestreikt. Ich musste deshalb zu Fuß gehen.

B Ergänzen Sie die Tabelle.

	kausal	Subj.	Verb 1	Subj.
0.	Darum		komme	ich
1.	weil	ich		
2.				
3.				
4.				
5.				
6.				
7.				

	kausal			Verb 2
0.			zu spät.	
1.			im Stau	gestanden habe.
2.				
3.				
4.	nämlich			
5.				
6.				
7.	deshalb			

C Ergänzen Sie die Wörter mit kausaler Bedeutung.

a. __weil__ , _____ + Nebensatz mit Verb am Ende
b. Hauptsatz: _____ + Verb + Subjekt
c. Hauptsatz: _____ + Subjekt + Verb
d. Hauptsatz: Subjekt + Verb + _____

D Formulieren Sie Fragen mit warum?

0. __Warum__ kommen Sie zu spät? – Der Bus kam nicht.

Warum? Wieso? Weshalb?

2 Das schmeckt nicht!

A Was gehört zusammen? Ordnen Sie zu.

Ich weiß, warum es nicht schmeckt:

0. Weil keiner von uns	`a`
1. Weil das Gemüse	☐
2. Weil das Essen	☐
3. Weil ich die Suppe	☐
4. Weil wir die Sahne	☐
5. Weil das Fleisch	☐
6. Weil die Sauce viel zu	☐

a. kochen kann.
b. versalzen habe.
c. nicht durch ist.
d. kalt ist.
e. scharf ist.
f. nicht frisch war.
g. vergessen haben.

nicht durch
roh, noch rot

B Sie sind mit der Antwort nicht zufrieden und fragen nach.

0. *Und warum* kann keiner von *euch* kochen?

3 Samstagmorgen

A Antworten Sie mit weil.

0. Warum kaufst du samstags nie ein? – *Weil ich gern ausschlafe.*
1. Warum rufst du deine Eltern nicht an? – _____
2. Warum gehen wir so selten aus? – _____
3. Warum gibt es keine frischen Brötchen? – _____
4. Warum kommt heute keine Zeitung? – _____
5. Warum machst du beim Stadtlauf nicht mit? – _____

Ich schlafe gern aus.
Ich will sie mit einem Besuch überraschen.
Das kostet zu viel.
Ich bin spät aufgestanden.
Heute ist Feiertag.
Ich bin nicht angemeldet.

B Bilden Sie Sätze mit deshalb.

0. Ich schlafe samstags gern aus. *Deshalb gehe ich da nie einkaufen.*
1. Ich möchte meine Eltern mit meinem Besuch überraschen. _____
2. Das kostet zu viel. _____
3. Ich bin spät aufgestanden. _____
4. Heute ist Feiertag. _____
5. Ich bin nicht angemeldet. _____

Weshalb? – Deshalb …

Kausalsatz *weil*

4 Alltagserklärungen

A Welcher Satz passt? Verbinden Sie die Sätze mit *denn*.

0. Sie besitzt zwei Hunde und eine Katze, _denn sie liebt Tiere._

1. Ich habe jetzt keine Zeit, _____

2. Wir bleiben heute Abend zu Hause, _____

3. Er packt gerade die Koffer, _____

4. Sie geht nie ins Schwimmbad, _____

5. Sie gehen jeden Samstag in den Club, _____

6. Ich muss jetzt los, _____

Sie kann nicht schwimmen.
Mein Taxi ist schon da.
Ich muss noch arbeiten.
Wir hatten einen anstrengenden Tag.
Sie tanzen gern.
~~Sie liebt Tiere.~~
Er fährt morgen in Urlaub.

B Verbinden Sie die Sätze mit *weil*.

0. Sie besitzt zwei Hunde und eine Katze, _weil sie Tiere liebt._

5 Zufrieden?

A Bilden Sie Sätze mit *weil*.

1. Petra ist	unglücklich
2. Ich bin	zufrieden
3. Wir sind	glücklich
	unzufrieden
	traurig

a. (k)einen neuen Job gefunden haben
b. (k)ein gutes Abitur geschrieben haben
c. frisch verliebt sein
d. sich gerade getrennt haben
e. Geld verloren haben
f. Geld gefunden haben

1. _Petra ist glücklich, weil sie Geld gefunden hat._

B Bilden Sie Sätze mit *nämlich*.

Petra geht es gerade sehr gut. Sie hat *nämlich* Geld gefunden.
Uns geht es gerade nicht so gut. Wir ... *nämlich* ...

6 Essgewohnheiten

Bilden Sie Sätze.

0. Warum isst du nie Fisch? – _Weil mir Fisch nicht schmeckt._
weil • Fisch • nicht • mir • schmeckt

1. Leider verträgt Verena keine Milchprodukte. _____
deswegen • kann • keinen Käse • sie • auch • essen

2. Philipp isst jetzt immer japanisch. _____
nämlich • eine japanische Freundin • hat • er • seit Kurzem

3. Wir lieben frischen Spargel. _____
deshalb • es • im Frühjahr • bei uns • Spargel • sehr oft • gibt

r Spargel

vertragen
etw. essen, ohne gesundheitliche Probleme zu haben

4. Nachmittags trinke ich keinen Kaffe mehr. _____
5. Warum esst ihr kein Fleisch? – _____

nämlich • kann • ich • sonst abends • nicht • einschlafen
weil • ernähren • uns • vegetarisch • wir

7 Eine Party

A Welcher Satz passt? Beginnen Sie mit da.

0. _Da über 30 Gäste kommen_ , haben wir das Wohnzimmer umgeräumt.
1. _____ , liefert das Restaurant um die Ecke das Essen.
2. _____ , geht meine Schwester nie auf Partys.
3. _____ , kümmert sich mein Freund um die Musik.
4. _____ , kann Gabi nicht lange bleiben.
5. _____ , müssen wir ab elf leiser sein.
6. _____ , lade ich meinen neuen Kollegen ein.

Sie muss am nächsten Tag früh aufstehen.
Er hat die beste Playlist.
Sie langweilt sich oft.
Unsere Nachbarn sind ältere Leute.
~~Es kommen über 30 Gäste.~~
Meine Frau ist neugierig.
Für 30 Leute will ich nicht kochen.

B Formen Sie die Sätze um. Verwenden Sie deswegen, darum, daher.

Weswegen? Warum?

0. _Es kommen über 30 Gäste. Deswegen/Darum/Daher_ haben wir das Wohnzimmer umgeräumt.

8 Viele Berufe

Ergänzen Sie _weil, da, denn_ oder _deshalb_ und sechs Kommas.

0. Ich bin Fahrradkurier geworden, _weil_ ich Geld verdienen und gleichzeitig fit bleiben will.
1. Nach der Pensionierung wollte ich weiterarbeiten, ich helfe Schulkindern in der Nachbarschaft bei den Hausaufgaben.
2. Ich habe mich entschlossen, in die Schweiz zu gehen _____ dort soll es noch gut bezahlte Jobs geben.
3. Mein Berufswunsch ist Sportmanager _____ ich einmal bei den Olympischen Spielen dabei sein möchte.
4. _____ in Grundschulen zurzeit Männer als Lehrer gefragt sind studiere ich ab nächstem Semester Grundschulpädagogik.
5. Ich reise gern, _____ habe ich den Job als Flugbegleiterin angenommen.
6. Meine neue Stelle als Stadtführer ist optimal für mich _____ ich arbeite am liebsten mit Menschen und liebe meine Stadt.
7. Mein Vater war Installateur _____ bin ich auch Installateur geworden.
8. Ich konnte Bücher schreiben _____ mich mein Mann immer finanziell unterstützt hat.

r Fahrradkurier
liefert z. B. Briefe
mit dem Rad

e Pensionierung
Rente

e Flugbegleiterin
arbeitet im Flugzeug

r Installateur
Handwerker für Bad
und WC

Kausalsatz *weil*

9 Kein Interesse

A Verbinden Sie die Sätze und setzen Sie einen Punkt oder ein Komma.

0. *Die Preise sind zu hoch. Deshalb gehe ich nie wieder in dieses Restaurant.*

Die Preise sind zu hoch. In dieses Restaurant gehe ich nie wieder.   deshalb

1. Das Sofa kaufe ich nicht. Die Farbe gefällt mir nicht.   weil

2. Die Wohnung liegt in keinem schönen Viertel. Wir mieten sie nicht.   darum

3. Er kann heute Abend nicht mit uns ins Kino gehen. Er hat schon etwas anderes vor.   nämlich

4. Unser altes Auto ist noch in Ordnung. Wir brauchen kein neues.   da

5. Sie macht nur noch Langlauf. Skifahren ist ihr zu gefährlich geworden.   nämlich

6. Den Film will ich nicht sehen. Er soll schlecht sein.   denn

B Bilden Sie Fragesätze mit *wieso, weshalb.*

0. *Wieso/Weshalb gehst* du nicht mehr in dieses Restaurant? – Die Preise sind zu hoch.

10 Verkehrsprobleme

Was passt? Formen Sie die Sätze um.

0. *Da es zwei Tage lang ununterbrochen geregnet hat, sind manche Straßen nicht mehr befahrbar.*	*Wegen starken Regens* sind manche Straßen nicht mehr befahrbar.
1. *Ein Stau hat uns aufgehalten. Deshalb haben wir das Flugzeug verpasst.*	
2. *Heute fahren den ganzen Tag keine Busse, weil gestreikt wird.*	
3. *Am Sonntag fand das Open-Air-Konzert statt. Darum war die gesamte Innenstadt gesperrt.*	
4. *Ein Lastwagen war umgestürzt. Deswegen wurde der Verkehr umgeleitet.*	
5. *Er hatte 2,0 Promille im Blut. Darum wurde ihm der Führerschein entzogen.*	
6. *In der Stadt staut sich der Verkehr, weil die Umgehungsstraße noch nicht fertig ist.*	

wegen Alkohols
am Steuer
wegen Bauarbeiten
wegen einer
Veranstaltung
wegen eines Staus
wegen eines
Unfalls
~~wegen starken
Regens~~
wegen eines
Streiks

Präp. **wegen** + Gen.

18 Präpositionen

11 Mobbing

Was passt? Ergänzen Sie.

An den Betriebsrat

Sehr geehrter Herr Kaufmann,

in den letzten Wochen wurde ich immer wieder von Kolleginnen und Kollegen gemobbt,
(0) _deshalb_ wende ich mich heute an Sie. Auch (1) _____
(2) _____ ich mit unserer Abteilungsleiterin keine Lösung finden konnte.
Jeden Tag verschlimmert sich die Situation (3) _____ Kleinigkeiten.
(4) _____ ich nicht mehr weiß, an wen ich mich wenden soll, sind Sie
sozusagen meine letzte Rettung. Bitte kontaktieren Sie mich bald, (5) _____
lange halte ich diese Situation nicht mehr aus.

Mit freundlichen Grüßen
Ina Kowalski

da
weil
denn
wegen
~~deshalb~~
deswegen

s Mobbing
Arbeitskollegen
schlecht behandeln
kontaktieren
sich wenden an
aushalten
tolerieren

12 Beim Juwelier

Was passt? Ergänzen Sie.

0. Herr Kremer hat sein Schmuckgeschäft _aus Altersgründen_ an seinen Sohn übergeben.

1. Vermutlich _____ ist der Verkäuferin beim Einpacken die teure Uhr heruntergefallen.

2. Wir sollten _____ auf ältere Kunden in unserem Geschäft mehr Sitzgelegenheiten anbieten.

3. _____ konnten wir die Schaufenster bis heute nicht neu dekorieren.

4. _____ habe ich die Telefonnummer der Kundin falsch notiert.

5. _____ hat das Geschäft die neueste Alarmanlage installieren lassen.

6. _____ wird Familienschmuck zum Verkauf angeboten.

7. _____ hat Kremer Junior das Juweliergeschäft nach fünf Jahren schließen müssen.

8. Ein Mitarbeiter von ihm wurde wegen Diebstahl angeklagt, aber _____ wieder freigesprochen.

aus Geldnot
aus Mangel an Beweisen
aus Rücksicht
aus Sicherheits-gründen
~~aus Altersgründen~~
aus Unachtsamkeit
aus verschiedenen Gründen
aus Versehen
aus Zeitmangel

einbrechen
mit Gewalt und unbemerkt in ein Geschäft eindringen

anklagen
jdn. vor Gericht bringen

freisprechen
vor Gericht nicht schuldig

Kausalsatz weil

⭐ **13** **Post vom Hausverwalter**

Was passt? Verbinden Sie die Sätze.

0. Die Hausverwaltung stellt Ihnen ab sofort einen Fahrradraum im Keller zur Verfügung. [a]

1. Das Haus Knorrstraße wird in den nächsten Monaten komplett saniert. ☐

2. Die Heizkosten haben sich im laufenden Jahr wegen des kalten Winters erhöht. ☐

3. Die Miete ist zehn Jahre unverändert geblieben, der Wert der Wohnung ist aber gestiegen. ☐

4. In den letzten drei Monaten haben Sie uns keine Miete überwiesen. ☐

a. *Aus diesem Grund* bitten wir Sie, die Fahrräder nicht mehr vor dem Hauseingang abzustellen.

b. *Infolgedessen* erhöht sich zum 1. Mai Ihre Miete um fünf Prozent.

c. *Aus diesem Grund* sehen wir uns gezwungen, das Mietverhältnis zu kündigen.

d. *Aus diesem Grund* bitten wir Sie um eine Nachzahlung in Höhe von 187 Euro.

e. *Infolgedessen* müssen Sie in dieser Zeit mit vermehrter Lärmbelästigung rechnen.

zur Verfügung stellen
geben

sanieren
renovieren,
erneuern

e Betriebskosten
Geld für Müll,
Garten, …

vermehrt
mehr als normal

e Belästigung
e Störung

⭐ **14** **Blinddate**

Was passt? Formen Sie die Sätze um.

0. *Vor lauter Freude brachte sie kein Wort heraus.*
   Sie brachte kein Wort heraus, weil sie sich so freute.

1. Er vergaß, sich vorzustellen, weil er so begeistert von ihr war.

2. Ich habe mich angemeldet, weil mich neue Bekanntschaften interessieren.

3. Du bist nur zum Blinddate gekommen, weil du neugierig warst.

4. Sie hat ihm immer wieder Geld geliehen, weil sie total verliebt in ihn war.

5. Manche Leute machen bei Blinddates mit, weil sie sich langweilen.

6. Er wurde bei manchen Fragen immer wieder rot, weil er so nervös war.

7. Sie sagte fast nichts, weil sie Angst hatte, das Falsche zu sagen.

aus Interesse an neuen Freunden
aus Neugier
aus Liebe
vor lauter Freude
aus Langeweile
vor lauter Begeisterung
vor Nervosität
aus Angst, das Falsche zu sagen

Aus (lauter) Neugier
Gefühl, Charakter
Vor (lauter) Aufregung
plötzliches Gefühl, spontane Reaktion

👉 18 Präpositionen

s Blinddate
Verabredung mit
einer unbekannten
Person

Temporalsatz *als*

1 Der Tatort und ich

A Was gehört zusammen? Ordnen Sie zu.

0. Wenn ich *Tatort* ansehe,   [a]
1. Meine Eltern haben mich jedes Mal ins Bett geschickt,   [ ]
2. Als ich den ersten *Tatort*-Krimi sehen durfte,   [ ]
3. Jedes Mal wenn im *Tatort* eine wichtige Szene gezeigt wird,   [ ]
4. Früher musste ich immer weinen,   [ ]
5. Immer wenn ich mit Freunden *Tatort* anschaue,   [ ]
6. Als ich noch studiert habe,   [ ] [ ]
7. Erst wenn ich alle *Tatort*-Kommentare im Internet gelesen habe,   [ ] [ ]

a. möchte ich nicht gestört werden.
b. wenn *Tatort* kam, aber ich habe heimlich mitgeschaut.
c. essen wir Popcorn.
d. war ich 18 (Jahre alt).
e. klingelt das Telefon.
f. können wir über die letzte Folge diskutieren.
g. wenn jemand im *Tatort* gestorben ist.
h. habe ich jede *Tatort*-Folge in einer Studentenkneipe angeschaut.

r Tatort
deutsche Krimiserie,
www.tatort.de

B Ergänzen Sie die Tabelle.

Satz	Konjunktion	Vergangenheit	Gegenwart/ Zukunft	einmal	wiederholt
0	wenn		X		
	immer/jedes Mal wenn				
	immer/jedes Mal … wenn				
	erst wenn				
	als				

2 Was ich noch wissen wollte

Welche Antwort passt?

0. Wann besuchst du mich mal?   [a]
1. Wann kann ich dich anrufen?   [ ] [ ]
2. Wann fährst du in Urlaub?   [ ] [ ]
3. Wann räumst du dein Zimmer mal auf?   [ ] [ ]
4. Wann gehst du einkaufen?   [ ] [ ]
5. Wann willst du joggen gehen?   [ ] [ ]

a. Wenn ich wieder mehr Zeit habe.
b. Wenn ich wieder mehr Geld habe.
c. Wenn ich aus der Arbeit komme.

a. Wenn der Kühlschrank leer ist.
b. Wenn es nicht mehr regnet.
c. Wenn ich nichts mehr finde.

Temporalsatz als

3 Nicht vergessen!

A Ergänzen Sie die Sätze.

0. Schalte den Fernseher aus, wenn du _ins Bett gehst_ .

1. Macht die Fenster zu, wenn ihr _____

2. Sei leise, wenn du _____

3. Ruf Oma an, wenn du _____

4. Sagt Bescheid, wenn ihr _____

5. Räum dein Zimmer auf, wenn dir _____

6. Nimm die leeren Flaschen mit, wenn du _____

B Formen Sie die Sätze um.

Sie antworten:

0. _Keine Sorge! Wenn ich ins Bett gehe, schalte ich den_
Fernseher aus.

4 Immer dasselbe!

Bilden Sie die Sätze mit *Immer wenn* …

0. Immer wenn   _der Briefträger kommt, bellt der Hund._
Immer wenn   _der Hund bellt, bekommt der Briefträger Angst._
der Briefträger kommt → der Hund bellen → der Briefträger Angst bekommen

1. Immer wenn _____
Immer wenn _____
ich Schokolade kaufen → du die Schokolade aufessen → ich mich aufregen

2. Immer wenn _____
Immer wenn _____
Tim fernsehen → er vor dem Fernseher einschlafen → seine Frau den Fernseher
ausschalten

3. Immer wenn _____
Immer wenn _____
Petra viel arbeiten → sie mittags nur Joghurt und Obst essen → ein Kilo abnehmen

4. Immer wenn _____
Immer wenn _____
die Sonne scheinen → ich auf dem Balkon sitzen → in der Sonne einschlafen

5. Immer wenn _____
Immer wenn _____
meine Eltern anrufen → wir streiten über über Kleinigkeiten → es mir danach leidtun

5 Persönliches und Historisches

A Was passt zusammen? Bilden Sie Sätze.

0. Meine Urgroßeltern lebten noch, als 1961 — [a]
1. Meine Eltern waren noch jung, als 1965 — ☐
2. Mein Opa war schon gestorben, als 1969 — ☐
3. Mein Vater hat noch studiert, als 1972 — ☐
4. Ich war noch nicht geboren, als 1983 — ☐
5. Ihr wart gerade geboren, als 1989 — ☐
6. Meine Kinder waren noch klein, als 1999 — ☐
7. Wir waren zwanzig, als 2002 — ☐
8. Meine Schwester wollte Politikerin werden, als 2005 — ☐
9. Du warst zwei Jahre alt, als 2006 — ☐
10. Ich habe ein Studienjahr in Amerika verbracht, als 2008 — ☐

a. die Mauer gebaut wurde.
b. Barack Obama Präsident der USA wurde.
c. Berlin wieder die Hauptstadt Deutschlands wurde.
d. das erste Handy auf den Markt kam.
e. der erste Mensch den Mond betrat.
f. der Euro eingeführt wurde.
g. die Berliner Mauer fiel.
h. in München die Olympischen Sommerspiele stattfanden.
i. Franz Beckenbauer Profifußballer wurde.
j. die Fußballweltmeisterschaft in Deutschland stattfand.
k. die erste deutsche Bundeskanzlerin gewählt wurde.

1961 Mauerbau
1965 Beckenbauer Profi
1969 Mondlandung
1972 Olympische Spiele
1983 1. Handy
1989 Mauerfall
1999 Berlin Hauptstadt
2002 Euro-Einführung
2005 Merkel Bundes-kanzlerin
2006 Fußball-WM
2008 Obama Präsident

B Beginnen Sie die Sätze mit als.

0a. *Als 1961 die Mauer gebaut wurde, lebten meine Urgroßeltern noch.*

6 So ein Pech!

Was passt? Ergänzen Sie die Sätze im Präteritum. Denken Sie an das Komma.

0. Als ich gestern *aus dem Urlaub zurückkam* , funktionierte die Heizung nicht mehr.
1. Als wir am Wochenende _____ fing es an zu regnen.
2. Als ich mir am Abend _____ fiel der Strom aus.
3. Als ich heute Morgen _____ kam plötzlich kein Tropfen Wasser mehr.
4. Als wir letzte Woche _____ ging mitten im Spiel der Fernseher kaputt.
5. Als ich neulich _____ war mein Geldbeutel weg.
6. Als ich _____ war plötzlich die Verbindung unterbrochen.

an der Kasse bezahlen wollen
Fußball schauen
mit Oma telefonieren
unter der Dusche stehen
~~aus dem Urlaub zurückkommen~~
in den Biergarten fahren wollen
einen heißen Tee machen wollen

Temporalsatz als

7 Ganz schön sportlich!

Ergänzen Sie wenn, als oder immer wenn.

0. _Wenn_ ich keinen Sport mache, fühle ich mich nicht wohl.

1. _____ er vorhin vom Fitnessstudio zurückkam, war er völlig erschöpft.

2. _____ sie Tennis spielt, bekommt sie einen Muskelkater.

3. _____ sie an der Ostsee Urlaub gemacht haben, sind sie täglich im Meer geschwommen.

4. Wir segeln erst dann, _____ der Wind nicht mehr so stark ist.

5. _____ wir in Österreich Skifahren waren, haben wir Germknödel gegessen und Almdudler® getrunken.

6. _____ du noch kein Auto hattest, bist du viel öfter Rad gefahren.

erschöpft
müde, kaputt

r Muskelkater
Schmerzen im
Muskel nach Sport

r Germknödel
österreichische
Süßspeise

r Almdudler®
süßes
Limonadengetränk

8 Unterwegs

A Verbinden Sie die Sätze. Beginnen Sie mit wenn oder als und einem Komma.

0. _Als der Unfall passiert ist, regnete es._
   Der Unfall ist passiert. Es regnete.

1. _____
   Man steht stundenlang im Stau. Man wird schnell müde.

2. _____
   Die Ampel schaltete plötzlich auf Rot. Der Autofahrer vor uns musste scharf bremsen.

3. _____
   Wir hörten die Feuerwehrsirene. Wir fuhren sofort zur Seite.

4. _____
   Die Ampel schaltet von Grün auf Gelb. Man soll nicht mehr Gas geben.

5. _____
   Der Bus hielt. Fast alle Fahrgäste stiegen aus.

6. _____
   Man will an einer Bushaltestelle aussteigen. Man drückt den Halteknopf.

7. _____
   Die Straßen sind glatt. Man fährt langsam und vorsichtig.

8. _____
   Das Schlossfest fand statt. Die Innenstadt war total gesperrt.

9. _____
   Der Tunnel wurde gebaut. Es gab monatelang nur eine Fahrspur für beide Richtungen.

10. _____
    Man sitzt schon mehr als zwei Stunden am Steuer. Man soll eine Pause machen.

e Feuerwehrsirene
Signal der
Feuerwehr

e Fahrspur
Straße mit
2–4 Fahrspuren

29

B Formen Sie nur die wenn-Sätze um.

1. *Wenn* man stundenlang im Stau steht, *dann* wird man schnell müde.

   Steht man stundenlang im Stau, wird man schnell müde.

2. _____

9 Erholsamer Schlaf

Was gehört zusammen? Ordnen Sie zu.

1. Bevor ich abends ins Bett gehe,

   a,

2. Während man schläft,

3. Nachdem man ein Mittags-
   schläfchen gemacht hat,

a. trinke ich keinen Kaffee mehr.
b. soll man nicht gestört werden.
c. erholt sich der Körper.
d. kann man sich wieder gut konzentrieren.
e. putze ich mir die Zähne.
f. arbeitet man schneller und besser.
g. mache ich manchmal einen Spaziergang.
h. ist man wieder fit.
i. träumt man.

> **während, wenn, als**
> → *gleichzeitig*
> **bevor, nachdem**
> → *nicht gleichzeitig*

10 Beim Arzt

Verbinden Sie die Sätze. Denken Sie an das Komma.

0. Am besten *geht man* erst *zum Arzt,* nachdem *man einen*

   Termin vereinbart hat.

   Man geht zum Arzt. Zuvor vereinbart man einen Termin.

1. Bevor _____

   Der Arzt schickt den Patienten zum Röntgen. Davor wird er genau untersucht.

2. Nachdem _____

   Der Arzt analysiert das Röntgenbild. Danach stellt er die Diagnose.

3. Nachdem _____

   am besten

   In der Apotheke holt man sich gleich die Medikamente. Vorher bekommt man vom
   Arzt ein Rezept.

4. Bevor _____ nicht _____

   Man ist wieder ganz gesund. Dann soll man zur Arbeit gehen.

> **nachdem** NS   HS
> + Perf.   + Präs.
> + Plusqu.   + Perf.
> ↳ Plusq. perfekt

> **röntgen**
> Bild vom Körper
> machen
>
> **einen Termin**
> **vereinbaren**
> sich geben lassen,
> ausmachen

Temporalsatz *als*

11 Tipps für Städtereisen

Bilden Sie Sätze mit *bevor*. Denken Sie an das Komma.

0. Bevor Sie *die Stadt besichtigen, besorgen Sie sich einen Stadtplan.*
   besichtigen • sich besorgen • die Stadt • einen Stadtplan

1. Bevor Sie _____
   informieren • buchen • Sie • über die Lage des Hotels • ein Hotel • sich

2. Bevor Sie _____
   sich informieren • im Reiseführer • gehen • ins Restaurant • über das übliche
   Trinkgeld

3. Bevor Sie _____
   fragen • nehmen • nach dem Preis • ein Taxi

4. Bevor Sie _____
   sich erkundigen • einen Museumsbesuch • nach den Öffnungszeiten • einplanen

5. Bevor Sie _____
   im Handy • das Hotel • Adresse und Telefonnummer • verlassen • speichern

12 Morgens bei Familie Komisch

Ergänzen Sie *bevor, während* oder *nachdem*.

1. *Nachdem* der Wecker geklingelt hat, steht die neunjährige Sophie auf
   und geht ins Bad. _____ sie duscht, hört sie Nachrichten.

2. Sophies kleine Schwester Lena macht, _____ sie ins Bad geht,
   Morgengymnastik und weckt die Eltern.

3. Die Eltern, Jörg und Linda Komisch, stehen aber erst auf, _____ Lena
   mindestens dreimal nach ihnen gerufen hat.

4. _____ schon alle am Frühstückstisch sitzen, macht Lena noch schnell
   die Betten.

5. _____ die Eltern frühstücken, bereitet Sophie für die ganze Familie
   die Brotzeit vor.

6. _____ sie die Brote und Äpfel eingepackt hat, füllt sie noch die
   Wasserflaschen.

7. _____ Sophie und Lena noch frühstücken, machen sich Jörg und Linda
   auf den Weg in die Schule.

8. Kurz _____ Lena das Haus verlässt, bespricht sie mit Sophie den Tag.

9. Sophie räumt noch schnell die Küche auf, _____ sie in Gedanken schon
   in der Arbeit ist. Dann geht auch sie aus dem Haus.

e Brotzeit süddt.
Essen für
zwischendurch

13 Während der Arbeitszeit

A Was gehört zusammen? Ordnen Sie zu.

0. Während Sie eine E-Mail beantwortet haben, [a]
1. Während der Telefonkonferenz [ ]
2. Während der Messe [ ]
3. Während zwei Kollegen die Gäste durch die Firma führen [ ]
4. Während der Personalchef noch Bewerbungen durchsieht [ ]
5. Während der Arbeitszeit [ ]

a. habe ich drei wichtige Anrufe erledigt.
b. werden schon Kaffee und Kuchen bereitgestellt.
c. dürfen wir nicht privat im Internet surfen.
d. darf kein Urlaub genommen werden.
e. müssen die Handys ausgeschaltet bleiben.
f. schreibt seine Assistentin schon die ersten Absagen.

Während sie telefoniert,
+ NS
während der Pause
+ Gen.

18 Präpositionen

e Messe
Ausstellung, um neue Produkte vorzustellen

durchsehen
(schnell, oberfläch-lich) anschauen

e Absage
etw./jdn. ablehnen

B In welchen Sätzen fehlt das Komma? Ergänzen Sie die fehlenden Kommas.

14 Wenn Sie einen Sprachkurs machen wollen

Was passt? Ersetzen Sie den Nebensatz.

0. Nutzen Sie die Sprachberatung, bevor Sie sich anmelden.
   Nutzen Sie vor der Anmeldung die Sprachberatung.
1. Sie können sich von uns beraten lassen, bevor Sie einen Kurs auswählen.
2. Geben Sie bitte Ihre E-Mail-Adresse an, wenn Sie sich anmelden.
3. Sie können eine Prüfung ablegen, wenn der Kurs beendet ist.
4. Bevor Sie ein Lehrbuch kaufen, sprechen Sie mit der Kursleiterin.
5. Wenn Sie Probleme haben, können Sie sich immer an uns wenden.
6. Auch wenn der Kurs schon begonnen hat, können Sie noch teilnehmen.
7. Sie erhalten eine schriftliche Bestätigung, nachdem Sie die Kursgebühr bezahlt haben.

bei der Anmeldung
bei Problemen
nach Bezahlung der Kursgebühr
nach Kursbeginn
nach Kursende
vor dem Kauf eines Lehrbuchs
vor der Anmeldung
vor Ihrer Kurswahl

15 **Bis man Deutsch kann**

Was passt? Ergänzen Sie die Sätze.

0. Ich will die Adjektiv-Endungen so lange üben, bis *ich fast keine Fehler mehr mache.*

1. Er will so lange in Österreich bleiben, bis _____

2. Sie will so lange Deutschkurse besuchen, bis _____

3. Unser Lehrer erklärt ein unbekanntes Wort so lange, bis _____

4. Ich muss manche Texte mehrmals lesen, bis _____

5. Er will so viele Zettel in Cafés aufhängen, bis _____

die C1-Prüfung bestehen

~~fast keine Fehler mehr machen~~

einen Partner für einen Tandem-Kurs gefunden haben

jeder die Bedeu-tung verstanden haben

wissen, was gemeint ist

für einen Österreicher gehalten werden

16 **Was man alles ändern kann**

Bilden Sie Sätze mit seit. Denken Sie an das Komma.

0. Seit ich *regelmäßig schwimme, bin ich selten erkältet.*
   regelmäßig schwimmen • selten erkältet sein

1. Seit wir _____
   weniger Auto und öfter Rad fahren • viel Benzin sparen

2. Seit du _____
   ins Fitnessstudio gehen • eine gute Figur haben

3. Seit ihr _____
   zusammen Tennis spielen • sich besser verstehen

4. Seit du _____
   weniger Kaffee trinken • ruhiger geworden sein

5. Seit ich _____
   täglich Gymnastik machen • kaum mehr Rückenprobleme haben

6. Seit er _____
   sich mehr bewegen • nachts besser schlafen

7. Seit ihr _____
   jeden Tag joggen • eine bessere Kondition haben

8. Seit ich _____
   mehr Obst und Gemüse essen • sich wohler fühlen

17 Büroleben

Was passt? Streichen Sie die falsche Konjunktion.

	bis
	→ *Zeitpunkt*
	seit/seitdem
	→ *Zeitdauer*

0. Ich verdiene gut, ~~bis~~/seit ich eine feste Stelle habe.

1. *Bis/Seit* die neue Kollegin da ist, sind immer frische Blumen im Büro.

2. *Bis/Seit* die neue Kantine aufmacht, müssen wir auswärts essen.

3. *Bis/Seit* die Firma umgezogen ist, haben wir mehr Platz.

4. *Bis/Seit* die neuen Bürostühle kommen, benutzen wir noch die alten.

5. Wir haben weniger Stress, *bis/seit* zwei Praktikantinnen da sind.

6. Ich habe noch viel zu tun, *bis/seit* ich Feierabend habe.

7. Nichts funktioniert mehr, *bis/seit* ich den neuen Computer habe.

8. Es wird nicht lange dauern, *bis/seit* der Software-Fehler gefunden wird.

9. *Bis/Seit* wir einen Computerspezialisten haben, sind die Computerprobleme schnell behoben.

18 Hoffentlich bald!

Was passt? Bilden Sie Nebensätze mit *sobald*. Denken Sie an das Komma.

Probleme beheben
lösen

0. *Sobald das Wetter besser ist*, können die Kinder wieder draußen spielen.

1. _____, können die Flugzeuge wieder starten.

2. _____, können wir weiterwandern.

3. _____, muss man nicht mehr heizen.

4. _____, kann man wieder Rad fahren.

5. _____, stellen wir die Blumen wieder auf den Balkon.

- der Nebel ist weg
- ~~das Wetter ist~~ ~~besser~~
- (es) liegt kein Schnee mehr auf den Straßen
- das Gewitter ist vorbeigezogen
- es bleibt länger warm
- es friert nachts nicht mehr

19 Nicht so ungeduldig!

A
Was passt? Antworten Sie mit *sobald*.

0. Wann können wir endlich gehen? – *Sobald die Küche aufgeräumt ist.*

1. Wann gibt es endlich den Kuchen? – Sobald ich _____

2. Wann wäschst du wieder mal meine Jeans? – Sobald die _____

3. Wann kann ich endlich an den Computer? – Sobald die _____

4. Wann darf ich endlich die Zeitungen wegwerfen? – Sobald ich _____

5. Wann wirst du endlich die kaputte Glühbirne austauschen? – Sobald eine _____

- Waschmaschine voll sein
- die Küche aufgeräumt sein
- sie gelesen haben
- zwei E-Mails beantwortet sein
- neue gekauft sein
- den Kaffee gekocht haben

B
Formen Sie die Sätze um. Verwenden Sie *solange* + *nicht/kein*.

0. *Solange* die Küche nicht aufgeräumt ist, können wir *nicht* gehen.

Temporalsatz als

20 Krankes Kind

Was passt? Ergänzen Sie *sobald* oder *solange*.

0. *Sobald* das Kind eingeschlafen ist, können Sie es allein lassen.
1. Lassen Sie das Kind in Ruhe, _____ es schläft.
2. _____ das Kind Schmerzen hat, können Sie ihm Schmerzmittel geben.
3. _____ das Medikament wirkt, werden die Schmerzen weniger.
4. _____ das Fieber gesunken ist, darf das Kind aufstehen.
5. _____ das Kind Fieber hat, soll es im Bett bleiben.
6. _____ das Kind viel trinkt, besteht kein Grund zur Sorge.
7. Geben Sie dem Kind Suppe und Zwieback, _____ es Hunger hat.
8. _____ das Kind wieder gesund ist, kann es in die Schule gehen.
9. _____ das Kind noch krank ist, soll es zu Hause bleiben.

sobald	→ *Zeitpunkt*
solange	→ *Zeitdauer*

★ 21 Die Sache mit dem Kochkurs

Was passt? Ergänzen Sie die richtige Konjunktion. Denken Sie an das Komma.

Hallo Christiane und Carolin,

es ist wirklich witzig: (0) *immer wenn* ich mich an den Computer setze und eine E-Mail an Euch schreiben will, erhalte ich gleichzeitig eine von Euch. (1) _____ ich Euch die Sache mit dem Kochkurs erzähle möchte ich Christiane noch nachträglich zum Geburtstag gratulieren. Ich weiß, Ihr werdet es nicht glauben: Kochen ist mein neues Hobby (2) _____ mir meine Eltern zum Geburtstag einen 3-tägigen Kochkurs geschenkt haben. (3) _____ Ihr jetzt lachen müsst dann kann ich nur sagen: Wartet ab (4) _____ Ihr mein Menü gegessen habt. Warum ich einen Kochkurs geschenkt bekommen habe? Das kam so: (5) _____ mich meine Eltern zum ersten Mal in meiner neuen Wohnung besucht haben habe ich für sie gekocht. Und da ist alles schiefgegangen. (6) _____ in der Küche die Suppe übergekocht und das Gemüse verkohlt ist haben wir im Wohnzimmer gemütlich einen Aperitif getrunken. Ich war anscheinend total überfordert. (7) _____ dann auch noch die Vanillecreme misslungen war kam ihnen wohl die Idee mit dem Kochkurs. Eigentlich hatte ich gar keine Lust auf einen Kochkurs, aber Lena redete so lange auf mich ein (8) _____ ich mich angemeldet habe. Sie hatte recht: (9) _____ ich jetzt keinen Kochkurs mache mache ich nie einen. Lena hat gleich mitgemacht und zu zweit war es doppelt lustig. Aber man hat auch viel gelernt – und viel gegessen. (10) _____ wir Kochkurs hatten wurde ein dreigängiges Menü gekocht. (11) _____ eine Gruppe die Vorspeise zubereitete kümmerten sich die anderen um die Hauptspeise und die Nachspeise. (12) _____ eine Gruppe fertig war wurde deren Gericht sofort gegessen. (13) _____ der Kochkurs zu Ende ist kochen Lena und ich einmal pro Woche zusammen ein richtiges Menü. Wollt Ihr nicht mal zum Essen kommen? (14) _____ Ihr am Samstag Lust und Zeit habt dann kommt doch einfach so gegen sieben vorbei und lasst Euch überraschen.

Tschüs, Judith

jedes Mal wenn
~~immer wenn~~
während •
während
sobald • bevor
wenn • wenn •
wenn
seit • seit
bis • bis
als • als

witzig
lustig

überkochen

verkohlen
schwarz werden

überfordert sein
etw. ist zu viel und zu
schwer für jdn.

dreigängiges Menü
Essen mit drei Gängen:
Vor-, Haupt-, Nachspeise

1 In der Arztpraxis

A Unterstreichen Sie die Satzteile, die eine Bedingung ausdrücken.
Man kann mit *wenn* nach ihnen fragen, außer in Satz 4 und 6.

0. Wenn Sie allergisch sind, dann sollten Sie auf Haustiere verzichten.
1. Rufen Sie kurz an, falls es Ihnen übermorgen noch nicht besser geht.
2. Sie brauchen ein Rezept. Sonst bekommen Sie das Medikament nicht.
3. Bei Fieber darf das Kind nicht in die Schule gehen.
4. Es macht nichts, wenn Sie etwas später kommen.
5. Sollte Ihr Kind weiter husten, müssen Sie noch einmal kommen.
6. Es wäre gut, wenn Sie weniger rauchen würden.
7. Hättest du auf den Arzt gehört, wäre das nicht passiert.

B Ordnen Sie die Sätze in die Tabelle ein.

Bedingung	
0. *Wenn Sie allergisch sind,* → Folge	← Bedingung
Folge	*dann sollten Sie auf Haustiere verzichten.*

> Es **wäre** gut, **wenn** er das machen **würde**.
> 8 Konjunktiv II

2 Na klar!

Was gehört zusammen? Bilden Sie Sätze.

0. Wenn man müde ist,   a
1. Wenn man Hunger hat,
2. Wenn man Durst hat,
3. Wenn man fit bleiben will,

4. Ich gebe dir die Zeitung,
5. Ich leihe dir mein Handy,
6. Ich kaufe für dich ein,
7. Wir können Musik hören,

a. soll man schlafen.
b. soll man Sport treiben.
c. soll man etwas essen.
d. soll man etwas trinken.

a. falls deins nicht geht.
b. falls du keine Zeit hast.
c. falls du Lust hast.
d. falls du sie lesen willst.

falls = wenn

Konditionalsatz wenn

3 **Wann soll man zum Arzt gehen?**

Antworten Sie mit wenn.

0. Man hat seit drei Tagen Fieber.
1. Man hustet wochenlang.
2. Man fühlt sich ständig unwohl.
3. Man hat immer Kopfschmerzen.
4. Man hat Zahnweh.
5. Man ist verletzt und blutet stark.
6. Man hört nicht mehr gut.
7. Man muss geimpft werden.
8. Man hat oft Albträume.

0. *Wenn man seit drei Tagen Fieber hat.*
1. _____
2. _____
3. _____
4. _____
5. _____
6. _____
7. _____
8. _____

impfen
Immunisierung
gegen Infektions-
krankheiten
r Albtraum
schlechter Traum

4 **Bei Oma**

Ergänzen Sie die passende Antwort.

Die Enkelin sorgt sich um Oma:

0. ■ Soll ich dir Tee kochen?
   ○ Nur wenn du *auch einen möchtest.*

1. ■ Soll ich dir aus der Zeitung vorlesen?
   ○ Nur wenn es _____

2. ■ Brauchst du eine neue Brille?
   ○ Erst wenn ich _____

3. ■ Wann gehst du wieder zum Arzt?
   ○ Erst wenn ich _____

4. ■ Soll ich für dich in die Apotheke gehen?
   ○ Erst wenn _____

5. ■ Willst du dir nicht eine neue Jacke kaufen?
   ○ Erst wenn die alte _____

6. ■ Gehen wir ein bisschen spazieren?
   ○ Nur wenn es _____

etwas Interessantes
geben
wieder ein neues
Rezept brauchen
Löcher haben
~~auch einen möchten~~
unbedingt sein
müssen
das Rezept da sein
dich nicht mehr
erkennen

5 In der Ferienwohnung

Was passt? Ergänzen Sie *falls* + Verb.

0. Geben Sie sofort Bescheid, _falls_ Sie früher _abreisen müssen_.

1. Informieren Sie uns, _____ in der Wohnung etwas _____.

2. Sie können sich jederzeit an uns wenden, _____ Sie ein Problem _____.

3. Wir nennen Ihnen gern günstige Restaurants, _____ Sie _____.

4. Wir haben Spiel- und Sportgruppen, _____ Sie die Kinder _____.

5. Es gibt eine Bäckerei und einen Kiosk, _____ Sie mal schnell was _____.

6. Sie können auch Fahrräder bei uns ausleihen, _____ Sie daran _____.

| haben |
| fehlen |
| brauchen |
| interessiert sein |
| ~~abreisen müssen~~ |
| einkaufen möchten |
| beschäftigen wollen |

6 Das ist ja Erpressung!

A Was passt? Ergänzen Sie *wenn* + *nicht*.

0. _Wenn du das Gemüse nicht isst_, bekommst du kein Eis zum Nachtisch.

1. _____, dürft ihr heute Abend nicht weggehen.

2. _____, helfe ich dir auch nicht in Chemie.

3. _____, nehme ich euch das Smartphone weg.

4. _____, feiern wir deinen Geburtstag nicht.

5. _____, kommen sie auf den Bauernhof zurück.

| Du hilfst mir im Haushalt. |
| Du fährst zu Oma und Opa mit. |
| ~~Du isst das Gemüse.~~ |
| Ihr habt bis um sechs aufgeräumt. |
| Ihr kümmert euch um die Katzen. |
| Ihr macht die Musik leiser. |

B Formen Sie die Sätze um. Verwenden Sie *jetzt* und *sonst*.

0. Du isst *jetzt* das Gemüse. *Sonst* bekommst du kein Eis zum Nachtisch.

| e Erpressung |
| keine Wahl lassen, |
| zwingen |

7 Stress in der Arbeit

Was passt? Ergänzen Sie.

0. Ich kann erst dann nach Hause gehen, _wenn_ der Server _wieder läuft_.

1. Sie bekommen erst wieder Urlaub, _____ dieses Projekt _____.

2. Es gibt nur dann mehr Gehalt, _____ Sie mehr _____.

3. Sie sind erst dann fest übernommen, _____ die Probezeit _____.

4. Wir werden Ihren Vertrag nur dann verlängern, _____ Sie _____ Überstunden zu akzeptieren.

5. Sie können nur dann beruflich weiterkommen, _____ Sie _____.

| Verantwortung übernehmen |
| ~~wieder läuft~~ |
| ist abgelaufen |
| ist abgeschlossen |
| sind bereit |
| regelmäßig an Fortbildungen teilnehmen |

Konditionalsatz wenn

pleitegehen
bankrott-/kaputt-
gehen

Tarifverhandlungen
für eine Erhöhung
des Gehalts

scheitern ↔
erfolgreich sein

rechnen mit
erwarten

s Unternehmen
Firma

Subventionen
finanzielle Hilfen

8 Aus der Wirtschaft

A Verbinden Sie die Sätze mit sollte.

0. *Sollte die Firma pleitegehen, werden viele Mitarbeiter arbeitslos.*
    Die Firma geht pleite. Viele Mitarbeiter werden arbeitslos.

1. _____
    Der Ölpreis steigt weiter. Weniger Autos mit hohem Benzinverbrauch werden gekauft.

2. _____
    Die Tarifverhandlungen bei der Bahn scheitern. Mit Streiks muss gerechnet werden.

3. _____
    Das Unternehmen bekommt keine Aufträge mehr. Es gibt Kurzarbeit.

4. _____
    Es gibt keine staatlichen Subventionen mehr. Mitarbeiter müssen entlassen werden.

5. _____
    Die Firma wird verkauft. Nicht alle Arbeitsplätze können erhalten werden.

B Verbinden Sie die Sätze mit wenn … dann.

0. *Wenn die Firma pleitegeht, dann werden viele Mitarbeiter arbeitslos.*

9 Ausländer in Deutschland

Was passt? Ergänzen Sie weil oder wenn.

0. Irina versteht nichts, _weil_ sie kein Deutsch kann.

1. Pedro will nur dann in Hamburg bleiben, _____ er einen Studienplatz bekommt.

2. Charlotte möchte für einige Zeit in Berlin leben, _____ sie genug Geld dafür gespart hat.

3. Edina macht einen Sprachkurs, _____ sie die B2-Prüfung bestehen will.

4. Alessandro wird seine Deutschkenntnisse nie verbessern, _____ er keinen Sprachkurs besucht.

5. Polina lebt gern in Frankfurt, _____ sie dort deutsche Freunde hat.

6. Ayse kann nur dann ein Stipendium beantragen, _____ sie einen sehr guten Schulabschluss schafft.

7. Erkan würde gern eine Stelle als Ingenieur finden, _____ er das studiert hat.

8. Karolina ist in Deutschland geblieben, _____ sie einen Deutschen geheiratet hat.

10 Rundum versichert

Ersetzen Sie den wenn-Satz durch bei und das passende Nomen.

0. *Bei Autounfällen* zahlt die Autoversicherung.
   Wenn Sie einen Autounfall haben,

1. _____ zahlt die Hausratversicherung.
   Wenn es in der Wohnung brennt,

2. _____ zahlt die Krankenversicherung.
   Wenn Sie ärztlich behandelt werden müssen,

3. _____ zahlt die Unfallversicherung.
   Wenn Sie sich beim Sport verletzen,

4. _____ zahlt die Elementarschadenversicherung.
   Wenn das Haus unter Wasser steht,

5. _____ zahlt die Haftpflichtversicherung.
   Wenn Sie für einen Schaden verantwortlich sind,

6. _____ zahlt die Gebäudeversicherung.
   Wenn ein Sturm das Dach abdeckt,

Feuer
Krankheit
Autounfällen
Sturmschäden
Sportverletzungen
Wasserschäden
Sach- und Personenschäden

11 Gedankenspiele

A Bilden Sie irreale Wunschsätze im Konjunktiv II. Denken Sie an das Komma.

0. Hätten   *wir Flügel wie Vögel, könnten wir fliegen.*
   Flügel wie Vögel • wir • könnten • fliegen • wir

1. Hätten _____
   Flossen wie Fische • könnten • besser • wir • wir • schwimmen

2. Wären _____
   wir • könnten • Harry Potter • wir • sprechen • Schlangen • mit

3. Würden _____
   unter Wasser • wir • leben • gäbe • es • Platz • mehr • auf der Erde

4. Könnten _____
   in die Zukunft • wir • wären • sehen • glücklicher • dann • wir • wirklich ?

5. Hättest _____
   du • frei • was • du • drei Wünsche • würdest • dir • wünschen ?

Flossen
Arme und Beine
bei Fischen

B Formen Sie die Sätze um. Beginnen Sie mit dem Hauptsatz und verwenden Sie im Nebensatz wenn.

0. *Wir könnten fliegen, wenn wir Flügel wie Vögel hätten.*

Konditionalsatz wenn

12 Mal ausprobieren!

Ergänzen Sie die passenden Sätze mit *auch wenn*.

0. Probier mal eine exotische Speise, _auch wenn du überzeugt bist, dass_
   sie dir nicht schmeckt.

1. Steh am Sonntag mal früh auf, _____

2. Versuch mal, eine Woche lang mit niemandem zu sprechen, _____

3. Gib eine Woche lang mal nicht mehr als 50 Euro aus, _____

4. Besuch mal ein Fußballspiel oder geh mal in die Oper, _____

5. Lass mal drei Tage deinen Computer ausgeschaltet, _____

6. Verzichte mal einen Tag auf dein Handy, _____

7. Sieh mal ein paar Tage nicht fern, _____

Du bist eigentlich
ein Langschläfer.

~~Du bist überzeugt,~~
~~dass sie dir nicht~~
~~schmeckt.~~

Du glaubst, dann
nicht mehr
erreichbar zu sein.

Du interessierst
dich weder für
Fußball noch für
die Oper.

Du kannst deine
E-Mails nicht
mehr abrufen.

Du musst eigent-
lich nicht sparen.

Du weißt dann
nicht, was du tun
sollst.

Alle wollen mit dir
sprechen.

★ 13 Anders als geplant

Formen Sie die Sätze um. Ersetzen Sie den *weil*-Satz durch einen *wenn*-Satz + Konjunktiv II. Achten Sie auf die Stellung der Negation.

0. Ich kann den Flug nicht antreten, weil ich krank bin.
   Wenn ich nicht krank wäre, könnte ich den Flug antreten.

1. Wir haben den Anschlussflug verpasst, weil das Flugzeug nicht pünktlich gelandet
   ist. _____

2. Ich muss drei Stunden am Flughafen verbringen, weil ich den früheren Flug nicht
   erreicht habe. _____

3. Jetzt muss ich zum Schalter, weil mein Koffer verschwunden ist. _____

4. Ich fliege nicht gern, weil ich schon so oft Ärger hatte. _____

★ **14** **Schade!**

Was passt? Ergänzen Sie die fehlenden Satzteile.

✉

Liebe Fiona,

tut mir leid, dass ich mich erst jetzt bei dir melde.

Seit drei Tagen liege ich im Bett. (0) *Wenn ich nicht krank geworden*

wäre , hätte ich dir sicher früher geschrieben.

Ich weiß, du willst wissen, wie der Mallorca-Urlaub war. Es war eigentlich wie

immer, (1) _____ .

Leider haben wir diesmal kein Auto gemietet, (2) _____

im Hotel geblieben. Aber wir haben uns super erholt, (3) _____ . Sogar abends sind wir

_____ .

Du hast natürlich auch gefehlt. (4) _____ , musst du

unbedingt mitkommen. Ich würde so gern mal ein Segelboot mieten,

(5) _____ . ☺

Ich ruf dich an, (6) _____ .

Bis bald, liebe Grüße

von der kranken Sophia

a. ~~Wenn ich nicht~~
~~krank geworden~~
~~wäre~~

b. sonst hätten
wir mehr
unternehmen
können

c. wenn ich mit
meinen Eltern
in Urlaub fahre

d. auch wenn ich
es ein bisschen
langweilig fand

e. falls das nicht
zu teuer ist

f. wenn es mir
wieder besser
geht

g. Sollten wir
nächstes Jahr
wieder nach
Mallorca fliegen

Finalsatz damit

r Doktortitel
Abschluss an der
Universität

e Karriere
Erfolg im Beruf

1 Karrierepläne

A Unterstreichen Sie die Satzteile, die auf *wozu* oder *warum* antworten.

Wozu soll das gut sein?

0. Sie lernt Chinesisch, damit sie bessere Berufschancen hat.

1. Er will einen Doktortitel machen, um mehr Möglichkeiten in der Forschung zu haben.

2. Für ihre Karriere würde sie sogar den Chef heiraten.

3. Um beruflich weiterzukommen, besucht er Management-Kurse.

4. Damit sie nichts Wichtiges vergisst, helfe ich ihr bei der Bewerbung.

5. Zur Verbesserung seiner Karrierechancen will er ins Ausland gehen.

6. Ich habe ein Praktikum gemacht, um Berufserfahrung zu sammeln.

B Ergänzen Sie die Tabelle.

	Zweck, Absicht, Ziel → wozu?	Satz
Nebensatz	damit	0,
Infinitivsatz		
Präposition + *Dat.*		
Präposition + *Akk.*		

2 Das liebe Geld

Antworten Sie mit *um … zu*.

0. Man will reisen.

1. Man will ein Haus kaufen.

2. Man will öfter essen gehen.

3. Man will in Urlaub fliegen.

4. Man will teuren Schmuck tragen.

5. Man will Geschenke machen.

6. Man will gut leben können.

7. Man will nicht immer sparen müssen.

■ Wozu braucht man Geld? –

○ 0. _Um zu reisen._

○

○

○

○

○

○

○

26 Infinitivsatz

3 Mobilität

Antworten Sie mit *damit*.

Wozu brauchst du ein Auto?

0. Dann komme ich oft in die Berge.

   Damit ich oft in die Berge komme.

1. Dann kann ich samstags für die ganze Woche einkaufen.

   _____

2. Dann muss ich nicht auf den Bus warten.

   _____

3. Dann bin ich schneller in der Arbeit.

   _____

4. Dann kann ich Oma häufiger besuchen.

   _____

5. Dann muss ich mir kein Auto mehr leihen.

   _____

4 Merkwürdige Nachbarn

A   Was gehört zusammen? Ordnen Sie zu.

0. Warum haben die beiden keinen Fernseher? ⬚ a

1. Warum sprechen sie fast nie mit uns? ⬚

2. Warum trägt er immer so bunte Krawatten? ⬚

3. Warum geht sie nur mit dunkler Brille aus dem Haus? ⬚

4. Warum brennt manchmal tagelang das Licht? ⬚

5. Warum laden sie nie jemanden zu sich ein? ⬚

6. Warum fahren sie immer mit dem Taxi in die Stadt? ⬚

7. Warum stehen immer Mülltüten vor der Tür? ⬚

a. Damit sie mehr Zeit zum Lesen haben.

b. Damit sie keinen Parkplatz suchen müssen.

c. Damit er anders aussieht als alle anderen.

d. Damit niemand bei ihnen einbricht, wenn sie unterwegs sind.

e. Damit es in der Wohnung nicht stinkt.

f. Damit sie uns nichts von sich erzählen müssen.

g. Damit niemand ihre Augen sieht.

h. Damit sie ihre Ruhe haben.

B   Bilden Sie Infinitivsätze mit um … zu. Warum geht das nicht bei allen Sätzen?

0. *Vielleicht* haben die beiden keinen Fernseher, *um mehr Zeit zum Lesen zu haben.*

31

Finalsatz *damit*

5 **Die perfekte Familie**

**Verbinden Sie die Sätze mit *damit* und *um ... zu*, falls möglich.
Denken Sie an das Komma.**

0. *Herr Bergmann arbeitet hart, damit es seiner Familie gut geht.*
   Herr Bergmann arbeitet hart. Es geht seiner Familie gut.

1. _____
   Theresa lernt viel für Latein. Sie bekommt gute Noten.

2. _____
   Frau Bergmann arbeitet halbtags. Die Familie kann sich mehr leisten.

3. _____
   Die Familie wohnt in einem großen Haus. Jedes Kind hat sein eigenes Zimmer.

4. _____
   Isabel lernt am liebsten Fremdsprachen. Später kann sie im Ausland arbeiten.

5. _____
   Jedes Kind hat einen eigenen Computer. Es gibt keinen Streit.

6. _____
   Tobias will ein gutes Abitur machen. Er kann in den USA studieren.

6 **Das weiß ich doch!**

Ergänzen Sie.

Die Tochter macht eine Klassenfahrt nach Rom. Die Mutter nervt ...

0. Schalte dein Handy ein, *damit* wir dich immer erreichen können.
1. Du brauchst eine Brotzeit und Wasser _____ die lange Busfahrt.
2. Du solltest vor elf ins Bett gehen, _____ am nächsten Tag fit zu sein.
3. _____ keine Blasen an den Füßen zu bekommen, nimmst du am besten Turnschuhe mit.
4. Lern _____ die Reise ein paar italienische Ausdrücke.
5. Pass auf deine Sachen auf, _____ nichts wegkommt.
6. Schick uns jeden Tag eine SMS, _____ wir uns keine Sorgen machen müssen.
7. Schließ _____ Sicherheit immer dein Zimmer ab.
8. Benimm dich ordentlich, _____ es keinen Ärger gibt.
9. Ich würde _____ Erinnerung ein paar Fotos machen.
10. Mach dir _____ Kontrolle eine Packliste, _____ du auch wirklich nichts vergisst.

damit • damit •
damit • damit •
damit • um • um
für • für • zur •
zur • zur

e Brotzeit (*süddt.*)
kleines Essen
zwischendurch

e Blase

sich benehmen
sich (korrekt)
verhalten

Finalsatz *damit*

⑦ Typische Fragen von Kindern

A Was passt? Ergänzen Sie die Antwort.

0. Wozu muss man Hausaufgaben machen? – Um _zu üben._
1. Wozu brauchst du das scharfe Messer? – Zum _____
2. Warum muss ich in die Schule? – Um Lesen und Schreiben _____
3. Wieso soll ich immer Obst essen? – Damit du dich _____
4. Warum muss ich immer so früh ins Bett? – Damit du am nächsten Tag _____
5. Wozu soll ich Zähne putzen? – Damit du _____
6. Warum muss ich eine Mütze aufsetzen? – Damit deine Erkältung _____
7. Wozu brauchst du einen neuen Handyvertrag? – Um billiger _____
8. Wozu braucht man einen Füller? – Zum _____
9. Warum schreibst du so lange Einkaufszettel? – Um nichts Wichtiges _____

ausgeschlafen sein	
gesund ernähren	
telefonieren können	
vergessen	
lernen	
üben	
Tomatenschneiden	
Schönschreiben	
keine Karies	
bekommen	
nicht schlimmer	
werden	

B Das Kind wiederholt, was es gehört hat. Formen Sie die Sätze um.

0. Man muss Hausaufgaben machen, um _zu üben._
   Um _zu üben,_ muss man Hausaufgaben machen.
_____
_____

Und wieso haben Elefanten einen Rüssel? – Das weiß ich nicht!
_____

r Elefant
r Rüssel Nase des Elefanten
e Karies Loch im Zahn

⭐ ⑧ Tipps vom Arzt

A Was passt? Ergänzen Sie zur + Nomen.

0. _Zur Beruhigung_ der Nerven können Sie Kräutertee trinken.
1. Yoga-Übungen sind gut _____ nach einem Arbeitstag.
2. _____ der Durchblutung sollten Sie mehr Sport treiben.
3. _____ Ihres Übergewichts müssen Sie Ihre Ernährung umstellen.
4. Es gibt viele Möglichkeiten _____ von Rückenschmerzen,
5. _____ der Konzentrationsfähigkeit ist genug Schlaf, Bewegung an der frischen Luft und viel Trinken wichtig.

Reduzierung	
Beruhigung	
Entspannung	
Steigerung	
Verbesserung	
Vermeidung	
e Entspannung ausruhen, locker werden	
e Steigerung mehr werden	
e Reduzierung weniger werden	
e Vermeidung nicht haben wollen	
r Kräutertee mit Pfefferminz, Kamille usw.	
e Durchblutung Das Blut fließt durch den Körper.	

B Bilden Sie Infinitivsätze mit um ... zu.

0. _Um die Nerven zu beruhigen,_ können Sie Kräutertee trinken.

Finalsatz damit

★ **9** **Im Wellness-Hotel**

Was passt? Ergänzen Sie.

0. Wir wissen, dass Sie lange *für einen Aufenthalt in unserem Hotel* gespart haben.

> Wir wissen, dass Sie lange gespart haben, *um sich unser Wellness-Hotel leisten zu können.*

1. Wir tun alles _____ .

> Wir werden alles dafür tun, *damit sich unsere Gäste hier wohlfühlen.*

2. _____ gibt es einen kostenlosen Abholservice.

> *Damit Sie problemlos vom Bahnhof zu uns gelangen, bieten wir Ihnen unseren hoteleigenen Bus an.*

3. _____ erhält jeder Gast eine Mappe mit allen wichtigen Informationen.

> Jeder Gast erhält eine persönliche Infomappe, *um den Aufenthalt optimal planen zu können.*

4. Dort am Tisch liegen Prospekte _____ aus.

> Nehmen Sie sich bitte die Prospekte mit, *um sich über die verschiedenen Anwendungen zu informieren, die wir hier anbieten.*

5. _____ gibt es immer mittwochs einen Infoabend im Foyer.

> *Um mehr über unsere Philosophie zu erfahren, empfehlen wir Ihnen unseren Infoabend am Mittwoch.*

6. _____ empfehlen wir Ihnen den Kochkurs am Donnerstag.

> Jeden Donnerstag findet ein Kochkurs statt, *damit Sie zu Hause unsere ayurvedischen Gerichte nachkochen können.*

zur Information
für einen Aufenthalt
in unserem Hotel
zum Nachkochen
unserer Gerichte
für die Fahrt vom
Bahnhof zum Hotel
zur optimalen
Gestaltung des
Urlaubs
für das Wohl-
befinden unserer
Gäste
zum Kennenlernen
unserer Philosophie

e Info-
mappe
optimal
perfekt
e Anwendung
z. B. Massage, Ölbad
s Foyer
Hotelhalle
Ayurveda
altindische Medizin

★ **10** **Werbung**

A **Bilden Sie Sätze mit *damit*.**

0. *Damit Sie auch morgen noch kraftvoll zubeißen können!*
kraftvoll • auch morgen noch • können • Sie • zubeißen

1. Ihr Auto • auch morgen noch • ist • etwas wert

2. Sie • sind • auf • immer • dem neuesten Stand der Technik

3. können • morgen • Sorgen • Sie • leben • ohne

4. sich • Sie • ganz • können • Ihren Gästen • widmen

5. „radlos" • nicht • bleiben • Sie

6. zu • Sie • kommen • Ihrem Recht

7. Ihr grünes Wunder • auch Sie • erleben

8. einen klaren Durchblick • immer • behalten • Sie

9. einzigartiger Erinnerung • Ihre Hochzeit • Sie • behalten • in

B **Wofür steht der Werbespruch? Ordnen sie a–k zu.**

Damit Sie immer einen klaren Durchblick behalten!

k.

a. Auto-Ratgeber
b. Computer-
zeitschrift
c. Fahrrad-
geschäft
d. Fenster-
putzmittel
e. Fotograf
f. Garten-
Ratgeber
g. Geld-Ratgeber
h. Partyservice
i. Rechtsanwalt
k. Zahnpasta

„radlos"
ohne Rad, gleiche
Aussprache wie
ratlos
nicht wissen, was
man tun soll

sein grünes Wunder
erleben → sein blau-
es Wunder erleben
idiom.
etwas erleben,
womit man nicht
rechnet

durchblicken
1. etwas verstehen,
2. durch etwas
durchschauen

Konsekutivsatz sodass

1 Wie ist deine neue Wohnung?

A Was gehört zusammen? Ordnen Sie zu.

0. Das Wohnzimmer ist so groß, ☐ *a*

1. Die Wohnung wird gerade renoviert, ☐

2. Es macht so viel Spaß, Möbel auszusuchen, ☐

3. Wir haben drei Tage Zeit für den Umzug, ☐

4. Die Miete ist leider so teuer, ☐

5. Den Schreibtisch möchte ich so stellen, ☐

6. Die Wohnung liegt so, ☐

a. dass sogar mein Klavier Platz hat.

b. dass die Innenstadt zu Fuß erreichbar ist.

c. sodass wir nicht alles an einem Tag machen müssen.

d. dass ich ab sofort mehr arbeiten muss.

e. dass ich am liebsten alles neu kaufen würde.

f. dass man beim Arbeiten aus dem Fenster sehen kann.

g. sodass wir bald einziehen können.

B Unterstreichen Sie so ... dass / sodass. Ordnen Sie die Sätze in die Tabelle ein.

A. Komma sodass		
B. so + Komma dass		
C. so + *Adjektiv/Verb* + Komma dass	0 *a,*	

2 Nach einer kleinen Fuß-OP

Was passt? Ergänzen Sie den Satz mit so.

0. *Duschen Sie sich so*, dass der Verband nicht nass wird.

1. _____, dass sie bequem über den Verband passen.

2. _____, dass Sie die Zehen noch bewegen können.

3. _____, dass Sie nicht auf der Wunde liegen.

4. _____, dass es nicht wehtut.

Verbinden Sie Ihren Fuß

Sie dürfen den Fuß nur stark belasten

Schlafen Sie am besten

~~Duschen Sie sich~~

Die Socken müssen weit sein

e OP
Operation

belasten
auf dem Fuß stehen

r Zeh
ein Fuß hat fünf Zehen

3 Lebenserfahrung

Bilden Sie Nebensätze mit *dass*.

0. Vielleicht ist es gut so, *dass man im Leben nicht alles planen kann.*
   Man kann nicht immer alles planen im Leben.

1. Es ist leider so, _____
   Man ist hinterher immer klüger.

2. Es ist nicht immer so, _____
   Man kann später nichts mehr ändern.

3. Ist es wirklich so, _____
   Man lernt aus Fehlern.

4. Es war schon immer so, _____
   Man muss seine eigenen Erfahrungen machen.

4 So schön!

Was gehört zusammen? Ordnen Sie zu.

0. Kleine Kinder finden die Geschichte vom *Piratenschwein* so schön, [a]

1. Der Roman *Herr der Diebe* gefällt vielen Mädchen so gut, [ ]

2. Die wilden *Hühner* sind schon vor einiger Zeit im Kino gelaufen, [ ]

3. Die Bücher von Cornelia Funke sind so erfolgreich, [ ]

4. Cornelia Funke ist so beliebt, [ ]

5. Sie hat oft nur vormittags geschrieben, [ ]

6. Sie bekommt so viel Fanpost, [ ]

7. Cornelia Funke schreibt hoffentlich weiter, [ ]

a. dass sie sie immer wieder hören möchten.

b. dass sie in 37 Sprachen übersetzt wurden.

c. dass sie das Buch mehrmals lesen.

d. sodass es die Filme sicher schon auf DVD gibt.

a. dass bereits mehrere deutsche Schulen ihren Namen tragen.

b. dass oft mehrere Kisten voller Briefe in ihrer Wohnung stehen.

c. sodass sie nachmittags Zeit für ihre beiden Kinder hatte.

d. sodass wir noch viele schöne Bücher erwarten können!

Cornelia Funke
deutsche Kinderbuch-
autorin
www.corneliafunke.de

Konsekutivsatz sodass

5 Es gibt noch so viel zu üben!

Bilden Sie Sätze mit so ..., *dass*. Achten Sie darauf, wo so steht.

0. Ich _habe dir so viel zu erzählen_, _dass du unbedingt kommen musst._

   so · erzählen · habe · dir · viel · zu   musst · kommen · unbedingt

1. Du _____ , dass ich _____

   so · schreibst   lesen · nichts · kann

2. Ich _____ , dass ich _____

   so · freue · mich · auf meinen Geburtstag   ihn · kann · kaum · erwarten

3. Wir _____ , dass wir _____

   so · wohnen · auseinander · weit   können · uns · selten · sehen

4. Ich _____ , dass wir _____

   so · vor · alles · weit · bereite   nicht · viel · mehr · haben · Arbeit

5. Wir _____ , dass wir _____

   so · gut · uns · verstehen   nie · streiten · fast

6. Du _____ , dass ich _____

   so · verändert · hast · dich   fast · erkannt · nicht · dich · hätte

★ 6 Noch mal gut gegangen!

A Formen Sie die Sätze um. Verwenden Sie *sodass*.

0. _Das Feuer bekam nicht genug Sauerstoff, sodass es von allein ausging._

   Das Feuer ging von allein aus, weil es nicht genug Sauerstoff bekam.

1. _____

   Ein größerer Schaden wurde verhindert, weil die Feuerwehr das Feuer schnell löschen konnte.

2. _____

   Der Einbrecher konnte nicht in das Haus kommen, weil der Eingang sehr gut gesichert war.

3. _____

   Der Einbrecher konnte schnell gefasst werden, weil die Nachbarin sofort die Polizei gerufen hat.

4. _____

   Dem Radfahrer ist bei dem Unfall nichts passiert, weil er zum Glück einen Helm trug.

5. _____

   Der Verletzte konnte sofort behandelt werden, weil zufällig ein Arzt am Unfallort war.

B Formen Sie die Sätze um. Verwenden sie *infolgedessen*.

0. Das Feuer bekam nicht genug Sauerstoff. _Infolgedessen ging es von allein aus._

⭐ **7** Beim Immobilienmakler

A Was gehört zusammen? Ordnen Sie zu.

0. Das Angebot an Wohnungen und Häusern ist größer als die Nachfrage.
1. Infolge der Modernisierungen
2. Schäden in der Wohnung infolge von Stromausfall
3. Das Haus wurde viel zu teuer angeboten.
4. Es ist eine Atelier-Wohnung und
5. In der gesamten Wohnanlage gibt es keinen Lift.

a.	Infolgedessen sind die Preise gefallen.
b.	Die obersten Wohnungen sind infolgedessen nicht für jeden geeignet.
c.	Folglich fand sich kein Käufer.
d.	ist der Wert der Wohnanlage gestiegen.
e.	sie ist folglich sehr hell.
f.	werden von den meisten Versicherungen nicht bezahlt.

0. [a]

B Welche Wörter machen eine Folge deutlich? Ergänzen Sie die Tabelle.

Adverb	*0a: infolgedessen,*
Präposition	
	+ *Gen.*
	+ *von* + *Dat.*

e Nachfrage ↔ s Angebot

r Stromausfall
kein Strom

geeignet
eine gute Lösung

⭐ **8** Ist doch logisch!

Was passt? Formulieren Sie Schlussfolgerungen mit *folglich*.

0. Leon und Lea haben denselben Nachnamen. *Folglich könnten sie verheiratet sein.*
1. Der Wirtschaft geht es schlecht.
2. Das Theater muss schließen.
3. Er ist fünf Jahre älter als seine 30-jährige Frau.
4. Sie hat drei Jahre in Polen gearbeitet.
5. Er hat gerade sein Abitur gemacht.

Sie spricht gut Polnisch.

Der Goldpreis wird steigen.

Er muss 35 sein.

Er kann jetzt studieren.

Es gibt keine Vorstellungen mehr.

~~Sie könnten verheiratet sein.~~

Konsekutivsatz sodass

9 **Ursache und Wirkung**

A **Bilden Sie Sätze mit *infolgedessen*.**

0. Sie kam zu wichtigen Terminen immer zu spät. *Infolgedessen wurde sie entlassen.*

1. Ich arbeite den ganzen Tag.

2. Wir verdienen beide ganz gut.

3. Er hat oft Nachtdienst.

4. Er ist sehr oft auf Geschäftsreise.

5. Sie will nach dem Abitur ein soziales Jahr machen.

6. Wir arbeiten in derselben Firma.

entlassen werden

kaum Zeit zum Einkaufen haben

uns zwei Autos leisten können

unter Schlafproblemen leiden

seine Familie selten sehen

ihr Studium erst später anfangen

auch privat viel über die Arbeit reden

B **Formulieren Sie aus 0–6 kleine Dialoge mit *warum* und *weil*.**

0. ■ *Warum* wurde sie entlassen?
   ○ *Weil* sie zu wichtigen Terminen immer zu spät kam.

10 **Das Wetter und seine Folgen**

Was passt? Ergänzen Sie.

0. *Infolge des Sturms* liegen viele Äste auf den Straßen.

1. _____ stehen viele Keller unter Wasser.

2. _____ haben viele Apfelbäume keine Blüten mehr.

3. _____ fahren keine Busse.

4. _____ sind die Seen in der Umgebung zugefroren.

5. _____ wird das Wasser knapp.

6. _____ konnte das Flugzeug erst später landen.

7. _____ fiel der Strom aus.

infolge anhaltender Kälte

infolge der Hitzewelle

infolge der Schneemassen

infolge des Dauerregens

infolge des Hagels

~~infolge des Sturms~~

infolge eines Blitzeinschlags

infolge starken Windes

★
11 **Referat über** *Klimawandel*

Was passt? Ergänzen Sie.

Hallo Papa,

ich muss ein Referat über den Klimawandel vorbereiten. Da kennst Du Dich doch
aus. Vielleicht kannst Du mir mal ein paar Sachen erklären, (0) ___*sodass*___ ich
endlich verstehe, worum es eigentlich geht. Stimmt es z. B., dass (1) _____
der Erderwärmung der Meeresspiegel steigt? Warum eigentlich? Vielleicht weil das
Polareis schmilzt. (2) _____ soll sogar das Leben der Eisbären in Gefahr sein.
Die Erde wiederum erwärmt sich (3) _____ der Treibhausgase.
Das verstehe ich nicht so richtig.

Ich weiß natürlich, dass man gegen den Klimawandel etwas tun soll. Aber das
kostet vor allem Geld und ärmere Länder haben kein Geld und sind
(4) _____ besonders betroffen. In vielen Ländern herrscht (5) _____
starke Trockenheit, (6) _____ die Ernten ausfallen und Hunger droht.
(7) _____ werden viele Menschen ihre Heimat verlassen müssen.

Ich finde das Thema (8) _____ schwer, (9) _____ ich unbedingt Deine
Hilfe brauche. Ich hoffe, Du hast ein bisschen Zeit, (10) _____ Du mir noch
ein paar Tipps für das Referat geben kannst.

Deine Sandra ☺

so
so
dass
dass
~~sodass~~
sodass
infolge
infolge
folglich
infolgedessen
infolgedessen

r Klimawandel
globale Erwärmung

Konzessivsatz *obwohl*

1 **Die spinnen vielleicht!**

A **Unterstreichen Sie die Wörter, die auf etwas Unerwartetes hinweisen.**

Du spinnst! ugs.

0. Es hat 20 Grad draußen. <u>Trotzdem</u> zieht er einen Wollpulli an.

1. Sie geht nicht zum Arzt, obwohl sie seit zwei Wochen krank ist.

2. Trotz Knieverletzung spielt sie Tennis.

3. Er hat nicht genug gelernt. Dennoch hat er die Prüfung bestanden.

4. Er erzählt jedem, dass er mit der englischen Königin verwandt ist. Das stimmt allerdings nicht.

5. Sie ist zwar schon 40, aber sie kleidet sich wie eine 20-Jährige.

6. Ihr Auto ist erst fünf Jahre alt. Nichtsdestotrotz will sie sich ein neues kaufen.

7. Ungeachtet der Tatsache, dass die Mannschaft alle Spiele gewinnt, werden die Spieler von ihrem Trainer nur kritisiert.

☑ ☐ ☐ ☐   ☐ ☐   ☐   ☐

B **Wie könnten Sie darauf reagieren? Ordnen Sie a–h den Sätzen 0–7 zu.**

a. Ein T-Shirt wäre wirklich besser.

b. Da hat er aber Glück gehabt.

c. An ihrer Stelle würde ich zum Arzt gehen.

d. Wie kommt er denn auf die Idee?

e. Da werden sie bald keine Lust mehr haben, zu trainieren.

f. Sie sollte langsam mal erwachsen werden.

g. Wenn ich verletzt wäre, würde ich keinen Sport machen.

h. Es ist doch nicht kaputt, oder?

2 **Das liebe Wetter**

Was gehört zusammen? Verbinden Sie die Sätze.

0. Du fährst viel zu schnell,   a. obwohl die Straßen glatt sind.
                                        b. trotzdem sind die Straßen frei.

1. Es hat die ganze Nacht geschneit,   ☑

2. Es regnet,   a. dennoch ist sie nass geworden.
                                        b. trotzdem will sie joggen gehen.

3. Sie hatte einen Regenschirm,   ☐ ☐

4. Die Sonne scheint,   a. obwohl wir schon Mai haben.
                                        b. dennoch ist es nicht sehr warm.

5. Es ist immer noch recht kalt,   ☐

3 Tierliebe

Was passt? Ergänzen Sie weil oder obwohl.

0. Annika streichelt den großen Hund, _obwohl_ sie Angst vor ihm hat.
1. Peter hat eine Jahreskarte für den Zoo, _____ er Tiere liebt.
2. Michael will Tierarzt werden, _____ er schon immer gern kranken Tieren geholfen hat.
3. Sophie will ein Haustier, _____ ihre Wohnung zu klein dafür ist.
4. Katharina bekommt kein Haustier, _____ sie oft Allergien hat.
5. Thomas kann jeden Tag reiten gehen, _____ er kein eigenes Pferd hat.
6. Alex muss mit seiner Katze zum Tierarzt, _____ sie seit zwei Tagen nicht mehr frisst.
7. Andreas hat sich Schlangen gekauft, _____ er sich vor ihnen fürchtet.
8. Klara hat drei Kaninchen, _____ sie wenig Zeit für die Tiere hat.

e Schlange

s Kaninchen

4 Total verrückt

Formen Sie die Sätze um. Verwenden Sie trotzdem.

Das ist wirklich komisch ...

0. _Es regnet in Strömen. Trotzdem gießt Herr Anders die Blumen im Garten._

Herr Anders gießt die Blumen im Garten, obwohl es in Strömen regnet.

1. Frau Siebenschläfer verpasst jeden Tag den Bus, obwohl der Bus direkt vor ihrem Haus hält.

_____

2. Herr Mutig geht barfuß spazieren, obwohl draußen Schnee liegt.

_____

3. Herr Warumnicht geht jede Woche zum Friseur, obwohl er eine Glatze hat.

_____

4. Frau Unklug kauft nur teure Sachen, obwohl sie wenig Geld hat.

_____

5. Frau Lernixmehr trinkt zehn Tassen Kaffee am Tag, obwohl sie keinen verträgt.

_____

6. Herr Vergissmeinnicht sucht immer seine Brille, obwohl er sie um den Hals trägt.

_____

in Strömen regnen
sehr stark regnen

barfuß
ohne Schuhe und
Socken

e Glatze
keine Haare auf dem
Kopf

Konzessivsatz *obwohl*

33

5 **Wieso denn das?**

A **Was passt? Bilden Sie Sätze mit *dennoch* (+ *wir* + Perfekt).**

0. Das Hotel hatte schlechte Kritiken im Internet.
   Dennoch haben wir es gebucht.

1. Der Bus zum Hotel sah alt und unsicher aus. _____

2. Neben dem Hotel war eine Baustelle. _____

3. Die Zimmer wurden kaum geputzt. _____

4. Das Meer war schmutzig und voller Algen. _____

5. Das Strandrestaurant war schlecht und viel zu teuer. _____

6. Am Strand wurde viel geklaut. _____

7. Unsere Zimmernachbarn waren ein bisschen komisch. _____

8. Der Stadtführer sprach nur schlecht Englisch. _____

B **Formen Sie die Sätze um und verwenden Sie *zwar ..., aber ... trotzdem*.**

0. Das Hotel hatte *zwar* schlechte Kritiken im Internet, *aber* wir haben es
   trotzdem gebucht.

Adressen
austauschen
dem Zimmer-
mädchen Trinkgeld
geben
oft ins Wasser
gehen
einsteigen
jeden Tag dort essen
es buchen
den Stadtrundgang
mitmachen
den vollen Reise-
preis zahlen
müssen
nie auf unsere
Sachen aufpassen

Algen
grüne Pflanzen im
Wasser
klauen *ugs.*
stehlen

6 Nicht ganz optimal!

Formen Sie die Sätze um. Ersetzen Sie *aber* durch *allerdings*.

0. Wir wohnen jetzt im Grünen.

Allerdings gibt es keine S-Bahn-Station in der Nähe.

... aber es gibt keine S-Bahn-Station in der Nähe.

1. Die Wohnung hat über 100 qm.

_____

... aber das Kinderzimmer ist sehr klein.

2. Es ist eine schöne Altbauwohnung.

_____

... aber es gibt nur ein Badezimmer.

3. Unsere neue Küche ist ein Traum.

_____

... aber sie war auch sehr teuer.

4. Die Wohnung hat große Fenster und ist sehr hell.

_____

... aber wir haben keinen Balkon.

5. Wir wohnen im fünften Stock und haben einen tollen Blick auf die Stadt.

_____

... aber es gibt keinen Lift.

6. Zur Wohnung gehört ein kleiner Keller.

_____

... aber er ist dunkel und feucht.

★ 7 Einkaufsverhalten

Bilden Sie Sätze. Denken Sie an das Komma.

0. Manche Frauen • kaufen • ständig • Schuhe • obwohl • keine • brauchen • sie

Manche Frauen kaufen ständig Schuhe, obwohl sie keine
brauchen.

1. Die Leute
der Wirtschaftskrise • ausgeben • trotz • für • Urlaub und Freizeit • viel Geld

2. Kunden
lieben • allerdings • Sonderangebote • vergleichen • die Preise • kritisch • man • sollte

3. Viele Geschäfte
haben • nur wenige Kunden • lange Öffnungszeiten • annehmen • das Angebot • dennoch

4. Manche Männer
sich • obwohl • beim Einkaufen • lassen • nicht • beraten • gut • das • wäre

Konzessivsatz obwohl

e Abmahnung
Warnung vor der
Kündigung

mobben
schlecht/unfair
behandeln

schwärmen
sagen, dass man et-
was sehr gut findet

★ **8** **Nichtsdestotrotz eine nette Firma**

A Was gehört zusammen? Ordnen Sie zu.

0. Er hat schon 30 Bewerbungen geschrieben. `a`
1. Sie arbeitet Tag und Nacht. ☐
2. Er ist stark erkältet und sollte im Bett bleiben. ☐
3. Er ist zu allen Kollegen sehr freundlich. ☐
4. Sie kommt jeden Tag zu spät ins Büro. ☐
5. Das Essen in der Kantine ist nicht sehr teuer. ☐
6. Alle schwärmen von unserem neuen Softwareprogramm. ☐
7. Das Telefon klingelt pausenlos. ☐
8. Die Sitzung läuft noch. ☐

a. Nichtsdestotrotz hat er noch keine Stelle gefunden.
b. Nichtsdestotrotz schmeckt es ganz gut.
c. Nichtsdestotrotz fand ich das alte besser.
d. Nichtsdestotrotz ist er ins Büro gefahren.
e. Nichtsdestotrotz wird sie nicht befördert.
f. Nichtsdestotrotz hat sie noch keine Abmahnung bekommen.
g. Nichtsdestotrotz stehen einige schon auf und gehen.
h. Nichtsdestotrotz stellt niemand den Klingelton leiser.
i. Nichtsdestotrotz wird er gemobbt.

B Formen Sie die Sätze um. Beginnen Sie mit obwohl.

0. *Obwohl er schon 30 Bewerbungen geschrieben hat,* hat er noch keine Stelle gefunden.

★ **9** **Was soll man da machen?**

A Was passt? Ergänzen Sie.

0. *Trotz ihres Tennisarms* will sie weiter Tennis spielen.
1. _____ bin ich nicht zum Arzt gegangen.
2. _____ kann er seinen Arm noch nicht richtig bewegen.
3. _____ setzt er seine Brille nicht auf.
4. _____ nimmt sie ihre Medikamente nicht regelmäßig.
5. _____ geht es meiner Oma immer schlechter.
6. _____ arbeitet er wie ein Verrückter weiter.
7. _____ hat mich der Arzt krankgeschrieben.

B Was steht nach *trotz* und *ungeachtet*? Streichen Sie das Falsche.

trotz + *Akk./Dat./Gen.*   ungeachtet + *Akk./Dat./Gen.*

Ungeachtet der
Empfehlungen
ihres Arztes

Trotz des hohen
Fiebers

Ungeachtet
meiner Proteste

Trotz Schwierig-
keiten beim Lesen

~~Trotz ihres
Tennisarms~~

Ungeachtet seiner
gesundheitlichen
Probleme

Trotz regelmäßiger
Krankengymnastik

Trotz guter Pflege

★ **10 Aus der Zeitung**

Formen Sie die Sätze um.

0. Die Sporthalle wird nicht gebaut.　　　　Sie wird dringend benötigt.　　obwohl

Die Sporthalle wird nicht gebaut, obwohl sie dringend benötigt wird.

1. Das Open-Air-Konzert war ein voller Erfolg.　　　Es hat geregnet.　　trotz

2. Der Einbrecher konnte gefasst werden.　　　Ein Polizist wurde dabei verletzt.　　allerdings

3. Die Firma will auch in diesem Jahr investieren.　　　Die Wirtschaftskrise bereitet keine Sorgen.　　ungeachtet

4. **Es besteht Lawinengefahr.**　　**Viele Skifahrer ignorieren die Warnungen.**　　trotzdem

5. Der Täter wurde zu vier Jahren Gefängnis verurteilt.　　　Seine Schuld ist nicht bewiesen.　　obwohl

6. Die Mannschaft verlor das letzte Spiel.　　　Sie steht im Achtelfinale.　　dennoch

e Lawine
Schneemassen fal-
len vom Berg ins Tal

ignorieren
nicht beachten

Konzessivsatz *obwohl*

33

★ **11 Prüfungstipps**

A **Ergänzen Sie *obwohl*, *trotzdem*, *allerdings* oder *trotz*.**

Hallo Yumi,

Du wolltest doch wissen, wie die Prüfung war. Also:

Den Lesetext habe ich ganz gut verstanden, (0) *obwohl* ich nicht jedes Wort kannte. Ich konnte auch die meisten Aufgaben lösen. (1) _____ war die Zeit dafür sehr knapp.

Das Hörverstehen fand ich viel schwerer, weil die Sprecherin aus der Schweiz kam. Aber auch den Teil habe ich bestanden – (2) _____ des komischen Dialekts.

Dann war der Brief dran. Das Thema Bio-Fleisch war nicht gerade mein Lieblingsthema (3) _____ hatte ich genug Ideen.

Im mündlichen Teil kam ein relativ schwieriges Thema dran. Aber mein kleiner Vortrag lief gut (4) _____ die Vorbereitungszeit dafür fast zu kurz war. Ich habe (5) _____ kleiner Fehler flüssig gesprochen und konnte zum Glück alle Fragen beantworten. Meine Aussprache und meine Formulierungen wurden sehr gelobt. (6) _____ habe ich nicht erzählt, dass meine Mutter aus Hannover stammt.

Eigentlich wollte ich insgesamt mehr Punkte erreichen (7) _____ war ich mit meiner Note zufrieden.

Du siehst, auch ich habe die Prüfung geschafft (8) _____ ich nicht optimal vorbereitet war.

Viel Erfolg bei Deiner Prüfung nächste Woche. Wir können ja noch telefonieren.

Liebe Grüße

Carlos

B **Ergänzen Sie die vier fehlenden Kommas.**

obwohl
obwohl
obwohl
allerdings
allerdings
trotz
trotz
trotzdem
trotzdem

240 | Satz + Satzbau

1 Tipps zum Fremdsprachenlernen

A Was gehört zusammen? Ordnen Sie zu.

0. Du wirst keine Fremdsprache lernen, — a.
1. Dadurch, dass ich lange im Ausland gelebt habe, — ☐
2. Hast du im Ausland einen Sprachkurs gemacht? — ☐
3. Je mehr Übungen du für die Prüfung machst, — ☐
4. Wie lernt man am besten Wörter, — ☐
5. Trainieren Sie Ihr Hörverstehen, — ☐
6. Lies auch mal was in der Fremdsprache, — ☐
7. Je älter man ist, — ☐
8. Statt dass wir hier lange Erklärungen geben, — ☐

a. ~~a.~~ ohne Fehler zu machen.
b. desto weniger kann schiefgehen.
c. habe ich keine Probleme beim Sprechen.
d. indem Sie Filme in der Fremdsprache anschauen.
e. statt nur Grammatik zu lernen.
f. Nein, ich habe stattdessen gejobbt.
g. ohne dass es langweilig wird?
h. sollten wir lieber mit den Übungen anfangen.
i. umso mehr Zeit braucht man, eine Fremdsprache zu lernen.

schiefgehen
misslingen

B Ergänzen Sie die Tabelle.

Nebensatz		Infinitivsatz
1 Dadurch, dass …		a ohne … zu

Adverb	Zweiteilige Konjunktion

2 Das geht doch nicht!

Ergänzen Sie ohne … zu.

0. Du kannst doch nicht bei uns vorbeikommen, *ohne vorher anzurufen.*
1. Er geht zu einer Einladung, _____
2. Sie geht auf jedes Fest, _____
3. Wir haben die Party verlassen, _____
4. Er ist zu spät gekommen, _____
5. Ihr könnt doch nicht über die Straße gehen, _____
6. Sie wollen nach Argentinien auswandern, _____

 26 Infinitivsatz

vorher anrufen
Blumen mitbringen
eingeladen sein
uns verabschieden
sich entschuldigen
auf die Autos achten
ein Wort Spanisch
sprechen

Modalsatz *indem*

3 Sparen, aber wie?

A Was passt? Ordnen Sie zu.

0. Man kann Wasser sparen, ☐ *a*
1. Man kann Strom sparen, ☐
2. Man kann Benzin sparen, ☐
3. Man kann Geld sparen, ☐

a. indem man nicht so lange duscht.
b. indem man nicht so oft essen geht.
c. indem man das Auto auch mal stehen lässt.
d. indem man die Spülmaschine nur anschaltet, wenn sie voll ist.

4. Man spart dadurch Heizkosten, ☐
5. Man spart dadurch Handykosten, ☐
6. Man spart dadurch Energie, ☐
7. Man spart dadurch Fahrtkosten, ☐

a. dass man öfter mal zu Fuß geht oder das Fahrrad nimmt.
b. dass man seine Geräte nicht auf Standby laufen lässt.
c. dass man die Zimmer nicht überheizt.
d. dass man weniger telefoniert und öfter mal eine Nachricht schreibt.

> Man kann ... **dadurch** Geld sparen,
> Geld sparen **dadurch**, **dass** man weniger ausgibt.

B Formen Sie die Sätze 0–3 um. Verwenden Sie *dadurch, dass*.

0. Man kann *dadurch* Wasser sparen, *dass* man nicht so lange duscht.
   Man kann Wasser sparen *dadurch, dass* man nicht so lange duscht.

C Formen Sie die Sätze 4–7 um. Verwenden Sie *indem*.

4. Man *spart* Heizkosten, *indem* man die Zimmer nicht überheizt.

4 Eine besondere Freundin

A Was gehört zusammen? Ordnen Sie zu.

0. Martina leiht sich oft Sachen von anderen, ☐ *a*
1. Sie fliegt manchmal einfach weg, ☐
2. Sie hilft den Nachbarskindern bei den Hausaufgaben, ☐
3. Sie treibt viel Sport, ☐
4. Sie kauft keine Kleidung, ☐
5. Sie ist ehrlich und sagt meistens, was sie denkt, ☐
6. Ich mag sie sehr gern, ☐

a. ohne dass sie fragt.
b. ohne dass ihr auch nur eine einzige Sportart Spaß macht.
c. ohne dass ich genau sagen könnte, warum.
d. ohne dass sie lange überlegt.
e. ohne dass jemand weiß, wohin.
f. ohne dass sie dafür bezahlt wird.
g. ohne dass sie sich vorher beraten lässt.

B Formen Sie die Sätze um. Bilden Sie Infinitivsätze mit *ohne ... zu.*
Bei welchen Sätzen geht das nicht? Warum?

0a. Martina leiht sich oft Sachen von anderen, *ohne zu fragen.*

5 Schon wieder!
Ergänzen Sie *ohne dass* und den passenden Satz.

0. Kannst du nicht mal Eier kochen, *ohne dass sie platzen?*
1. Kannst du nicht mal den Tisch decken, _____
2. Kannst du nicht mal einkaufen gehen, _____
3. Kannst du mir nicht mal helfen, _____
4. Kannst du nicht mal duschen, _____
5. Kannst du nicht mal aus dem Haus gehen, _____

Das Bad steht unter Wasser.
Du vergisst die Hälfte.
Die Tür knallt.
Das Geschirr geht kaputt.
Ich muss dich zehnmal darum bitten.
Sie platzen.

platzen
kaputt gehen
knallen
lautes Geräusch

6 Typisch Ursula
Streichen Sie, was nicht passt.

0. Ursula hat einen Urlaub in die Türkei gebucht, ~~statt~~/ohne sich über das Urlaubsland zu informieren.
1. *Statt/Ohne* rechtzeitig die Koffer zu packen, geht sie lieber noch mal ins Kino und packt erst kurz vor der Abreise.
2. Deshalb nimmt sie auch viel zu viele Klamotten mit, *statt/ohne* sich auf das Wichtigste zu beschränken.
3. *Statt/Ohne* sich bei ihrem Freund zu bedanken, der den schweren Koffer tragen musste, steigt sie ins Flugzeug.
4. Sie verbringt den ganzen Tag in der Hotelanlage, *statt/ohne* sich die Gegend anzuschauen.
5. *Statt/Ohne* sich im Schatten aufzuhalten, liegt sie stundenlang in der heißen Sonne und bekommt einen Sonnenbrand.
6. Nach zehn Tagen Urlaub verlässt sie das Hotel, *statt/ohne* mit jemandem gesprochen zu haben.

Klamotten *ugs.*
Kleidung
sich beschränken *hier*
nicht alles einpacken

Modalsatz indem

34

⭐ 7 Probleme im Büro

Ergänzen Sie *stattdessen* und die passenden Verben.

0. Eigentlich sollte unsere Assistentin dieses Dokument _wegschicken_.
   Stattdessen sitzt sie mit Kollegen in der Cafeteria.

1. Sie wollte die E-Mails eigentlich vor der Mittagspause _____ haben.
   _____ musste Sie wichtige Telefonate _____.

2. Leider muss ich kurzfristig den Termin mit einem wichtigen Kunden _____. Es wäre gut, wenn Sie ihn _____ könnten.

3. Jeder dachte, dass wir mit unserer Werbeaktion mehr Kunden _____ würden,
   _____ haben wir viele _____.

4. Sie sollten den unzufriedenen Kunden doch _____ haben
   Sie ihn noch mehr _____.

aufgeregt
absagen
erledigt
führen
~~sitzt~~
~~wegschicken~~
übernehmen
beruhigen
gewinnen
verloren

⭐ 8 Die etwas andere Party

A Bilden Sie Sätze mit *statt dass*. Denken Sie an das Komma.

0. Statt dass _sie alles für die Party vorbereiten, hören sie lieber Musik._
   Sie bereiten nichts für die Party vor. Sie hören lieber Musik.

1. Statt dass _____
   Sie beauftragen keinen Catering-Service. Sie lassen eine Studentin kochen.

2. Statt dass _____
   Sie beeilt sich nicht. Sie lässt die Gäste lieber warten.

3. Statt dass _____
   Er kümmert sich nicht um die Getränke. Er räumt seinen Schreibtisch auf.

4. Statt dass _____
   Sie leihen sich weder Geschirr noch Besteck aus. Sie kaufen sich neues.

5. Statt dass _____
   Das Fest versinkt nicht im Chaos. Es wird ein lustiger Abend.

im Chaos versinken
idiom.
alles ist
durcheinander

B Formen Sie die Sätze 0–4 um. Verwenden Sie *statt* + Infinitiv.

Und jetzt sagen Sie, wie Sie es machen würden:

0. _Statt Musik zu hören, würde ich alles für die Party vorbereiten._

9 Wie kann man abnehmen?

Bilden Sie Sätze mit _indem_.

0. Man kann abnehmen, _indem man weniger Schokolade isst._
   weniger Schokolade essen

1. Man kann schlanker werden,
   sich in einem Fitnessclub einschreiben und dort regelmäßig trainieren

2. Man kann sein Gewicht reduzieren,
   die Treppe statt den Lift benutzen

3. Man kann dünner werden,
   keine Säfte, sondern nur Wasser trinken

4. Man kann ein paar Kilos verlieren,
   Mitglied in einem Sportverein werden und einen Sport anfangen, der einem Spaß macht

5. Man kann Kalorien und Fett verbrennen,
   sich viel an der frischen Luft bewegen

6. Man kann etwas für seinen Körper tun, _____
   mehr Obst und Gemüse essen

★ 10 Nichts Neues!

Bilden Sie Sätze mit _je ... desto_ oder _je ... umso_.
Achten Sie auf die Stellung der Verben.

0. _Je langsamer man isst, umso mehr kann man das Essen genießen._
   langsamer essen • das Essen mehr genießen

1. _____
   mehr Geld für Urlaubsreisen ausgeben • weniger für schlechte Zeiten sparen können

2. _____
   früher mit dem Lernen von Fremdsprachen beginnen • sie schneller beherrschen

3. _____
   ein Auto größer und schneller sein • der Unterhalt teurer werden

4. _____
   jemand reicher sein • mehr Menschen etwas von seinem Geld haben wollen

5. _____
   ein Sport risikoreicher und gefährlicher sein • manche ihn interessanter finden

6. _____
   erfolgreicher lernen • mehr Lust haben weiterzulernen

> **Je mehr** man übt,
> **desto besser** wird man.
> **umso besser** wird man.
>
> je   NS   Verb am Ende
> desto HS   Verb – Subjekt

r Unterhalt
Versicherung,
Benzin,
Reparaturen

Modalsatz *indem*

⓫ Einseitige Liebe

Ergänzen Sie die Sätze.

0. Je öfter er für sie kochte, umso (*lang*) *länger ließ sie ihn warten.*

1. Je mehr er sich um sie kümmerte, umso (*wenig*) _____

2. Je mehr Geld er ihr zur Verfügung stellte, desto (*teuer*) _____

3. Je öfter er sie anrief oder eine Nachricht schrieb, desto (*unfreundlich*) _____

4. Je größer seine Blumensträuße wurden, desto (*schnell*) _____

5. Je teurer seine Geschenke wurden, umso (*selten*) _____

6. Je mehr er ihr seine Liebe zeigte, umso (*deutlich*) _____
   _____ dass sie sich nicht für ihn interessierte.

ließ • warten •
sie • ihn

beachtete •
ihn • sie

ein • sich • sie •
kleidete

sie • reagierte

in der Mülltonne •
sie • landeten

bedankte • dafür •
sie • sich

ihm • zeigte • sie

zur Verfügung stellen
geben

sich einkleiden
neue Kleidung kaufen

Lösungen

Lösungen

1 Präsens

1

A 1. koche 2. feiern 3. klingelt 4. Sitzt 5. warten 6. kommt 7. reist 8. lernt 9. Öffnest 10. begrüßt 11. reden 12. sammle 13. handelt 14. Erinnert 15. sind

B a. 0, 1, 2, 4, 5, 9, 10, 11, 14 b. 3, 8 c. 6, 7 d. 12, 13, 15

C

	machen	warten	sitzen	feiern	klingeln
ich	mache	warte	sitze	feiere	klingle
du	machst	wartest	sitzt	feierst	klingelst
er	macht	wartet	sitzt	feiert	klingelt
wir	machen	warten	sitzen	feiern	klingeln
ihr	macht	wartet	sitzt	feiert	klingelt
sie	machen	warten	sitzen	feiern	klingeln

kochen	öffnen	reisen	erinnern	sammeln
kommen	reden	begrüßen		handeln
lernen				

2
1. Ich bin – du bist 2. Er ist – sie ist 3. Wir sind – ihr seid 4. Jungen sind – Mädchen sind

3
1. Ich habe – du hast 2. Er hat – sie hat 3. Wir haben – ihr habt 4. Kinder haben – Sie haben

4
1. Kennen Sie 2. Lea kennt 3. kennt ihr 4. kennst du 5. Lea und Leon kennen 6. Niemand kennt 7. Wir kennen 8. (es) kennt sich ... aus

5
Wenn du am Bahnhof *ankommst, folgst du* den Schildern zur U-Bahn. Am Automaten *kaufst du* eine Tageskarte. Dann *gehst du* die Treppe hinunter und *steigst* in die U-Bahn Richtung Messe. Nach drei Stationen *steigst du* wieder aus. Am Ausgang Schillerstraße *biegst du* in die Goethestraße. (...) Am besten *setzt du dich* gleich ins Café. Vielleicht *schickst du* mir kurz eine Nachricht, wenn *du da bist*.

6

A 1. wirst 2. Hilfst 3. liest 4. behältst 5. läufst 6. geschieht 7. fährst 8. sieht 9. Schläfst 10. stiehlt 11. brichst

B

e → i	e → ie
nehmen – nimmst	lesen – liest
werden – wirst	geschehen – geschieht
helfen – hilfst	sehen – sieht
brechen – brichst	stehlen – stiehlt

a → ä	au → äu
behalten – behältst	laufen – läuft
fahren – fährst	
schlafen – schläfst	

7
1. kommt – passt – hat – besitzen – ist / Smartphone 2. nennt – kennen – klettere – trage – helfe / *Spiderman* 3. bist – wohnst – lernst – isst – schreibst

8

A 1. blitzt – blitzen 2. donnert – donnern 3. hagelt – hageln 4. regnet – regnen 5. nieselst – nieseln 6. schneit – schneien

B a. 0, 1, 2 b. 6 c. 4 d. 5 e. 3

9

A 1. Du änderst dich nie. Tu mal was dagegen! 2. Du wächst dich nicht oft genug. Wasch dich doch mal regelmäßig. 3. Du verhältst dich unmöglich. Benimm dich doch mal ordentlich. 4. Du schimpfst schon wieder. Sei zur Abwechslung mal nett! 5. Du tust den ganzen Tag nichts. Mach mal etwas Sinnvolles. 6. Du grüßt nie die Nachbarn. Ändere das bitte mal. 7. Du lässt den Hund immer allein. Kümmere dich doch mal um ihn. 8. Du ärgerst die Katze ständig. Lass sie mal in Ruhe. 9. Du weißt immer alles besser. Halte dich doch mal zurück.

B 1. Ihr ändert euch ... Tut mal ... 2. Ihr wascht euch ... Wascht euch ... 3. Ihr verhaltet euch ... Benehmt euch ... 4. Ihr schimpft ... Seid ... 5. Ihr tut ... Macht ... 6. Ihr grüßt ... Ändert ... 7. Ihr lasst ... Kümmert euch ... 8. Ihr ärgert ... Lasst ... 9. Ihr wisst ... Haltet euch ...

C *Es stimmt nicht,* ... 1. dass ich mich nie ändere. 2. dass ich mich nicht oft genug wasche. 3. dass ich mich unmöglich verhalte. 4. dass ich schon wieder schimpfe. 5. dass ich den ganzen Tag nichts tue. 6. dass ich die Nachbarn nie grüße. 7. dass ich den Hund immer allein lasse. 8. dass ich die Katze ständig ärgere. 9. dass ich immer alles besser weiß.

10
1. Isst – weiß 2. dauert – wissen 3. Wisst – liegt
4. Weißt – wächst 5. wissen – trägt
6. weiß – heiratet

11
A. 1. hoffe – wohlfühlen 2. frühstücken – passt
3. sind – schwitzt 4. empfiehlt 5. schaust
6. zweifle – schmeckt – mag 7. ist – lächelt
8. buchen 9. wundert – stimmt 10. gefällt

B.

	ich	du	er	wir	ihr	sie
begrüße	x					
frühstücken				x		x
hoffe	x					
passt			x		x	
schwitzt		x	x		x	
sind				x		x
wohlfühlen				x		x
empfehlt					x	
ist			x			

	ich	du	er	wir	ihr	sie
lächelt			x		x	
mag	x		x			
schaust		x				
schmeckt			x			
zweifle	x					
buchen				x		x
gefällt			x			
stimmt			x			
wundert			x			

12
A. 1. Trägst – wasche – bügle 2. gehen – nimmt –
öffnet 3. wechselst 4. bekommt – habt
5. nehme – suche 6. findet ... (statt) – ziehen ...
(an) 7. gehört – jage 8. schlafe – gibt 9. sind –
stört

B. a. 0, 9 b. 1, 6 c. 3, 8 d. 4 e. 5 f. 2 g. 7

13
1. findest – bietet 2. unternehme – Fürchtest –
sichern 3. beschäftige – putze und repariere –
klingt 4. verbringe – tanzt – bedeutet

14
... du *meldest* dich ja gar nicht mehr! Was *ist* denn
los? Ich *verbringe* zurzeit meine Abende mit einem
Buch, das ich dir auch *empfehle*: Sten Nadolny ...
Falls du es nicht *kennst*, *leihe* ich es dir beim
nächsten Mal, wenn wir uns *sehen*. Was *liest* du
denn gerade? Wahrscheinlich *hast* du gar keine
Zeit zum Lesen, weil du durch die Gegend *fährst*,
Vulkane *anschaust* oder am Strand *liegst*.

15
A. Wie *gefällt* es dir überhaupt in Neuseeland? Hoffentlich *vermisst* du uns ein bisschen. Mir *fehlst*
du sehr! Seit deiner Abreise *jogge* ich übrigens
immer allein. In deiner letzten Mail *erwähnst* du
sehr oft einen John. ... Wie *sieht* er aus? Du *weißt*,
wie neugierig ich *bin*. Ich *wünsche* dir viel Glück
mit deinem Neuen. Zwischen Jens und mir *klappt*
es einfach nicht mehr richtig. Wir *streiten* im
Moment viel. Vielleicht *trennen* wir uns. Er *wirft*
mir ständig vor, zu wenig Zeit für ihn zu haben.
Na ja! Jetzt *plane* ich erst einmal meinen
30. Geburtstag. Du *erfährst* bald mehr. Ich *halte*
dich auf dem Laufenden und *rechne* ganz fest mit
dir. PS.: Wie *findest* du die neuen Lieder von U2?
Leider *verpasst* du das Konzert im März.

B. Ich (0) *wache* auf und (1) *weiß* nicht, wo ich (2) *bin*.
Erst nach und nach (3) *sortieren* sich die Eindrücke und Geräusche, das körnige Weiß der Tapete
und das ferne Tuckern der Schiffsmotoren auf dem
Rhein. (...) Nur langsam (4) *finde* ich zurück.
(5) *schiebe* die Bettdecken beiseite, kühl (6) *ist* der
Fieberschweiß auf meiner Haut. Ich (7) *fühle* mich
leicht, unwirklich leicht, bis zum Übermut. Ich
(8) *trete* ans Fenster, milde Frühjahrsluft und der
weiche Geruch von Wasser. Ein Tag, der an mir
(9) *reißt*. Ich (10) *zögere* nicht länger. Zwar (11) *spü-
re* ich bei der geringsten Anstrengung wie
schwach ich unter dieser angenehmen Taubheit
(12) *bin*. (...) aber der Gedanke, heute früh schon
schwimmen zu gehen und dem Kalender zuvorzukommen, (13) *ist* so plötzlich da, daß mir gar
keine Zeit (14) *bleibt*, mich eines Besseren zu
besinnen. Und ich (15) *merke*, wie dieser Gedanke
zunehmend Kraft (16) *zieht*, ich (17) *merke*, wie sehr
ich es (18) *will*. Unter der Dusche die erste Berührung mit dem Wasser, das mich (19) *umfließt* wie
eine zweite Haut. Ich (20) *schließe* die Augen und
(21) *lasse* die gebündelten Strahlen auf mein
Gesicht prasseln, das Wasser (22) *läuft* über mein
halbgeöffneten Lippen, ich (23) *atme* vorsichtig
unter den seidigen Wasserflächen, die mir im
Herabfallen über den Mund (24) *fahren* wie
feuchte Tücher.

B Präsens → lebendiger

2 Perfekt

B

hat geparkt / getanzt / gehört / bewiesen / geschrieben / gebracht / enthalten / behalten	ist geblieben / geworden / gesprungen / verreist / gefolgt / eingefallen

1

A a – c – b – d – f – e

B

Perfekt mit *haben*	Perfekt mit *sein*
du hast gemacht	sie sind gegangen
wir haben vermisst	sie sind gekommen
ich habe gehabt	sie sind geblieben
sie haben geschafft	es ist gewesen
	sie sind geworden

6

1. bin geflogen 2. Haben ... gewöhnt 3. Hast ... gepackt 4. sind ... ausgezogen 5. hat ... gefallen 6. hat ... beeilt 7. habe ... bestellt 8. sind ... begegnet 9. habt ... gespart 10. ist ... gekommen 11. haben ... gedacht 12. sind ... abgebogen 13. sind ... gelungen 14. seid ... gewachsen

7

1. abgenommen 2. ausgezogen 3. gesprochen 4. verloren 5. gefroren 6. getragen 7. gefallen 8. verstanden

8

1. missverstanden – ausgeschlossen – betrogen 2. behandelt – bedient – beachtet 3. eingeschlafen – aufgestanden – geblieben 4. informiert – gesagt – mitgeteilt 5. geschneit – geregnet – geschienen/ gescheint ugs. 6. gebraucht – gedacht – erkannt

9

1. abgetrocknet 2. ausgeschaltet 3. angeschafft 4. aufgeräumt 5. besorgt 6. eingepackt 7. erlaubt 8. geschehen 9. umgetauscht 10. verbraucht

10

1. Ich *habe* in einer Bäckerei *gejobbt* und *bin* jeden Tag um sechs *aufgestanden*. 2. Wir *sind* Anfang August *umgezogen* und *haben* unsere Wohnung *renoviert*. 3. Ich *bin* zu Hause *geblieben* und *habe* einfach mal nichts *getan*. 4. Ich *habe* einen Sprachkurs in Genf *gebucht* und dort neue Leute *kennengelernt*. 5. Wir *haben* eine Hütte in den Alpen *gemietet* und *sind* jeden Tag auf einen anderen Berg *gewandert*. 6. Wir *sind* nach Sylt *gesegelt* und *haben* dort Freunde *besucht*. 7. Ich *habe* zu Hause *gelernt* und *bin* ab und zu mit Freunden *ausgegangen*. 8. Ich *habe* ein Praktikum im Krankenhaus *begonnen* und *bin* jeden Tag erst spät nach Hause *gekommen*.

11

1. ist vergangen – vergehen 2. hat sich verändert – verändern 3. hat bekommen – bekommen 4. hat zugenommen – zunehmen 5. ist eingestiegen – einsteigen 6. ist geworden – werden 7. ist ausgewandert – auswandern 8. haben geheiratet – heiraten 9. hat eröffnet – eröffnen 10. hat gebaut – bauen 11. hat übernommen – übernehmen 12. hat geerbt – erben 13. hat sich gemeldet – melden

2

A + B

Regelmäßige Verben	Unregelmäßige Verben
warten – gewartet	laufen – gelaufen
aufmachen – aufgemacht	fahren – gefahren
beeindrucken – beeindruckt	finden – gefunden
suchen – gesucht	bekommen – bekommen
verändern – verändert	treffen – getroffen
lachen – gelacht	sehen – gesehen
telefonieren – telefoniert	einladen – eingeladen
bedanken – bedankt	denken – gedacht

C

Regelmäßige Verben

ge	wart	et	
ge	such	t	
ge	lach	t	
	telefonier	t	

auf	ge	mach	t	trennbar
beein		druckt	t	untrennbar
ver		änder	t	bar
be		dank	t	

Unregelmäßige Verben

ge	lauf	en	
ge	fahr	en	
ge	fund	en	
ge	troff	en	
ge	seh	en	
ge	dach	t	
ein	ge	lad	en	trennbar
be		komm	en	untrennbar

3

1. hat 2. haben 3. hat 4. bin 5. hat 6. hat (ist Zustandspassiv S. 75)

4

1. verdient 2. geantwortet 3. geputzt 4. geschlafen 5. gesucht 6. gekommen

5

A 1. tanzen 2. bleiben 3. gehören 4. beweisen 5. werden 6. springen 7. verreisen 8. schreiben 9. folgen 10. bringen 11. enthalten 12. einfallen 13. behalten

12
1. erinnert 2. erfahren 3. geärgert 4. bewiesen
5. probiert 6. verpasst 7. verloren 8. ereignet
9. geliehen

13
1. gesessen 2. gelegen 3. benutzt 4. geschrieben
5. gegessen 6. ausgeleert 7. gestellt 8. geöffnet –
gelesen 9. abgehängt 10. gestanden – beobachtet
Es sind Schneewittchen und sechs Kollegen von
Herrn Langschläfer.

14
A 1. habe verbracht 2. bin gezogen 3. habe übersprungen 4. bin gewachsen 5. bin begegnet
6. habe begonnen 7. bin geblieben 8. habe
gewechselt 9. habe abgeschlossen 10. bin gewesen
11. habe gemacht 12. habe bekommen 13. bin
gezogen 14. bin geworden 15. habe genommen
16. habe genossen 17. bin zurückgekehrt 18. habe
gehabt

B 1. Wo hast du die ersten Lebensjahre verbracht?
2. Wohin bist du mit sechs Jahren gezogen? 3. Wohin bist du mit deinen Eltern
gezogen? 3. Welche Klasse hast du übersprungen?
4. Wie viel Zentimeter bist du mit 17 noch
gewachsen? 5. Wo bist du den vielen interessanten
Menschen begegnet? 6. Welches Studium hast du
in Passau begonnen? 7. Warum bist du zunächst
in Passau geblieben? 8. Wann hast du die Universität gewechselt? 9. Wo hast du dein Studium
abgeschlossen? 10. Wo bist du richtig glücklich
gewesen? 11. Wo hast du ein Praktikum gemacht?
12. Bei welcher Firma hast du eine gute Stelle
bekommen? 13. Wohin bist du mit deiner Freundin gezogen? 14. Wann bist du Vater geworden?
15. Wie lange hast du von Anfang bis Ende genossen?
16. Was hast du von Anfang bis Ende genossen?
17. Wann bist du ins Berufsleben zurückgekehrt?

15
1d 2e 3c 4b

16
1. Was ist denn geschehen? 2. Was ist dir denn
zugestoßen? 3. Wie ist es denn dazu gekommen?
4. Was ist denn hier vorgefallen? 5. Was hat sich
denn hier abgespielt? 6. Was für eine Party hat
denn hier stattgefunden? 7. Jetzt ist mein Kuchen
missglückt/misslungen! 8. Mein Kuchen ist ja
total misslungen/missglückt! 9. Was ist da nur
schiefgegangen? 10. Da ist wohl beim Backen
etwas danebengegangen!

17
1. begangen 2. angekommen 3. umgegangen
4. untergekommen 5. entgangen

18
1. sind vergangen 2. habe erzählt 3. was ...
passiert ist 4. hat interviewt 5. gestellt 6. gefilmt
hat 7. hat motiviert 8. habe getraut 9. hat
geklappt 10. hat geholfen 11. hat verbessert
12. haben gesessen 13. haben amüsiert 14. habe
entdeckt 15. hat geschwärmt 16. aufgeladen habe

19
1. hat durchgeschlafen 2. haben ausgeschlafen
3. eingeschlafen bin 4. hat verschlafen
5. hat weitergeschlafen

20
1. umgemeldet 2. abgegeben 3. begründet
4. abgestimmt 5. beantragt 6. abgerechnet
7. beschwert 8. anerkannt 9. herausbekommen
10. beratschlagt – angeboten

21
1. ist verlaufen 2. hat getrennt 3. zusammengehört haben 4. haben gesetzt 5. hat (ist südd.)
gestanden 6. haben (sind südd.) patrouilliert
7. haben begrüßt 8. haben gewechselt 9. sind
vorbeimarschiert 10. hat verboten 11. haben
erhalten 12. habe genutzt 13. habe gewagt
14. verbunden gefühlt haben 15. haben organisiert
16. haben nicht mitfahren lassen 17. hat provozieren dürfen 18. ist gewesen 19. hat serviert
20. sind gelangt 21. haben umarmt, gefeiert und
gesungen 22. hat abholen können

22
A + B 1c. ist vorgekommen 2d. ist verschwunden
3e. ist verloren gegangen 4f. bin verhungert
5b. sind verfallen

23
1c 2b 3c 4a 5b 6a 7c 8b

Lösungen

3 Präteritum

1
A + B

C

regelmäßig		unregelmäßig		Hilfs-/Modalverben	
reservierte	reservieren	nahm	nehmen	war	sein
lehnte	lehnen	gab	geben	konnte	können
packte aus	auspacken	hieß	heißen		
rasierte	rasieren	lag	liegen		
duschte	duschen	zog um	umziehen		
schlenderten	schlendern	ging	gehen		
hasste	hassen				

1a. Bei den regelmäßigen Verben hat die Endung ein t-. 2c. Bei den unregelmäßigen Verben ändert sich der (Stamm-)Vokal. 3b. Die ich-Form (1. P. Sg.) und die er/sie/es-Form (3. P. Sg.) der unregelmäßigen Verben haben keine Endung.

D

	packen	antworten	können	haben	sein	geben
ich	packte	antwortete	konnte	hatte	war	gab
du	packtest	antwortetest	konntest	hattest	warst	gabst
er	packte	antwortete	konnte	hatte	war	gab
wir	packten	antworteten	konnten	hatten	waren	gaben
ihr	packtet	antwortetet	konntet	hattet	wart	gabt
sie	packten	antworteten	konnten	hatten	waren	gaben

2
1. hatten – waren 2. war 3. War – hatte 4. war 5. Hattet – war 6. wart 7. waren

3
1. kam 2. war 3. hatte 4. dachte 5. saß 6. ging 7. blieb 8. stand 9. hing 10. lag

4
1. saßen – setzte 2. hing – hängte 3. stellte – stand 4. legte – lag

5
1. bekommt – bekam 2. geht – ging 3. wusste – weiß 4. steigt – stieg

6
1. hieß – heißen 2. gab – geben 3. kamen – kommen 4. galt – gelten 5. bestand – bestehen

7
1. rannte 2. fiel 3. ankam 4. war 5. gewann 6. erreichte 7. schaffte

8
A + B

war – sein
saß – sitzen
hielt – halten
kam – kommen
musste – müssen
stand auf – aufstehen
ging herum – herumgehen
zog ... hoch – hochziehen
küsste – küssen

schloss – schließen
konzentrierte – konzentrieren
fühlte – fühlen
roch – riechen
kratzte – kratzen
dachte – denken
tat – tun
hörte – hören

9
A

1. erkannte – förderte – stand – zählte – trat ... zurück 2. beendete – besaß – sammelte – fuhr – dauerte – gewann 3. nahm ... teil – holte – schwamm – folgte – erklärte 4. trainierte – brachte – wurde – holte – wählte

B

1. Steffi Graf 2. Michael Schumacher 3. Franziska van Almsick 4. Fabian Hambüchen

10
A + B

1. stellte er fest / Galileo Galilei 2. stammte – lernte – erbaute – fuhr / Georg Stephenson 3. bewies – nannte – begründete / Louis Pasteur 4. entwickelte – verbesserte – erleichterte – erhöhte / James Watt 5. schuf – meldete – feierte – lachte / Carl Benz

C

regelmäßig		unregelmäßig	
studierte	studieren	erfand	erfinden
stellte fest	feststellen	fuhr	fahren
stammte	stammen	bewies	beweisen
lernte	lernen	nannte	nennen
erbaute	erbauen	schuf	schaffen
begründete	begründen		
entwickelte	entwickeln		
verbesserte	verbessern		
erleichterte	erleichtern		
erhöhte	erhöhen		
meldete an	anmelden		
feierte	feiern		
lachte	lachen		

11
1. fuhren – führte 2. waren – gewährte 3. legte 4. besaß – bestand 5. besichtigten – beobachteten 6. stand – stellten 7. gefiel – gerieten 8. verbrachten – verbrauchten 9. hielt – holte 10. wanderten – wunderten 11. bemühten – beschlossen

12
1. wartete 2. begrüßten 3. schloss 4. mussten 5. waren 6. war 7. lag 8. verstand 9. sprach 10. packte ... aus 11. legte 12. lag 13. schlug ... vor 14. nahmen ... mit 15. blieb 16. half

13
1. fielen 2. lagen 3. betrug 4. kam 5. lag 6. ging 7. verlor 8. kam ... ab 9. stieß 10. entstand 11. blieben 12. rutschte 13. brach

14
1. dachte – dankte 2. entäuschte – empfahl 3. entstand – entwickelte 4. saßen – erzählten 5. flogen – feierten 6. flossen – freute 7. lebte(n) – log(en) 8. las – lernte 9. schimpften – schwiegen 10. spielten – sprangen 11. stritten – stimmte 12. verkaufte – verließ 13. warf – weinte 14. zweifelten – wussten

Plusquamperfekt

4 Plusquamperfekt

A + B

1

Plusquamperfekt mit			
haben		sein	
hatten	reserviert	waren	gegangen
hatte	vergessen	waren	aufgestanden
hatte	gekauft		
hatten	gegessen		
hatte	gegessen		

2
1. hatte 2. hatte 3. war 4. hatte 5. hatte
6. hatte 7. war 8. war

3
1. Er hatte es nicht abgeschlossen. 2. Wir hatten den Bus versäumt. 3. Sie war plötzlich krank geworden. 4. Er hatte den Chef beleidigt. 5. Sie hatte nicht genug gelernt.

C
1. falsch 2. richtig 3. falsch (ugs. möglich) 4. richtig

D
Im Tagebuch könnte auch stehen: 1. Beim Auspacken bemerke ich, dass ich ... vergessen *habe* 2. Ich *habe* mir ... gekauft und jetzt liegt er zu Hause 3. Nachdem wir ... gegessen *haben*, *beschließen* wir 4. Als wir ... *zurückkommen, sind* wir ... *gegangen* 5. Wir *fallen* todmüde ... wir *sind* ... aufgestanden 6. Am nächsten Tag *liegen* wir ... und *können* uns ... wir ... *gegessen haben*

4
A + B + C
1c. *Schneewittchen* gebissen hatte
2d. *Hänsel und Gretel* herumgeirrt waren
3b. *Aschenputtel* geholfen hatten

5
1. Nachdem er sich ihre Telefonnummer besorgt hatte, rief er sie an. 2. Nachdem sie sich für einen Abend verabredet hatten, trafen sie sich regelmäßig. 3. Nachdem sie sich zum ersten Mal geküsst hatten, beschlossen sie, eine gemeinsame Wohnung zu suchen. 4. Nachdem sie umgezogen waren, planten sie ihre Hochzeit. 5. Nachdem sie geheiratet hatten, machten sie ihre Hochzeitsreise nach Paris. 6. Nachdem sie das erste Kind auf die Welt gekommen war, arbeitete sie nur noch halbtags. 7. Nachdem die Wohnung zu klein geworden war, kauften sie sich ein Haus. 8. Nachdem sie noch zwei Kinder bekommen hatten, war das Glück perfekt.

6
1. Nachdem wir ein paar Sekunden überlegt hatten, antworteten wir. 2. Nachdem wir Informationen zum Thema gesammelt hatten, verglichen wir unsere Ergebnisse. 3. Nachdem wir kleine Gruppen gebildet hatten, verteilte die Lehrerin verschiedene Texte. 4. Nachdem wir die Texte gelesen hatten, besprachen wir sie in den Gruppen. 5. Nachdem wir unseren Text vorgestellt hatten, diskutierten wir mit den anderen darüber.

7
1g. zurückgekehrt waren 2b. geduscht hatten 3f. getrunken hatten 4e. spazieren gegangen war 5d. gegossen hatten 6c. gegessen hatten

8
1. Kaum hatte ich mich an den Schreibtisch gesetzt, klingelte schon das Telefon. 2. Kaum hatte ich den Hörer aufgelegt, klopfte es an der Tür. 3. Kaum hatte ich den Computer angeschaltet, fiel der Strom aus. 4. Kaum hatte ich eine E-Mail beantwortet, kam schon die nächste. 5. Kaum hatte ich mit der Arbeit begonnen, ließ mich der Chef rufen. 6. Kaum hatte ich das Büro verlassen, fing es an zu regnen.

9
1. hatte 2. hatten 3. hatten 4. hatten – sind 5. hatten – sind 6. hatte 7. war 8. hat – waren 9. hatten 10. ist – hatten

Lösungen

5 **Futur I + II**

1

A 1f 2b 3d 4c 5e 6k 7j 8i 9g 10h

B *Futur I:* c. werde versuchen / e. werden steigen / g. wirst sprechen / h. Wirst gehen / i. werde rufen / j. wird werden / k. wird geben
Futur II: b. wird gegangen sein / d. werdet vergessen haben / f. wird gestanden haben

C 1. *Ankündigung:* c, i 2. *Vermutung:* b, d, e, f, j, k 3. *Vorausschau:* e, j, k 4. *Warnung:* g, i, k 5. *Aufforderung:* g, h

2

A 1. werden 2. werden 3. werdet 4. wird 5. wirst 6. werde 7. wirst

B ich werde – du wirst – er/sie/es wird – wir werden – ihr werdet – sie werden

3

Futur I: 1, 4, 7, 9, 10, 14 *Futur II:* 5, 13
Weder *Futur I* noch *Futur II,* weil: 0 *Präsens /*
2 *Präsens Passiv /* 3 *Präsens Modalverb + Infinitiv /*
6 *Perfekt /* 8 *Präsens /* 11 *Präsens Passiv /*
12 *Präsens Passiv*

4

1. Ihr *werdet* mal mit eurem Chef reden müssen, ...
2. Wir *werden* ab sofort die Hausarbeit aufteilen.
3. Er *wird* nichts mehr mit dir zu tun haben wollen, ... 4. Sie *wird/werden* ihren Eltern nicht mehr alles erzählen, ... 5. Wir *werden* dieses Hotel nicht mehr buchen.

5

1. Claire und Rene werden bestimmt noch kommen.
2. Unser Sportler Alfredo wird wahrscheinlich beim Fußballtraining sein. 3. Mustafa wird noch bis sechs arbeiten müssen. 4. Claudia und Jana werden zu spät losgefahren sein. 5. Ana wird die U-Bahn verpasst haben. 6. Marcel wird keine Lust haben zu kommen.

6

1. werden haben 2. werden entlassen müssen 3. werden eingestellt werden können 4. wird geben 5. werden bekommen 6. werden gesenkt werden

7

1d 2e 3g 4f 5b 6c

8

Befehl: 0, 1, 5, 6 *Drohung:* 2, 3, 4, 7, 8

9

1. Du wirst mir fehlen. 2. Ich werde Dich nie vergessen. 3. Ich werde Dir jeden Tag schreiben. 4. Wir werde ich es nur ohne Dich aushalten? 5. In Gedanken werde ich immer bei Dir sein.

10

1. Du wirst mit Sicherheit erst mal nichts verstehen. / Mit Sicherheit wirst du ... 2. Du wirst das fremde Essen vielleicht nicht vertragen. / Vielleicht wirst du ... 3. Du wirst möglicherweise auch Heimweh bekommen. / Möglicherweise wirst du ... 4. Du wirst auf jeden Fall wichtige Erfahrungen sammeln. / Auf jeden Fall wirst du ... 5. Du wirst sicherlich viele nette Leute kennenlernen. / Sicherlich wirst du ... 6. Du wirst bei den ersten Schwierigkeiten bestimmt nicht gleich aufgeben. / Bestimmt wirst du ...

11

A 1. Sie wird ein weißes Kleid getragen haben.
2. Er wird sich einen Smoking ausgeliehen haben.
3. Die Sonne wird geschienen haben. 4. Nur wenige Freunde werden mitgefeiert haben.
5. Champagner wird in Strömen geflossen sein.
6. Die beiden werden bei Sonnenuntergang am Strand spazieren gegangen sein. 7. Alles wird perfekt gewesen sein.

B *Glaubt ihr wirklich,* ... 1. dass sie ein weißes Kleid tragen wird? 2. dass er sich einen Smoking ausleihen wird? 3. dass die Sonne scheinen wird? 4. dass nur wenige Freunde mitfeiern werden? 5. dass Champagner in Strömen fließen wird? 6. dass die beiden bei Sonnenuntergang am Strand spazieren gehen werden? 7. dass alles perfekt sein wird?

12

1. Wir werden schon nichts Wichtiges vergessen haben. 2. Wir werden schon an alles gedacht haben. 3. Wir werden schon rechtzeitig fertig werden. 4. In der Prüfung wird schon nichts schiefgegangen sein. 5. Die Prüfer werden schon freundlich sein. 6. Die Prüfung wird schon nicht so schwer werden. 7. Sie wird die Prüfung schon bestanden haben. 8. Das Zertifikat wird mir schon etwas nützen.

13

1g 2e 3i 4b 5d 6c 7h 8f

6 Imperativ

1

A *Sie:* b+g *du:* c+h *ihr:* a+d *wir:* e+f

B a. Bevor ihr etwas Neues lernt, überlegt, was ihr ... b. *Fragen Sie* Ihren Lehrer nach ... c. *Geh* nur in Sprachkurse, die ... d. *Bildet* Lerngruppen, in denen ihr ... e. *Reden wir* nicht mehr so viel. f. *Fangen wir* endlich zu üben an. g. *Benutzen Sie* Techniken und Strategien, die ... h. *Lies* Zeitungen, *sieh fern, sprich* Deutsch.

C *du-*Form: Das Verb hat kein *-st* als Endung.
du-ihr-Form: Hier fehlt das Pronomen du oder ihr.
Sie-/wir-Form: Das Verb steht immer vor dem Pronomen Sie oder wir.

D

```
      Ü
  B E N U T Z E N
      A
R E D E N       A
      F         C
F R A G E N     H
      L     S   T
      E     P   E
  L E S E N G   N
      N     R
      F E R N S E H E N
                H
                E
                N
```

B I L D E N

2

A 1. Lies bitte weiter. 2. Hör gut zu. 3. Schreib bitte deutlich. 4. Pass bitte auf. 5. Rede bitte langsamer. 6. Sei bitte pünktlich. 7. Hab etwas Geduld. 8. Stör die anderen nicht. 9. Achte auf die neue Rechtschreibung. 10. Vermeide Wiederholungen.

B 1. Lest ... 2. Hört gut zu. 3. Schreibt ... 4. Passt bitte auf. 5. Redet ... 6. Seid ... 7. Habt ... 8. Stört ... 9. Achtet ... 10. Vermeidet ...

3

1. Versprich mir, um elf Uhr ... 2. Sieh bitte nach, wann die ... 3. Iss nicht immer bei ... 4. Gib nicht so viel Geld aus. 5. Nimm dein Handy mit. 6. Vergiss so viel Geld aus. 7. Hilf mir jetzt noch schnell ...

4

A 1. Pack auch zwei Geschirrtücher und Servietten ein. 2. Nimm ja genug Besteck für alle mit. 3. Zerschlag beim Einpacken ja nicht die Teller. 4. Bereite ruhig schon mal den Salat vor. 5. Wickle die gekochten Eier bloß nicht in Alufolie ein. 6. Schneide doch mal die Wurst auf. 7. Mach endlich den Kartoffelsalat fertig.

B 1. Packt ... ein. 2. Nehmt ... mit. 3. Zerschlagt ... 4. Bereitet ... 5. Wickelt ... ein. 6. Schneidet ... auf. 7. Macht ... fertig. 8. Vergesst ... 9. Zieht euch ... 10. Beeilt euch ...

8. Vergiss ja nicht den Geldbeutel. 9. Zieh dich vielleicht noch um. 10. Beeil dich bitte mal.

5

1. *Lesen Sie* die Aufgabe 3 zum Hörtext durch und diskutieren Sie die Aufgabe mit Ihrem Nachbarn. 2. *Unterstreichen Sie* Schlüsselwörter und *überlegen Sie* mit Ihrem Nachbarn, welches Thema im Hörtext behandelt wird. 3. *Hören Sie* nun den Text und versuchen Sie, die Aufgabe zu lösen. 4. *Vergleichen Sie* die Ergebnisse mit Ihrem Nachbarn und überprüfen Sie beim zweiten Hören Ihre Lösungen.

6

A 1e 2b 3g 4f 5i 6j 7k 8c 9a 10h

B *Bitte:* 3g 5i 6j 9a 10h
Ratschlag/Vorschlag: 1e 2b 4f 7k 8c

7

1. Legt den Umzug am besten aufs Wochenende. 2. Fragt bei Freunden nach, ob sie beim Umzug helfen können. 3. Entrümpelt den Keller und mistet in der Wohnung altes Zeug aus. 4. Besorgt von Bekannten Umzugskartons oder kauft welche im Baumarkt. 5. Überlegt euch, wo in der neuen Wohnung die Möbel stehen sollen. 6. Stellt einen Nachsendeauftrag bei der Post. 7. Vergesst nicht, Internet und Stromanschluss zu kündigen und neu anzumelden. 8. Packt die Umzugskartons nicht ganz voll und beschriftet jeden Karton. 9. Stellt genug Brotzeit und Getränke für die Umzugshelfer bereit. 10. Plant Trinkgeld für die Leute der Umzugsfirma ein. 11. Bringt die Kinder am Umzugstag bei Oma oder Freunden unter. 12. Teilt die neue Adresse dem Einwohnermeldeamt mit.

8

1h 2i 3g 4e 5b 6l 7c 8k 9f 10d 11a

den Job beworben hätte. 8. wie ich mir meine Arbeit vorstellen würde / vorstelle. 9. ob ich Stress vertragen würde. 10. was ich unter beruflichem Erfolg verstehen würde / (verstünde).

5

1. verdienen 2. macht 3. gehe 4. sei 5. arbeiten/ arbeiten 6. verspricht 7. wird 8. könne 9. müsse 10. müsse 11. arbeitet 12. sagt 13. liegt 14. beträgt

6

A 1g 2b 3d 4f 5e 6c

B b. Auch Mädchen *können* mitspielen. Es *wird* noch ... gesucht. c. *Ich werde euch* vermissen, aber *ich freue mich* ... d. Die Schule *hat* einen guten Ruf und *ich werde* alles tun, dass ... Für Verbesserungen *bin ich* offen. e. So eine begabte Klasse *wie eure habe ich* ... unterrichtet. Es *macht* wirklich Spaß, in *eurer/dieser* Klasse zu arbeiten. f. Das ist die Gelegenheit, *euer* Spanisch ... Wer Interesse *hat, soll* sich anmelden. g. Ihr *kommt* ständig ... Damit *verliere ich* ...

7

A *direkte Rede:* 2, 5, 8, 10
indirekte Rede: 1, 3, 4, 6, 7, 9

B 2. *Sein großer Traum sei schon als Achtjähriger gewesen,* ... 5. *Er habe ja nicht von Anfang an vorgehabt,* ... 8. *Wie er es geschafft habe,* ... fragt ein Schüler. 10. *Motivation verhalte sich in etwa so wie* ... *Man wisse nie genau, wie lange sie anhalten wird/werde.*

8 Konjunktiv II

1

A 1d 2c 3i 4h 5f 6g 7e 8b

B V = *Vergangenheit*

	haben	sein	wissen	würde + Inf.	
ich	hätt e	wär e	wüss te	würd e	sitzen
du	hätt est	wär (e)st	wüss test	würd est	sitzen
er/sie/es	hätt e	wär e	wüss te	würd e	sitzen
wir	hätt en	wär en	wüss ten	würd en	sitzen
ihr	hätt et	wär (e)t	wüss tet	würd et	sitzen
sie	hätt en	wär en	wüss ten	würd en	sitzen
V	er hätte gehabt	er wäre gewesen	er hätte gewusst		

2

1. Ich könnte – Das wäre 2. Hättet ihr – Wir würden – Das wäre 3. Hättet ihr – Ich würde – Könntet ihr 4. Hätten Sie – Ich würde – Könnten Sie

---

7 Konjunktiv I / Indirekte Rede

1

A + B

G = *Gegenwart* / V = *Vergangenheit* / Z = *Zukunft*

	Konjunktiv I	Konjunktiv II
G	sie habe vor	sie hätten keine Zeit
	er müsse lernen	sie könnten kommen
	sie seien beschäftigt	sie würden feiern
	er sei ungünstig	
	sie liege	
V	er sei eingeladen worden	wir hätten gesagt
	sie habe besorgt	sie hätten geplant
	sie sei hingefallen	
Z	sie werde versuchen	

C 1. Wir haben keine Zeit. 2. Ich bin nicht eingeladen worden. 3. Ich muss für die Deutschprüfung lernen. 4. Ich habe für den Abend schon Opernkarten besorgt. 5. Wir können nicht kommen. Wir sind das ganze Wochenende mit dem Umzug beschäftigt. 6. Ihr habt mir nichts gesagt. 7. Meine Großeltern feiern goldene Hochzeit und haben ein großes Fest geplant. 8. Der Termin ist für mich ungünstig, aber ich werde versuchen, später nachzukommen. 9. Ich bin hingefallen und liege im Krankenhaus. 10. Ich finde Partys doof.

D 1b 2c 3a 4d

2

A 1. er sei 2. du sei(e)st 3. ich sei 4. wir seien 5. ihr seiet 6. sie seien

B 1. er wäre 2. du wär(e)st 3. ich wäre 4. wir wären 5. ihr wär(e)t 6. sie wären

3

A 1. sei 2. werde 3. müsse 4. habe 5. gebe 6. sei 7. werde

B 1. wäre 2. würde 3. müsste 4. hätte 5. gäbe 6. wäre 7. würde

4

A 1. verbringe 2. habe 3. sei 4. gekündigt habe 5. wisse 6. kenne 7. beworben habe 8. vorstelle 9. vertrage 10. verstehe

B Man hat mich gefragt, / Sie wollten wissen, / Man wollte erfahren, / Ich wurde gefragt, ... 1. wie ich meine Freizeit verbringen würde / (verbrächte). 2. was ich für Gehaltsvorstellungen hätte. 3. ob ich zeitlich flexibel einsetzbar wäre. 4. warum ich in meiner alten Firma gekündigt hätte. 5. was ich über die neue Firma wüsste. 6. welche Fachzeitschriften ich kennen würde. 7. warum ich mich um

3

A + B

1g. K-G 2f. G-K 3c. G-K 4h. K-G 5b. G-K
6d. G-K 7e. G-K

4

1 Würdet ihr bitte zuerst den Text lesen?
2. Könnten Sie (bitte) die Frage (bitte) wiederholen?
3. Würdest du (bitte) dein Handy (bitte) ausschalten?
4. Dürften wir schnell einen Kaffee holen?
5. Könnten wir (mal) die Fenster (mal) aufmachen?
6. Würdet ihr bitte mal die Fenster (mal) aufmachen? 7. Könntest du
nächste Woche dein Referat halten? / Könntest du
dein Referat nächste Woche halten? 8. Könnten Sie
das bitte noch einmal erklären? 9. Dürfte ich heute
ausnahmsweise früher gehen? 10. Könntet ihr bitte
leiser sein?

5

1.–5. *Ich würde gern ein paar E-Mails schreiben /
im Internet chatten / eine neue Sonnenbrille kaufen /
vor dem Kamin sitzen und lesen / Ich würde mich
gern mit Freunden auf ein Bier treffen, wir könnten
aber auch zusammen kochen / einen Film anschau-
en / den nächsten Urlaub planen / eine Stunde Rad
fahren / faulenzen.

6

A

An deiner Stelle würde ich ... 1. ein Praktikum ...
machen 2. eine ... Fremdsprache lernen 3. mich
um ... bewerben 4. nicht in Jeans ... kommen
5. immer pünktlich ... erscheinen 6. nicht ständig ...
widersprechen 7. mich nicht ... provozieren lassen

B

Du müsstest/solltest ... 1. ein Praktikum ... machen
2. eine ... Fremdsprache lernen 3. dich ... bewerben
4. nicht in Jeans ... kommen 5. immer pünktlich ...
erscheinen 6. nicht ständig ... widersprechen
7. dich nicht ... provozieren lassen

C

An deiner Stelle ... 1. hätte ich ... gemacht 2. hätte
ich ... gelernt 3. hätte ich mich ... beworben 4. wäre
ich nicht ... gekommen 5. wäre ich ... erschienen
6. hätte ich nicht ... widersprochen 7. hätte ich
mich nicht ... provozieren lassen
Du ... 1. hättest ... machen müssen/sollen 2. hättest ...
lernen müssen/sollen 3. hättest dich ... bewerben
müssen/sollen 4. hättest nicht ... kommen dürfen
5. hättest ... erscheinen müssen/sollen 6. hättest
nicht ... widersprechen dürfen/sollen 7. hättest dich
nicht ... provozieren lassen dürfen/sollen

7

Aber er tut so, als ... 1. er viel verdienen würde.
2. er etwas zu sagen hätte. 3. er schon alles könnte
und wüsste. 4. ihm alles schmecken würde.

8

A

Es sieht so aus, ... 1. als ob die Kinder schon um
zehn Uhr schlafen würden / schliefen. In Wirklichkeit lesen sie bis elf unter der Bettdecke. 2. als ob
Frau Schneider gern Rad fahren würde. In Wirklichkeit ist das Auto kaputt. 3. als ob die Familie
im Lotto gewonnen hätte. In Wirklichkeit hat sie
das Geld von der Tante geerbt. 4. als ob die
Töchter sich gut verstehen würden / verstünden. In
Wirklichkeit streiten sie oft. 5. als ob die Familie
auszeihen wollte. In Wirklichkeit wird die Wohnung renoviert. 6. als ob Herr Schneider arbeitslos
wäre. In Wirklichkeit erledigt er seine Arbeit von
zu Hause aus.

B

Es sieht so aus, ... 1. als würden die Kinder schon
um zehn Uhr schlafen. 2. als würde Frau Schneider
gern Rad fahren. 3. als hätte die Familie im Lotto
gewonnen. 4. als würden sich die Töchter gut verstehen. 5. als wolle die Familie ausziehen. 6. als
wäre Herr Schneider arbeitslos.

9

1. Emma schwimmt, als ob sie ein Fisch wäre.
2. Die beiden sehen aus, als ob sie echte Profi-
Tänzer wären. 3. Du benimmst dich, als ob du ein
kleines Kind wär(e)st. 4. Christian verhält sich, als
ob er ein Pascha wäre. 5. Jungs, ihr schwitzt ja, als
ob ihr Marathonläufer wär(e)t.

10

A + B

Ich wäre gern ... 1g. Galeriebesitzer, dann würde
ich ... ausstellen und sie teuer verkaufen.
2e. Tierpflegerin, dann würde ich mich ...
kümmern. 3b. Schriftsteller, dann würde ich ...
beobachten und Romane schreiben.
4d. Musikerin ... dann würde ich ... auftreten.
5c. Schauspieler, dann würde ich ... stehen und ...
spielen. 6f. Bundeskanzlerin/Präsidentin, dann
würde ich ... treffen und könnte Steuern senken.

11

1. Wenn er sich doch nur für blonde Mädchen
interessieren würde! 2. Wenn ich doch nur nicht so
jung wäre! 3. Wenn er doch nur in meiner Nähe
wohnen würde! 4. Wenn ich doch nur seine
Handynummer hätte! 5. Wenn er mich doch nur

5. er eine eigene Wohnung besitzen würde / besäße.
Aber er tut so, als ... 1. würde er viel verdienen.
2. hätte er etwas zu sagen. 3. könnte und wüsste er
schon alles. 4. würde ihm alles schmecken.
5. würde er eine eigene Wohnung besitzen / besäße
er eine eigene Wohnung.

12

1. Wir wären ... gegangen 2. Wir hätten ... eingeladen 3. Ich wäre ... gekommen 4. Wir hätten uns ... bedankt 5. Ich hätte ... geholfen 6. Ich wäre ... geblieben

13

A + B

1c. *V* 2h. *V* 3d. *G* 4b. *G* 5e. *V* 6f. *V* 7g. *G* 8i. *G*

14

1e. Aber wir sind nicht schwerhörig. / Aber wir hören gut. 2c. Aber du hast Bescheid gewusst / wusstest Bescheid. 3d. Aber es gibt morgen noch alles. / Aber es gibt morgen auch noch etwas. 4b. Aber es geht um nichts Wichtiges. 5g. Aber ich bin kein Kind mehr. 6f. Aber es ist etwas geschehen.

15

A 1f 2g 3c 4e 5d 6b

B *Ich weiß, ...* b. dass du da hättest mittanzen wollen. c. dass du ihm das gar nicht mehr zugetraut hättest. d. dass das nicht hätte passieren dürfen. e. dass ich das hätte hören sollen. f. dass ich die hätte sehen sollen. g. dass ich ihn kaum wiedererkannt hätte.

16

1. wäre ... gekommen 2. wäre ... gestürzt 3. wäre ... gelaufen 4. hätten ... übersehen 5. wäre ... eingeschlafen 6. hätten ... gestritten 7. hätte sich ... beschwert 8. hätten ... gemacht 9. gekündigt hätte 10. wäre ... geworden

17

A 1. wenn ihr mir mir öfter helfen würdet. 2. wenn ihr auch mal den Tisch decken würdet. 3. wenn du früher ins Bett gehen würdest / gingest. 4. wenn Sarah mehr Sport machen würde. 5. wenn Markus zu Hause mal Klavier üben würde. 6. wenn ich euch nicht alles zehnmal sagen müsste. 7. wenn die Kinder mehr lesen würden. 8. wenn ihr euch weniger oft um den Nachtisch streiten würdet.

B *Es wäre gut gewesen, ...* 1. wenn ihr mir mir öfter geholfen hättet. 2. wenn ihr auch mal den Tisch gedeckt hättet. 3. wenn du früher ins Bett gegangen wär(e)st. 4. wenn Sarah mehr Sport gemacht hätte. 5. wenn Markus zu Hause mal Klavier geübt hätte. 6. Wenn ich euch nicht alles zehnmal hätte sagen müssen. 7. wenn die Kinder mehr gelessen hätten. 8. wenn ich euch weniger oft um den Nachtisch gestritten hättet.

18

A 1f 2c 3e 4d 5b

B *Hätte ich einen Hasen / eine Katze / ..., ...*

19

A 1. Wenn wir mal nach München reisen würden, würden wir ins Hofbräuhaus gehen. – Ich würde lieber die BMW Welt besichtigen. 2. Wenn ich mal nach Bayern eingeladen werden würde, würde ich Schloss Neuschwanstein anschauen. – Ich würde lieber auf die Zugspitze steigen. 3. Wenn wir in Wien Urlaub machen würden, würden wir im Hotel Sacher übernachten. – Ich würde für das Geld lieber Kuchen essen. 4. Wenn ich einmal in Berlin zu tun hätte, würde ich durchs Brandenburger Tor gehen. – Ich würde lieber das Mauermuseum besichtigen. 5. Wenn wir mal in die Schweiz fahren würden, würden wir in Davos Ski fahren. – Ich würde lieber die Filmfestspiele in Locarno besuchen.

B 1. Wenn wir ... gereist wären, wären wir ... gegangen. – Ich hätte ... besichtigt. 2. Wenn ich ... eingeladen worden wäre, hätte ich ... angeschaut. – Ich wäre ... gestiegen. 3. Wenn wir ... gemacht hätten, hätten wir ... übernachtet. – Ich hätte ... gegessen. 4. Wenn ich ... gehabt hätte, wäre ich ... gegangen. – Ich hätte ... besichtigt. 5. Wenn wir ... gefahren wären, wären wir ... Ski gefahren. – Ich hätte ... besucht.

20

A 1b 2c 3d 4f 5e 6h 7g

B b. käme – kommen c. täte – tun d. ginge – gehen e. sähe – sehen f. brächte – bringen g. fände – finden h. gäbe – geben

21

Hättest du etwas dagegen, ... / Wär(e)st du einverstanden, ... / Fändest du es gut, ... / Wäre es dir recht, ... / Würde es dir passen, ... 1. wenn ich dir ... vorlesen würde / vorläse? 2. wenn ich auch ... mitnehmen würde / mitnähme? 3. wenn wir ... bleiben würden / blieben? 4. wenn ich ... mitbringen würde / mitbrächte? 5. wenn wir ... ausgeben würden / ausgäben? 6. wenn wir ... besprechen würden / besprächen? 7. wenn ich dir ... überlassen würde / überließe? 8. wenn wir uns ... treffen würden / träfen? 9. wenn wir ... vorsingen würden / vorsängen? 10. wenn wir ... zu üben anfangen würden / anfingen?

Lösungen

 22 1. Ich würde gern von zu Hause ausziehen. Das Problem *ist*, dass meine Eltern mir keine eigene Wohnung *bezahlen*. 2. Als Student *habe* ich natürlich kein Geld. Vielleicht *sollte* ich mir einen Job *suchen*. Aber dann *käme* das Studium zu kurz. 3. Schön *wäre* es, wenn ich mit anderen Studenten zusammen *wohnen könnte*. Ich kenne viele, die sich Wohnungen teilen. Mir *gefiele* das auch. 4. Meine Eltern *wollen* immer wissen, was ich gerade *mache* und wohin ich *gehe*. Als *wäre* ich noch ein kleines Kind. Das *nervt*. 5. Am liebsten *wäre* es ihnen, wenn ich jeden Abend zu Hause *bliebe*. Das *ginge* natürlich. Aber dann hätte ich bald keine Freunde mehr. 6. Mit meinen Eltern *ist* es schwierig, obwohl ich sie wirklich gern *mag*. Was *täte* ihr an meiner Stelle? 7. Ich *könnte* mich vielleicht um ein Stipendium *bewerben*, am besten ein Auslandsstipendium. Ein Studium im Ausland *würde* mir Spaß *machen*. 8. Meine Eltern *wären* damit sicher auch einverstanden. Und ich *hätte* endlich einen Grund, von zu Hause auszuziehen. 9. Ein Auslandsaufenthalt *würde* auch meine Berufschancen *erhöhen*. Zumindest *glaube* ich das. Außerdem *könnte* ich meine Fremdsprachenkenntnisse *verbessern*, nicht mehr mit meinen Eltern zu streiten. 10. Aber jetzt *will* ich erst mal versuchen, nicht mehr mit meinen Eltern zu streiten. Das *wäre* schon ein Anfang!

9 Passiv

1
A 1. ist gekocht worden 2. waren eingeladen 3. muss geschnitten werden 4. ist gedeckt 5. wird gegessen – und ... gespielt 7. wurde serviert 8. würde gegessen werden 10. verbrannt gewesen wäre – wäre gegessen worden 11. wird serviert werden
Kein Passiv: 4. ist fertig = sein + *Adjektiv* 6. werden kommen = *Futur* (werden + *Infinitiv*) 9. ist geworden = *Perfekt* von werden als *Vollverb*

B

	Vorgangspassiv	Zustandspassiv
Infinitiv	gekocht werden	gedeckt sein
Präsens	es wird gekocht 5. wird gegessen ...	Der Tisch ist gedeckt. 4. ist gedeckt
Imperfekt	es wurde gekocht 7. wurde serviert	Der Tisch war gedeckt. 2. waren eingeladen
Perfekt	es ist gekocht worden 1. ist gekocht worden	Der Tisch ist gedeckt gewesen.
Plusquamperfekt	es war gekocht worden	Der Tisch war gedeckt gewesen.

2 1. Ich werde 2. Du wirst 3. Gabi wird 4. Wir werden 5. Ihr werdet 6. Markus und Lena werden

C a. 0, 1, 2, 3, 4, 5, 7, 8, 10, 11 b. 0, 1, 3, 5, 7, 8, 10 HS, 11 c. 2, 4, 10 NS d. 3 e. 1, 10

	Vorgangspassiv	Zustandspassiv
Futur	es wird gekocht werden 11. wird serviert werden	Der Tisch wird gedeckt sein.
Konj. II Gegenw.	es würde gekocht (werden) 8. würde gegessen werden	Der Tisch wäre gedeckt.
Konj. II Vergang.	es wäre gekocht worden 10. wäre gegessen worden	Der Tisch wäre gedeckt gewesen. 10. verbrannt gewesen wäre

3
A 1. Dann wird der Schlüssel offiziell übergeben. 2. Der Balkon wird noch gestrichen. 3. Bei Ikea werden neue Möbel bestellt. 4. Der Keller wird komplett ausgemistet. 5. Umzugskisten werden organisiert. 6. Strom und Wasser werden abgemeldet. 7. Zuletzt wird die alte Wohnung renoviert.

B 1. muss ... übergeben werden 2. muss ... gestrichen werden 3. müssen ... bestellt werden 4. muss ... ausgemistet werden 5. müssen organisiert werden 6. müssen abgemeldet werden 7. muss ... renoviert werden

4 1. Bücher werden 2. Parfüm wird 3. Kalender werden 4. Winterkleidung wird 5. Spielzeug wird 6. Uhren werden 7. Gutscheine werden 8. Schmuck wird ausgesucht / ausgewählt / gekauft / genommen / mitgenommen / geschenkt / verschenkt / gewählt

5 Jetzt ... 1. wird endlich mal gelernt 2. wird aber nicht mehr Computer gespielt 3. werden mal Hausaufgaben gemacht 4. wird endlich mal der Fernseher ausgeschaltet 5. wird aber nicht mehr geredet 6. wird endlich das Zimmer aufgeräumt 7. werden aber mal die Zähne geputzt

6 1. Hast du ... eingeladen? – Meine Freunde sind schon längst eingeladen. 2. Hast du ... gebügelt? – Meine Hemden sind schon längst gebügelt. 3. Hast du ... erledigt? – Meine Hausaufgaben sind schon längst erledigt. 4. Hast du ... aufgeladen? – Mein Handy ist schon längst aufgeladen. 5. Hast du ... heruntergeladen? – Der neue James-Bond-Film ist schon längst heruntergeladen. 6. Hast du ... weggebracht? – Der Müll ist schon längst weggebracht. 7. Hast du ... gegossen? – Die Pflanzen sind schon längst gegossen.

8. Hast du ... gebacken? – Der Kuchen für Oma ist schon längst gebacken. 9. Hast du ... gefüttert? – Die Hasen sind schon längst gefüttert. 10. Hast du ... ausgeschaltet? – Der Computer ist schon längst ausgeschaltet.

 7
1. wurde 2. hat 3. wird 4. werden 5. hat 6. wird 7. hat

8
A 1g 2e 5f 7a 9b 10c
B Liebesgeschichte mit Happy End / Verliebt – verlobt – verheiratet
C Die Sätze a + f stehen im Plural, weil sich das Verb (werden) nach dem eigentlichen Subjekt (Nomen im Plural) richtet.
D 1. Dann wurde sich oft ... 2. Danach wurde geküsst und ... 3. Dann wurde ein Ring ... 4. Am gleichen Tag wurde das Datum ... 5. Schon sehr früh wurden Einladungen ... 6. Monatelang wurde organisiert. 7. Einen Monat vorher wurden Kleid und Anzug ... 8. An einem Tag im Juli wurde in die Kirche ... 9. Dort wurde gefilmt ... 10. Später wurde gegessen ... 11. Schließlich wurde eine Reise ...

 9
A 1. wurde 2. wurden 3. wurde 4. wurde 5. wurden 6. wurde
B *Ich habe gelesen/gehört, ... / Ich finde es toll/ schrecklich/(nicht) gut/komisch, ...? / In der Zeitung steht, ...* 1. dass letzten Sonntag ein neuer Bürgermeister gewählt wurde. 2. dass letzten Montag fünf Menschen ... verletzt wurden. 3. dass letzten Dienstag mit ... begonnen wurde. 4. dass letzten Mittwoch die Olympiasiegerin ... empfangen wurde. 5. dass letzten Donnerstag tausend Euro ... gefunden wurden. 6. dass letzten Freitag der Bau ... genehmigt wurde.

 10
1. Ist ... reserviert worden? 2. Ist ... durchleuchtet worden? 3. Ist ... aufgerufen worden? 4. Ist ... genannt worden? 5. Ist ... verschoben worden? 6. Ist ... umgebucht worden? 7. Ist ... gecancelt worden?

 11
1f. Stofftiere ..., die ... entwickelt worden sind
2d. Spielzeug ..., das ... aufgebaut worden ist
3b. Puppe ..., die ... verschenkt worden ist
4e. Spielfiguren ..., die ... vorgestellt worden sind
5c. Kinderauto ..., das ... produziert worden ist
6g. Tiere ..., die ... entworfen worden sind

 12
A 1. Die Steuern müssen gesenkt werden. 2. Den Mitarbeitern darf nicht gekündigt werden. 3. Die Studiengebühren müssen abgeschafft werden. 4. Die Schulreform muss zurückgenommen werden. 5. Es darf keine neue Startbahn gebaut werden. / Keine neue Startbahn darf gebaut werden. 6. Die Renten müssen erhöht werden. 7. Ein Mindestlohn muss garantiert werden. 8. Die Firma darf nicht geschlossen werden.

B *Die Demonstranten rufen, ...* 1. dass die Steuern gesenkt werden müssen. 2. dass den ... nicht gekündigt werden darf. 3. dass die ... abgeschafft werden müssen. 4. dass die ... zurückgenommen werden muss. 5. dass keine neue Startbahn gebaut werden darf. 6. dass die ... erhöht werden müssen. 7. dass ein ... garantiert werden muss. 8. dass die ... nicht geschlossen werden darf.

C *Ich bin noch immer der Meinung, ...* 1. dass die Steuern hätten gesenkt werden müssen. 2. dass den ... nicht hätte gekündigt werden dürfen. 3. dass die ... hätten abgeschafft werden müssen. 4. dass die ... hätte zurückgenommen werden müssen. 5. dass keine ... hätte gebaut werden dürfen. 6. dass die ... hätten erhöht werden müssen. 7. dass ein ... hätte garantiert werden müssen. 8. dass die ... nicht hätte geschlossen werden dürfen.

 13
A 1. wurde ... gefeiert 2. werden ... angebaut 3. werden ... gehandelt, ... verkauft 4. wurde ... zerstört 5. werden ... aufgenommen 6. verzehrt wurden 7. werden ... genannt 8. wird ... angemacht 9. können ... zubereitet werden ... verarbeitet 10. dürfen nicht gegessen werden

B *Wussten Sie, ...* 1. dass 2008 ... gefeiert wurde? 2. dass weltweit ... angebaut werden? 3. dass ... gehandelt, sondern ... verkauft werden? 4. dass früher ... zerstört wurde? 5. dass viele ... aufgenommen werden? 6. dass 1969 ... verzehrt wurden und es heute nur ... sind? 7. dass in Österreich ... genannt werden? 8. dass Kartoffelsalat ... angemacht wird? 9. dass aus Kartoffeln ... zubereitet werden können und dass sie in Norddeutschland ... verarbeitet werden? 10. dass grüne, ... enthalten und nicht gegessen werden dürfen?

  14
1. Wann wurde ... erhöht? – sind ... erhöht *worden* 2. Wohin sind ... gebracht *worden*? – *werden* ... abgestellt 3. Warum wird/wurde ... verkleinert? – gespart *werden muss* 4. Müssen ... sortiert *werden*? –

können ... abgeheftet werden 5. Wird ... kontrolliert? – bin ... kontrolliert worden 6. Werden ... bezahlt? – soll ... bezahlt werden 7. Von wem wurden ... empfangen? – sind ... empfangen und ... geführt worden 8. Von welcher Firma werden ... übernommen? – wird ... entschieden

15

1. Durch Signaltafeln 2. durch das Radio 3. von einem Lastwagen 4. von Helfern 5. vom Notarzt 6. vom ADAC 7. durch Ampeln 8. Durch Geschwindigkeitskontrollen 9. von einem Polizisten 10. von seiner Frau

16

1. 100.000 Besucher werden erwartet. / Es werden 100.000 ... 2. Mit Staus am Stadtrand und vor den Parkhäusern wird gerechnet. / Es wird mit Staus ... 3. Zusätzliche Busse und Bahnen sollen eingesetzt werden. / Es sollen zusätzliche ... 4. Die gesamte Altstadt muss für den Verkehr gesperrt werden. / Es muss die gesamte ... 5. In der Altstadt werden drei Bühnen aufgebaut werden. / Es werden in der ... aufgebaut werden. 6. Zwei große Unternehmen haben als Sponsoren gewonnen werden können. / Es haben zwei große ... gewonnen werden können. 7. Das Festprogramm wird vom Kulturausschuss und verschiedenen Vereinen gemeinsam gestaltet werden. 8. Zur Eröffnung am Freitag werden Gäste aus Politik und Wirtschaft erwartet. 9. Alle Bürgerinnen und Bürger unserer Stadt sind herzlich eingeladen, mit uns zu feiern. 10. Mit dem Gewinn aus unserer Tombola soll das Jugendhaus unterstützt werden.

10 Trennbare und untrennbare Verben

1

A + B

	trennbar	untrennbar
Inf.	2. ausfüllen	2. unterschreiben
Inf. + zu	0. anzurufen	7. zu bezahlen
Präs. HS	4. schalten wir ... aus	5. verlässt
Frage	5. Wann reist ... ab?	6. Erzählst du ...?
NS	0. Wenn Sie ... ankommen	6. dass wir ... verlängern
Imperativ	8. Sprich ... an	0. Vergessen Sie
Part. Perf.	3. hinaufgebracht	1. abbestellt

2

A 1. erledigt – fängt ... an 2. empfiehlt – melden ... an 3. behalten – geben ... weg 4. verdient – gibt ... aus 5. besteht – fällt ... durch 6. entscheidet – teilen ... mit

3

A 1. anziehen 2. vorstellen 3. aufpassen 4. wehtun 5. einpacken 6. einstecken 7. losgehen 8. vorbeifahren 9. zusehen 10. stattfinden 11. ausmachen

B An dem Abend *habe* ich zum ersten Mal meine neuen Schuhe *angezogen*. Ich *habe* mir *vorgestellt*, wie ich mit den Schuhen tanze. Aber meine Mutter hat *gemeint*: "Pass auf, ... Du weißt ja, wie weh das tut." Also *habe* ich noch meine alten Ballerinas *eingepackt* und mir noch schnell ein Pflaster *eingesteckt*. Dann ist es *losgegangen*. Dirk hat schon gewartet. Wir *sind* vorher noch bei Gabi und Andreas *vorbeigefahren*. Natürlich *habe* ich schon nach einer Stunde eine Blase *gehabt*. Deshalb *habe* ich die meiste Zeit den anderen beim Tanzen *zugesehen*. Zum Glück *findet* ja bald der nächste Tanzabend *statt*. Am Ende *haben* wir noch *ausgemacht*, wer das nächste Mal Auto fährt.

B *Glaubst du wirklich*, ... 1. dass er seine Hausaufgaben allein und ohne Fehler erledigt und dass er damit sofort nach dem Unterricht anfängt? 2. dass seine Lehrerin ihm empfiehlt, Latein zu wählen, und dass sie ihn deshalb für Latein anmelden? 3. dass sie zur Erinnerung alle Schulhefte behalten, bis er erwachsen ist, und dass sie auch die alten Schulbücher nicht weggeben? 4. dass ihre Tochter mit Babysitten ihr eigenes Geld verdient und dass sie das Geld auch nicht gleich wieder ausgibt? 5. dass sie morgen sicher die Führerscheinprüfung besteht und dass sie bestimmt nicht durchfällt? 6. dass sich in den nächsten Tagen entscheidet, ob sie studieren kann, und dass sie es ihnen dann sofort mitteilen?

4

A + B

1. gehört – gehören 2. entscheiden – entscheiden 3. erfahren – erfahren 4. missverstehen – missverstanden – missverstehen 5. erzählt – erzählen 6. zerlegen 7. empfangen – empfangen 8. versuchen, erreichen – versuchen, erreichen – erreichen

5

1. geht ... weg – lehnt ... ab 2. anschauen – nimmt ... auf 3. schläft ... ein – wacht ... auf 4. abzunehmen – zugenommen 5. mitzugehen 6. zurückbringe – lade ... ein 7. vorgeschlagen – zusammenzuziehen 8. nachdenken 9. zusagt

6
1. angeklopft 2. gefrühstückt 3. bekommen 4. hinuntergelaufen 5. eingeschlafen 6. zurückgebracht 7. ausgetrunken 8. hingelegt 9. angezogen 10. durchgetanzt
Lesetrick: Die Partizipien müssen rückwärts gelesen werden.

7
A b. abfahren c. aufwachen d. einpacken e. zumachen f. nachkommen g. ausschalten h. abnehmen i. vorgehen j. abhängen k. zusagen l. ausräumen m. ausziehen n. ausziehen o. aufhören p. rausgehen ugs.

B b. fahrt ... ab c. wache ... auf d. Packst ... ein e. mache ... zu f. komme ... nach g. schaltest ... aus h. nimmst ... ab i. geht ... vor j. hängt ... ab k. sage ... zu l. räumen ... aus m. ziehst ... aus n. zieht ... aus o. hört ... auf p. gehe ... raus ugs.

8
1. Ich habe sie vor einem Jahr wiedergesehen. Du musst sie unbedingt kennenlernen. Sie wird dir sicher sehr gut gefallen. 2. Ist es sinnvoll, das Abitur nachzuholen? Es ist immer sinnvoll, sein Wissen zu vermehren. In vielen Berufen wird das Abitur vorausgesetzt. 3. Sicher haben schon viele mitbekommen, dass in der Schulmensa kein fettes Essen mehr angeboten wird. Es ist erwiesen, dass fettes Essen das Lernen behindert. Deswegen hat die Schulmensa die Aufgabe, mehr Fisch und Gemüse anzubieten. 4. Über 90-jährige können Unfälle vermeiden. Sie sollten rechtzeitig mit dem Autofahren aufhören. Auch wäre es besser, wenn sie bei Dunkelheit das Auto stehen ließen.

9
1. missverstanden 2. eingekauft 3. vorhaben 4. unterschreiben 5. verkauft 6. anzubieten 7. unterbrechen 8. zugehört 9. gehören 10. mitbekommen 11. zerstören 12. verabreden 13. benachrichtigt 14. überarbeiten

10
1. rübergehen/hinübergehen 2. fällt ... raus/hinaus 3. rumschauen/herumschauen 4. Holst ... rauf/herauf 5. runtergeladen/heruntergeladen 6. Fahr ... ran/heran

11
A 1. *Schnallen Sie sich im Auto immer an.* 2. *Überqueren Sie den Zebrastreifen immer vorsichtig.* 3. *Tippen Sie beim Bezahlen mit Bankkarte die Geheimzahl verdeckt ein.* 4. *Geben Sie im Internet keine persönlichen Daten weiter.* 5. *Loggen Sie sich am Computer auch für kurze Zeit immer aus.* 6. *Verwenden Sie keine Medikamente nach dem Verfallsdatum.*

B *Es wird empfohlen, ...* 1. sich ... *anzuschnallen.* 2. den Zebrastreifen ... *zu überqueren.* 3. beim Bezahlen ... verdeckt *einzutippen.* 4. im Internet ... *weiterzugeben.* 5. sich am Computer ... *auszuloggen.* 6. keine Medikamente ... *zu verwenden.*

12
1. umzudrehen – zu verschwinden 2. hat ... durchschaut – hält sie fest / hat sie festgehalten 3. wäre ... durchgedreht 4. wiederholt – hat mitgehen lassen 5. durchsucht wird 6. ist ... überzeugt 7. widerspricht 8. hinzukommt – befragt 9. umarmt

13
1. ausgezeichnet 2. gekennzeichnet 3. abgeschlossen 4. benachrichtigt 5. verursacht 6. vorgeschrieben 7. beauftragt 8. anvertraut

14
1. ist ... geöffnet 2. begeben sich 3. betritt 4. trägt 5. werden ... geschlossen 6. begeistern 7. endet 8. besuchen

15
1. besucht 2. taucht ... auf 3. verlässt – bezieht 4. lädt ... ein 5. verbessert 6. fängt ... an 7. anerkannt 8. bereitet ... vor 9. gibt ... ab 10. schließt ... ab 11. berücksichtigt 12. entwickelt 13. gibt ... zurück 14. verändert 15. hört ... auf 16. fällt ... hin 17. setzt ... hin 18. schläft ... ein 19. verschwindet

16
1. mitreden 2. ausreden 3. versprechen 4. zureden 5. besprechen 6. absprechen 7. vorsprechen 8. zerreden 9. weiterreden 10. entsprechen

17
A 1. angesagt 2. untersagt 3. eingesagt 4. vorgesagt 5. versagt 6. vorhergesagt/vorausgesagt 7. weitergesagt 8. aufgesagt 9. zugesagt 10. nachgesagt 11. ausgesagt 12. vorausgesagt/vorhergesagt

B 1c 2d 3b 4c 5b 6a 7b 8c 9a 10c 11a 12b

18

A Doch inwiefern tragen wir selbst ... *bei?* In gewisser Weise erzeugen wir ihn selbst, indem wir uns ... *verhalten* und auch ... nicht mehr *verändern.* Daraus entsteht die Illusion, wir ... Dadurch ... Möglichkeit, uns *überraschen* zu lassen. Wir ... indem wir ... *annehmen,* dass ... Entsprechend *verhalten* wir uns ..., *erzeugen* damit ... und *fügen* uns ... *ein.* Wir ... und es *fällt* uns *schwer* "dem Alltag zu *entkommen".* Wenn wir davon ausgehen, dass ... *hergestellt* werden muss, ist es nötig, sich ... zu *verhalten* ... und ... *wahrzunehmen.* So lange uns ... *fehlt* ..., es zu *entdecken* und zu nutzen – werden wir uns ... *ausgeliefert* fühlen. Wir flüchten ... um nicht *erkennen* zu müssen, dass ...

B

trennbare Verben		untrennbare Verben	
anfühlt	fällt schwer	empfinden	überraschen
nehmen wahr	ausgehen	entsteht	entkommen
tragen bei	hergestellt	erzeugen	entdecken
annehmen	wahrzunehmen	verhalten	erkennen
fügen ein	ausgeliefert	verändern	

11. Modalverben

1

A 1. Du kannst 2. Ich muss 3. Ihr sollt 4. Die Gäste sollen 5. Wir können 6. Wir wollen 7. Ich mag 8. Wer kann 9. Ihr müsst 10. Möchtest du 11. Der Sekt darf 12. Ihr könnt 13. Die ... möchten 14. kann ich 15. dürfen wir 16. Wir wollen 17. Darf ich 18. Ihr könnt 19. Dürfen wir 20. soll

B a. *Wille:* 16, 6 b. *Wunsch:* 7, 10, 13 c. *Notwendigkeit:* 0, 2, 9 d. *Möglichkeit:* 5, 18 e. *Aufforderung:* 1, 12 f. *Fähigkeit:* 8, 14 g. *Erlaubnis/Verbot:* 11, 15, 18 h. *Auftrag:* 3, 4, 20 i. *Höfliche Bitte:* 17, 19

C

	dürfen	können	mögen/möchten		müssen	wollen	sollen
ich	darf	kann	mag	möchte	muss	will	soll
du	darfst	kannst	magst	möchtest	musst	willst	sollst
er	darf	kann	mag	möchte	muss	will	soll
wir	dürfen	können	mögen	möchten	müssen	wollen	sollen
ihr	dürft	könnt	mögt	möchtet	müsst	wollt	sollt
sie	dürfen	können	mögen	möchten	müssen	wollen	sollen

D 1c 2b 3a 4d

2

1. kann – will 2. muss – kann 3. darf – will 4. soll – mag 5. soll – darf 6. muss – will

3

1. Können wir – Ich kann – Du kannst 2. Wollen wir – Du willst – Ich will 3. Dürfen wir – du darfst – man darf 4. Sollen wir – Ich soll – du sollst 5. möchte die Vermieterin – wir möchten – möchtet ihr

4

A 1e 2d 3b 4c 5a

B

5

1. Kann man ... werden? 2. Kennen Sie ...? 3. Können Sie ... nennen? 4. Wissen Sie, wie oft ...? 5. Kennst/Weißt du ...?

6

1. wollten wir ... einen Sprachkurs machen. 2. wollten wir ... verbessern. 3. Ich möchte die deutsche Sprache schon immer. 4. mochten wir auch sehr. 5. wollte sogar unsere Lehrerin mitgehen. 6. dass unsere ... auch kein Bier mochte.

7

A 1. Wir *müssen* abends immer lernen und *dürfen* nie fernsehen. 2. ..., dass sie immer auf ihre Geschwister aufpassen *muss* und nie ihre Freunde treffen *darf.* 3. Er *muss* zweimal pro Woche mit seinem Vater joggen und *darf* nicht ins Fitnessstudio gehen. 4. Warum *musst* du zu Hause immer beim Putzen helfen und *darfst* nie faul sein? 5. ..., dass sie ihr jeden Tag um neun ins Bett gehen *müsst* und nie bei Freunden übernachten *dürft?* 6. ..., dass ich immer mit meinen Eltern in Urlaub fahren *muss* und nie mit Freunden verreisen *darf.*

B 1. Früher *mussten* wir ... und *durften* nie 2. ..., dass sie früher ... aufpassen *musste* und nie ... *durfte.* 3. Früher *musste* er ... joggen und *durfte* nicht ... gehen. 4. Warum *musstest* du früher ... helfen und *durftest* nie ... sein? 5. ..., dass ihr früher ... gehen *musstet* und nie ... übernachten *durftet?* 6. Früher nervte es mich, dass ich ... fahren *musste* und nie ... verreisen *durfte.*

Lösungen

11

8

A 1. Sie soll einkaufen gehen, aber sie will lieber ihre Lieblingssendung ansehen. 2. Wir sollen mit dem Hund spazieren gehen, aber wir wollen lieber zum Fußballtraining gehen. 3. Du sollst für die Schule lernen, aber du willst lieber Computer spielen. 4. Er soll einen Ferienjob suchen, aber er will lieber nichts tun. 5. Die Eltern sollen mal ins Theater gehen, aber sie wollen lieber fernsehen. 6. Ihr sollt eure Oma besuchen, aber ihr wollt lieber Freunde treffen.

B 1. Gestern wollte sie eigentlich ihre Lieblingssendung ansehen, aber sie sollte einkaufen gehen. 2. Gestern wollten wir eigentlich zum Fußballtraining gehen, aber wir sollten mit dem Hund spazieren gehen. 3. Gestern wolltest du eigentlich Computer spielen, aber du solltest für die Schule lernen. 4. Gestern wollte er eigentlich nichts tun, aber er sollte einen Ferienjob suchen. 5. Gestern wollten die Eltern eigentlich fernsehen, aber sie sollten mal ins Theater gehen. 6. Gestern wolltet ihr eigentlich Freunde treffen, aber ihr solltet eure Oma besuchen.

9

A 1h. 2g. 3d. 4a. 5c. 6f. 7e. 8i.

B 1. Kinder unter zwölf Jahren *dürfen* kostenlos im Zimmer der Eltern *übernachten*. 2. Wird das Zimmer nicht rechtzeitig storniert, *kann* eine Stornogebühr erhoben *werden*. 3. Am Tag der Abreise *müssen* die Zimmer bis spätestens 11 Uhr geräumt *sein*. 4. Wir möchten Sie darauf hinweisen, dass in keinem unserer Zimmer geraucht *werden darf*. 5. Wenn Sie Ausflugsfahrten buchen *möchten*, beraten wir Sie gern. 6. Sie *können* jederzeit an der Rezeption Stadtführungen und Ausflüge buchen. 7. Hier steht, dass von 22 Uhr abends bis 7 Uhr früh das Schwimmbad nicht benutzt *werden darf*. 8. Auch im Winter *sollten* Sie einmal unser Hotel *besuchen*. 9. Wir *wollen*, dass Sie sich bei uns wie zu Hause fühlen.

C *Hauptsatz:* 1, 2, 3, 4, 6, 8 *Nebensatz:* 4, 5, 7

10

1. musste 2. konnte 3. konnte 4. musste 5. musste 6. konnte

11

A 1. Jeder durfte/musste/sollte 2. mussten/sollten wir 3. sollte/musste man 4. Durftet ihr 5. kanntest du 6. Manche konnten 7. Einige wussten 8. Sie wusste/kannte 9. Wusstet ihr 10. Eine Teilnehmerin wollte 11. Wir möchten 12. Jeder wollte 13. Fast alle … mochten 14. wollten wir

B 1. Jeder *hat* sich kurz vorstellen *dürfen/müssen/sollen*. 2. Schon vom ersten Tag an *haben* wir Deutsch sprechen *müssen/sollen*. 3. Im Unterricht *hat* man seine Fehler selbst korrigieren *sollen/müssen*. 4. *Habt* ihr im Unterricht ein Wörterbuch benutzen *dürfen?* 5. Woher *hast* du die Sprachenschule *gekannt?* 6. Manche *haben* schon ein bisschen Deutsch *gekonnt*. 7. Einige *haben* nicht *gewusst*, was … 8. Die Kursleiterin *hat* bereits am zweiten Tag unsere Namen *gewusst/gekannt*. 9. *Habt* ihr *gewusst*, dass … 10. Eine Teilnehmerin *hat* in einen anderen Kurs wechseln *wollen*. 11. Wir *haben* unsere Lehrerin sehr *gemocht*. 12. Jeder *hat* schnell und gut Deutsch lernen *wollen*. 13. Fast alle Kursteilnehmer *haben* sich *gemocht*. 14. Am Ende des Kurses *haben* wir gleich weitermachen *wollen*.

12

A *Er sollte* endlich heiraten. oder: *Sie sollte* endlich heiraten. oder: *Wir sollten* endlich heiraten. oder: *Sie sollten* endlich heiraten.

B *Du solltest* endlich heiraten. oder: *Ihr solltet* endlich heiraten.

13

1b 2a 3b 4a 5b 6b 7a

14

1. Man muss keine Geschäftstelefonate *führen*. 2. Außerdem muss man sein Smartphone nicht *anschalten*. 3. Niemand *muss wissen*, wie … 4. Man muss nicht morgens um sechs an einer Telefonkonferenz *teilnehmen*. 5. Wir *müssen* nichts anderes *tun*, als …

15

1e 2a 3b 4c 5d

16

1. Könnten/Dürften wir 2. Kann/Dürfte ich 3. Könntet ihr 4. Wir möchten 5. Kann/Dürfte ich 6. Ich muss

12 Verben und Ergänzungen

1
A + B
1. Kochst Nom. du oder Nom. ich?
2. Nom. Ich helfe N. Dat. dir gern.
3. Nom. Ich fahre Dir. zum Einkaufen.
4. Gib Dat. mir bitte Akk. Geld.
5. Nom. Ich gehe Zeit jetzt.
6. Denkst Nom. du feste Präp. daran, Tomaten zu kaufen?
7. Hallo, Nom. ich bin wieder Dir. da.
8. Nom. Es gab Akk. keine Tomaten.
9. Nom. Ich freue mich richtig feste Präp. auf das Essen.
10. Nom. Das Fleisch ist sehr gut.
11. Nom. Wer hat Akk. mein Rezeptbuch weggenommen?
12. Ich? Nein! Nom. Ich bin Dat. mir Gen. keiner Schuld bewusst.
13. Willst Nom. du Akk. mich Akk. einen Lügner nennen?
14. Nein, nein, Or. Hier ist Nom. es ja.

C b: 2, 4, 8, 11, 12, 13 c: 2, 3, 5, 7, 9, 10, 14
d: 7, 10, 12, 14 e: 6, 9 f: 12

2
A
1. den ... gelegt 2. heißt ... der 3. steht der
4. den ... gebucht 5. den ... geschenkt
6. der ... kommen

B
a. den USB-Stick auf den Tisch gelegt b. (hei3en +
2 Nominative) c. steht jetzt wieder neben dem
Computer d. den Urlaub endlich buchen e. uns
gestern Obst aus seinem Garten geschenkt f. heute
um neun kommen

3
A
1. dem Mädchen 2. Dem Baby 3. einer ... Frau –
den Kindern 4. den ... Müttern 5. den Kindern
6. der Geschichtenerzählerin 7. deiner Freundin

B
Verben + Dat.: gefallen, begegnen, zuhören
Verben + Akk. + Dat.: schenken, verraten, erzählen,
leihen

4
1. Sollen wir ihr eine Handtasche schenken? –
Kaufen wir ihr lieber ein Fußballticket. 2. ihm
eine Sportmassage – ihm lieber einen Jogginganzug 3. ihnen ein Laufrad – ihnen lieber ein
Spielzeug 4. ihr ein Opernglas – ihr lieber eine
Konzertkarte 5. ihnen einen Rucksack – ihnen
lieber ein Handy 6. ihr eine Sonnenbrille – ihr
lieber ein E-Book

17
A 1. Du müsstest nur 2. Da solltest du gleich
3. Du könntest/solltest 4. Ihr solltet/könntet/
müsstet 5. Du müsstest

B 1. Kauf doch öfter ein. 2. Ruf doch gleich den
Kundendienst an. 3. Geh doch zum Friseur und
lass dich beraten. 4. Versuch doch, sie ... 5. Mach
doch mehr Übungen!

18
1. Habt ihr ... fertigstellen müssen? – ich muss –
Warum hast du ... gemusst? 2. ich habe ... kommen
können – du kannst – das habe ich ... gekonnt.
3. habe ich ... gewollt – Ich habe ... kommen
wollen – wenn ich ... verschicken will 4. Ich
habe ... reparieren lassen – lässt du

19
1. Wir wollen/möchten ... lieber 2. Sie können
3. Leider müssen wir 4. Mit ... kann man 5. Ich
darf nicht

20
1. ..., die im In- und Ausland abgelegt werden kann.
2. ..., welches Fach Sie in Deutschland studieren
wollen. 3. ..., damit Sie sich ohne Probleme für
einen Studienplatz bewerben können. 4. ..., sollten
Sie mindestens 700 Unterrichtseinheiten absolviert haben. 5. ..., ob Sie wissenschaftliche Texte
verstehen und schreiben können. 6. ..., kann man
sich zu Hause mit Modelltests auf die Prüfung
vorbereiten. 7. ..., weil man damit im In- und
Ausland seine Sprachkenntnisse nachweisen kann.

21
1. Meine Nachbarn ... wollten 2. Ich soll 3. Ich
hätte mir ... vorstellen können 4. Da konnte ich
5. Und es sollte 6. ich hätte ... aufpassen müssen
7. Ich hätte ... laufen lassen dürfen. 8./9. Ich habe
rufen können, soviel ich wollte. 10. die hat ... tun
können 11. sollten wir 12. habe ich ... beichten
müssen 13. wollten sie 14. Die beiden mögen
sich 15. sooft er kann 16. solle ich 17. dürfte
Bernd 18. Er will 19. wo ... Hasso ... sein müsste
20. Ich muss 21. Du möchtest

22
1. mussten 2. konnte 3. können 4. musste
5. wollen 6. wollten 7. wollten 8. sollen
9. konnten 10. müssen 11. dürfen 12. mussten
13. sollte 14. konnte 15. könne 16. soll
17. dürfte 18. will

13

5.
1. dir – dich 2. ihm – er 3. ich ... dich – Du – mir 4. Ich ... sie – Sie ... mir 5. sie – ihr – mir 6. mir – mich

6.
A 1. allen – ein 2. meine – ihrer 3. den – einen 4. dem – ihre
B Verben + Akk. + Dat.: bezahlen, schicken, versprechen, anbieten
C 1. Wem bezahlt der Fußballverein ein Paar Fußballschuhe? / Was bezahlt der Fußballverein allen Spielern der Jugendmannschaft? 2. Wem hat meine Mutter zu DDR-Zeiten regelmäßig Pakete mit ... geschickt? / Was hat meine Mutter zu DDR-Zeiten ihrer Cousine in Ostberlin regelmäßig geschickt? 3. Wem hat die Firma für nächstes Jahr einen Betriebskindergarten versprochen? / Was hat die Firma den Angestellten für nächstes Jahr versprochen? 4. Wem bietet meine Freundin ihre Hilfe beim ... an? / Was bietet meine Freundin dem Nachbarskind aus ... an?

7.
1. Die Nachbarn – die Kinder – uns allen 2. Dieser Schal – den – den Schal 3. das Geld – das Geld – mit dem Geld 4. die Schulparty – meine neue Hose – meinen Freundinnen

8.
1. Wir müssen unserer Tante noch zum Geburtstag gratulieren. 2. Willst du den Kindern am Samstag erlauben, länger aufzubleiben? 3. Kannst du bitte noch ein Stück Kuchen für mich holen? / Kannst du für mich bitte noch ein ... 4. Ich weiß nicht, ob Michael und Pia gestern alle Geschenke besorgt haben. 5. Ich empfehle euch, das Essen für den Geburtstag von einem guten Restaurant liefern zu lassen.

9.
1. ihn – Er – Ihm 2. Mir – ich – mich 3. dir – dich – Du 4. ihm – Ihr – ihnen

10.
1. Ich hatte den Geburtstag ... vergessen. Deswegen habe ich sie ... angerufen und sie um Entschuldigung gebeten. Sie nahm die Entschuldigung ... an, denn sie hat mir ... gratuliert.
2. Ja, ich habe deinem Freund eine SMS geschrieben. ... Er hat mir sogar zurückgeschrieben. Warum glaubst du mir das nicht? (Pronomen S. 140)

3. Meine Freundin droht mir ... mich zu verlassen. ... ich habe ihr einmal nicht die Wahrheit gesagt. Da gebe ich ihr recht. Aber ich habe nie etwas getan, was unserer Beziehung geschadet hätte.

11.
1. den – ihm 2. Mir – das 3. dem – ihn 4. meiner – unseren 5. deinem – ihn 6. dir – einen 7. mir – keinen 8. das – mir

12.
1. gehorcht mir 2. erlaubst du den Kindern – Vertraust du ihnen 3. ihm ... gelingt – verbietet dem Hund 4. ihm raten – mir ... zustimmen

13.
A + B
1. Es bereitet ihr Freude 2. das nimmt mir fast niemand ab 3. hat ihr genau dasselbe bescheinigt 4. hat sie ihm entgegnet, dass ihre Oma ... ein Gasthaus besessen habe. ... das Kochen gelernt habe 5. ihr ... das eine oder andere Rezept entlocken 6. ihr ... versprechen, keines ihrer Rezepte zu verraten 7. Das würde sie uns auch nie verzeihen

14.
1. verweigert den Angestellten 2. entwendet ständig die Akten 3. verschweigt uns den Namen 4. mir die Unterlagen überlassen 5. unserem Chef die Hand reicht

15.
1g 2e 3b 4c 5f 6d 7d 8c 9e 10b 11f 12a

13 Verben mit Präposition

1.
A + B

Verb	Präp.	Kasus
0. hören	von	+ Dat.
1. erinnern	an	+ Akk.
2. warten	auf	+ Akk.
3. riechen	nach	+ Dat.
4. lachen	über	+ Akk.
5. sich kümmern	um	+ Akk.
6. sich freuen	auf	+ Akk.
7. erzählen	von	+ Dat.
8. sich interessieren	für	+ Akk.

2.
1. beim Aufräumen 2. an eure Schokolade 3. auf euren Hund 4. über eure Erfolge 5. für eure Hobbys 6. über euch 7. bei mir

3.
1e 2h 3d 4b 5f 6c 7g

4

A 1. verschicken wir an alle Verwandten 2. mit der Renovierung *anfangen* 3. bei seinem Vermieter für den Partylärm *entschuldigen* 4. meiner Freundin zum Geburtstag zu *gratulieren* 5. *bereitet sich ... auf* die Prüfung vor 6. unsere Eltern zum Essen *einladen* 7. *bei* euren alten Freunden *gemeldet* 8. *denk* in Ruhe über unser Gespräch nach

B 1. An wen verschicken wir die Fotokarten? 2. *Womit* möchte Julia endlich anfangen? 3. *Bei wem* sollte sich Klaus entschuldigen? / *Wofür* sollte sich Klaus entschuldigen? 4. *Wozu* muss ich meiner Freundin gratulieren? 5. *Worauf* bereitet er sich vor? 6. *Wozu* müssen wir unsere Eltern einladen? 7. *Bei wem* solltet ihr euch mal melden? 8. *Worüber* soll ich in Ruhe nachdenken?

5

A 1c. Er rechnet damit, dass er ... / Er rechnet mit einer Zusage ... 2e. Wir bereiten uns darauf vor, dass unsere ... / Wir bereiten uns auf einen Verkauf ... 3b. Sie hofft darauf, dass sie ... / Sie hofft auf eine Gehaltserhöhung ... 4d. Alle beklagen sich darüber, dass sie ... / Alle beklagen sich über die vielen Überstunden. 5g. Wir haben ihn dazu überredet, dass er ... / Wir haben ihn zur Teilnahme ... überredet. 6f. Warum bist du nicht davon überzeugt, dass das ... / Warum bist du nicht vom Erfolg ... überzeugt?

B 1. Er rechnet damit, bei der Firma genommen zu werden. 3. Sie hofft darauf, nächstes Jahr mehr Gehalt zu bekommen. 4. Alle beklagen sich darüber, so viele Überstunden machen zu müssen. 5. Wir haben ihn dazu überredet, an unserem Seminar teilzunehmen.
Satz 2. + 6.: *Kein Infinitivsatz möglich.*

6 1. Davon 2. Daran 3. Wovon 4. um 5. Damit 6. Davor 7. Mit mir 8. Worauf 9. woran 10. Darauf 11. Darüber 12. Für wen

7 1. Er muss Tag und Nacht *an Eva denken.* 2. Er will allen Leuten von ihr erzählen. 3. Er interessiert sich für nichts anderes mehr. 4. Er hofft schon lange *auf* ein Lächeln von ihr. 5. Er will sich unbedingt mal mit ihr treffen. 6. Er ist bis über beide Ohren in Eva verliebt.

8

A 1d. *Leiden* Sie an einer Allergie? / *Wer leidet* heutzutage nicht *unter Stress?* 2c. *Denken* Sie doch mal *an Ihre Zukunft!* / Was denkst du über die Deutschen? 3b. Meine Eltern sorgen sich immer um mich. / *Sorgt* hier keiner *für Ordnung?* 4f. *Mit wem* hast du gerade gesprochen? / *Hört* endlich auf, über den neuen Lehrer zu sprechen. 5e. *Schicken* Sie Ihre Bewerbung an folgende Adresse. / *Wer ist* zum Chef *geschickt worden?* 6g. *Entschuldige dich bei* ihm! / *Wofür* ich mich denn entschuldigen?

B 1d. leiden an einer Allergie / unter Stress 2c. denken an Ihre Zukunft / über die Deutschen 3b. (sich) sorgen um mich / für Ordnung 4f. sprechen mit jdm. / über den neuen Lehrer 5e. schicken an jdm. / zum Chef 6g. sich entschuldigen bei ihm / für etw.

9 1. darum baten, ... 2. um vier Wochen vorzuziehen 3. auf kurzfristige Auftragsänderungen zu reagieren 4. melden Sie sich ... bei Frau Kainz 5. um zu einer ... Lösung zu kommen

10

A 1. mit der Kultur ... beschäftigen 2. Es kommt ... darauf an 3. für welches Land man sich entschieden hat 4. unter Heimweh leiden 5. an den neuen Alltag anzupassen 6. Warten ... darauf 7. bemühen Sie sich ... um Kontakte 8. Es hängt ... von Ihnen ab 9. zu einer ... Erfahrung wird 10. mit ... Schwierigkeiten konfrontiert wird 11. an eine Rückkehr ... denken 12. darüber nachdenken 13. Zögern Sie ... mit Ihrer Entscheidung

B b. Zeit für die c. Angst vor (+Dat.) d. Interesse am e. Heimweh nach (+Dat.) f. Gewöhnung an den g. Probleme bei der h. Begeisterung für das – Kritik an der

14 Reflexive Verben sich

A **1** 2e 3d 4c 6g 7b 8f

B

	Dat.	Akk.	Infinitiv
a		sich	umziehen
b		sich	beeilen
b+f		sich	freuen
c		sich	aufregen
d		sich	rasieren
e+h		sich	duschen
g	sich		überlegen
	sich	(die Zähne)	putzen
h	sich	(die Augen)	schminken

Lösungen

7

1. dass ... man *sich* gut darauf vorbereiten sollte. Du solltest *dir* genau überlegen ... was du lieber für *dich* behältst. ... *dich* angemessen anzuziehen.
2. ... *sich* an ein paar Regeln halten. Lasst *euch* nicht provozieren ... Es macht *sich* gut ... Also informiert *euch*. Man sollte *sich* trauen, ... Damit erspart ihr *euch* ...3. ... du *dich* auch allein ... entscheiden. Lass *dir* Zeit für ... und hol *dir* Rat bei ... Dann hat *sich* die Mühe gelohnt.

C

	ich	du	er/sie/es	wir	ihr	sie/Sie
Akk.	mich	dich	sich	uns	euch	sich
Dat.	mir	dir	sich	uns	euch	sich

2

A + B

1e. sich erkälten 2g. sich anstecken 3b. sich verletzen 4h. sich ... brechen 5d. sich wehtun 6c. sich ... verderben 7f. sich erholen

3

1. dass *sich* die Kinder / dass die Kinder *sich* das Gesicht ... gewaschen haben. 2. Putzt *euch* bitte 3. Wer muss *sich* ... föhnen 4. müssen *sich* die Kinder / müssen die Kinder *sich* ... fertig machen 5. Wir können *uns* ... Zeit lassen 6. wenn ihr *euch* ... beeilen 7. Das wiederholt *sich* jeden Tag 8. ob ich *mich* gestresst fühle

4

1. Das wird *sich* auch nicht ändern. ... wir es nicht mehr ändern. ... können wir *uns* auch so treffen ... wir *sie* erst vor Kurzem getroffen 3. Ich ärgere *mich* wirklich, dass .... – Es ärgert *mich*, dass 4. Ich frage *mich* wirklich, ob ... *jemanden* nach dem Weg fragen 5. *dich* aufzuregen – So etwas regt *mich* nun mal auf!

5

1. du machst *dir* ... Sorgen 2. du konzentrierst *dich* 3. du könntest *dich* ... interessieren 4. Stell *dir* ... vor 5. brauchst du *dich* ... zu wundern 6. ich *mich* ... melde 7. ich entschuldige *mich* 8. kannst du *dich* ... entschuldigen 9. Stefan und ich *uns* scheiden lassen 10. merk *dir*, dass

6

1. Wir begrüßen *uns* und versuchen gleich, *uns* ein bisschen kennenzulernen. 2. Rick und Pierre finden *sich* sofort sympathisch, aber Paula und Julie verstehen *sich* überhaupt nicht. 3. Manche verlieben *sich* ganz schnell und andere streiten *sich* von Anfang an. 4. An manchen Tagen langweilt man *sich* im Unterricht und unterhält *sich* lieber mit den Banknachbarn. 5. Es ist faszinierend, dass wir *uns* trotz mancher Sprachprobleme viel zu sagen haben. 6. Am letzten Tag treffen *sich* alle zum Grillen am See. 7. Wir umarmen *uns* beim Abschied, aber nicht alle wollen *sich* wiedersehen.

15 Artikel

1

A

1. mehrere Sprachen 2. Chinesisch 3. Europa 4. die Schweiz 5. ihren Bergen 6. dem Genfer See 7. unserer Schweizreise 8. irgendeinem Hotel 9. einem 5-Sterne-Hotel 10. die Lage 11. des Hotels 12. allen Zimmern 13. den See 14. Hotel Vista 15. zwei Schwimmbäder 16. Tennisplätze 17. Dieses Hotel 18. Manche Gäste 19. jedes Jahr 20. kein Geld 21. solche Hotels

B

4, 6, 10, 11, 13	der	bestimmter Artikel
9, 20	ein	unbestimmter Artikel
1, 2, 3, 14, 15, 16	*kein Artikel, weil:* mehrere = *Adjektiv* zwei = *Zahlwort* Europa = *Eigenname* *unbest. Artikel im Pl.*	Nullartikel
5, 7	mein	Possessivartikel
17	dieser	Demonstrativartikel
0, 8, 12, 18, 19, 21	kein, irgendein, jeder, mancher, alle, solche	andere Artikel

2

1. ein Buch
2. einen Brief – den Brief – den Schreibtisch
3. einen Teller – die Suppe – eine Scheibe Brot
4. eine Spinne – die Spinne
5. Ein Anruf – den Anruf
6. ein Mann – der Hausmeister – den neuen Hausmeister

3

A

1. deines Bruders 2. unserer Kinder 3. des Computers 4. deiner Schwester

16 Nomen

1
A + B

C

	Sg. maskulin	Sg. feminin	Sg. neutral	Plural
	der Freund	die Freundin	das Tier	Namen
	der Bruder	die Schwester	der Name	die Tochter
	der Vater	die Mutter		die Freunde
	meines Vaters	meiner Mutter	des Tiers	Alissas Vater
	der Tochter			des Nachbarn Vater

2
A 1. der Mond, die Sonne, der Stern = der Himmel 2. das Messer, die Gabel, der Löffel = das Besteck 3. die Tasse, der Teller = das Geschirr 4. der Apfel, die Birne = das Obst 5. die Frau, der Mann, das Kind = die Familie 6. der Morgen, der Tag, die Nacht = die Zeit 7. der Regen, der Sturm, das Gewitter = das Wetter 8. das Bett, der Tisch, die Lampe = die Möbel Pl. 9. der Computer, die Kamera, das Handy = das Gerät 10. der Kalender, die Anmeldung, das Datum = der Termin 11. die Trockenheit, der Frühling, das Veilchen = die Natur 12. der Rhein, die Donau, die Elbe = der Fluss 13. das Meer, der See (= Meer), der Ozean = das Gewässer 14. der BMW, das Auto, die Harley-Davidson = das Fahrzeug

D

Singular	Plural	
r Freund	Freunde	-e
s Tier	Tiere	
r Nachbar	Nachbarn	-n
e Schwester	Schwestern	
e Freundin	Freundinnen	-en
r Name	Namen	
e Puppe	Puppen	
s Buch	Bücher	(Umlaut +) -er
e Tochter	Töchter	(Umlaut +) -
r Bruder	Brüder	
r Vater	Väter	
e Mutter	Mütter	
s Mädchen	Mädchen	-
s Auto	Autos	-s

4
A 1. Er ist Redakteur ... in München 2. Er liebt Schnitzel mit Pommes. Die Pommes ... 3. Kaffee, den aber schwarz ohne Milch und Zucker 4. bei Sturm und Regen. Aber wenn der Regen 5. immer Zeit für mich und hat Geduld 6. für Freiheit und Gerechtigkeit auf der Welt

B

	Nom.	Akk.	Dat.	Gen.
m	der	den	dem	des
f	die	die	der	der
n	das	das	dem	des
Pl.	die	die	den	der

	Nom.	Akk.	Dat.	Gen.
m	ein	einen	einem	eines
f	eine	eine	einer	einer
n	ein	ein	einem	eines
Pl.	---	---	---	---

5
1. diesen Film – einen anderen 2. dieser Blumenstrauß – in dem anderen Geschäft 3. für dieses Handy – das andere von Nikoi 4. diesen Vorschlag – andere gute Ideen

6
1. Das weiß doch jedes Kind. 2. Das versteht doch jeder Mensch. 3. *Mancher* Junge träumt davon, Millionär zu werden. 4. *Nicht alle* Mädchen möchten Prinzessin werden. 5. *Manchen* Menschen kann man es nicht recht machen.

7
1. keine Musik 2. keine Lust 3. keine Antworten 4. kein Verständnis 5. kein Wort 6. Kein Mensch 7. irgendeinen Grund 8. irgendeine Idee

8
A 1e 2h 3g 4c 5d 6b 7f
B mein – dein – sein/ihr/sein – unser – euer – ihr

9
A 1. unsere Kaffeemaschine – unser Toaster – unsere Töpfe 2. Seine CDs – seinen Schaukelstuhl – seine Baseballmütze – sein FC-Bayern-Trikot 3. Mein leeres Weinregal – meine Sonnenbrille – meinen Picasso – meine Fotoalben 4. von euren Schlittschuhen – eurem Surfbrett – eurer Modelleisenbahn – eurem Puppenhaus
B 6. ihren Fernseher 7. deine Schrift 8. ihren Tisch 9. unsere Bücherkisten 10. sein erster Computer 11. Ihrem Keller

Lösungen

B immer maskulin

-ant	-e	-ist	-oge	Tiere	andere
Elefanten	Kunden Experten Affen Löwen Namen	Journalisten	Biologen	Affen Löwen Eisbären	Herren Fotografen Menschen

B
0. der Unterricht 1. der Himmel 2. das Besteck 3. das Geschirr 4. das Obst 6. die Zeit 7. der Regen / das Wetter 11. die Trockenheit / die Natur 12. der Rhein, die Donau, die Elbe

3
A
1. Birnen – Mangos –Pfirsiche 2. Hunde – Pferde – Häuser – Bäume 3. Hosen – Pullis – Röcke – Mäntel 4. Konzerte – Lesungen – Bälle – Partys 5. Koffer – Rucksäcke – Taschen – Plastiktüten

B

(¨)e	-(e)n	-s	¨	¨er
Pfirsich – Pfirsiche	Birne – Birnen	Mango – Mangos	Apfel – Äpfel	Haus – Häuser
Konzert – Konzerte	Hose – Hosen	Pulli – Pullis	Mantel – Mäntel	
Hund – Hunde	Lesung – Lesungen	Party – Partys	Koffer – Koffer	
Ball – Bälle	Tasche – Taschen			
Pferd – Pferde	Plastiktüte – Plastiktüten			
Rucksack – Rucksäcke				
Baum – Bäume				
Rock – Röcke				

4
1. An den Ufern 2. In ... Flüssen 3. Auf den Bäumen 4. In den Wäldern 5. Auf den Feldern 6. Auf ... Wiesen 7. Unter ... Steinen 8. An den Seen

5
1. Erlebnisse 2. Ereignisse 3. Flugbegleiterinnen 4. Siegerinnen 5. Freundinnen 6. Geheimnisse

6
1. der Rest meines Kuchens 2. die Frau meines Chefs 3. die Lehrerinnen deiner Kinder 4. das Ende des Films 5. Trainer der Fußballmannschaft 6. der Star der ... Spiele 7. der Titel der Geschichte 8. der Autor des Buches

7
A 1c 2f 3b 4h 5d 6e 7g
B b. viele wichtige Jubiläen c. die deutsche Einheit d. die Fußballweltmeisterschaft e. der Bundestag f. die Nationalhymne g. der Karneval h. Deutschland

8
A 1. neue Kunden – einen ... Experten – unseren Biologen 2. die Elefanten – den Affen – den Löwen – den Eisbären 3. Fotografen – einem Journalisten – seinen Namen – vielen Menschen

9
1. Herr F. 2. auf Herrn F. 3. des Herrn – mit Herrn F. 4. den beiden Herren 5. Die Herren

10
A 1. das Herz 2. die Herzen 3. das Herz 4. ein Herz 5. des Herzens 6. dem Herzen 7. den Herzen
B Prinzessin Diana (1961-1997)

11
A

1. der Autoschlüsselanhänger

2. die Regenwassertonne

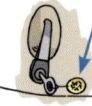

3. die Blumentopferde

B
e Blumenerde
r Blumengarten
r Blumenstrauß
r Blumentisch
s Holzbein
Holzblumen
e *Holzdecke*
r Holztisch
r Holzstuhl

Gartenblumen
e Gartenerde
e Gartenfläche
r Gartenstuhl
r Gartentisch
e Tischdecke
e Tischfläche
s Tischbein
s Stuhlbein

C
a. *Apfelsaft* – *Pferdeapfel*
b. *Kinderwagen* – *Kleinwagen* – *Großraumwagen*
c. *Ferienzeit* – *Sommerferien* – *Ferienanlage* – *Pfingstferien*
d. *Nichtraucherschutz* – *Nichtraucher* – *Raucherecken* – *Raucherzimmer* – *Raucherclubs*
e. *Grammatikfehler* – *Grammatikübungsbuch*

17 Pronomen

1

A 1. Kennst du ... Nein, von denen habe ich 2. Ich habe es ihr schon 3. Zurzeit habe ich kein Geld ... Mein Freund hat auch keins. Deswegen können wir 4. gehören mir nicht. Das sind wahrscheinlich deine 5. dass das sein Joghurt ist. Oder ist das deiner? 6. Habt ihr den schon 7. Ich finde ... Hat einer von euch sie ihm schon 8. Wir brauchen ... Hier sind keine mehr. Hat schon jemand welche hier?

B
b. Pronomen stehen für bekannte Information.
c. Die Personalpronomen stehen nah beim Verb.
d. Pronomen auf Position 1 sind betont.

2

A 1. Kommen Sie aus Spanien? 2. Wie lange lernen Sie schon Deutsch? 3. Können Sie mal ... sagen? 4. Können Sie ... übersetzen? 5. Welche andere Sprache sprechen Sie noch? 6. Wo wohnen Sie hier?

3

A 1. Kommt ihr / Kommst du aus ... Nein, wir kommen / ich komme 2. Wie lange lernt ihr / lernst du schon ...Seit wir hier wohnen / ich hier wohne 3. Könnt ihr / Kannst du mal 4. Könnt ihr / Kannst du ... 5. Welche andere Sprache sprecht ihr / sprichst du noch? 6. Wo wohnt ihr / wohnst du hier?

4

A 1. Ach, da kommt sie ja endlich. 2. aber ich kann es nicht ... repariere ich Sie nicht. 3. Ich muss sie unbedingt schaffen. 4. dann erwischst du ihn noch 5. Sie lagen bisher immer 6. Er passt mir überhaupt nicht. 7. Wahrscheinlich ist es wieder kaputt.

B

Nom.	ich	du	er	sie	es	wir	ihr	sie	Sie
Akk.	mich	dich	ihn	sie	es	uns	euch	sie	Sie
Dat.	mir	dir	ihm	ihr	ihm	uns	euch	ihnen	Ihnen

5

A 1. Kann ich Ihnen helfen? – Danke, im Moment brauche ich Sie nicht. 2. Triffst du sie heute? – Nein, aber ich bin ihr ... begegnet. 3. Wenn sie dich etwas fragen, dann musst du ihnen ... antworten. 4. Ich habe sie ... beobachtet. ... dass man ihnen zuschaut.

B 1. Gib es mir bitte, dann bügle ich es. 2. Warum fragst du mich dauernd? 3. Ich habe es ihm versprochen. 4. Unter ... können wir dich anrufen? 5. Hat er es schon besorgt?

6

1. Wir schenken sie ihnen 2. Ich kann es euch gern zeigen. 3. Ich wollte sie ihm morgen bringen. 4. Soll ich es dir beweisen? 5. Ich habe ihn dir auf den Tisch gelegt.

7

1. Leihst du es ihnen mal? 2. Ich schenke sie dir. 3. Schickst du ihn uns mal? 4. Das verbiete ich euch. 5. Gibst du sie mir bitte? 6. Oma zahlt ihn dir bestimmt. 7. Wollen Sie, dass ich ihn Ihnen zurückgebe? 8. Wer hat sie mir weggenommen?

8

1. Ob der der E-Roller ... gehört? 2. Mit der würde ich ... trinken. 3. Ach, für die sind die Blumen. 4. Das ist ja kompliziert. 5. Mit dem komme ich gar nicht zurecht. 6. ... das kenne ich schon. 7. Der sieht so aus, als ob ... 8. Neben dem möchte ich ... sitzen. 9. Für den interessieren sich ... 10. Die möchte ich ... nehmen – Der ist doch – findest du diesen hier 5. muss ich welche mitnehmen – Die mit dunkler Schokolade mag ich – Von denen kann ich ... kriegen ... 11. Für die gieße ich ... 12. Mit denen will ich ...

9

1. für das am Stadtrand – Bei dem anderen 2. Der dunkelbraune gefällt – die anderen sind 3. Diese hier würden ... passen – auf denen sitzt – wir nehmen die anderen 4. Ich würde den aus ... nehmen – Der ist doch – findest du diesen hier 5. muss ich welche mitnehmen – Die mit dunkler Schokolade mag ich – Von denen kann ich ... kriegen

10

1. wir haben keinen mehr 2. leider keine mehr 3. stehen welche im Glas 4. nur noch welchen aus 5. bringe Ihnen gleich welches 6. müsste noch eine sein

11 A + B

1. Das schwarze T-Shirt ... Ist das braune auch ihrs? 2. ein weißes Hemd ... Ist das deins ... an meinem fehlen 3. die Tischdecke von deinen Eltern ... das ist ihre ... eine rote 4. Der Pullover ... Das war meiner! Der hätte 5. Die Hose ... Das ist bestimmt seine 6. Die bunte Bettwäsche ... das kann nur eure sein ... haben unsere / unsre (ugs.) schon selbst ... das ist seine

12

1. Die ganze Nacht hat es geschneit. 2. Es hat nur zwei Minuten lang gehagelt. 3. Es klingelt an der Tür. 4. Es gibt leider keine 5. Wann wird es endlich Sommer? 6. Wie geht es dir? 7. Wegen eines Unfalls geht es auf 8. Und wie war es / war's? (ugs.) 9. Jetzt wird es / wird's (ugs.) ernst.

13

1. *Es hängt davon ab, ... Es ist nicht jede Sendung* 2. dass es darauf ankommt 3. dann macht es nicht dumm 4. weil es schädlich für 5. ob es dumm oder krank 6. Wenn es draußen schön ist, ... *Es macht mir auch Spaß* 7. kann es zu Sprachproblemen kommen 8. *Es gibt so viele interessante Sendungen* 9. Aber dass es schaden kann 10. *Es bietet ja nicht nur Unterhaltung*

14

A + B

1. Alle brauchen 2. Mit jedem von uns 3. Fast jeder 4. Wir haben schon einiges/alles 5. sprechen nur wenige 6. Alle bekommen 7. Einige haben 8. Die Schule bittet jeden von uns – es haben sich ... alle angemeldet. 9. Einigen von uns macht die Prüfung

15

1. Fährt mich *irgendjemand* 2. Wir können nicht *irgendetwas/irgendwas (ugs.)* kaufen 3. bringen Sie einfach *irgendeins* 4. Hast du noch *irgendetwas* 5. Nimm *irgendeine*

18 Präpositionen in

1

A + B

Zeit / temporal	Ort / lokal
0. vor einem Jahr	0. von zu Hause
4. in den ersten Wochen nach dem Auszug	1. in eine Wohnung an den Stadtrand von Köln
11. Seit einem Semester	2. im zweiten Stock
12. Innerhalb des nächsten Semesters	3. auf dem Weg zur Universität am Haus
Grund / kausal / u. a.	4. bei ihnen
4. zum Abendessen	7. vom Bäcker aus der Reinigung
5. für mich	8. in Urlaub
6. zum Waschen und Bügeln	10. an der Universität
8. mit meinen Eltern	12. in der Praxis
9. Ohne meine Eltern	
10. wegen meines Papas	

2

A

1. Seit zwei Monaten mache ich 2. Mit meiner österreichischen Freundin spreche ich 3. eine Sprache ... aus Büchern lernen 4. Bei Grammatikproblemen frage ich 5. Von ihr bekommt man 6. Komm ... zu uns

B aus / bei / mit / nach / seit / von / zu *immer mit Dativ*

3

A 1e 2f 3b 4c 5d

B bis / durch / für / gegen / ohne / um: *immer mit Akkusativ*

4

1. Ohne dich kann ich 2. nur mit dir verbringen 3. Mit dir möchte ich 4. Ohne dich wäre 5. ohne dich keinen Sinn 6. mit dir teilen 7. mein Leben ohne dich

5

A 1. Im Auto – In der Arbeit – in einer Pferdekutsche 2. An der Bushaltestelle – An der Ampel – am Strand 3. Unter einer Brücke – Unter einem Baum – unter deinem Fenster 4. Vor dem Supermarkt – Vor der Bäckerei – vor deiner Tür 5. Bei deiner Oma – Bei Freunden – bei dir zu Hause 6. Auf dem Balkon – Auf der Terrasse – auf einem Ruderboot 7. Über den Dächern von Berlin – über dir in einem Heißluftballon

B 1. in eine Pferdekutsche 2. an den Strand 3. unter ihr Fenster 4. vor ihre Tür 5. in mein neues Haus 6. in ein Ruderboot 7. über dich hinweg

6

A 1. Die sind ... in der Einkaufstasche. 2. Die liegt im Kühlschrank. 3. Den findest du hinter der Kaffeedose. 4. Das steht neben der Pfeffermühle. 5. Das ist in der großen Schublade.

B 1. Die ... gehören in das Eierfach. 2. Die ... muss in den Kühlschrank. 3. Die ... kann vor die Kaffeedose. 4. Das ... gehört neben den Pfeffer. 5. Das ... muss ... in die Schublade.

7

1. ans Meer 2. aufs Fest 3. zur Hochzeit 4. zum Friseur 5. beim Friseur 6. im Café 7. vom Bahnhof 8. ins Kino 9. am Haupteingang 10. vom Einkaufen

8

1. in den Kindergarten / ins Büro / zum Flughafen 2. zu Oma / nach Hause / in die Stadt 3. zu Freunden / in die Arbeit / zum Arzt 4. nach Moskau / in die Alpen / an die Ostsee

9

1. nach Berlin – bei Freunden 2. zu Mercedes in die Zentrale 3. in Hamburg bei der / zur Eröffnung 4. zu wichtigen Kunden nach/in Italien 5. in Italien – nach Hause zu meiner Familie 6. in unser Ferienhaus in die Berge

10
1f. nach drüben zu den Nachbarn gebracht werden
2g. nach oben in den zweiten Stock bringen
3b. ins Haus bringen 4e. gehe ... nach unten
5c. müssen nach draußen vor die Tür 6d. Komm ... zu mir

11
1c. am Fluss entlang 2g. nach 200 Metern – auf der rechten Seite 3e. durch den Tunnel – an der ersten Ampel 4b. an den gelben Häusern – hinter dem letzten Haus 5d. vor der Tankstelle – gegenüber dem Supermarkt 6f. zum Schwimmbad – über die Brücke 7h. bis zum Ortsende – in den kleinen Weg

12
A
1. legen ... in das Gepäckfach 2. sich auf die Plätze setzen 3. vor den Notausgang stellen
B
1. liegt ... im Gepäckfach 2. sitzen ... auf den Plätzen 3. steht ... vor dem Notausgang
C

Wohin?	Präp. + Akk.	Wo?	Präp. + Dat.
	hängen – gehängt		hängen – gehangen
	legen – gelegt		liegen – gelegen
	setzen – gesetzt		sitzen – gesessen
	stellen – gestellt		stehen – gestanden

13
A
1. Von Montag an 2. Nächsten Mittwoch 3. Ab morgen 4. Zwischen Weihnachten und Neujahr 5. Ich bleibe drei Tage. 6. Über die Feiertage 7. Von Dienstag bis Freitag 8. In einer Woche 9. An Ostern / Ostern kommt Oma.
B

Präp. + Akk.	bis, über
Präp. + Dat.	ab, an, in, von ... an, von ... bis, zwischen, vor, nach, seit

14
1. Schon nach kurzer Zeit – Vor/Nach zwei Jahren 2. In unserem Leben – seit der Hochzeit 3. seit Juni – Nach der Geburt 4. In der Nacht – vor vier Uhr morgens 5. Seit einer Woche

15
1. vor einem Jahr 2. Seit einer Woche 3. vor zwei Wochen 4. vor einem Monat

16
1. Aus wie vielen Personen besteht – Aus zwei ... 2. Bei wie vielen Ärzten waren – Nur bei einem. 3. Um wie viel Uhr schließt – Um fünf.

17
1. Während des Vortrags 2. innerhalb der nächsten Tage 3. Statt des Seminars 4. Wegen des schlechten Wetters 5. Außerhalb des Konferenzgebäudes 6. Trotz großer Visaprobleme

4. In wie vielen Tagen soll – In einer Woche.
5. Seit wie vielen Jahren gehen – Seit meiner Kindheit.

18
A + B
1. Wegen einer Verletzung 2. Wegen des Elfmeters / dem Elfmeter 3. Wegen meines neuen Jobs / meinem neuen Job 4. Wegen eines groben Fouls / einem groben Foul 5. Wegen des Unwetters / dem Unwetter

19
Ich war (1) *mit dem Rad* (2) *in der Stadt* unterwegs ... um sechs wieder (3) *zu Hause* zu sein. ... (4) *Im* ersten Geschäft habe ich festgestellt, ... wie die Fahrradwege (5) *in der letzten Woche* ausgesehen haben? ... Ich bin (6) *auf dem* vereisten Radweg ausgerutscht und (7) *mit dem Rad* gestürzt und dabei irgendwie (8) *auf den* rechten Arm gefallen. ... Zwei Frauen haben mir sofort (9) *beim Aufstehen* geholfen. Eine Frau hat mich dann (10) *ins* Krankenhaus gebracht. (11) *Nach einer Stunde* Wartezeit kam ich endlich dran. ... (12) *Zum Glück* muss ich nicht operiert werden. Aber unseren Skiurlaub (13) *im Februar* können wir nun vergessen. Jetzt haben wir umsonst so viel Zeit (14) *mit der Hotel-suche* verbracht. Na ja, vielleicht klappt es noch (15) *in den Osterferien.*

19 Adjektive

1
A + C
1. *dem schönen* Blumenland 2. *das schöne* Blumenland 3. *den hohen* Bergen 4. *einem riesigen* See 5. *den ganzen* Tag 6. *auf bunten* Blumenwiesen 7. *rote, gelbe, blaue* und *weiße* Blumen 8. *ihrem gelben* Kleid 9. *ein kleines* Blümchen 10. *dem gelben* Kleid 11. *grüne* Hosen 12. *rote* Schuhe 13. *einen großen* Hut 14. *im schönen* Blumenland 15. *der kleinen* Rosa 16. *gute* Luft 17. *schönes* Wetter 18. *vor langer* Zeit 19. *die kleine* Rosa 20. *Nächstes* Mal

B
a. *nur ein Signal* b. *ein großes Signal* c. *kein Signal*

D
Signal beim Adjektiv: 6, 7, 9, 11, 12, 16, 17, 18, 20

Lösungen

19

2
1c. das blaue T-Shirt 2d. Der gelbe Schal 3b. Die braunen Schuhe 4b. Die neue Hose 5d. Den langen Rock 6c. Das blaue Hemd 7a. Die weißen Sportsocken

3
A 1. ein neues Rad – Mit meinem alten 2. eine neue Jeans – Deine alten 3. neue Gartenstühle – Unsere alten 4. ein neuer Wohnzimmertisch – Ich finde unseren alten 5. eine neue Sonnenbrille – Bei meiner alten
B 1. kein neues Rad 2. keine neue Jeans 3. keine neuen Gartenstühle 4. keinen neuen Wohnzimmertisch 5. keine neue Sonnenbrille

4
1. starken Kaffee 2. kalter Tee 3. den Geruch frischer Farbe 4. teuren Schmuck 5. laute Musik 6. für politische Sendungen 7. mit großem Interesse 8. in guter Erinnerung 9. dummes Zeug 10. in alter Frische

5
1. die hohe Miete 2. diese teure Wohnung 3. eine super Wohnung 4. mein lila Sofa

6
1. Sie müssen beim Lernen einfach *locker bleiben*. 2. Die Regeln *wirken* anfangs *kompliziert*, aber sie *sind* eigentlich ganz *einfach*. 3. Sie dürfen beim Lernen nur nicht *ungeduldig werden*. 4. Es *wäre gut*, wenn Sie die Adjektive beherrschen würden. 5. Aber *machen* Sie sich und andere mit der vielen Lernerei nicht *verrückt*.

7
1. groß eingekauft 2. lang kochen 3. klein geschnitten 4. kurz angebraten 5. heiß serviert 6. kalt trinken 7. langsam essen

8
1. kurzfristig 2. schwer gestürzt 3. ihrem schweren Sturz 4. genau erklärt 5. eine genaue Erklärung 6. ausführlich besprochen 7. ein ausführliches Gespräch 8. lang warten 9. Die lange Warterei 10. kurz beim Arzt anrufen 11. ein kurzer Anruf

9
A + B
1f. Dieser gute Kuchen 2c. Welchen blauen Ordner 3e. Manche alten Programme 4d. Alle wichtigen Kunden 5g. diesen gelben Stift hier 6b. Welche private E-Mail

10
1h. Bücher aller großen Verlage 2f. einige aktuelle Prospekte 3c. mehrere interessante Neuheiten 4i. andere schöne Bildbände 5b. weitere preiswerte Ausgaben 6e. wenig freie Zeit 7g. Bücher mancher unbekannten/unbekannter Autoren 8d. mit allen unseren Büchern viel Spaß

11
A 1. Nur die reservierten Tische ... sind besetzt 2. Gestresste Bedienungen 3. betrunkene Gäste 4. drei flirtende Jugendliche 5. lachende und staunende Kinder ... mit leuchtenden Augen 6. vergnügt sind ... streitende Paare 7. Verhalten Sie sich umweltschonend

B 1. reserviert – reservieren / besetzt – besetzen 2. gestresst – stressen 3. betrunken – sich betrinken 4. flirtend – flirten 5. lachend – lachen / staunend – staunen / leuchtend – leuchten 6. vergnügt – sich vergnügen / streitend – streiten 7. umweltschonend – die Umwelt schonen

12
1. die Falsche – was Passendes 2. Das Beste – irgendwas Modisches 3. was anderes 4. nichts Aufregendes 5. Etwas Besseres 6. Alles Weitere 7. was ganz Tolles – das Schönste 8. Alles Gute

13
A 1h 2i 3c 4d 5f 6b 7g 8e

B + C

Grundform	Komparativ + -er	Superlativ + -(e)st	Bildung
nett	netter	das netteste Mädchen / am nettesten	regelmäßig
schwer	schwerer	am schwersten	
groß	größer	der Größte	a, o, u → ä, ö, ü
jung	jünger	die jüngste Kollegin	
teuer	teurer	am teuersten	Komp. kein -e
dunkel	dunkler	am dunkelsten	
gut	besser	am besten	unregelmäßig
viel	mehr	das meiste Geld	
gern	lieber	am liebsten	

14
1. sah noch besser aus 2. eine Nummer kleiner 3. Da ist es ... heller 4. ist noch etwas billiger 5. lieber noch mal überlegen 6. etwas kürzer sein

15
1. die besten Semmelknödel – besser als im Restaurant 2. genauso alt wie deiner – der älteste 3. viel erfolgreicher ... als ich – ist am erfolgreichsten 4. höher und weiter springst als mein Freund – am höchsten und am weitesten 5. der stärkste Mann – nicht so stark wie er 6. das hübscheste Mädchen – hübscher als viele Fotomodels

16
1. Reisende aus der ganzen Welt 2. Reiche mit teuren Autos – Arme in Sozialwohnungen 3. Das Schönste in unserer Stadt 4. die Verliebten Hand in Hand 5. Hässliches wie die Hochhäuser 6. Als Nächstes 7. etwas Modernes

17

A
1c 2h 3b 4g 5d 6f 7e

B

Adjektiv	+ Präposition
glücklich	über + Akk.
blass	vor + Dat.
begeistert	von + Dat.
leicht	für + Akk.
enttäuscht	über + Akk.
müde	von + Dat.
nützlich	für + Akk.
stolz	auf + Akk.

18
1. über jedes Angebot froh 2. beliebt bei Vermietern 3. mit einem ... befreundet 4. bei der Suche behilflich 5. an einer Neubauwohnung interessiert 6. mit dem Besichtigungstermin ... einverstanden 7. gespannt auf diese Wohnung 8. entfernt von der Schule 9. für meinen Mann nützlich 10. einen Garten ... über den ... glücklich 11. nett zu uns 12. eine Wohnung, mit der ... zufrieden

19

A
1. war der Winter ausgesprochen mild 2. einen total verregneten Frühling 3. Der Juli ist ... extrem heiß 4. gab es besonders viel Schnee 5. mit einer ziemlich kalten Nacht 6. ein ungewöhnlich heftiges Gewitter 7. relativ schönes Wetter 8. Die Temperaturen sind ... recht angenehm 9. wird es ... viel zu früh 10. war das Wetter äußerst trocken

B

Verstärkung +	Abschwächung -
sehr / ausgesprochen / total / extrem / besonders / ungewöhnlich / zu / äußerst	ziemlich relativ recht

20
1. einigermaßen sauber – ganz gut 2. komplett ausgebucht – relativ teuer 3. ganz toll – ungemein lustig 4. höchst erholsamer – außerordentlich viel

20 Adverbien draußen

1

A + B

	Adverbien
a. Ort	draußen, da, dahinter, dort, unten, von oben
b. Zeit	oft, gleich, jetzt, meistens, morgen, dann, immer
c. andere	auch, sogar, hoffentlich, vielleicht, sicher

2

A
1e 2b 3f 4d 5g 6c 7h

B
Wie oft? Häufigkeit:
immer → meistens → oft → öfter → manchmal → selten → nie
Wann? Wiederholung:
samstags, abends, dienstags, sonntags, mittags, freitags

3
1. draußen auf der Terrasse 2. Von außen sieht 3. schließen wir ... von innen ab 4. hört man von draußen 5. ist innen modern 6. draußen bleiben

4
A + B
1e. vorn ↔ hinten 2c. unten ↔ oben 3d. rechts ↔ links 4b. nebenan ↔ weiter weg

5
1. dahinter 2. davor 3. dazwischen 4. darunter 5. darauf

6
1. erst in einer Stunde 2. schon über eine Stunde – erst gegen neun 3. erst zwei Jahre – schon so gut 4. erst vorgestern – heute schon 5. erst 14 Jahre alt – schon 1,85 Meter groß 6. gerade erst gefrühstückt – schon beim Mittagessen

7
1. normalerweise 2. seitenweise 3. vergleichsweise 4. Dummerweise 5. reihenweise 6. möglicherweise 7. probeweise 8. bekannterweise

Lösungen

21 Satzstellung

A + C

1. Unser neues Haus gefällt uns gut, aber es ist ziemlich einsam hier. 2. Deswegen haben wir uns einen Hund gekauft. 3. Mein Mann hat ihn unserer Tochter zu Weihnachten geschenkt. 4. Ich fühle mich seitdem in unserem Haus sicherer. 5. Unsere Tochter ist glücklich, einen neuen Spielkameraden zu haben. 6. Sie geht jeden Tag mit dem Hund im Wald spazieren. 7. Wir haben schon allen Freunden und Verwandten Fotos von unserem Hund gemailt. 8. Wir bekommen jetzt oft Besuch. 9. Haben Sie eigentlich einen Hund? Verraten Sie es mir!

B b. Verb 2 c. Verbklammer d. Position 0 e. Satzende

C f. 4, 6 g. 1, 4, 6, 8 h. 2, 7 i. 9 j. 1, 2, 3, 4, 9

A 1. Ich habe schon Lust, aber ... 2. Du kannst immer mit mir rechnen. 3. Ich fahre in Garmisch nicht so gern Ski. 4. Ich bleibe auch zu Hause, wenn ... 5. Ich mache bei schlechtem Wetter lieber etwas anderes. 6. Es ist langweilig, Ski zu fahren. 7. Wir könnten hier etwas unternehmen, statt ...

B a. 0, 3, 5 b. 1, 2, 6 c. 4 d. 7

C Das Subjekt steht immer beim Verb. In den Sätzen 0–7 nach dem Verb und in den umgeformten Sätzen vor dem Verb.

1. Wir sitzen am Computer. 2. Zurzeit bin ich nur abends erreichbar. 3. Ich bereite mich auf den Unterricht vor. 4. Aber das weißt du doch. 5. In fünf Minuten will ich aus dem Haus gehen. 6. Du fragst wirklich, was wir machen? / Fragst du wirklich, was wir machen? 7. Du weißt doch, dass wir ein Buch schreiben. 8. Hoffentlich haben wir es bald geschafft.

A 1. Er hat auf der Straße von seinen Freunden Deutsch gelernt. (Verb+Präp. Deutsch lernen von jdm.) / Er hat von seinen Freunden auf der Straße Deutsch gelernt. (auf der Straße Attribut zu Freunde)
2. Cem schloss nach der 10. Klasse die Schule mit der mittleren Reife ab. (mit der mittleren Reife Attribut zu Schule) / Cem schloss die Schule nach der 10. Klasse mit der mittleren Reife ab. (zwei Attribute zu Schule)

3. Er begann nach seiner Ausbildung als Erzieher in Reutlingen ein Studium. / Er begann nach seiner Ausbildung als Erzieher ein Studium in Reutlingen. (in Reutlingen Attribut zu Studium) 4. Er nahm 1983 nach vielen Diskussionen mit seinen Eltern die deutsche Staatsbürgerschaft an. / Er nahm nach vielen Diskussionen mit seinen Eltern 1983 die deutsche Staatsbürgerschaft an. 5. Cem machte 1994 an der Universität Reutlingen einen Abschluss als Diplom-Sozialpädagoge. 6. Cem Özdemir ist seit den Achtzigerjahren für die Partei BÜNDNIS 90/DIE GRÜNEN politisch aktiv.

B 0. Satz wird nicht umgeformt, da man eine Biografie fast immer mit dem Namen beginnt. 2. Nach der 10. Klasse schloss Cem die Schule mit der mittleren Reife ab. 3. Nach seiner Ausbildung als Erzieher begann er in Reutlingen ein Studium. / Nach seiner Ausbildung als Erzieher begann er ein Studium in Reutlingen. 4. 1983 nahm er nach vielen Diskussionen mit seinen Eltern die deutsche Staatsbürgerschaft an. / Nach vielen Diskussionen mit seinen Eltern nahm er 1983 die deutsche Staatsbürgerschaft an. 5. 1994 machte Cem an der Universität Reutlingen einen Abschluss als Diplom-Sozialpädagoge. / An der Universität Reutlingen machte Cem 1994 einen Abschluss als Diplom-Sozialpädagoge. 6. Seit den Achtzigerjahren ist Cem Özdemir für die Partei BÜNDNIS 90/DIE GRÜNEN politisch aktiv. / Politisch aktiv ist Cem Özdemir seit den Achtzigerjahren für die Partei BÜNDNIS 90/DIE GRÜNEN.

A 1. Drei bayerische Kühe haben gestern am Himmel ein Ufo beobachtet.
2. Drei bayerische Kühe haben gestern trotz ihrer Kurzsichtigkeit am Himmel ein Ufo beobachtet.
3. Drei bayerische Kühe haben gestern trotz ihrer Kurzsichtigkeit gemeinsam am Himmel ein Ufo beobachtet.
4. Drei bayerische Kühe haben gestern trotz ihrer Kurzsichtigkeit aus Langeweile gemeinsam am Himmel ein Ufo beobachtet.
5. Drei bayerische Kühe haben gestern stundenlang trotz ihrer Kurzsichtigkeit aus Langeweile gemeinsam am Himmel ein Ufo beobachtet.
6. Glaubst du wirklich, dass gestern drei bayerische Kühe stundenlang trotz ihrer Kurzsichtigkeit aus Langeweile gemeinsam am Himmel ein Ufo beobachtet haben?

22 Fragesatz

1

A 1e 2d 3b 4c 5h 6f 7g

B A. 1, 2, 4, 6   B. 2, 5, 6   C. 1e, 4c, 7g   D. 3b   E. 6, 7   F. 3

2

A 1 Woher kommst du? 2. Wo wohnst du? 3. Was machst du hier? 4. Wie alt bist du? 5. Bist du verheiratet? 6. Hast du Kinder? 7. Seit wann bist du hier? 8. Wie gefällt es dir hier?

B 1 Woher kommen Sie? 2. Wo wohnen Sie? 3. Was machen Sie hier? 4. Wie alt sind Sie? 5. Sind Sie verheiratet? 6. Haben Sie Kinder? 7. Seit wann sind Sie hier? 8. Wie gefällt es Ihnen hier?

3

1 Hat Luisa heute Zeit? 2. Welchen Film wollen wir ansehen? 3. Ist das ein guter Film? 4. Hat er nicht schlechte Kritiken bekommen? 5. Kaufst du die Kinokarten?

4

1 *Was* hast du nicht verstanden? 2. *Wen* hast du gestern gesehen? 3. *Was* kauft ihr jetzt? 4. *Warum* meldet er sich nicht? 5. *Wem* gehört das rote Fahrrad? 6. *Mit wem* hast du gestern gespielt? 7. *Für wen* ist das Geschenk? 8. *Was* hat sie versprochen? 9. *Womit* hat Oma ein Problem? 10. *Was* wollt ihr?

5

1. Es ist aber egal, ob 2. Es ist nicht wichtig, ob 3. Ich wünsche mir, dass 4. Ich glaube, dass 5. Ich bin mir unsicher, ob 6. Ich hoffe, dass 7. Ob ..., weiß ich aber noch nicht.

6

A 1 Wer ... gerufen 2. Womit ... aufgebrochen 3. Woher stammen 4. Wie viel Geld 5. Wie groß 6. Weshalb ... nicht funktioniert 7. Wessen Handy 8. Wo ... gefunden 9. Wie viele Zeugen 10. Wohin ... geflüchtet

B *Keiner weiß,* ... 1. wer die Polizei gerufen hat. 2. womit die Tür aufgebrochen wurde. 3. woher die Scherben stammen. 4. wie viel Geld fehlt. 5. wie groß der Schaden ist. 6. weshalb die Alarmanlage nicht funktioniert hat. 7. wessen Handy unter dem Schrank lag. 8. wo man Fingerabdrücke gefunden hat. 9. wie viele Zeugen es gibt. 10. wohin der Täter geflüchtet sein könnte.

7

A+B

1. ob das Gehalt schon überwiesen wurde? 2. wie das neue Softwareprogramm funktioniert. 3. wozu ich dieses Formular ausfüllen soll. 4. wann die nächste Mitarbeiterbesprechung stattfindet. 5. ob wir im nächsten Jahr eine Gehaltserhöhung bekommen? 6. woher unser Chef erfahren hat, dass ich abends eine Weiterbildung mache.

C 1. Wurde das Gehalt schon überwiesen? 2. Wie funktioniert das neue Softwareprogramm? 3. Wozu soll ich dieses Formular ausfüllen? 4. Wann findet die nächste Mitarbeiterbesprechung statt? 5. Bekommen wir im nächsten Jahr eine Gehaltserhöhung? 6. Woher hat unser Chef erfahren, dass ich abends eine Weiterbildung mache?

8

A+B

1g. Wie lange dauert ... 2f. Seit wann bist du ... 3b. Wie oft musst du ... 4e. Um wie viel Uhr ... 5d. Wie weit ... 6c. Wann kann ...

9

1. Was für eine Wohnung 2. In welchem Stockwerk 3. Was für Nachbarn 4. In welcher Farbe 5. Was für einen Mietvertrag 6. Welche Umzugsfirma

23 Negation nicht

1

A+B

a. 5. Eigentlich mag ich Wochenenden <u>nicht</u>. 8. Aber denken Sie <u>nicht</u>. b. 1. Ich sehe <u>nicht</u> fern. 2. Ich will auch <u>nicht</u> lesen. 8. dass ich freie Tage <u>nicht</u> genieße. c. 3. Ich sitze <u>nicht</u> am Computer. 4. Ich gehe <u>nicht</u> aus dem Haus. 6. <u>Nicht</u> jeder versteht das. 7. Ich diskutiere auch <u>nicht</u> gern darüber.

2

1. Er spielt *nicht* gern Karten. 2. Wir gehen *nicht* auf das Fest. 3. Mir gefällt diese Stadt *nicht*. 4. Ich besuche euch *nicht* in der Schweiz. 5. Er möchte das Museum *nicht* besuchen. 6. Sie will die neuen Nachbarn *nicht* kennenlernen.

Lösungen

24 Satzverbindung und

1

A 1. Ute taucht gern *und* Uli ... 2. Ute geht abends oft ins Kino *oder* sie ... 3. ... ins Kino, *sondern* meist ... 4. ... haben *weder* Ute *noch* Uli Lust und Zeit ... 5. *Sowohl* Uli *als auch* Ute lesen ... 6. Uli will *nicht nur* alles über Fußball wissen, *sondern auch* bei Tennis ... 7. Am Wochenende machen die beiden *entweder* Radtouren *oder* sie laden Freunde ein.

B

Bedeutung	Konjunktion	Zweiteilige Konjunktion
Aufzählung	und	sowohl ... als auch
		nicht nur ..., sondern auch
Alternative	oder	entweder ... oder
	nicht ... sondern	

2

1. ..., *aber* sie sehen sich nicht oft. 2. ... *und* (sie) erzählen sich alles. 3. ... *und* Monika surft gern. 4. ... *aber* leider klappt es dieses Jahr nicht. 4. ... *und* Monika bleibt zu Hause.

3

1. ..., *sondern* in Ruhe 2. ..., *sondern* nur Tee 3. ... *aber* ich muss ... 4. ..., *aber* ich habe leider ... 5. ..., *sondern* Apfelkuchen 6. ..., *aber* heute ist es ...

4

1. ... man isst dort *sowohl* billig *als auch* gut. 2. ... *Sowohl* der Chef *als auch* die Bedienungen ... 3. ... ist *weder* mit dem Bus *noch* mit dem Auto gut zu erreichen. 4. ... *Sowohl* ältere *als auch* jüngere Leute ... 5. ... kann man *sowohl* Geburtstage feiern *als auch* Seminare durchführen. 6. ... hat das Restaurant *weder* eine Terrasse *noch* einen Garten.

5

A 1. Ich rufe dich *entweder* heute Abend kurz an *oder* ich schicke ... 2. Ihr könnt *entweder* mit der U-Bahn fahren *oder* das Fahrrad ... 3. Ich warte *entweder* vor dem Café *oder* wir treffen ... 4. Man kann *entweder* das Auto günstig leasen *oder* neu kaufen. 5. Du machst die Übung *entweder* jetzt *oder* später.

B 1. *Entweder* rufe ich dich heute Abend kurz an *oder* ich schicke ... 2. *Entweder* fahrt ihr mit der U-Bahn *oder* ... das Fahrrad ... 3. *Entweder* warte ich vor dem Café *oder* wir treffen ... 4. *Entweder* least man das Auto günstig *oder* kauft es neu. 5. *Entweder* machst du die Übung jetzt *oder* später.

3

1. nicht verlassen 2. nichts mehr ändern 3. Nichts kann sie ... überzeugen 4. sind auch nicht ... billig 5. haben nichts dagegen

4

1. keinen Ball 2. kostet nichts 3. Nicht jeder 4. nicht viele 5. spielen es ... nie 6. kennt es ... niemand

5

A 1d 2c 3b 4b 5c 6d 7a

B 1d. schon etwas gegessen? Nein, noch nichts. 2c. ist nie(mals) langweilig. Da gibt es immer 3b. Kennst du jemanden, der ... das traut sich doch niemand 4b. Ich kaufe fast alles ... dort gar nichts 5c. Ich bin sowohl bei StayFriends als auch bei ... interessiere mich weder für alte Schulfreunde noch für 6d. Hast du schon einen neuen Laptop ... habe noch keinen 7a. Irgendwo muss es doch ... habe nirgendwo eins

B. irgendwo ↔ nirgendwo
C. sowohl ... als auch ↔ weder ... noch
D. etwas ↔ nichts E. alles ↔ nichts
F. jemand ↔ niemand G. ein↔ kein
H. immer ↔ nie/niemals

6

1. niemanden/keinen 2. nichts 3. niemand/keiner 4. Weder in Büchereien noch in Buchhandlungen 5. Nirgendwo/Nirgends 6. (noch) nie

7

1. Leider können *nicht* alle kommen. 2. Findet unser Treffen heute nun statt oder *nicht*? 3. Ich weiß *nicht*, warum ... 4. Bitte seid *nicht* wieder ... 5. ... treffen wir uns dieses Mal *nicht*. 6. Ich kann dich heute *nicht* mit dem Auto abholen. 7. Ich arbeite grundsätzlich *nicht* am Wochenende. / Ich arbeite am Wochenende grundsätzlich *nicht*. 8. Diese Arbeiten mache ich *nicht* am Wochenende. 9. Ich fahre diesen Freitag *nicht* weg. / Ich fahre *nicht* diesen Freitag weg. 10. Du hast Daniel *nicht* zum Geburtstag gratuliert. 11. Habt ihr *nicht* daran gedacht, ihm zu gratulieren? 12. Ich habe mich *nicht* entschieden, ihm das Geschenk zu geben. / ... *nicht* ihm das Geschenk zu geben.

8

A 1. Keine Ahnung. ... an nichts erinnern. 2. Ich glaube nicht. 3. Nicht sofort 4. nicht sagen ... niemanden gesehen 5. sicher nicht

B 0. b, e   1. e   2. b, d, e   3. c, e   4. a, d, e, f
5. a, d, e

24

25 *dass*-Satz

1

A Dialog: a – d – g – c – e – f – b

B c. Ich bin sicher, *dass* ihr neuer Freund nicht viel anders als Jens ist. d. Ja, aber ich kann nicht glauben, *dass* das wirklich stimmt. e. Aber *dass* Jens jetzt so leidet, hat er jedenfalls nicht verdient. f. Ich hoffe, *dass* er Theresa schnell vergisst. g. Weißt du nicht, *dass* sie sich in letzter Zeit öfter gestritten haben? Außerdem heißt es, *dass* Theresa schon wieder einen neuen Freund hat.

2

1. Jens denkt, *dass* Theresa zu ihm *zurückkommt*. 2. Theresa ist sicher, *dass* ihre Beziehung kaputt ist. 3. Es stimmt, *dass* Theresa und Jens kein Paar mehr *sind*. 4. Wir meinen, *dass* Jens jetzt erst mal in Urlaub *fahren soll*. 5. Beide glauben, *dass* sie nichts falsch *gemacht haben*.

3

A 1d. Wir sind alle froh, *dass* unser Auto immer noch fährt. 2c. Mein Bruder ist genervt, *dass* sein Computer wegen des neuen Computerspiels ständig abstürzt. 3e. Mein Vater ist stolz, *dass* seine älteste Tochter in das Familienunternehmen einsteigt. 4f. Sind Sie zufrieden, *dass* das Team diese Aufgabe gut und schnell erledigen konnte?

B 1. *Dass* unser Auto immer noch fährt, *ist gut.* 2. *Dass* sein Computer wegen des neuen Computerspiels ständig abstürzt, ist nicht so gut. 3. *Dass* seine älteste Tochter in das Familienunternehmen einsteigt, ist gut.* 4. *Dass* das Team diese Aufgabe gut und schnell erledigen konnte, ist ...* 5. *Dass* sie immer noch keine Halbtagsstelle gefunden hat, ist nicht so gut.*

4

1. Es ist klar, dass das Auto für viele Deutsche das Auto sehr wichtig ist. / dass das Auto für viele Deutsche sehr wichtig ist. 2. Es ist eine Tatsache, dass Alkohol am Steuer zu Unfällen führt. 3. Es ist wirklich wichtig, dass man sich im Auto auch auf den Rücksitzen anschnallt. 4. Es ist erwiesen, dass Frauen weniger Unfälle als Männer verursachen. / dass Frauen weniger Unfälle verursachen als Männer. 5. Es lässt sich kaum vermeiden, dass man zu bestimmten Zeiten im Stau steht. 6. Es kommt oft vor, dass Autofahrer in Wohngebieten viel zu schnell fahren. / dass in Wohngebieten Autofahrer viel zu schnell fahren. 7. Es ist schrecklich, dass es im Straßenverkehr immer wieder schwere Unfälle gibt. / dass es immer wieder schwere Unfälle im Straßenverkehr gibt. 8. Stimmt es wirklich, dass heutzutage nichts ohne Auto geht? / dass ohne Auto heutzutage nichts geht?

5

1. Wo hast du gelesen, dass ... 2. Wer schreibt, dass ... 3. In einer aktuellen Meldung heißt es, dass ... 4. Aus Berlin wurde gemeldet, dass ... 5. Überall wird berichtet, dass ... 6. Die Bild-Zeitung hat die Nachricht verbreitet, dass ... 7. Gestern wurde bekannt gegeben, dass ... 8. In der Presse wurde angekündigt, dass ... 9. Auf der Pressekonferenz wurde mitgeteilt, dass ... 10. Es ist nicht gesagt, dass ...

6

1. Ich weiß, dass
2. tut es mir leid, dass
3. Ich bin sicher, dass
4. Erinnerst du dich noch, dass
5. Ich hoffe jedenfalls, dass
6. wünsche dir natürlich, dass
7+8. wollte ich nur, dass du weißt, dass
9. befürchten, dass

6

1. *Nicht nur deutsche (Touristen), sondern auch* ausländische Touristen kommen ... 2. fehlt es *weder* an modernen Städten und schönen Landschaften *noch* an alten Städten und schöner Architektur. 3. *kann man nicht nur* surfen, *sondern auch* segeln 4. *kann man im* Sommer *nicht nur* wandern, *sondern auch* Ski fahren 5. *ist nicht nur die* Hauptstadt Bayerns, *sondern wird auch die* nördlichste Stadt Italiens genannt. 6. *ist nicht nur im* Inland, *sondern auch* im Ausland beliebt. 7. in Bayern *weder* Buletten *noch* Frikadellen bestellen, ...

7

1. Warum sich weder die Stadt Dresden noch das Land Sachsen um einen Kompromiss bemüht haben, ... 2. Die Mischung aus Kunst, Kultur und Geschichte ist ... 3. und gehört sowohl zu den schönsten als auch bekanntesten Städten 4. kann man *nicht nur* prächtige Bauwerke wie ..., *sondern auch* herrliche Naturlandschaften (mit Komma) 5. Aber mit privaten und staatlichen Geldern ... wiederaufgebaut und 2005 6. Rufen Sie uns an oder informieren

5b. Meine Mutter ist unzufrieden, *dass* sie immer noch keine Halbtagsstelle gefunden hat.

B 1. Dass unser Auto immer noch fährt, *ist gut.* 2. *Dass* sein Computer wegen des neuen Computerspiels ständig abstürzt, ist nicht so gut. 3. *Dass* seine älteste Tochter in das Familienunternehmen einsteigt, ist gut.* 4. *Dass* das Team diese Aufgabe gut und schnell erledigen konnte, ist ...* 5. *Dass* sie immer noch keine Halbtagsstelle gefunden hat, ist nicht so gut.*

Lösungen

26 Infinitivsatz zu

1

A 1c 2b 3e 4d 5a 6c 7b 8e 9d

B

Verb		zu kommen / zu sein / zu ärgern
trennbares Verb	pünktlich	los / ein → zugehen / zuladen
untrennbares Verb		zu erscheinen / zu erziehen
Modalverb	warten	zu müssen
Perfekt	gekommen	zu sein
Passiv	versetzt	zu werden

C Infinitivsatz nach bestimmten …

Verben	1. ich habe dich (nicht) *gebeten* / 2. du könntest *versuchen*
unpersönlichen Ausdrücken	3. es ärgert mich / 4. dir ist es schon passiert / 5. es ist üblich / 7. es ist schwer / 8. es nervt mich
Nomen	9. es gibt eine *Möglichkeit* / 6. ich habe keine *Lust*
festen Wendungen	0. du findest es in Ordnung / 6. ich habe keine Lust

2

A 1. nervös zu sein 2. zu finden 3. zu feiern 4. zufriedenzustellen 5. geheiratet zu haben

B 1. Vor der Hochzeit nervös zu sein, ist normal. 2. Den „richtigen" Partner zu finden, ist nicht immer leicht. 3. Mit Familie und Freunden zu feiern, macht Spaß. 4. Alle Gäste zufriedenzustellen, ist eine schwierige Aufgabe. 5. In Weiß geheiratet zu haben, kann ein unvergessliches Erlebnis sein.

3

A + B

1. Wir sind eingeladen, dort segeln zu gehen. 2. Wir haben am Samstag vor, gemeinsam zu grillen. 3. Ich hoffe, endlich mal meine Eltern wiederzusehen. 4. Ich habe die Absicht, sie zu besuchen. 5. Ich vergesse auch nicht, einen Kuchen mitzubringen.

4

1. empfiehlt meine Oma, heiße Milch mit Honig zu trinken und ein Halstuch umzubinden. 2. ist es vernünftig, sich noch etwas zu schonen und nicht gleich wieder arbeiten zu gehen. 3. sinnvoll sein, so früh wie möglich Tabletten einzunehmen und sich zu entspannen. 4. ist es am besten, alle Termine abzusagen, im Bett zu bleiben und sich auszuruhen.

5

1. Sie bedauert, nicht länger bleiben zu können. 2. Wir haben ihr angeboten, sie vom Bahnhof abzuholen. 3. Sie glaubt, ein zu teures Bahnticket gekauft zu haben. 4. Ich habe sie gebeten, keine Geschenke mitzubringen. 5. Sie verbietet uns, ihretwegen Urlaub zu nehmen. 6. Wir wollen sie überreden, mit uns ins Theater zu gehen.

6

A + B

1. nichts dagegen, etwas aus seinem Privatleben zu erzählen 2. Er wünscht, über alles informiert zu werden, und versucht, Probleme direkt anzusprechen. 3. die Chance zu zeigen (*kein Komma → nur zu + Verb*) / nicht schwer, uns immer wieder neu zu motivieren 4. Er lässt uns selbstständig arbeiten und genießt es, nicht immer alles kontrollieren zu müssen 5. bereit, uns zu helfen / keine Angst, etwas falsch zu machen 6. Es ist ihm wichtig, uns vertrauen zu können. Er duldet es nicht, angelogen zu werden. 7. Jetzt will er sogar unser Gehalt erhöhen. Kannst du dir das vorstellen? 8. keinen Grund, mit unserem Chef unzufrieden zu sein. Du musst dich unbedingt bei uns bewerben.

27 Relativsatz

1

A 1. einen Staubsauger, für den 2. dem Geschäft, in dem 3. eine Creme … die 4. Das T-Shirt, das 5. die Uhr, die 6. Lebensmittel, von denen 7. einem Kochbuch, das 8. Die Kreditkarte, mit der 9. jemanden, der 10. die neue Kosmetikmarke, deren Produkte

B

	Nom.	Akk.	Dat.	Gen.
m	der	den	dem	dessen
f	die	die	der	deren
n	das	das	dem	dessen
Pl.	die	die	denen	deren

2

A Da drüben steht *die Frau*, … 1. *der* ich Blumen *geschenkt habe*. 2. *für die* ich alles *tun würde*. 3. *deren* Mann ich *beneide*. 4. *mit der* ich *verabredet bin*. 5. *die* mir so gut *gefällt*. Kennst du *den Mann*, … 6. *der* da vorn *steht*? 7. *mit dem* ich gerade gesprochen habe? 8. *dessen* Hund so süß *ist*? 9. *den* deine Schwester *heiratet*?

3

A 1e 2d 3c 4f 5b

B 1e. Wem gehört der BMW, der vor dem Haus steht? 2d. Wo ist *die Brille*, die ich auf den Tisch gelegt habe? 3c. Wann kommt endlich *das Wörter-buch*, das ich bei Amazon bestellt habe? 4f. Was machst du mit *den Weingläsern*, die du nicht mehr brauchst? 5b. Wann besorgst du *den Regenschirm*, den dich Oma gewünscht hat?

C 1. Wem gehört *das Fahrrad*, um das die Kinder gerade streiten? 2. Wo ist *der Schlüssel*, mit dem man das Gartenhaus aufsperren kann? 3. Wann kommen endlich *die Bücher*, für die ich 80 Euro bezahlt habe? 4. Was machst du mit *der Kamera*, an der du so sehr hängst? 5. Wann besorgst du das *Handy*, von dem mir Oma erzählt hat?

4

1. im Blumenladen, der 2. in dem Café, in dem 3. bei Julian und Judith, mit denen 4. an der Haltestelle, von der 5. in Raum 203, den

5

1. die Kochsendung ... auf die ich mich ... gefreut habe 2. Meiers ... denen wir ... geschenkt haben 3. Thea, deren Mutter bei ... arbeitet 4. die Frau, der das Haus ... gehört 5. ein guter Film ... in dem es um ... ging 6. Franz Hohler ... dessen Bücher man ... findet

6

1. Ich habe eine Kaffeemaschine bekommen, *mit der ich nichts anfangen kann.* 2. Mir wurde ein teures Fahrrad geschenkt, *das mir aber nicht gefällt.* 3. Mama hat mir wieder bunte Kissen genäht, *von denen ich schon ungefähr zehn habe.* 4. Nur Oma, *von der ich immer Socken bekomme, hat meinen Geburtstag vergessen.*

7

1. den oder die wir ... bitten können 2. dem oder der es nichts ausmacht 3. dessen oder deren Eltern ... stehen

10

10. *für den sich niemand interessiert?* 11. *neben dem deine Freundin steht?*

B 1. Ich habe *ihr* Blumen geschenkt. 2. Ich würde alles *für sie* tun. 3. Ich beneide *ihren* Mann. 4. Ich bin mit *ihr* verabredet. 5. Sie gefällt mir so gut. 6. Er steht da vorn. 7. Ich habe gerade mit *ihm* gesprochen. 8. *Sein* Hund ist so süß. 9. Deine Schwester heiratet *ihn*. 10. Niemand interessiert sich *für ihn*. 11. Neben *ihm* steht deine Freundin.

8

B 1. die 2. denen 3. deren 4. für die 5. mit denen

9

1. das Handy ... das wir ihr geschenkt haben 2. die Bücher, die ihr ... ausgeliehen habt 3. die Nachbarn, mit denen du ... Ärger hattet 4. den Karton, der ... liegt 5. die Lehrerin, von der alle so schwärmen

10

1. Kennst du Cannes, wo im Mai die Filmfestspiele *stattfinden?* 2. Wir lieben die Ostsee, *wohin wir immer in Urlaub fahren.* 3. Da, *wo seine Geschwi-ster wohnen*, möchte er sich ein Haus bauen. 4. Lasst uns irgendwohin fahren, *wo es warm ist* und die Sonne scheint. *(kein es)* 5. Es gefällt mir überall, *wo ich Freunde habe.* 6. Sie geht regelmäßig in die Kunsthalle, *wohin ich auch gern gehe.*

11

A 1. Wer Lust hat 2. Wen die Übungen nerven 3. Wem die Dialoge nicht gefallen 4. Wer nicht üben will 5. Wem das Übungsbuch gefällt

B 1. *Derjenige, der* Lust hat, kann ... 2. *Derjenige, den* die Übungen nerven, kann das ... 3. *Derjenige, dem* die Dialoge nicht gefallen, kann sich ... 4. *Derjenige, der* nicht üben will, braucht ... 5. *Derjenige, dem das* Übungsbuch gefällt, soll es ...

C 1. *Jeder, der* Lust hat, kann ... 2. *Jeder, den* die Übungen nerven, kann das ... 3. *Jeder, dem* die Dialoge nicht gefallen, kann sich ... 4. *Jeder, der* nicht üben will, braucht ... 5. *Jeder, dem das* Übungsbuch gefällt, soll es ...

12

A 1d 2g 3b 4c 5e 6f

B 1d. etwas, was 2g. Vieles, was 3b. Unbeschreiblich (ist das), was 4c. Das Einzige, was 5e. das Neueste, was 6f. genau das, was

C 1. ... etwas, was ich Ihnen sehr empfehlen kann. 2. ... nichts, was ich brauchen könnte. 3. Interessant, was hier alles angeboten wird.

4. ... das Beste, was wir bisher gesehen haben.
5. ... das, was Sie gesucht haben?

⑬

1. ... *wobei* einiges schiefgegangen ist. 2. ... *womit* wir nicht gerechnet haben. 3. ... *wofür* wir jetzt kein Geld mehr haben. 4. ... *was* wirklich toll aussieht. 5. ... *wobei* uns Freunde helfen wollen. 6. ... *worüber* wir uns sehr freuen.

⑭

1. *was* am schönen Wetter lag 2. *worauf* sie nicht vorbereitet waren 3. *wofür* wir aber viel zu wenig Zeit hatten 4. *wozu* keiner überredet werden musste 5. *wofür* es aber viel zu heiß war 6. *wogegen* niemand protestierte 7. *woran* sich auch alle gehalten haben 8. *wovon* heute noch jeder spricht

⑮

A + B

1. *den Ort, an dem / wo ...* geboren sind 2. *für jemanden, der ...* verbracht hat 3. *Das Gegenteil von Heimat ist Fremde, was ...* zu trennen ist 4. *Wem ... gefällt und wer ... ist, der kann ...* finden 5. *das Interessanteste, was ich ...* gehört habe 6. *alles, wonach wir uns ...* sehnen 7. *Diskutieren Sie doch mal mit Ihren Freunden darüber, was ...* ist

⑯

Text von Lara: (...) Vor allem die Altstadt und der Neckar, *wo* (1) man zu jeder Tages- und Nachtzeit Leute trifft, haben mich begeistert. *Wer* (2) hier wohnt, hat echt Glück. In den Kneipen sind fast nur Studenten, *mit denen* (3) man schnell in Kontakt kommt. Und dann gibt es noch das Schloss, *das* (4) auf einem Hügel liegt. Von dort oben hat man einen traumhaften Blick auf die Stadt, *den* (5) man sich nicht entgehen lassen darf. Vielleicht fahren wir mal gemeinsam nach Heidelberg, *was* (6) mir sehr viel Spaß machen würde!

Text von Wolfgang: Letzte Woche war ich in Heidelberg, *wohin* (7) doch deine Freundin Eva zum Studieren gezogen ist. Ich habe sie sogar besucht. Sie wohnt direkt am Neckar, *auf den* (8) sie vom Wohnzimmerfenster schauen kann. Überall in der Stadt sind Studenten oder Touristen, *die* (9) mich auf Dauer nerven würden. Man findet weder ein Café noch eine Kneipe, *wo* (10) man in Ruhe sitzen kann. Deiner Freundin gefällt das. Man trifft angeblich immer jemanden, *den* (11) man kennt. *Was* (12) ihr gefällt, muss mir ja nicht gefallen, oder? ...

28 Kausalsatz *weil*

①

A 1. weil 2. da 3. denn 4. nämlich 5. Da 6. Deshalb 7. deshalb

B

kausal	Subj.	Verb 1	Subj.	kausal	Verb 2
0. *Darum*		komme	ich		zu spät.
1. *weil*	ich				im Stau gestanden habe.
2. *da*	mein Mann			keine Zeit	hatte.
3. *denn*		musste	ich		noch zum Arzt.
4.	Mein Auto	ist		*nämlich*	nicht angesprungen.
5. *Da*	die Ampeln			ständig Rot	zeigten.
6. *Deshalb*		musste	ich		wieder nach Hause.
7.	Ich	musste		*deshalb*	zu Fuß gehen.

C a. weil, da b. darum, deshalb c. denn d. nämlich, deshalb

D 1. Warum ging es nicht schneller? 2. Warum mussten Sie Lea in die Schule bringen? 3. Warum konnten Sie nicht früher kommen? 4. Warum sind Sie spät dran? 5. Warum haben Sie so lange gebraucht? 6. Warum mussten Sie wieder nach Hause? 7. Warum mussten Sie zu Fuß gehen?

②

A 1f 2d 3b 4g 5c 6e

B 1. Und warum war das Gemüse nicht frisch? 2. Und warum war das Essen kalt? 3. Und warum hast du die Suppe versalzen? 4. Und warum habt ihr die Sahne vergessen? 5. Und warum ist das Fleisch nicht durch? 6. Und warum ist die Sauce viel zu scharf?

③

A 1. Weil ich sie mit einem Besuch überraschen will. 2. Weil das zu viel kostet. 3. Weil ich spät aufgestanden bin. 4. Weil heute Feiertag ist. 5. Weil ich nicht angemeldet bin.

B 1. Deshalb rufe ich sie / meine Eltern nicht an. 2. Deshalb gehen wir so selten aus. 3. Deshalb gibt es keine frischen Semmeln. 4. Deshalb kommt heute keine Zeitung. 5. Deshalb mache ich beim Stadtlauf nicht mit.

Lösungen

4

A 1. ... denn ich muss noch arbeiten. 2. ... denn wir hatten einen anstrengenden Tag. 3. ... denn er fährt morgen in Urlaub. 4. ... denn sie kann nicht schwimmen. 5. ... denn sie tanzen gern. 6. ... denn mein Taxi ist schon da.

B 1. ... weil ich noch arbeiten muss. 2. ... weil wir einen anstrengenden Tag hatten. 3. ... weil er morgen in Urlaub fährt. 4. ... weil sie nicht schwimmen kann. 5. ... weil sie gern tanzen. 6. ... weil mein Taxi schon da ist.

5

A 1. ... weil sie ... gefunden/geschrieben/verloren hat. / ..., weil sie ... verliebt ist. / ..., weil sich ... getrennt hat. 2. ... weil ich ... gefunden/geschrieben/verloren habe. / ..., weil ich ... verliebt bin. / ... weil ich mich ... getrennt habe. 3. ... weil wir ... gefunden/geschrieben/verloren haben. / ..., weil wir ... verliebt sind. / ... weil wir uns ... getrennt haben.

B 1. Petra geht es gerade sehr gut / gerade nicht so gut. Sie ... a. hat *nämlich* einen neuen Job gefunden. b. hat *nämlich* kein gutes Abitur geschrieben. c. ist *nämlich* frisch verliebt. d. hat sich *nämlich* gerade getrennt. e. hat *nämlich* gerade Geld verloren. f. hat *nämlich* Geld gefunden.
2. Mir geht es gerade sehr gut / nicht so gut. Ich habe (mich) *nämlich* / bin *nämlich* ... + a.–f.
3. Uns geht es gerade sehr gut / nicht so gut. Wir haben (uns) *nämlich* / sind *nämlich* ... + a.–f.

6

1. Deswegen kann sie auch keinen Käse essen. / Sie kann *deswegen* auch keinen ... 2. Er hat *nämlich* seit Kurzem eine japanische Freundin. / Seit Kurzem hat er *nämlich* ... 3. *Deshalb* gibt es im Frühjahr sehr oft Spargel. / *Deshalb* gibt es bei uns im Frühjahr sehr oft Spargel. / Im Frühjahr gibt es *deshalb* bei uns ... 4. Ich kann *nämlich* sonst nicht einschlafen. / Ich kann sonst *nämlich* nicht einschlafen. / ... 5. *Weil* wir uns vegetarisch ernähren.

7

A 1. Da ich für 30 Leute nicht kochen will. ... / Da ich nicht für 30 Leute ... 2. Da sie sich oft langweilt. ... 3. Da er die beste Playlist hat. ... 4. Da sie am nächsten Tag früh aufstehen muss. ... 5. Da unsere Nachbarn ältere Leute sind. ... 6. Da meine Frau neugierig ist. ...

B 1. Für 30 Leute will ich nicht kochen. *Deswegen* liefert das Restaurant um die Ecke das Essen.

8

1. ich helfe *deshalb* 2. zu gehen, denn 3. Sportmanager, da/weil 4. Da/Weil ... gefragt sind, studiere 5. *Deshalb* habe ich 6. für mich, denn 7. Installateur, *deshalb* 8. schreiben, weil/da

9

A 1. Das Sofa kaufe ich nicht, weil mir die Farbe nicht gefällt. / weil die Farbe mir nicht gefällt. 2. Die Wohnung liegt in keinem schönen Viertel. Darum mieten wir sie nicht. / Wir mieten sie darum nicht. 3. Er kann heute Abend nicht mit uns ins Kino gehen. Er hat *nämlich* schon etwas anderes vor. 4. Da unser altes Auto noch in Ordnung ist, brauchen wir kein neues. 5. Sie macht nur noch Langlauf. Skifahren ist ihr *nämlich* zu gefährlich geworden. 6. Den Film will ich nicht sehen, denn er soll schlecht sein.

B 1. Wieso/Weshalb kaufst du das Sofa nicht? – Die Farbe ... 2. Wieso/Weshalb mietet ihr die Wohnung nicht? – Sie liegt ... 3. Wieso/Weshalb kann er heute Abend nicht mit uns/euch ins Kino gehen? – Er hat ... 4. Wieso/Weshalb braucht ihr kein neues Auto? – Unser altes ist ... 5. Wieso/Weshalb macht sie nur noch Langlauf? – Skifahren ist ... 6. Wieso/Weshalb willst du den Film nicht sehen? – Er soll ...

10

1. Wegen eines Staus haben wir das Flugzeug ... 2. Wegen eines Streiks fahren heute den ganzen Tag keine Busse. 3. Wegen einer Veranstaltung war die Innenstadt ... 4. Wegen eines Unfalls wurde der Verkehr ... 5. Wegen Alkohols am Steuer wurde ihm der Führerschein ... 6. Wegen Bauarbeiten staut sich der Verkehr ...

11

1. deswegen 2. weil 3. wegen 4. Da 5. denn

12

1. aus Unachtsamkeit / aus Versehen 2. aus Rücksicht 3. Aus Zeitmangel 4. Aus Versehen / Aus Unachtsamkeit 5. Aus Sicherheitsgründen 6. Aus Geldnot 7. Aus verschiedenen Gründen 8. aus Mangel an Beweisen

2. Meine Schwester langweilt sich oft. *Daher* geht sie nie auf Partys. 3. Mein Freund hat die beste Playlist. *Darum* kümmert er sich ... 4. Gabi muss am nächsten Tag ... *Deswegen* kann sie nicht lang bleiben. 5. Unsere Nachbarn sind ... *Daher* müssen wir ab ... 6. Meine Frau ist neugierig. *Darum* lade ich meinen ...

13

1e 2d 3b 4c

 14

1. Vor lauter Begeisterung vergaß er, sich vorzustellen. 2. Aus Interesse an neuen Freunden habe ich mich angemeldet. 3. Nur aus Neugier bist du zum Blinddate gekommen. 4. Aus Liebe hat sie ihm immer wieder Geld geliehen. 5. Aus Langeweile machen manche Leute bei Blinddates mit. 6. Vor Nervosität wurde er bei manchen Fragen immer wieder rot. 7. Aus Angst, das Falsche zu sagen, sagte sie fast nichts.

29 Temporalsatz als

 1

A 1b 2d 3e 4g 5c 6h 7f

B

Satz	Konjunktion	Vergangenh.	Gegenw./Zukunft	einmal	wiederholt
0	wenn		x		x
3, 5	jedes Mal wenn		x		x
1b, 4g	jedes Mal ..., wenn	x			x
7	erst wenn	x		x	
2, 6	als	x		x	

 2

1c 2b 3c 4a 5b

 3

A 1. wenn ihr das Haus verlasst 2. wenn du abends heimkommst 3. wenn du Zeit hast 4. wenn ihr Hunger habt 5. wenn dir langweilig ist 6. wenn du einkaufen gehst

B 1. Wenn wir das Haus verlassen, machen wir die Fenster zu. 2. Wenn ich abends heimkomme, bin ich leise. 3. Wenn ich Zeit habe, rufe ich Oma an. 4. Wenn wir Hunger haben, sagen wir Bescheid. 5. Wenn mir langweilig ist, räume ich mein Zimmer auf. 6. Wenn ich einkaufen gehe, nehme ich die leeren Flaschen mit.

 4

1. Immer wenn ich Schokolade kaufe, isst du die Schokolade auf. Immer wenn du die Schokolade aufisst, rege ich mich auf. 2. Immer wenn Tim fernsieht, schläft er vor dem Fernseher ein. Immer wenn er vor dem Fernseher einschläft, schaltet seine Frau den Fernseher aus. 3. Immer wenn Petra viel arbeitet, isst sie mittags nur Joghurt und Obst. Immer wenn sie mittags nur Joghurt und Obst isst, nimmt sie ein Kilo ab. 4. Immer wenn die Sonne scheint, sitze ich auf dem Balkon. Immer wenn ich auf dem Balkon sitze, schlafe ich in der Sonne ein. 5. Immer wenn meine Eltern anrufen, streiten wir über Kleinigkeiten. Immer wenn wir über Kleinigkeiten streiten, tut es mir danach leid.

 5

A 1i 2e 3h 4d 5g 6c 7f 8k 9j 10b

B 1i. Als 1965 Franz Beckenbauer Profifußballer wurde, waren meine Eltern noch jung. 2e. Als 1969 der erste Mensch den Mond betrat, war mein Opa schon gestorben. 3h. Als 1972 in München die Olympischen Sommerspiele stattfanden, hat mein Vater noch studiert. 4d. Als 1983 das erste Handy auf den Markt kam, war ich noch nicht geboren. 5g. Als 1989 die Berliner Mauer fiel, wart ihr gerade geboren. 6c. Als 1999 Berlin wieder die Hauptstadt Deutschlands wurde, waren meine Kinder noch klein. 7f. Als 2002 der Euro eingeführt wurde, waren wir zwanzig. 8k. Als 2005 die erste deutsche Bundeskanzlerin gewählt wurde, wollte meine Schwester Politikerin werden. 9j. Als 2006 die Fußballweltmeisterschaft in Deutschland stattfand, warst du zwei Jahre alt. 10b. Als 2008 Barack Obama Präsident der USA wurde, habe ich ein Studienjahr in Amerika verbracht.

 6

1. Als wir am Wochenende in den Biergarten fahren wollten. 2. Als ich mir am Abend einen heißen Tee machen wollte. 3. Als ich heute Morgen unter der Dusche stand. 4. Als wir letzte Woche Fußball schauten. 5. Als ich neulich an der Kasse bezahlen wollte. 6. Als ich mit Oma telefonierte,

 7

1. Als 2. Immer wenn 3. Als sie (das letzte Mal) / Immer wenn sie (wie jedes Jahr) 4. wenn 5. Immer wenn / Als 6. Als

 8

A 1. Wenn man stundenlang im Stau steht, wird man schnell müde. 2. Als die Ampel plötzlich auf Rot schaltete, musste der Autofahrer vor uns scharf bremsen. 3. Als wir die Feuerwehrsirene hörten, fuhren wir sofort zur Seite. 4. Wenn die Ampel von Grün auf Gelb schaltet, soll man nicht mehr Gas geben. 5. Als der Bus hielt, stiegen fast alle Fahrgäste aus. 6. Wenn man an einer Bushaltestelle aussteigen will, drückt man den Halteknopf. 7. Wenn die Straßen glatt sind, fährt man langsam und vorsichtig. 8. Als das Schlossfest stattfand, war die Innenstadt total gesperrt.

9

9. Als der Tunnel gebaut wurde, gab es monatelang nur eine Fahrspur für beide Richtungen. 10. Wenn man schon mehr als zwei Stunden am Steuer sitzt, soll man eine Pause machen.

B

4. Wenn die Ampel von Grün auf Gelb schaltet, dann soll / Schaltet die Ampel von Grün auf Gelb, soll 6. Wenn man an einer Bushaltestelle aussteigt, dann drückt / Steigt man an einer Bushaltestelle aus, drückt 7. Wenn die Straßen glatt sind, dann fährt / Sind die Straßen glatt, fährt 10. Wenn man schon mehr als zwei Stunden am Steuer sitzt, dann soll / Sitzt man schon mehr als zwei Stunden am Steuer, soll

10

1. *Bevor* ... a, e g 2. *Während* ... b, c, i
3. *Nachdem* ... d, f, h

11

1. Bevor Sie ein Hotel buchen, informieren Sie sich über die Lage des Hotels. 2. Bevor Sie ins Restaurant gehen, informieren Sie sich im Reiseführer über das übliche Trinkgeld. 3. Bevor Sie ein Taxi nehmen, fragen Sie nach dem Preis. 4. Bevor Sie einen Museumsbesuch einplanen, erkundigen Sie sich nach den Öffnungszeiten. 5. Bevor Sie das Hotel verlassen, speichern Sie im Handy Adresse und Telefonnummer.

12

1. Während/Bevor 2. bevor 3. nachdem 4. Während 5. Während 6. Nachdem 7. Während 8. Kurz bevor 9. während

13

A 1e 2d 3b 4f 5c

B 3b. Während zwei ... führen, werden 4f. Während der ... durchsieht, schreibt

14

1. Sie können sich vor Ihrer Kurswahl von uns beraten lassen. / Vor Ihrer Kurswahl können Sie sich von uns beraten lassen. 2. Geben Sie bitte bei der Anmeldung Ihre E-Mail-Adresse an. / Bei der

Anmeldung geben Sie bitte Ihre E-Mail-Adresse an. 3. Sie können nach Kursende eine Prüfung ablegen. / Nach Kursende können Sie eine Prüfung ablegen. 4. Vor dem Kauf eines Lehrbuchs sprechen Sie mit der Kursleiterin. / Sprechen Sie vor dem Kauf eines Lehrbuchs mit der Kursleiterin. 5. Bei Problemen können Sie sich immer an uns wenden. / Sie können sich bei Problemen immer an uns wenden. 6. Auch nach Kursbeginn können Sie noch teilnehmen. / Sie können auch nach Kursbeginn noch teilnehmen. / Sie erhalten nach Bezahlung der Kursgebühr eine schriftliche Bestätigung. / Nach Bezahlung der Kursgebühr erhalten Sie eine schriftliche Bestätigung.

15

1. bis er für einen Österreicher gehalten wird 2. bis sie die C1-Prüfung besteht 3. bis jeder die Bedeutung verstanden hat 4. bis ich weiß, was gemeint ist 5. bis er einen Partner für einen Tandem-Kurs gefunden hat

16

1. Seit wir weniger Auto und öfter Rad fahren, sparen wir viel Benzin. 2. Seit du ins Fitnessstudio gehst, hast du eine gute Figur. 3. Seit ihr zusammen Tennis spielt, versteht ihr euch besser. 4. Seit du weniger Kaffee trinkst, bist du ruhiger geworden. 5. Seit ich täglich Gymnastik mache, habe ich kaum mehr Rückenprobleme. 6. Seit er sich mehr bewegt, schläft er nachts besser. 7. Seit ihr jeden Tag joggt, habt ihr eine bessere Kondition. 8. Seit ich mehr Obst und Gemüse esse, fühle ich mich wohler.

17

1. Seit 2. Bis 3. Seit 4. Bis 5. seit 6. bis 7. seit 8. bis 9. Seit

18

1. Sobald der Nebel weg ist, 2. Sobald die vorbeigezogen ist, 3. Sobald es länger warm bleibt, 4. Sobald kein Schnee mehr auf den Straßen liegt, 5. Sobald es nachts nicht mehr friert,

19

A 1. Sobald ich den Kaffee gekocht habe, 2. Sobald die Waschmaschine voll ist, 3. Sobald die zwei E-Mails beantwortet sind, 4. Sobald ich sie gelesen habe, 5. Sobald eine neue gekauft ist.

B 1. Solange ich den Kaffee nicht gekocht habe, gibt es keinen Kuchen. 2. Solange die Waschmaschine nicht voll ist, wasche ich deine Jeans nicht. 3. Solange die zwei E-Mails nicht beantwortet sind, kannst du nicht an den Computer.

29

Lösungen

4. Solange ich die Zeitungen nicht gelesen habe, darfst du die Zeitungen / sie nicht wegwerfen. 5. Solange keine neue Glühbirne gekauft ist, werde ich die kaputte nicht austauschen.

 20
1. solange 2. Solange 3. Sobald 4. Sobald 5. Solange 6. Sobald 7. sobald 8. Sobald 9. Solange

 21 A + B
1. *Bevor* ich Euch ... erzähle, möchte ich 2. mein neues Hobby, *seit* mir meine Eltern 3. *Wenn* Ihr jetzt lachen müsst, dann kann ich 4. *Wartet ab, bis* Ihr 5. *Als* mich ... besucht haben, habe ich 6. *Während* ... verkohlt ist, haben wir 7. *Als* dann ... misslungen war, kam ihnen 8. aber Lena redete so lange auf mich ein, *bis* ich 9. *Wenn* ich ... mache, mache ich 10. *Jedes Mal wenn* wir ... hatten, wurde ein 11. *Während* eine Gruppe ... zubereitete, kümmerten sich 12. *Sobald* eine Gruppe fertig war, wurde 13. *Seit* der Kochkurs ... ist, kochen Lena und ich 14. *Wenn* Ihr ... habt, dann kommt

5
5. Wenn man verletzt ist und stark blutet. 6. Wenn man nicht mehr gut hört. 7. Wenn man geimpft werden muss. 8. Wenn man oft Albträume hat.

4
1. Nur wenn es etwas Interessantes gibt. 2. Erst wenn ich dich nicht mehr erkenne. 3. Erst wenn ich wieder ein neues Rezept brauche. 4. Erst wenn das Rezept da ist. 5. Erst wenn das Rezept da ist. 6. Nur wenn es unbedingt sein muss.

5
1. falls in der Wohnung etwas fehlt 2. falls Sie ein Problem haben 3. falls Sie Tipps haben 4. falls Sie die Kinder beschäftigen wollen 5. falls Sie mal schnell was einkaufen möchten 6. falls Sie daran interessiert sind

6
1. Wenn ihr bis um sechs nicht aufgeräumt habt, dürft ihr ... 2. Wenn du mir nicht im Haushalt hilfst, helfe ich ... 3. Wenn ihr die Musik nicht leiser macht, nehme ich ... 4. Wenn du richt zu Oma und Opa mitfährst, feiern wir ... 5. Wenn ihr euch nicht um die Katzen kümmert, kommen sie ...

A
1. Ihr habt bis um sechs aufgeräumt. *(Hier kein jetzt, weil schon Zeitangabe da.)* Sonst dürft ihr ... 2. Du hilfst mir jetzt im Haushalt. Sonst helfe ich ... 3. Ihr macht jetzt die Musik leiser. Sonst nehme ich ... 4. Du fährst jetzt zu Oma und Opa mit. Sonst feiern wir ... 5. Ihr kümmert euch jetzt um die Katzen. Sonst kommen sie ...

B

7
1. wenn dieses Projekt abgeschlossen ist 2. wenn Sie mehr Verantwortung übernehmen 3. wenn die Probezeit abgelaufen ist 4. wenn Sie bereit sind, ... 5. wenn Sie regelmäßig an Fortbildungen teilnehmen

8

1. Sollte der Ölpreis weiter steigen, werden weniger Autos mit hohem Benzinverbrauch gekauft. 2. Sollten die Tarifverhandlungen bei der Bahn scheitern, muss mit Streiks gerechnet werden. 3. Sollte das Unternehmen keine Aufträge mehr bekommen, gibt es Kurzarbeit. 4. Sollte es keine staatlichen Subventionen mehr geben, müssen Mitarbeiter entlassen werden. 5. Sollte die Firma verkauft werden, können nicht alle Arbeitsplätze erhalten werden.

A
1. Sollte der Ölpreis weiter steigen, werden weniger Autos mit hohem Benzinverbrauch gekauft. 2. Sollten die Tarifverhandlungen bei der Bahn scheitern, muss mit Streiks gerechnet werden. 3. Sollte das Unternehmen keine Aufträge mehr bekommen, gibt es Kurzarbeit. 4. Sollte es keine staatlichen Subventionen mehr geben, müssen Mitarbeiter entlassen werden. 5. Sollte die Firma verkauft werden, können nicht alle Arbeitsplätze erhalten werden.

B
1. Wenn der Ölpreis weiter steigt, dann werden weniger Autos ... 2. Wenn die Tarifverhandlungen bei der Bahn scheitern, dann muss mit Streiks ...

30 Konditionalsatz wenn

 1
A + B

Bedingung	→ Folge
0. Wenn Sie allergisch sind,	dann sollten Sie auf Haustiere verzichten.
2. Sie brauchen ein Rezept.	Sonst bekommen Sie das Medikament nicht.
3. Bei Fieber	darf das Kind nicht in die Schule gehen.
5. Sollte Ihr Kind weiter husten,	müssen Sie noch einmal kommen.
7. Hättest du auf den Arzt gehört,	wäre das nicht passiert.

Folge	← Bedingung
1. Rufen Sie kurz an,	falls es Ihnen übermorgen noch nicht besser geht.
4. Es macht nichts,	wenn Sie etwas später kommen.
6. Es wäre gut,	wenn Sie weniger rauchen würden.

 2
1c 2d 3b 4d 5a 6b 7c

 3
1. Wenn man wochenlang hustet. 2. Wenn man sich ständig unwohl fühlt. 3. Wenn man immer Kopfschmerzen hat. 4. Wenn man Zahnweh hat.

3. Wenn das Unternehmen keine Aufträge mehr bekommt, dann gibt es ... 4. Wenn es keine staatlichen Subventionen mehr gibt, dann müssen Mitarbeiter ... 5. Wenn die Firma verkauft wird, dann können nicht alle ...

9

1. nur dann ... wenn 2. wenn 3. weil 4. wenn / weil 5. weil 6. nur dann ... wenn 7. weil 8. weil

10

1. Bei Feuer 2. Bei Krankheit 3. Bei Sportverletzungen 4. Bei Wasserschäden 5. Bei Sach- und Personenschäden 6. Bei Sturmschäden

11

A 1. Hätten wir Flossen wie Fische, könnten wir besser schwimmen. 2. Wären wir Harry Potter, könnten wir mit Schlangen sprechen. 3. Würden wir unter Wasser leben, gäbe es mehr Platz auf der Erde. 4. Könnten wir in die Zukunft sehen, wären wir dann wirklich glücklicher? 5. Hättest du drei Wünsche frei, was würdest du dir wünschen?

B 1. Wir könnten besser schwimmen, wenn wir Flossen wie Fische hätten. 2. Wir könnten mit Schlangen sprechen, wenn wir Harry Potter wären. 3. Es gäbe mehr Platz auf der Erde, wenn wir unter Wasser leben würden. 4. Wären wir (dann) wirklich glücklicher, wenn wir in die Zukunft sehen könnten? 5. Was würdest du dir wünschen, wenn du drei Wünsche frei hättest?

12

1. auch wenn du eigentlich ein Langschläfer bist 2. auch wenn sie mit dir sprechen wollen 3. auch wenn du eigentlich nicht sparen musst 4. auch wenn du dich weder für Fußball noch für die Oper interessierst 5. auch wenn du deine E-Mails nicht mehr abrufen kannst 6. auch wenn du glaubst, dann nicht mehr erreichbar zu sein 7. auch wenn du dann nicht weißt, was du tun sollst

13

1. Wenn das Flugzeug pünktlich gelandet wäre, hätten wir den Anschlussflug *nicht* verpasst. 2. Wenn ich den früheren Flug erreicht hätte, müsste ich drei Stunden am Flughafen verbringen. 3. Wenn mein Koffer *nicht* verschwunden wäre, müsste ich jetzt *nicht* zum Schalter. 4. Wenn ich schon so oft Ärger gehabt hätte, würde ich gern fliegen.

14

1c 2b 3d 4g 5e 6f

---

31 Finalsatz *damit*

1

A 1. um mehr Möglichkeiten in der Forschung zu haben 2. Für ihre Karriere 3. Um beruflich weiterzukommen 4. Damit sie nichts Wichtiges vergisst 5. Zur Verbesserung seiner Karrierechancen 6. um Berufserfahrung zu sammeln

B Nebensatz *damit*: 0, 4   Infinitivsatz *um ... zu*: 1, 3, 6
Präp. + Dat. *zu*: 5   Präp. + Akk. *für*: 2

2

1. Damit ich samstags für die ganze Woche einkaufen kann. 2. Um öfter essen zu gehen. 3. Um in Urlaub zu fliegen. 4. Um teuren Schmuck zu tragen. 5. Um Geschenke zu machen. 6. Um gut leben zu können. 7. Um nicht immer sparen zu müssen.

3

1. Damit ich samstags für die ganze Woche einkaufen kann. 2. Um öfter essen zu gehen. 3. Damit ich nicht auf den Bus warten muss. 4. Damit ich schneller in der Arbeit bin. 5. Vielleicht laden sie nie jemanden zu sich ein, um ihre Ruhe zu haben. 6b. Vielleicht fahren sie immer mit dem Taxi in die Stadt, um keinen Parkplatz suchen zu müssen. 2c. Vielleicht trägt er immer so bunte Krawatten, um anders auszusehen als alle anderen. 5h. Vielleicht laden sie nie jemanden zu sich ein, um ihre Ruhe zu haben. 3. Damit ich schneller in der Arbeit bin. 4. Damit ich Oma häufiger besuchen kann. 5. Damit ich mir kein Auto mehr leihen muss.

4

A 1f 2c 3g 4d 5h 6b 7e

B 1f. Vielleicht sprechen sie fast nie mit uns, um uns nichts von sich erzählen zu müssen. 2c. Vielleicht trägt er immer so bunte Krawatten, um anders auszusehen als alle anderen. 5h. Vielleicht laden sie nie jemanden zu sich ein, um ihre Ruhe zu haben. 6b. Vielleicht fahren sie immer mit dem Taxi in die Stadt, um keinen Parkplatz suchen zu müssen. 7e: Kein Infinitivsatz möglich, weil das Subjekt im Hauptsatz nicht mit dem Subjekt im *damit*-Satz identisch ist.
Satz 3g, 4d und 7e: Kein Infinitivsatz möglich, weil das Subjekt im Hauptsatz nicht mit dem Subjekt im *damit*-Satz identisch ist.

5

1. Theresa lernt viel für Latein, damit sie gute Noten bekommt / um gute Noten zu bekommen. 2. Frau Bergmann arbeitet halbtags, damit die Familie sich mehr leisten kann. 3. Die Familie wohnt in einem großen Haus, damit jedes Kind sein eigenes Zimmer hat. 4. Isabel lernt am liebsten Fremdsprachen, damit sie später im Ausland arbeiten kann / um später im Ausland arbeiten zu können. 5. Jedes Kind hat einen eigenen Computer, damit es keinen Streit gibt. 6. Tobias will ein gutes Abitur machen, damit er in den USA studieren kann / um in den USA studieren zu können.

6

1. für die lange Busfahrt 2. um … fit zu sein 3. Um keine Blasen … zu bekommen 4. für die Reise 5. damit nichts wegkommt 6. damit wir … machen müssen 7. zur Sicherheit 8. damit es … gibt 9. zur Erinnerung 10. zur Kontrolle – damit du … nichts vergisst

7

A 1. Zum Tomatenschneiden. 2. Um Lesen und Schreiben zu lernen. 3. Damit du dich gesund ernährst. 4. Damit du am nächsten Tag ausgeschlafen bist. 5. Damit du keine Karies bekommst. 6. Damit deine Erkältung nicht schlimmer wird. 7. Um billiger telefonieren zu können. 8. Zum Schönschreiben. 9. Um nichts Wichtiges zu vergessen.

B 1. Du brauchst das scharfe Messer zum Tomatenschneiden. / Zum Tomatenschneiden brauchst du … 2. Ich muss in die Schule, um Lesen und Schreiben zu lernen. / Um … zu lernen, muss ich … 3. Ich soll immer Obst essen, damit ich mich gesund ernähre. / Damit ich … ernähre, soll ich … 4. Ich muss immer so früh ins Bett, damit ich am nächsten Tag ausgeschlafen bin. / Damit ich … bin, muss ich … 5. Ich soll Zähne putzen, damit ich keine Karies bekomme. / Damit ich … bekomme, soll ich … 6. Ich muss eine Mütze aufsetzen, damit meine Erkältung nicht schlimmer wird. / Damit meine Erkältung … wird, muss ich … 7. Du brauchst einen neuen Handyvertrag, um billiger telefonieren zu können. / Um … zu können, brauchst du … 8. Man braucht einen Füller zum Schönschreiben. / Zum Schönschreiben braucht man … 9. Du schreibst so lange Einkaufszettel, um nichts Wichtiges zu vergessen. / Um … zu vergessen, schreibst du …

8

A 1. zur Entspannung 2. Zur Verbesserung der Durchblutung 3. Zur Reduzierung Ihres Übergewichts 4. zur Vermeidung von Rückenschmerzen 5. Zur Steigerung der Konzentrationsfähigkeit

B 1. … gut, um (sich) nach einem Arbeitstag zu entspannen. 2. Um die Durchblutung zu verbessern, sollten Sie … 3. Um Ihr Übergewicht zu reduzieren, müssen Sie … 4. … Möglichkeiten, um Rückenschmerzen zu vermeiden 5. Um die Konzentrationsfähigkeit zu steigern, ist …

9

1. Wir tun alles für das Wohlbefinden unserer Gäste. 2. Für die Fahrt vom Bahnhof zum

Hotel gibt es … 3. Zur optimalen Gestaltung des Urlaubs erhält jeder Gast … 4. Dort am Tisch liegen Prospekte zur Information aus. 5. Zum Kennenlernen unserer Philosophie gibt es … 6. Zum Nachkochen unserer Gerichte empfehlen wir …

10

A + B

1a. Damit Ihr Auto auch morgen noch etwas wert ist! 2b. Damit Sie immer auf dem neuesten Stand der Technik sind! 3g. Damit Sie morgen ohne Sorgen leben können! 4h. Damit Sie sich ganz Ihren Gästen widmen können! 5c. Damit Sie nicht „radlos" bleiben! 6i. Damit Sie zu Ihrem Recht kommen! 7f. Damit auch Sie Ihr grünes Wunder erleben! 8d. Damit Sie immer einen klaren Durchblick behalten! 9e. Damit Sie Ihre Hochzeit in einzigartiger Erinnerung behalten!

32 Konsekutivsatz sodass

1

A 1g 2e 3c 4d 5f 6b

B A …, sodass: 1g, 3c   B. so, dass: 6b

C so +Adj./Verb, dass: 0a, 2e, 4d, 5f

2

1. Die Socken müssen so weit sein, dass
2. Verbinden Sie Ihren Fuß so, dass
3. Schlafen Sie am besten so, dass
4. Sie dürfen den Fuß nur so stark belasten, dass

3

1. Es ist leider so, dass man hinterher immer klüger ist. 2. Es ist nicht immer so, dass man später nichts mehr ändern kann. 3. Ist es wirklich so, dass man aus Fehlern lernt? 4. Es war schon immer so, dass man seine eigenen Erfahrungen machen muss.

4

1c 2d 3b 4a 5c 6b 7d

5

1. Du schreibst so, dass ich nichts lesen kann. 2. Ich freue mich so auf meinen Geburtstag, dass ich ihn kaum erwarten kann. 3. Wir wohnen so weit auseinander, dass wir uns selten sehen können. 4. Ich bereite alles so weit vor, dass wir nicht mehr viel Arbeit haben. 5. Wir verstehen uns so gut, dass wir fast nie streiten. 6. Du hast dich so verändert, dass ich dich fast nicht erkannt hätte.

6

A
1. Die Feuerwehr konnte das Feuer schnell löschen, sodass ein größerer Schaden verhindert wurde. 2. Der Eingang war sehr gut gesichert, sodass der Einbrecher nicht in das Haus kommen konnte. 3. Die Nachbarin hat sofort die Polizei gerufen, sodass der Einbrecher schnell gefasst werden konnte. 4. Zum Glück trug der Radfahrer einen Helm, sodass ihm bei dem Unfall nichts passiert ist. 5. Zufällig war ein Arzt am Unfallort, sodass der Verletzte sofort behandelt werden konnte.

B
1. Die Feuerwehr konnte das Feuer schnell löschen. Infolgedessen wurde ein größerer Schaden verhindert. 2. Der Eingang war ... Infolgedessen konnte der Einbrecher nicht in das Haus kommen. 3. Die Nachbarin hat ... Infolgedessen konnte der Einbrecher schnell gefasst werden. 4. Zum Glück trug der Radfahrer ... Infolgedessen ist ihm bei dem Unfall nichts passiert. 5. Zufällig war ... Infolgedessen konnte der Verletzte sofort behandelt werden.

7

A
1d 2f 3c 4e 5b

B
Adverb: 0a + 5b infolgedessen / 3c + 4e folglich
Präp. 1d infolge der Modernisierungen / 2f infolge von Stromausfall

8
1. Folglich wird der Goldpreis steigen. 2. Folglich gibt es keine Vorstellungen mehr. 3. Folglich muss er 35 sein. 4. Folglich spricht sie gut Polnisch. 5. Folglich kann er jetzt studieren.

9

A
1. Infolgedessen habe ich kaum Zeit zum Einkaufen. 2. Infolgedessen können wir uns zwei Autos leisten. 3. Infolgedessen leidet er unter Schlafproblemen. 4. Infolgedessen sieht er seine Familie selten. 5. Infolgedessen fängt sie ihr Studium erst später an. 6. Infolgedessen reden wir auch privat viel über die Arbeit.

B
1. Warum hast du kaum Zeit zum Einkaufen? – Weil ich den ganzen Tag arbeite. 2. Warum könnt ihr euch zwei Autos leisten? – Weil wir beide ganz gut verdienen. 3. Warum leidet er unter Schlafproblemen? – Weil er oft Nachtdienst hat. 4. Warum sieht er seine Familie selten? – Weil er sehr oft auf Geschäftsreise ist. 5. Warum fängt sie ihr Studium erst später an? – Weil sie nach dem Abitur ein soziales Jahr machen will. 6. Warum redet ihr auch privat viel über die Arbeit? – Weil wir in derselben Firma arbeiten.

10
1. Infolge des Dauerregens 2. Infolge des Hagels 3. Infolge der Schneemassen 4. Infolge anhaltender Kälte 5. Infolge der Hitzewelle 6. Infolge starken Windes 7. Infolge eines Blitzeinschlags

11
1. infolge der Erderwärmung ... 2. Infolgedessen/Folglich soll sogar 3. infolge der Treibhausgase 4. und sind infolgedessen/folglich besonders betroffen 5. + 6. so starke Trockenheit, dass ... 7. Folglich/Infolgedessen werden viele Menschen 8. + 9. so schwer, dass ... 10. sodass du mir noch ...

33 Konzessivsatz obwohl

1

A
1. obwohl 2. Trotz 3. Dennoch 4. allerdings 5. zwar ..., aber 6. Nichtsdestotrotz 7. Ungeachtet der Tatsache, dass

2

A
1b 2b 3a 4b 5a

1c 2g 3b 4d 5f 6h 7e

3

A
1. weil 2. weil 3. obwohl 4. weil 5. obwohl 6. weil 7. obwohl 8. obwohl

4
1. Der Bus hält direkt vor ihrem Haus. Trotzdem verpasst Frau Siebenschläfer jeden Tag den Bus. 2. Draußen liegt Schnee. Trotzdem geht Herr Mutig barfuß spazieren. 3. Herr Warumnicht hat eine Glatze. Trotzdem geht er jede Woche zum Friseur. 4. Frau Unklug hat wenig Geld. Trotzdem kauft sie nur teure Sachen. 5. Frau Lerntnixmehr verträgt keinen Kaffee. Trotzdem trinkt sie zehn Tassen (Kaffee) am Tag. 6. Herr Vergissmeinnicht trägt seine Brille um den Hals. Trotzdem sucht er sie immer.

5

A
1. Dennoch sind wir eingestiegen. 2. Dennoch haben wir den vollen Reisepreis zahlen müssen. 3. Dennoch haben wir dem Zimmermädchen Trinkgeld gegeben. 4. Dennoch sind wir oft ins Wasser gegangen. 5. Dennoch haben wir jeden Tag dort gegessen. 6. Dennoch haben wir nie auf unsere Sachen aufgepasst. 7. Dennoch haben wir Adressen ausgetauscht. 8. Dennoch haben wir den Stadtrundgang mitgemacht.

33

B 1. Der Bus zum Hotel sah *zwar* alt und unsicher aus, *aber* wir sind *trotzdem* eingestiegen. 2. Neben dem Hotel war *zwar* eine Baustelle, *aber* wir haben *trotzdem* den vollen Reisepreis zahlen müssen. 3. Die Zimmer wurden *zwar* kaum geputzt, *aber* wir haben *trotzdem* dem Zimmermädchen Trinkgeld gegeben. 4. Das Meer war *zwar* schmutzig und voller Algen, aber wir sind *trotzdem* oft ins Wasser gegangen. 5. Das Strandrestaurant war *zwar* schlecht und viel zu teuer, *aber* wir haben *trotzdem* jeden Tag dort gegessen. 6. Am Strand wurde *zwar* viel geklaut, *aber* wir haben *trotzdem* nie auf unsere Sachen aufgepasst. 7. Unsere Zimmernachbarn waren *zwar* ein bisschen komisch, *aber* wir haben *trotzdem* Adressen ausgetauscht. 8. Der Stadtführer sprach *zwar* nur schlecht Englisch, *aber* wir haben *trotzdem* den Stadtrundgang mitgemacht.

6 1. Allerdings ist das Kinderzimmer sehr klein. 2. Allerdings gibt es nur ein Badezimmer. 3. Allerdings war sie auch sehr teuer. 4. Allerdings haben wir keinen Balkon. 5. Allerdings gibt es keinen Lift. 6. Allerdings ist er dunkel und feucht.

7 1. Die Leute geben trotz der Wirtschaftskrise viel Geld für Urlaub und Freizeit aus. 2. Kunden lieben Sonderangebote, allerdings sollte man kritisch die Preise vergleichen. / ... die Preise kritisch ... 3. Viele Geschäfte haben lange Öffnungszeiten, dennoch nehmen nur wenige Kunden das Angebot an. 4. Manche Männer lassen sich beim Einkaufen nicht beraten, obwohl das gut wäre.

8

A 1e 2d 3i 4f 5b 6c 7h 8g

B 1e. Obwohl sie Tag und Nacht arbeitet, wird sie 2d. Obwohl er stark erkältet ist und im Bett bleiben sollte, ist er 3i. Obwohl er zu allen Kollegen sehr freundlich ist, wird er 4f. Obwohl sie jeden Tag zu spät ins Büro kommt, hat sie 5b. Obwohl das Essen in der Kantine nicht sehr teuer ist, schmeckt es 6c. Obwohl alle von unserem neuen Softwareprogramm schwärmen, fand ich 7h. Obwohl das Telefon pausenlos klingelt, stellt niemand 8g. Obwohl die Sitzung noch läuft, stehen einige

9

A 1. Trotz des hohen Fiebers bin ich nicht zum Arzt gegangen. 2. Trotz regelmäßiger Krankengymnastik kann er seinen Arm noch nicht richtig bewegen.

3. Trotz Schwierigkeiten beim Lesen setzt er seine Brille nicht auf. 4. Ungeachtet der Empfehlungen ihres Arztes nimmt sie ihre Medikamente nicht regelmäßig. 5. Trotz guter Pflege geht es meiner Oma immer schlechter. 6. Ungeachtet seiner gesundheitlichen Probleme arbeitet er wie ein Verrückter weiter. 7. Ungeachtet meiner Proteste hat mich der Arzt krankgeschrieben.

B trotz + Genitiv   ungeachtet + Genitiv

10 1. Das Open-Air-Konzert war trotz des Regens / trotz Regen ein voller Erfolg. / Trotz des Regens war das ... 2. Der Einbrecher konnte gefasst werden. Allerdings wurde dabei ein Polizist verletzt. / Dabei wurde allerdings ein ... 3. Ungeachtet der Wirtschaftskrise will die Firma auch in diesem Jahr investieren. / Die Firma will ungeachtet der Wirtschaftskrise auch ... 4. Es besteht Lawinengefahr. Trotzdem ignorieren viele Skifahrer die Warnungen. 5. Der Täter wurde zu vier Jahren Gefängnis verurteilt, obwohl seine Schuld nicht bewiesen ist. 6. Die Mannschaft verlor das letzte Spiel. Dennoch steht sie im Achtelfinale. / Sie steht dennoch im ...

11

A + B

1. *Allerdings* war die Zeit dafür sehr knapp. 2. *trotz* des komischen Dialekts 3. ... war nicht gerade mein Lieblingsthema, *(Komma) trotzdem* hatte ich genug Ideen. 4. Aber ... lief gut, *(Komma) obwohl* die Vorbereitungszeit dafür ... 5. *trotz* kleiner Fehler 6. *Allerdings* habe ich nicht erzählt, dass ... 7. Eigentlich wollte ich ... erreichen, *(Komma) trotzdem* war ich ... 8. ... ich habe die Prüfung geschafft, *(Komma) obwohl* ich nicht ...

34 Modalsatz *indem*

1

A 1c 2f 3b 4g 5d 6e 7i 8h

B

	Nebensatz		Zweiteilige Konjunktion
1	dadurch, dass ...	3b	je ... desto ...
g	ohne dass ...	7i	je ... umso ...
d	indem ...		
8	statt dass ...		

	Adverb		Infinitivsatz
	stattdessen	a	ohne ... zu ...
f		e	statt ... zu ...

2
1. ohne Blumen mitzubringen 2. ohne eingeladen zu sein 3. ohne uns zu verabschieden 4. ohne sich zu entschuldigen 5. ohne auf die Autos zu achten 6. ohne ein Wort Spanisch zu sprechen

3
1d 2c 3b 4c 5d 6b 7a

A
1.–3. Man kann *dadurch* Strom/Benzin/Geld sparen, *dass man ...* / Man kann Strom/Benzin/Geld sparen *dadurch, dass man ...*

B

C
4.–7. Man spart Handykosten/Energie/Fahrtkosten, *indem man ...*

4
1e 2f 3b 4g 5d 6c

A
2f. *ohne* dafür bezahlt zu werden 4g. *ohne* sich vorher beraten zu lassen 5d. *ohne* lange zu überlegen 6c. *ohne* genau sagen zu können, warum

B
Satz 1 + 3: Kein Infinitivsatz möglich, weil das Subjekt im Hauptsatz nicht mit dem Subjekt im Nebensatz identisch ist.

5
1. ohne dass das Geschirr kaputtgeht 2. ohne dass du die Hälfte vergisst 3. ohne dass ich dich zehnmal darum bitten muss 4. ohne dass das Bad unter Wasser steht 5. ohne dass die Tür knallt

6
1. Statt rechtzeitig ... zu packen 2. statt sich ... zu beschränken 3. Ohne sich ... zu bedanken 4. statt sich ... anzuschauen 5. Statt sich ... aufzuhalten 6. ohne ... gesprochen zu haben

7
1. Sie wollte ... erledigt haben. *Stattdessen* musste sie ... führen. 2. Leider muss ich ... absagen. ...; wenn Sie ihn *stattdessen* übernehmen könnten. 3. Jeder dachte, dass ... *gewinnen würden, stattdessen* haben wir ... verloren. 4. Sie sollten ... beruhigen, *stattdessen* haben Sie ... aufgeregt.

8

A
1. Statt dass sie einen Catering-Service beauftragen, lassen sie eine Studentin kochen. 2. Statt dass sie sich beeilt, lässt sie die Gäste lieber warten. 3. Statt dass er sich um die Getränke kümmert, räumt er seinen Schreibtisch auf. 4. Statt dass sie sich Geschirr und Besteck ausleihen, kaufen sie sich neues. 5. Statt dass das Fest im Chaos versinkt, wird es ein lustiger Abend.

B
1. Statt eine Studentin kochen zu lassen, würde ich einen Catering-Service beauftragen. 2. Statt die Gäste warten zu lassen, würde ich mich beeilen. 3. Statt meinen Schreibtisch aufzuräumen, würde ich mich um die Getränke kümmern. 4. Statt mir neues Geschirr und Besteck zu kaufen, würde ich mir Geschirr und Besteck / welches ausleihen.

9
1. indem man sich in einem Fitnessclub einschreibt und dort regelmäßig trainiert 2. indem man die Treppe statt den Lift benutzt 3. indem man keine Säfte, sondern nur Wasser trinkt 4. indem man Mitglied in einem Sportverein wird und einen Sport anfängt 5. indem man sich viel an der frischen Luft bewegt 6. indem man mehr Obst und Gemüse isst

10
1. Je mehr Geld man für Urlaubsreisen ausgibt, desto/umso weniger kann man für schlechte Zeiten sparen. 2. Je früher man mit dem Lernen von Fremdsprachen beginnt, desto/umso schneller beherrscht man sie. 3. Je größer und schneller ein Auto ist, desto/umso teurer wird der Unterhalt. 4. Je reicher jemand ist, desto/umso mehr Menschen wollen etwas von seinem Geld haben. 5. Je risikoreicher und gefährlicher ein Sport ist, desto/umso interessanter finden ihn manche. 6. Je erfolgreicher man lernt, desto/umso mehr Lust hat man weiterzulernen.

11
1. umso weniger beachtete sie ihn 2. desto teurer kleidete sie sich ein 3. desto unfreundlicher reagierte sie 4. desto schneller landeten sie in der Mülltonne 5. umso seltener bedankte sie sich dafür 6. umso deutlicher zeigte sie ihm

Index

Quellenverzeichnis

Fotos:

Titelbild: © Thinkstock/iStock/FooTToo

S. 72: Segeln © Thinkstock/iStock/mosinmax, Sandburg © Thinkstock/iStock/wherelifeishidden

S. 81: von oben nach unten © Ravensburger, Käthe Kruse GmbH, © BIG-Spielwarenfabrik, Märklin, © PLAYMOBIL/geobra Brandstätter Stiftung & Co. KG, © Margarete Steiff GmbH, Mit freundlicher Genehmigung der Schleich Gruppe

S. 106: © Thinkstock/iStock/Mag_Mac

S. 170: © Harry Weber (CC BY 3.0)

S. 182: © Thinkstock/iStock/TommL

S. 229: © Thorsten Wulff

Illustrationen:

Irmtraud Guhe, München

Texte:

S. 16: John von Düffel: SECHUNDDREISSIGACHT oder die Anziehungskraft des Wassers.

S. 30: Aus: Schwimmen © 2000 dtv Verlagsgesellschaft, München

S. 33: aus **Martin Suter** *Ein perfekter Freund*, Copyright © 2002, 2003 Diogenes Verlag AG Zürich

S. 61: *Deutscher am schnellsten* © **AFP Agence France-Presse GmbH**

S. 95: aus: *Siegen lernen mit Olli*, Beate Wild, Süddeutsche Zeitung, 03.02.2009

Was ist eigentlich Alltag? Cornelia Ulrich, https://www.jetzt.de, 03.10.2008

Bildredaktion:

Cornelia Hellenschmidt, Hueber Verlag, München